AF435669

El seguro de las mercancías en el transporte

Coordinador:
Albert Badia

Coautores:
Albert Badia y Felipe Arizon

Colaboradores:
David Gatell, Riccardo Malacalza, Dolores Pérez,
José Ignacio Navarro, y Alfonso Carmona

Colección: Biblioteca de Logística
Director: David Soler

El seguro de las mercancías en el transporte
1.ª edición, 2009

© 2009, Abogados Asociados para el Comercio, la Navegación y la Industria, SL
© de esta edición, incluido el diseño de la cubierta, ICG Marge, SL

Edita: Marge Books
València, 558 – 08026 Barcelona
Tel. 931 429 486 – marge@margebooks.com
www.margebooks.com

Gestión editorial: Héctor Soler, Neus Piñol
Compaginación: Mercedes Lara
Impresión: Safekat, SL (Madrid)

ISBN edición impresa: 978-84-92442-28-7
ISBN edición digital: 978-84-16171-45-3
Depósito Legal: B-15913-2009

El papel empleado en este libro no ha sido blanqueado con cloro elemental (CI_2).

Índice

Introducción

Esta obra pretende adentrar al lector en el mundo del seguro y, más concretamente, en el del seguro de transporte de mercancías por vía marítima, terrestre y aérea. Se dirige tanto a los recién introducidos en la materia, como a aquellos que diariamente trabajan con pólizas, asegurando cargas o reclamando averías. Así, el libro resulta de interés y utilidad para un amplio conjunto de profesionales: corredores y agentes de seguros, exportadores e importadores, tramitadores de siniestros, comisarios de averías, transportistas o abogados.

Todos los temas relacionados con el seguro de transporte se tratan desde un punto de vista práctico. Partiendo del marco legal establecido en cada caso, los distintos módulos se desgranan con la ayuda de ejemplos prácticos y sentencias. Con este método, cada manifestación de la actividad aseguradora resulta más cercana y entendible. Ello permite abordar conceptos tales como el sobreseguro, el riesgo, el abandono o la póliza flotante con una enorme facilidad.

En la selección de temas y conceptos se ha seguido un criterio de actualidad. Es decir, priman las herramientas y los contratos que se emplean en el tráfico diario por encima de los conceptos teóricos y abstractos. No en vano, esta obra no pretende sino convertirse en un manual práctico o de bolsillo para resolver dudas o problemas concretos. Para ello, se presenta, además, una serie de apéndices con modelos de cláusulas, formularios y tablas comparativas.

En todo ello, ha resultado de gran ayuda la colaboración de distintos profesionales, quienes, además de los coautores, han aportado su experiencia y leal saber en la materia.

ALBERT BADIA

Parte I
Introducción al contrato de seguro

1 Aspectos generales

1.1 Marco legal

La regulación del contrato de seguro se encuentra delimitada por el artículo 2 de la Ley 50/1980, de 8 de octubre, de Contrato de Seguro. Para desgranar el espectro normativo que afecta al contrato de seguro, y en particular al seguro de transporte de mercancías, vamos a tomar dicho artículo como punto de partida:

> *«Las distintas modalidades del contrato de seguro, en defecto de ley que les sea aplicable, se regirán por la presente Ley, cuyos preceptos tienen carácter imperativo, a no ser que en ellos se disponga otra cosa. No obstante, se entenderán válidas las cláusulas contractuales que sean más beneficiosas para el asegurado».*

En otras palabras, este artículo sienta dos principios básicos:

1. La Ley de Contrato de Seguro (LCS) se aplica, a falta de una ley especial, a todos los contratos de seguro.[1]

---

[1] Se pueden considerar leyes especiales, entre muchas otras relativas a materias distintas de las que nos ocupan, las siguientes: artículos 737 a 805 del Código de Comercio en lo relativo a seguros marítimos; artículos 126 a 129 de la Ley de 21-7-1960 de Navegación Aérea en lo referente a seguros aéreos; Ley sobre Responsabilidad Civil y Seguro en la Circulación de Vehículos a Motor en lo relativo a seguros de automóviles; Real Decreto 1575/1989, de 22 de diciembre, en lo que al seguro obligatorio de viajeros se refiere; artículo 5(b) de la Orden de 14-4-1988 que regula las agencias de viajes y les impone un seguro de responsabilidad civil de 150.253 €; Real Decreto 607/1999, de 16 de abril, que aprueba el reglamento del seguro de responsabilidad civil de suscripción obligatoria para las embarcaciones de recreo o deportivas; o el convenio internacional de 1992 sobre responsabilidad civil nacida de daños debidos a hidrocarburos, ratificado por España, que prevé la suscripción y los términos de un seguro obligatorio para los propietarios de buques destinados al transporte de hidrocarburos.

2. Los preceptos de la LCS son inderogables por la voluntad de las partes, salvo en dos casos: cuando se pacten condiciones más ventajosas para el asegurado o cuando se especifique su no imperatividad en los mismos preceptos de la propia Ley.[2]

Antes de detenernos en uno y otro principio, cabe aclarar que el contenido del artículo 2 de la LCS cobra efectividad cuando es aplicable la ley española. Se descarta así su aplicación automática sobre los contratos de seguro que podemos denominar «internacionales», los cuales deben regularse por la ley que resulte de la aplicación de las normas de derecho internacional privado.

1.1.1   La ley aplicable

En general, al contrato de seguro se le aplican las normas generales de derecho internacional privado en materia de obligaciones contractuales. Así lo dispone el artículo 109 de la LCS. Dicha remisión se subordina a lo previsto en los artículos precedentes 107 y 108 con respecto a la aplicación de la ley española en el seguro contra daños. De ambos preceptos nos interesa únicamente el artículo 107, ya que el 108 se refiere a seguros de vida y de personas.

La ley española sobre el contrato de seguro es aplicable a los seguros contra daños –entre los que se encuentra el seguro de transporte de mercancías–, en los siguientes casos (art. 107.1):

---

[2] Para indicar que no nos hallamos frente a un precepto de carácter imperativo, la Ley de Contrato de Seguro utiliza las expresiones de «salvo pacto en contrario» (véanse los arts. 15.1, 32, 33.1, 49.1, 52, 74 y 93) o de «pacto expreso en contrario» (véanse los arts. 29, 46, 58, 59 y 65). Otros preceptos son igualmente de carácter dispositivo según indica su propia redacción (véanse los arts. 7, 14, 17.3, 22.1, 28, 45, 50, 54, 68, 69, 73, 76.a, 77, 100 y 105).

[3] Las reglas a), b) y c) del artículo 107.3 de la Ley de Contrato de Seguro traen causa de las siguientes directivas: la Directiva del Consejo 64/225/CEE, de 25-2-1964, relativa a la supresión en materia de reaseguro y retrocesión de las restricciones a la libertad de establecimiento y a la libre prestación de servicios (JOCE L 878, de 4-4-1964); la Primera Directiva del Consejo 73/239/CEE, de 24-7-1973, sobre coordinación de las disposiciones legales, reglamentarias y administrativas relativas al acceso a la actividad del seguro directo distinto del seguro de vida, y a su ejercicio (JOCE L 228, de 16-8-1973); la Primera Directiva del Consejo 79/267/CEE, de 5-3-1979, sobre coordinación de las disposiciones legales, reglamentarias y administrativas referentes al acceso a la actividad del seguro directo sobre la vida y a su ejercicio (JOCE L 63, de 13-3-1979); la Directiva del Consejo 78/473/CEE, de 30-5-1978, sobre coordinación de disposiciones legislativas, reglamentarias y administrativas en materia de coaseguro comunitario (JOCE L 151,

a) Cuando se refiera a riesgos localizados en territorio español y el tomador del seguro tenga en él su residencia habitual, si se trata de persona física, o su domicilio social o sede de gestión administrativa o comercial, si se trata de persona jurídica.

b) Cuando el contrato se concluya en cumplimiento de una obligación de asegurarse impuesta en la ley española.

Fuera de los dos casos anteriores, aunque sólo cuando los riesgos estén localizados dentro de la Unión Europea (UE), regirán las siguientes normas para determinar la ley que se debe aplicar (art. 107.3):[3]

a) Cuando se refiera a riesgos localizados en territorio español y el tomador del seguro no tenga en él su residencia, domicilio social o sede operativa, las partes podrán elegir entre la aplicación de la ley española o la ley del Estado en que el tomador tenga su residencia, domicilio social o sede operativa.

b) Cuando el tomador del seguro sea un empresario o un profesional y el contrato cubra riesgos relativos a sus actividades efectuadas en distintos Estados de la UE, las partes podrán elegir entre la ley de cualquiera de los Estados en que los riesgos estén localizados o la de aquél en que el tomador tenga su residencia, domicilio social o sede operativa.

c) Cuando la garantía de los riesgos que estén localizados en territorio español se limite a los siniestros que puedan ocurrir en un Estado miembro de la UE distinto de España, las partes podrán elegir la ley de dicho Estado.

---

de 7-6-1978); la Segunda Directiva del Consejo 88/357/CEE, de 22-6-1988, sobre coordinación de las disposiciones legales, reglamentarias y administrativas relativas al seguro directo distinto del seguro de vida (DOCE L 172, de 4-7-1988); la Segunda Directiva del Consejo 90/619/CEE, de 8-11-1990, sobre la coordinación de las disposiciones legales, reglamentarias y administrativas relativas al seguro directo de vida (DOCE L 330, de 29-11-1990); la Tercera Directiva 92/49/CEE del Consejo, de 18-6-1992, sobre coordinación de las disposiciones legales, reglamentarias y administrativas relativas al seguro directo distinto del seguro de vida (DOCE L 228, de 11-8-1992); la Tercera Directiva 92/96/CEE del Consejo, de 10-11-1992, sobre la coordinación de las disposiciones legales, reglamentarias y administrativas relativas al seguro directo de vida (DOCE L 360, de 9-12-1992). Todas estas directivas tienen como finalidad materializar en varias etapas y de forma escalonada el cumplimiento de las libertades de establecimiento y prestación de servicios de las empresas de seguro comunitarias en el marco del Tratado de la Comunidad Europea. Se han incorporado al ordenamiento jurídico español mediante disposiciones sucesivas que han culminado en la Ley 30/1995, de 8 de noviembre, de Ordenación y Supervisión de los Seguros Privados. Ha sido por medio de la disposición adicional 6.ª de esta última que los artículos 107, 108 y 109 de la Ley 50/1980 de Contrato de Seguro han visto una nueva redacción.

A los efectos de lo previsto en las normas 107.3.a), b) y c), la localización del riesgo se determinará conforme a lo establecido en el artículo 1.3.d) de la Ley de Ordenación y Supervisión de los Seguros Privados.[4] En los tres casos, la elección de la ley aplicable deberá expresarse en el contrato o desprenderse claramente de su contenido. A falta de elección, expresa o tácita, el contrato se regirá por la ley de cualquiera de los Estados referidos en los artículos 107.2 y 107.3.

A continuación, vamos a referirnos a las reglas para determinar la ley que se debe aplicar en aquellos seguros directos relativos a riesgos situados fuera de la UE. El Convenio de Roma de 19 de junio de 1980 sobre la ley aplicable a las obligaciones contractuales (en adelante «Convenio de Roma de 1980») establece dichas reglas. El citado convenio se aplica y regula los contratos de seguro que cubren riesgos situados fuera de la UE, pero no aquellos que cubren riesgos localizados dentro de la UE.[5] Para estos últimos, el artículo 1.3 del convenio se remite a la *lex fori* en lo que concierne a la precisión del lugar donde se localiza el riesgo,[6] lo cual –en el caso de España– nos devuelve a los artículos 107 a 109.

---

[4] El texto del artículo 1.3.d) de la Ley de Ordenación y Supervisión de los Seguros Privados, en lo que concierne a seguros de mercancías en el transporte, es el siguiente: *«Estado miembro de localización del riesgo. Se entiende por tal (...) aquel en que el tomador del seguro haya firmado el contrato, si su duración es inferior o igual a cuatro meses y se refiere a riesgos que sobrevengan durante un viaje o fuera del domicilio habitual del tomador del seguro, cualquiera que sea el ramo afectado».*

[5] Los motivos para la exclusión de los contratos de seguro «intracomunitarios» del Convenio de Roma de 1980 son dos: por un lado, la necesidad de proteger a la parte débil del contrato por encima del principio de autonomía de la voluntad que inspira el citado convenio, y, por otro, evitar que determinados contratos puedan quedar regidos por el derecho de un Estado no miembro de la UE como consecuencia del carácter *erga omnes* del citado convenio.

[6] El artículo 1.3 del Convenio de Roma de 1980 reza así: *«Las disposiciones del presente convenio no se aplicarán a los contratos de seguros que cubran riesgos situados en los territorios de los Estados miembros de la Comunidad Económica Europea. Para determinar si un riesgo está localizado en estos territorios, el juez aplicará su ley interna».*

[7] Artículo 3 del Convenio de Roma de 1980: *«1. Los contratos se regirán por la ley elegida por las partes. Esta elección deberá ser expresa o resultar de manera cierta de los términos del contrato o de las circunstancias del caso. Para esta elección, las partes podrán designar la ley aplicable a la totalidad o solamente a una parte del contrato. 2. Las partes podrán, en cualquier momento, convenir que se rija el contrato por una ley distinta de la que lo regía con anterioridad bien sea en virtud de una elección anterior según el presente artículo, o bien en virtud de otras disposiciones del presente convenio. Toda modificación relativa a la determinación de la ley aplicable, posterior a la celebración del contrato, no obstará a la validez foral del contrato a efectos del artículo 9 y no afectará a los derechos de terceros. 3. La elección por las partes de una ley extranjera, acompañada o no de la de un tribunal extranjero, no podrá afectar, cuando todos los demás elementos de la situación estén localizados en el momento de la elección en un solo país, a las disposiciones que la ley de ese país no permita derogar por contrato, denominadas en lo sucesivo "disposiciones imperativas". 4. La existencia y la validez del consentimiento de las*

En lo referente a los seguros objeto de regulación por el citado convenio –esto es, los de riesgos situados fuera de la UE–, el mismo distingue entre los que cubren grandes riesgos y los que cubren riesgos de masa.

En los primeros, las partes del contrato tienen plena libertad para elegir expresa o tácitamente su ley rectora[7] y, en defecto de elección, *«el contrato se regirá por la ley del país con el que presente los vínculos más estrechos»*, según lo dispuesto en el artículo 4.[8]

En los seguros directos que cubran riesgos de masa localizados en territorio extracomunitario, el citado convenio opta por la tutela preferencial de los derechos del tomador del seguro por encima de la autonomía de la voluntad de las partes. Cuando el tomador sea un consumidor y contrate el seguro para un uso ajeno a su actividad profesional, el artículo 5 del convenio opta por establecer como ley aplicable la que con carácter imperativo pueda regir en el país en que el tomador tenga su residencia habitual, dejando incluso sin efecto cualquier elección por las partes al respecto.[9]

---

partes en cuanto a la elección de la ley aplicable se regirán por las disposiciones establecidas en los artículos 8, 9 y 11».

[8] Artículo 4 del Convenio de Roma de 1980: *«2. Sin perjuicio del apartado 5, se presumirá que el contrato presenta los vínculos más estrechos con el país en que la parte que deba realizar la prestación característica tenga, en el momento de la celebración del contrato, su residencia habitual o, si se tratase de una sociedad, asociación o persona jurídica, su administración central. No obstante, si el contrato se celebrase en el ejercicio de la actividad profesional de esa parte, este país será aquel en que esté situado su establecimiento principal o si, según el contrato, la prestación tuviera que ser realizada por un establecimiento distinto del principal, aquel en que se halle situado este otro establecimiento».* En lo que respecta a los seguros directos –entre los que se encuentra el seguro de transporte de mercancías–, se entiende de forma unánime que la «prestación característica» es la que realiza el asegurador, que es quien asume el riesgo de la operación y contrae una serie de obligaciones que individualizan el contrato, mientras que la de abonar la prima que incumbe al tomador no difiere de la de pago típica de tantos otros contratos sinalagmáticos (Sánchez Calero, F., *Ley de Contrato de Seguro*, pág. 2.046, 2.ª ed., Aranzadi).

[9] Artículo 5 del Convenio de Roma de 1980: *«1. El presente artículo se aplicará a los contratos que tengan por objeto el suministro de bienes muebles corporales o de servicios a una persona, el consumidor, para un uso que pueda ser considerado ajeno a su actividad profesional, así como a los contratos destinados a la financiación de tales suministros. 2. Sin perjuicio de lo dispuesto en el artículo 3, la elección por las partes de la ley aplicable no podrá producir el resultado de privar al consumidor de la protección que le aseguren las disposiciones imperativas de la ley del país en que tenga su residencia habitual: si la celebración del contrato hubiera sido precedida, en ese país, por una oferta que le haya sido especialmente dirigida o por publicidad, y si el consumidor hubiera realizado en ese país los actos necesarios para la celebración del contrato; o si la otra parte contratante o su representante hubiera recibido el encargo del consumidor en ese país (...) 3. No obstante lo dispuesto en el artículo 4, y en defecto de elección realizada conforme al artículo 3, estos contratos se regirán por la ley del país en que el consumidor tenga su residencia habitual, si concurrieran las circunstancias descritas en el apartado 2 del presente artículo».*

1.1.2   El Código de Comercio

El antes citado artículo 2 de la Ley de Contrato de Seguro comienza diciendo que *«las distintas modalidades del contrato de seguro, en defecto de ley que les sea aplicable, se regirán por la presente Ley»*.

En consecuencia, la LCS sólo se debe aplicar a las modalidades de contrato de seguro en defecto de ley que les sea aplicable; esto no sucede en el seguro de transporte marítimo, pero sí en los seguros de transporte terrestre y aéreo. Ello es así en tanto que la Disposición Final de la referida Ley reguladora del contrato de seguro ha dejado vigente los artículos del Código de Comercio reguladores del contrato de seguro marítimo.

Así lo explica la sentencia del Tribunal Supremo (TS) de diciembre de 1991 en el siguiente párrafo: *«Es doctrina reiterada de esta Sala la que niega esa aplicación de la Ley de Contrato de Seguro al seguro marítimo, así la sentencia de 22 de abril de 1987, con cita de la de 19 de octubre de 1987, y con la finalidad de mantener un criterio uniforme y firme, como reza al final de su fundamento de derecho 3.º, dice que "al disponer el párrafo 2.º de su Disposición Final (de la Ley 50/1980 de 8 de octubre) que a su entrada en vigor quedarán derogados los artículos 1.791 a 1.797 del Código Civil, así como los artículos 380 a 438 del Código de Comercio y cuantas disposiciones se opongan a los preceptos de aquella ley, sin hacerse regulación alguna en ella al seguro marítimo y quedando en consecuencia subsistentes los artículos 737 a 805, que no son derogados, del Código de Comercio, conduce a establecer que la mencionada Ley 50/1980 afecta exclusivamente al seguro terrestre que regulaba el Código de Comercio, y al seguro civil, que regulaba el Código Civil, y no al seguro marítimo, que seguirá rigiéndose por la normativa dada para él en el Código de Comercio, al quedar excluido de la referida ley especial del seguro"»*.

Así pues, al disponer el párrafo 2.º de la Disposición Final de la Ley de Contrato de Seguro que a su entrada en vigor quedarán derogados los artículos 1.791 a 1.797 del Código Civil, así como los artículos 380 a 438 del Código de Comercio y cuantos preceptos se opongan a las disposiciones de aquella ley, sin hacerse regulación alguna de ella al seguro marítimo y quedando en consecuencia subsistentes los artículos 737 a 805, que no son derogados del Código de Comercio, conduce a establecer que la mencionada ley de 8 de octubre de 1980 afecta exclusivamente al seguro terrestre que regulaba el Código de Comercio, y al seguro civil que regulaba el Código Civil, y no al seguro marítimo, que seguirá rigiéndose por la normativa dada para él en el Código de Comercio, al quedar excluido de la referida Ley especial del Seguro.

Ciertamente, el argumento reiterado en dichas resoluciones, sobre la inaplicabilidad al seguro marítimo de la Ley 50/1980 de Contrato de Seguro, por haber ésta dejado subsistentes los artículos 737 a 805 del Código de Comercio, puede parecer contradictorio con el carácter «supletorio» que la LCS prevé en su artículo 2, y que el TS ha consagrado en múltiples resoluciones.[10]

Los tribunales españoles han resuelto este conflicto de modo uniforme, aunque empleando fórmulas distintas en cada caso. Así, en la sentencia del TS de 22 de abril de 1991, se dice que *«La Ley 50/1980 sobre seguro se refiere exclusivamente al seguro terrestre, que regulaba el Código de Comercio, y al seguro civil, que regulaba el Código Civil, y no al seguro marítimo, que seguirá rigiéndose por la normativa dada para él en el Código de Comercio, por lo que tienen aplicación actualmente en la materia de dicho seguro marítimo los principios generales que se establecen en los artículos 737 a 805 del Código de Comercio, con carácter prevalente a los también generales prevenidos para el seguro terrestre, atendida la naturaleza jurídica del seguro terrestre».*

Una de las cuestiones más atendidas por los tribunales, a raíz del conflicto que puede suscitarse entre el Código de Comercio y la LCS, ha sido la aplicación o no del recargo por demora del 20 % en indemnización a cargo del asegurador, en lo previsto en el artículo 20 de la LCS. Frente al criterio favorable al recargo contenido en la sentencia del TS de 19 de febrero de 1988, que no considera específicamente por qué es aplicable dicho artículo al «seguro marítimo», se ha rechazado por varias sentencias del Alto Tribunal la procedencia de ese precepto, concretamente en las de 19-10-1987, 2-12-1991, 22-6-1992, 26-4-1995, 12-2-1996, 23-1-1996 y 22-2-1999, formando en la actualidad un cuerpo jurisprudencial unánime. La razón concluyente para la inaplicabilidad del artículo 20 no puede fundarse en ser un precepto de la LCS, si, a la vez, se admite su aplicación supletoria. El argumento, en ocasiones, se reconduce a la naturaleza sancionadora del recargo, configurado como cláusula penal de carácter legal, lo que confiere al referido artículo 20 un carácter de norma excepcional, que castiga la mora del asegurador con mayor rigor que la del naviero o armador. Como toda disposición excepcional tiene que ser objeto de interpretación y aplicación restrictiva, careciendo de fuerza expansiva, es evidente que la penalización, específicamente prevista para el «asegurador terrestre», no puede imponerse al «asegurador marítimo», que mantiene en este punto la obligación de indemnizar con el interés legal, como otros comerciantes, basándose en el Código de Comercio y el Código

---

[10] Así, las sentencias de 21-7-1989, 8-3-1990, 22-4-1991, 4-3-1993, 23-12-1993 y 20-2-1995. También la de 2-12-1997, cuyo fundamento 3.º dice: *«(...) hay que entender que los preceptos de la Ley 8 octubre 1980 tienen aplicación supletoria para otras modalidades de seguro, a tenor de lo que dispone el artículo 2.º de la precitada Ley; máxime en cuanto a preceptos de orden general del "título primero", que como el "tercero" conforman la atmósfera en que la relación contractual debe desenvolverse, cuando están en juego los intereses del asegurado en cuanto consumidor que interviene en contrato de adhesión, o aquellos otros que vienen a suplir una laguna normativa».*

Civil (arts. 50, 63, 770, párrafo primero, 774, párrafo segundo, y concordantes del primero, en relación con los arts. 1.100, 1.101 y 1.108 del segundo). De ahí deriva –según algunas sentencias– la razón de ser excluible al tan reiterado artículo 20 de la Ley 50/1980, a la vez que aplicables al seguro marítimo otros preceptos de la misma que sean compatibles con la naturaleza de esta peculiar figura jurídica.

Otra de las cuestiones más debatidas en el seno del conflicto entre la Ley de Contrato de Seguro y el Código de Comercio es la relativa a la acción directa que consagra el artículo 76 de la Ley a favor del tercero perjudicado contra el asegurador. Tal acción directa, qué duda cabe, no está prevista en el Código de Comercio. La cuestión es, pues, obvia: ¿puede entablarse la acción directa en el marco de un seguro marítimo? La sentencia del TS de 16 de enero de 1997 se pronuncia en sentido negativo, excluyendo –en esta cuestión– la cualidad supletoria que otras sentencias han atribuido a la Ley de Contrato de Seguro.[11]

Por último, hallamos un nuevo ejemplo en el deber de declaración del riesgo, cuyo tratamiento varía según sea aplicable el artículo 10 de la LCS o el derogado artículo 381 del Código de Comercio. La sentencia del TS de 2 de diciembre de 1997 se refiere a un supuesto en que el tomador del seguro ocultó determinados datos relativos al valor y origen de un yate. La Sala optó por emplear el citado artículo 10 en beneficio del asegurado, aun a pesar de referirse a un seguro marítimo.[12]

---

[11] En el procedimiento que dio lugar a la sentencia del TS de 16-1-1997, Conservas Hoya, SA, demandó a Líneas Marítimas Argentinas, SA. Con anterioridad, la actora había promovido una acción frente a la aseguradora Aurora Polar Sociedad Anónima de Seguros, por razón del transporte marítimo irregular de mercaderías (anchoas en salazón), recayendo sentencia desestimatoria en casación de 26-4-1995, que fue confirmada en vía de apelación. La Sala resolvió que no se daba la necesaria identidad subjetiva, ya que el actual proceso se dirigía contra la ahora recurrente, Líneas Marítimas Argentinas, SA, que fue la que llevó a cabo el transporte por mar del referido producto alimenticio. Tampoco concurría identidad en la causa de pedir, pues en el primer pleito se ejercitó acción derivada del contrato de Seguro concertado, la que no prosperó en las instancias, toda vez que las circunstancias concurrentes de deterioro de las mercancías no conformaba un riesgo cubierto por la póliza suscrita. «*En el pleito de esta casación, la acción promovida tiende al resarcimiento económico por incumplimiento del contrato de transporte, al haberlo llevado a cabo con negligencia e impericia acreditada, tanto en la custodia como en el acarreo de los géneros. De esta manera, se pone de manifiesto que son distintos los fundamentos de las pretensiones ejercitadas en los procesos que hay que examinar.*» La Sala entendió que tampoco había solidaridad entre las obligaciones de los demandados en uno y otro proceso, «*pues en el primer pleito se trata de una acción directa derivada de la póliza que relaciona a "Conservas Hoya, SA" y "Aurora Polar, SA", es decir, que no se ejercitó la acción prevista en el artículo 76 de la Ley de Contrato de Seguro de 8-10-1980 a favor de los terceros perjudicados. Resulta, a su vez, consolidada la doctrina jurisprudencial que proclama que la referida Ley especial, no es de aplicación directa a los seguros marítimos (sentencias de 22-4 y 2-12-1991, 22-6-1992, 4-3 y 13-12-1993, 16-2-1994 y 20-2-1995)*».

1.1.3   La Ley 50/1980 de Contrato de Seguro

Hemos visto que el artículo 2 de la Ley de Contrato de Seguro contiene una declaración o mandato de imperatividad de sus preceptos, salvo que en éstos individualmente se indique lo contrario. Dicho mandato no obedece sino a la voluntad de proteger al asegurado, quien suele encontrarse en una situación de conocimiento del contrato y de negociación de sus cláusulas sustancialmente inferior a la del asegurador.[13] No en vano, los tribunales españoles se han referido a la *«mejor preparación técnica que caracteriza a las aseguradoras»*[14] y al contrato de seguro como aquel que suscita más problemas que cualquier otro del derecho mercantil.[15]

La violación de una norma imperativa conlleva, según lo establecido con carácter general en el artículo 6.3 del Código Civil, la nulidad de pleno derecho del acto contrario a la misma; esto es, la invalidez de la cláusula o del pacto contrario a la norma imperativa. Según indica el artículo 10 de la Ley 7/1998, de 13 de abril, de Condiciones Generales de la Contratación, la nulidad de alguna cláusula no determina la ineficacia total del contrato si éste puede subsistir sin tal cláusula. La violación de una norma imperativa puede, sin embargo y de forma excepcional, causar la nulidad del contrato, tal y como acontece, por ejemplo, si en el momento de la conclusión de éste había ocurrido el siniestro (art. 4) o si en el seguro contra daños no existe, en el momento de su conclusión, interés del asegurado a la indemnización (art. 25).

---

[12] Fundamento 4.º de la sentencia: *«El artículo 10 de la Ley de Contrato de Seguro cambia la filosofía del derogado artículo 381 del Código de Comercio, no sustituido por ningún otro. Deja así de constituir en este extremo una laguna legal en el Código de Comercio que tendrá que suplirse con el indicado artículo 10; de manera que, si de acuerdo con el precepto derogado el asegurado estaba obligado a decir todo cuanto sabía que afectase al riesgo y a ser exacto en su declaración, el actual artículo 10 limita el deber a lo que el cuestionario contiene y, para esta fase de deberes precontractuales, ha sustituido la idea de la iniciativa del contratante del seguro por la del asegurador; no hay un deber de declaración sino de respuesta del tomador, de lo que interesa de él el asegurador, y que le importa a efectos de valorar debidamente el riesgo, como la concurrencia de aquellos otros extremos que sean de su interés. En el caso enjuiciado, la compañía ha omitido toda iniciativa, en este sentido, y, en consecuencia, mal puede reprochar al tomador contratante del seguro haber guardado un silencio sobre lo que nunca se le pidió que hablase».*

[13] La imperatividad de la Ley de Contrato de Seguro obedece a un principio de protección del asegurado y de tutela del consumidor en consonancia con el artículo 51 de la Constitución y el artículo 1.1 de la Ley 26/1984, de 19 julio, de Defensa de los Consumidores y Usuarios, modificada por la disposición adicional 1.ª de la Ley 7/1998, de 13 de abril, sobre Condiciones Generales de la Contratación. El artículo 7 de dicha Ley 26/1984 establece la subsidiariedad de ésta con respecto a otras leyes especiales que regulen contratos que afecten a consumidores y usuarios. La sentencia del Tribunal Constitucional (TC) 15/1989, de 26 de enero, se ha pronunciado sobre dicha subsidiariedad.

[14] Sentencia del TS de 12-12-1988.

[15] Sentencias del TS de 18-7-1987, 22-2-1989, 5-6-1992 o de 31-12-1992.

El principio de imperatividad ha sido, pese a lo anterior, excepcionalmente degradado tras la entrada en vigor de la Ley 21/1990, de 18 de diciembre, y sobre todo tras la Ley 30/1995, de 8 de noviembre, de Ordenación y Supervisión de los Seguros Privados, cuya disposición adicional 6.ª modificó la redacción de algunos de sus preceptos. En aras de promover la libre prestación de servicios en la CEE y en el marco de la Directiva 88/357/CEE, la LCS dejaba de ser imperativa en aquellos supuestos en los que el asegurado no pudiera ser considerado «consumidor» o la «parte débil» en la relación contractual con el asegurador.

Así, y con independencia del carácter dispositivo de algunos de sus preceptos aislados, se excluye la imperatividad de la LCS en su conjunto en dos casos: el contrato de reaseguro (art. 79) y el seguro referente a grandes riesgos (arts. 44.2 y 107.2). A continuación, nos referimos únicamente a los segundos por su incidencia en el contrato de seguro de transporte.

La redacción del artículo 44 procede de la disposición adicional 6.ª de la Ley 30/1995, de 8 de noviembre. Su apartado segundo dice: *«No será de aplicación a los contratos de seguros por grandes riesgos, tal como se delimitan en esta Ley, el mandato contenido en el artículo 2 de la misma».*[16] Dicho precepto se remite, para la regulación de los grandes riesgos, al artículo 107.2 de la LCS, cuya redacción –en lo que al seguro de transporte de mercancías se refiere– es la siguiente: *«En los contratos de seguro por grandes riesgos las partes tendrán libre elección de la ley aplicable».* Continúa diciendo que se considerarán grandes riesgos –entre otros– los siguientes:

1. Los de vehículos ferroviarios, aeronaves, cascos de buques, mercancías transportadas (comprendidos los equipajes y demás bienes transportados) y responsabilidad civil derivada del uso de aeronaves o de buques.
2. Los de vehículos terrestres no ferroviarios, responsabilidad civil derivada del uso de automóviles y, en general, los de pérdidas pecuniarias diversas, siempre que el tomador supere los límites de, al menos, dos de los tres criterios siguientes:[17]

   – Total del balance: 6.200.000 ecus.[18]

---

[16] La Exposición de Motivos de la Ley 21/1990 decía que en el contrato de seguro relativo a grandes riesgos *«el tomador no requiere una tutela especial por parte de la ley ni de las autoridades administrativas, y habida cuenta de la nueva escala de concurrencia en que el mercado asegurador tiene que desenvolverse a partir de ahora, es conveniente dotar a dicho mercado, en lo referente a los grandes riesgos, de una mayor libertad de contratación, situando el principio de autonomía de la voluntad en lugar preferente».*

[17] Si el tomador del seguro forma parte de un grupo de sociedades cuyo balance se ha de consolidar según lo dispuesto en los artículos 42 a 49 del Código de Comercio, los criterios mencionados a continuación se aplicarán al balance consolidado.

[18] En la actualidad, 1 ecu es el equivalente a 1 euro.

– Importe neto del volumen de negocios: 12.800.000 ecus.
– Número medio de empleados durante el ejercicio: 250 empleados.

Los seguros relativos a grandes riesgos se definen por su contraposición a los seguros que cubren riesgos de masa, siendo éstos concluidos por consumidores y no admitiendo sino la adhesión a los términos impuestos por el asegurador. En los seguros relativos a grandes riesgos, el legislador ha dispensado a las partes de la imperatividad de la LCS. Tal dispensa obedece a la presunción de que el tomador del seguro no puede tener la consideración de «contratante débil», ya que su capacidad económica y de negociación estarán a la par con las del asegurador. La eliminación del carácter imperativo no implica la exclusión automática de los preceptos de la LCS, dejando así a las partes su libre disposición.

Por último, la consideración de tales preceptos como dispositivos en los seguros que cubren riesgos no conlleva necesariamente la supletoriedad de los mismos, ya que el derecho dispositivo tiene una función meramente ordenadora y debe aplicarse según los límites previstos en el artículo 6.2 del Código Civil.

1.2 Objetos asegurables

En el seguro marítimo, podrán ser objeto de seguro todos los objetos comerciales sujetos al riesgo de navegación cuyo valor pueda fijarse en una cantidad determinada.

Para los seguros de transporte terrestre y aéreo, el artículo 54 de la Ley 50/1980 de Contrato de Seguro dice que podrán ser asegurados las mercancías porteadas, el medio utilizado u otros objetos asegurados que puedan sufrir daños materiales con ocasión o a consecuencia del transporte. En este capítulo vamos a delimitar, por un lado, el concepto de *mercancías* y, por otro, el de *otros objetos asegurados*.

1.2.1 Mercancías

Mercancías son todos aquellos bienes muebles susceptibles de ser transportados. El aseguramiento de tales bienes obedece a un interés en preservar su valor económico en caso de que ocurran daños o pérdida de las mismas durante su transporte.

El concepto de mercancías excluye bienes o equipos accesorios del transporte como pueden ser los contenedores, las cisternas, las jaulas, los remolques o los semirremolques. Sin embargo, los envases y embalajes sí se encuentran implícitos en el concepto de mercancías y, como tales, son objeto de indemnización. Ocurre a menudo que durante el transporte las mercancías son dañadas únicamente en su embalaje o envase. En estos casos, el asegurador está obligado a resarcir al asegurado por el coste del trasvase y reembalaje o, en caso de que resulte imposible o más caro, por el precio total de reposición de la mercancía.

Las mercancías asegurables deben ser objeto de lícito comercio. Tienen que estar individualizadas o, en el caso de tratarse de bienes genéricos, debidamente identificadas mediante su peso, número, volumen y clase. También deben estar designadas en un lugar concreto. Ante un seguro marítimo, el artículo 738 del Código de Comercio requiere que la póliza contenga *«la naturaleza y calidad de los objetos asegurados»* y el *«número de los fardos o bultos de cualquier clase, y sus marcas, si las tuvieran».*[19]

Con cierta frecuencia, es imposible individualizar, identificar o siquiera designar el lugar de las mercancías en el momento de contratar una póliza flotante. En estos casos, la determinación de las mercancías se realizará no en la póliza, sino en el aviso o boletín de aplicación de fecha posterior a aquélla. Dicha salvedad está –en el caso de los seguros marítimos– expresamente recogida en el artículo 741 del Código de Comercio, que permite *«omitir la designación específica de ellas y del buque que tenga que transportarlas, cuando no consten estas circunstancias al asegurado».* Si el buque, en estos casos, sufriera accidente de mar, el asegurado estará obligado a probar, además de la pérdida del buque, su salida del puerto de carga, el embarque por su cuenta de los efectos perdidos, y su valor, para reclamar la indemnización.

Existen distintos modelos de pólizas para determinadas clases de mercancía: los animales vivos, las mercancías congeladas, las joyas, los metales preciosos, los títulos-valor o, incluso, las obras de arte.

Las mercancías peligrosas (explosivas, inflamables, radiactivas o corrosivas) suelen estar aseguradas por compañías especializadas, en pólizas especiales y con primas muy altas en previsión del valor del daño indemnizable. En las pólizas de transporte cotidianas, estas mercancías se mencionan en la cláusula de exclusiones o de «mercancías excluidas». No se trata de riesgos excluidos ni de cláusulas delimitadoras del riesgo, sino de *objetos* excluidos del seguro.[20] En las pólizas de seguro marítimo existe además, por ley –artículo 745 del Código de Comercio–, la siguiente exclusión: *«En el seguro genérico de mercaderías no se reputarán comprendidos los metales amonedados o en lingotes, las piedras preciosas ni las municiones de guerra».*

---

[19] En la sentencia de la Audiencia Provincial (AP) de Almería de 25-5-1999, el cargador Bodegas García Ruiz, SL demandó a la aseguradora Winterthur reclamando el valor de 494 cajas de Seven Up y 127 de Coca-Cola que habían perecido durante un transporte terrestre a cargo del transportista asegurado. La aseguradora fue absuelta porque –según la póliza del transportista– el vehículo tenía asegurada la responsabilidad por el transporte de *«aceites, frutas y hortalizas»,* aunque no de bebidas.

1.2.2   *Otros objetos asegurados*

La expresión *«otros objetos asegurados»* procede –como dijimos en el anterior epígrafe–, del artículo 54 de la Ley de Contrato de Seguro. No existe una interpretación precisa de qué es lo que estaba en la mente del legislador al emplear dicha fórmula. Algunos autores[21] entienden que no se refiere a otros intereses asegurados, sino a otras modalidades de seguro distintas al de transporte terrestre de mercancías, como son el seguro de personas conexas con el seguro de transporte terrestre, el seguro de lucro cesante en el transporte terrestre o el seguro de responsabilidad civil en el transporte. Sin embargo, el seguro de transportes es un seguro de daños y no de responsabilidad civil, razón por la que no desarrollaremos más este epígrafe.

1.3   *El riesgo*

1.3.1   *Concepto*

En términos generales, se entiende por riesgo la posibilidad de un evento dañoso. El riesgo es, según una de las definiciones doctrinales más acertadas, *«la posibilidad de que por azar ocurra un hecho que produzca una necesidad patrimonial, pues el riesgo es un estado que se produce como consecuencia de un hecho».*[22] En el ámbito del seguro, el riesgo se limita a aquel o aquellos eventos que se encuentren recogidos como tal en el contrato de seguro. En definitiva, la póliza es la que fija las modalidades y los límites del riesgo o riesgos y, a su vez, condiciona la obligación del asegurador de indemnizar al asegurado.

La existencia del riesgo es un elemento esencial en el contrato de seguro, de tal forma que su ausencia determina la nulidad del mismo. Cuando al comienzo del contrato no existe posibilidad de que el evento dañoso pueda producirse, estaremos ante un caso de nulidad del contrato. Esta regla se consagra en el artículo 4 de la Ley del Contrato de Seguro.[23]

---

[20] La sentencia del TS de 24-2-1997, sin embargo, se refiere confusamente a dicha cláusula como de exclusión *«del alcance del riesgo garantizado».*

[21] Sánchez Calero, F., Fuentes Camacho, V., Tapia Hermida, A. J., Tirado Suárez, J. y Fernández Rozas, J. C., *Ley de contrato de seguro*, Aranzadi, 2001, 2.ª ed., pág. 917 y ss.

[22] Garrigues, J., *Contrato de Seguro Terrestre*, 2.ª ed., Madrid, 1973.

[23] *«Existencia del riesgo: el contrato será nulo, salvo en los casos previstos por la Ley, si en el momento de su conclusión no existía el riesgo o había ocurrido el siniestro.»*

El mismo artículo 4 contrapone una excepción genérica a la regla anterior. El contrato es nulo cuando no existe riesgo en el momento de su celebración *«salvo en los casos previstos en la Ley»*. Se refiere, en estos casos, a aquellas situaciones en las que las partes perfeccionan el contrato para asegurar un determinado riesgo que, sin ellas saberlo, no existe en la realidad. Algunos autores hablan de la existencia de un riesgo putativo, ya que éste sólo existe en la mente del asegurado.[24] Otros destacan el carácter retroactivo del contrato, pues el evento es incierto subjetivamente, pero no futuro.[25]

En el seguro marítimo, los *«casos previstos en la Ley»* se concretan en los siguientes preceptos:

- Artículo 784 del Código de Comercio: *«El seguro hecho con posterioridad a la pérdida, avería o al feliz arribo del objeto asegurado al puerto de destino, será nulo siempre que pueda presumirse racionalmente que la noticia de lo uno o de lo otro había llegado a conocimiento de alguno de los contratantes. Existirá esta presunción cuando se haya publicado la noticia en una plaza, mediando el tiempo necesario para comunicarlo por el correo o el telégrafo al lugar donde se contrató el seguro, sin perjuicio de las demás pruebas que puedan practicar las partes»*.

- Artículo 785 del Código de Comercio: *«El contrato de seguro sobre buenas o malas noticias no se anulará si no se prueba el conocimiento del suceso esperado o temido por alguno de los contratantes al tiempo de verificarse el contrato. En caso de probarlo, abonará el defraudador a su coobligado una quinta parte de la cantidad asegurada, sin perjuicio de la responsabilidad criminal a que hubiere lugar»*.

1.3.2 Delimitación

La delimitación del riesgo es distinta según nos encontremos ante contratos de seguro de transporte terrestre y aéreo o de transporte marítimo. Mientras que los dos primeros son contratos relativos a determinados riesgos, el seguro marítimo se contrata contra una universalidad de riesgos. No se refiere a un determinado riesgo o riesgos sino a todos aquellos a los que se exponen los intereses asegurados durante la navegación. Hablamos, en definitiva, de un principio de universalidad del riesgo que inspira el seguro marítimo y que pretende amparar todos los riesgos de la navegación o del mar.[26]

---

[24] Gabaldón García, J. L. y Ruiz Soroa, J. M., *Manual de derecho de la navegación marítima*, Marcial Pons, 1999, pág. 757.

[25] Sánchez Calero, F., *Ley de Contrato de Seguro*, pág. 123, 2.ª ed., Aranzadi, 2001.

[26] *«Los aseguradores indemnizarán los daños y perjuicios que los objetos asegurados experimenten por (...) cualesquiera otros accidentes o riesgos de mar»* (art. 755 del Código de Comercio).

Como consecuencia de lo anterior, el seguro marítimo opera por exclusión y no por adición. Ello significa que, en virtud del artículo 755 del Código de Comercio, todos los riesgos del mar se encuentran cubiertos salvo aquellos que las partes excluyan de forma expresa y por escrito. Tanto es así que, ocurrido un siniestro que tenga en apariencia su origen en la navegación (abordaje, varada, temporal, naufragio, etc.), es el asegurador quien debe probar la causa (por ejemplo, vicio propio) que lo excluya del ámbito material de la póliza o de la ley si quiere eludir con éxito su obligación indemnizatoria. Al asegurado le bastará acreditar la existencia del siniestro para gozar de la presunción de cobertura que genera a su favor el principio de universalidad del riesgo.

En los seguros terrestre y aéreo, el artículo 8.3 de la Ley de Contrato de Seguro exige indicar en la póliza *«la naturaleza del riesgo cubierto»*. Ello supone un acto de concreción o individualización del riesgo. No es pacífica la cuestión de si el principio de universalidad del riesgo, más propio del seguro marítimo, debe informar igualmente de los seguros terrestre y aéreo. Lo cierto es que el artículo 54 de la LCS obliga al asegurador a indemnizar *«los daños materiales que puedan sufrir con ocasión o consecuencia del transporte las mercancías porteadas»*. Esta fórmula, pese a basarse en una visión amplia y generosa del riesgo, no es –según nuestra opinión– lo suficientemente explícita como para atribuirle universalidad al concepto del riesgo en los transportes terrestre y aéreo. Si así fuera, dicho precepto se referiría a *«todos»* los daños salvo aquéllos excluidos expresamente por las partes. Además, el artículo 57 del mismo cuerpo legal restringe la obligación de indemnizar *«de acuerdo con lo convenido en el contrato de seguro»*, recuperando así el principio de individualización del riesgo en la póliza.

La delimitación del riesgo se modula o concreta en una serie de circunstancias que se deben recoger en la póliza. De este modo, el mismo riesgo podrá encontrarse dentro o fuera de la cobertura de la póliza según se den unas u otras circunstancias. Nos referimos –aunque de forma no exhaustiva– a las siguientes:

- Naturaleza de las mercancías transportadas (fragilidad, carácter perecedero u orgánico, peso, volumen, etc.).
- Características del vehículo empleado en el transporte (antigüedad, clasificación, estado de mantenimiento, propiedad del asegurado, etc.).
- Estiba de las mercancías en el interior del vehículo, contenedor, remolque, etc.
- Viaje (ruta, exclusiones geográficas, transbordos, viajes combinados, duración, almacenajes intermedios, etc.).

El riesgo se refiere sólo a *daños materiales* que puedan sufrir las mercancías porteadas. Se incluyen en esta definición la destrucción, la pérdida, el menoscabo o el deterioro de las mercancías por alguno de los riesgos recogidos en la póliza o en la Ley, aunque no la pérdida del lucro de quien las tuviere. El lucro cesante no es un daño material sino un daño indirecto. Para cubrir el mismo debe recurrirse al seguro de intereses (sobre desembolsos y riesgos de buena llegada).

En el seguro de transporte terrestre, el artículo 59 de la LCS establece unos límites de cobertura del riesgo: «*Salvo pacto expreso en contrario, la cobertura del seguro prevista en los artículos anteriores comprenderá el depósito transitorio de las mercancías y la inmovilización del vehículo o su cambio durante el viaje cuando se deban a incidencias propias del transporte asegurado y no hayan sido causados por alguno de los acontecimientos excluidos del seguro. La póliza podrá establecer un plazo máximo y, transcurrido éste sin reanudarse el transporte, cesará la cobertura del seguro*». Dicho precepto regula dos supuestos de hecho (inmovilización o cambio de vehículo y depósito transitorio de mercancías) ubicándolos bajo el «paraguas» del seguro siempre y cuando se den las condiciones establecidas en el mismo.

Por último, cabe mencionar un breve apunte sobre el ámbito de actuación del Consorcio de Compensación de Seguros en materia de acontecimientos o riesgos extraordinarios propios del seguro de transporte. La responsabilidad del Consorcio no entra en la cobertura del ramo de transporte de mercancías en ninguna de sus formas (terrestre, marítimo o aéreo).[27] A pesar de ello, sí es posible imputar al Consorcio las mercancías en tránsito cuyo siniestro ocurra por incendio, estando las mismas dentro de un establecimiento que tenga contratada la garantía de incendio por riesgos extraordinarios con el Consorcio y que se extienda a este tipo de mercancías. Ello suele ocurrir únicamente en las pólizas flotantes.

1.3.3 *Declaración y modificación*

La exactitud en la descripción del riesgo es un presupuesto indispensable para la correcta formación del contrato de seguro. Señala, el artículo 10 de la Ley de Contra-

---

[27] Artículo 7.b del Estatuto Legal del Consorcio de Compensación de Seguros, aprobado por el Real Decreto Legislativo 7/2004, de 29 de octubre: «*Por lo que se refiere a seguros de cosas, los ramos de vehículos terrestres, vehículos ferroviarios, incendio y elementos naturales, otros daños a los bienes y pérdidas pecuniarias diversas, así como las modalidades combinadas de éstos, o cuando se contraten de forma complementaria*». En dicha enumeración no se encuentra el seguro de transporte de mercancías, aunque sí el de vehículos terrestres y ferroviarios.

[28] «*(...) el artículo 10 de la Ley de Contrato de Seguro cambia la filosofía del derogado artículo 381 del Código de Comercio, no sustituido por ningún otro. Deja así de constituir, en este extremo, una laguna legal en el Código de Comercio que tendrá que suplirse con el indicado artículo 10; de manera que, si de acuerdo con el precepto derogado el asegurado estaba obligado a decir todo cuanto sabía que afectase al riesgo y a ser exacto en su declaración, el actual artículo 10 limita el deber a lo que el cuestionario contiene y, para esta fase de deberes precontractuales, ha sustituido la idea de la iniciativa del*

to de Seguro, que *«el tomador del seguro tiene el deber, antes de la conclusión del contrato, de declarar al asegurador, de acuerdo con el cuestionario que éste le someta, todas las circunstancias por él conocidas que puedan influir en la valoración del riesgo. Quedará exonerado de tal deber si el asegurador no le somete cuestionario o cuando, aun sometiéndoselo, se trate de circunstancias que puedan influir en la valoración del riesgo y que no estén comprendidas en él».*[28]

Se trata de un deber precontractual que incumbe al tomador del seguro y que ha de cumplirse sobre un cuestionario. Éste consiste en un formulario con preguntas acerca de la naturaleza del riesgo, de las mercancías, del tráfico o zona geográfica o del medio de transporte. Dicho deber no puede ir más allá de lo preguntado en el cuestionario.[29]

La violación del deber de declaración puede conllevar la rescisión del contrato por parte del asegurador o la disminución o pérdida del derecho a la indemnización.

- *Rescisión del contrato.* El asegurador podrá rescindir el contrato mediante declaración dirigida al tomador del seguro en el plazo de un mes, a contar desde el conocimiento de la reserva o inexactitud del tomador del seguro. Corresponderán al asegurador, salvo que concurra dolo o culpa grave por su parte, las primas relativas al período en curso en el momento que haga esta declaración.

- *Disminución de la prestación.* Si el siniestro sobreviene antes de que el asegurador haga la declaración a la que se refiere el párrafo anterior, la prestación de éste se reducirá proporcionalmente a la diferencia entre la prima convenida y la que se hubiese aplicado de haberse conocido la verdadera entidad del riesgo.

- *Pérdida de la prestación.* Si medió dolo o culpa grave del tomador del seguro, el asegurador quedará liberado del pago de la prestación.

---

contratante del seguro por la del asegurador; no hay un deber de declaración sino de respuesta del tomador, de lo que interesa de él el asegurador, y que le importa a efectos de valorar debidamente el riesgo, como la concurrencia de aquellos otros extremos que sean de su interés» (fundamento 4.º de la sentencia del TS de 2-12-1997).

[29] En aquellos casos en los que el asegurador *«no exige dicho cuestionario (…) debe pechar con las consecuencias por haber relevado al tomador del deber de cumplimiento de dicha información previa al contrato»* (sentencia del TS de 18-5-1993); *«(…) el deber del tomador del seguro ha de conjugarse con el deber de respuesta al cuestionario a que debe someterle la entidad aseguradora»* (sentencia del TS de 18-5-1993); *«(…) declarado por la sentencia recurrida que la agente de la aseguradora recurrente fue quien rellenó el cuestionario que el tomador del seguro se limitó a firmar, ello equivale a una falta de presentación del cuestionario cuyas consecuencias no pueden hacerse recaer sobre el asegurado y sí, en todo caso, sobre la agente de la aseguradora»* (sentencia del TS de 31-5-1997).

Una vez declarado, la modificación del riesgo durante la vigencia del contrato de seguro puede producir un desequilibrio en las obligaciones de ambas partes. Tanto la prima, por parte del asegurado, como la cobertura, del asegurador, fueron fijadas con sujeción a una determinada situación de riesgo. Alterada ésta, las obligaciones de una u otra parte pueden volverse más gravosas de lo inicialmente pactado. La modificación del riesgo puede tener el efecto de agravar o de disminuir el mismo.

En el seguro marítimo, el tratamiento legal de la agravación del riesgo se rige por el principio volitivo. Así, se distingue entre los casos decididos voluntariamente por el asegurado y aquellos que son ajenos a su voluntad. Sólo a estos últimos se les aplica la regla de exclusión. Es decir, la agravación del riesgo provoca la exclusión de la cobertura por parte del asegurador sólo cuando la alteración del riesgo ha sido voluntariamente decidida por el asegurado.

Además de querida y decidida por el asegurado, la situación de cambio –que supone la alteración del riesgo– deberá tener una relevancia causal. De este modo, para que el siniestro quede fuera de cobertura deberá necesariamente haber sido causado por la alteración del riesgo. Faltándole el nexo causal, la relación entre la modificación del riesgo y el siniestro desaparece.[30]

Según los artículos 11 y 12 de la LCS, el tomador o el asegurado deberán, durante el curso del contrato, comunicar al asegurador, tan pronto como le sea posible, todas las circunstancias que agraven el riesgo y sean de tal naturaleza que si hubieran sido conocidas por éste en el momento de la perfección del contrato no lo habría celebrado o lo habría concluido en condiciones más gravosas. El asegurador puede proponer una modificación del contrato; dispone de un plazo de dos meses que se cuentan a partir del día en que la agravación le ha sido declarada. En tal caso, el tomador dispone, a su vez, de quince días a partir de la recepción de esta proposición para aceptarla o rechazarla. Si la rechaza, o se produce silencio por parte del tomador, el asegurador puede, transcurrido dicho plazo, rescindir el contrato previa advertencia al tomador, al que le dará un nuevo plazo de quince días para que conteste, transcurridos los cuales y dentro de los ocho siguientes comunicará al tomador la rescisión definitiva.

El asegurador podrá asimismo rescindir el contrato comunicándolo por escrito al asegurador dentro de un mes, a partir del día en que tuvo conocimiento de la agravación del riesgo. En el caso de que el tomador del seguro o el asegurado no haya efectuado aún su declaración y sobrevenga un siniestro, el asegurador queda liberado de su prestación si el tomador o el asegurado han actuado con mala fe. En otro

---

[30] El buque que se desvía de su ruta y sufre daños por temporal sólo tendrá derecho a ser indemnizado por el asegurador si prueba que no había temporal en la zona de navegación correspondiente a la derrota del viaje pactado en la póliza (véase la sentencia del TS de 23-7-1998).

caso, la prestación del asegurador se reducirá proporcionalmente a la diferencia entre la prima convenida y la que se hubiera aplicado de haberse conocido la verdadera entidad del riesgo.

Según el artículo 13, el tomador del seguro o el asegurado podrán, durante el curso del contrato, poner en conocimiento del asegurador todas las circunstancias que disminuyan el riesgo y sean de tal naturaleza que si hubieran sido conocidas por éste en el momento de la perfección del contrato, lo habría concluido en condiciones más favorables. En tal caso, al finalizar el período en curso cubierto por la prima, deberá reducirse el importe de la prima futura en la proporción correspondiente, teniendo derecho el tomador en caso contrario a la resolución del contrato y a la devolución de la diferencia entre la prima satisfecha y la que le hubiera correspondido pagar, desde el momento de la puesta en conocimiento de la disminución del riesgo.

Los artículos 11, 12 y 13 de la LCS establecen el marco general que informa de los derechos y obligaciones de las partes en materia de modificación del riesgo. Sin embargo, los seguros de transporte terrestre y marítimo tienen algunas particularidades.

En el artículo 60 de la LCS, la modificación del riesgo se trata desde el prisma de la imputabilidad. Así, en tanto la modificación no sea *imputable* al asegurado, éste no pierde el derecho a la indemnización. Dicho precepto individualiza las conductas de agravación del riesgo en el transporte terrestre según el siguiente tenor: «*alterando el medio de transporte, el itinerario o los plazos del viaje o éste se haya realizado en tiempo distinto al previsto*».

Podemos afirmar que lo habitual es que el asegurado –bien sea el cargador o bien el receptor de las mercancías– sea ajeno a los cambios de vehículo porteador, de plazos del viaje y de itinerario. Cuando ello es así, no cabe imputarle la responsabilidad sobre los mismos, ni por consiguiente privarle de la prestación indemnizatoria.

A diferencia de la Ley de Contrato de Seguro, el Código de Comercio trata los casos de agravación del riesgo de forma individualizada. Aquellos a los que se refiere como susceptibles de exclusión son los siguientes:

a) Cambio de viaje, derrota o buque cuando sea voluntario[31] (arts. 755.5 y 756.1 del Código de Comercio).

b) Interrupciones durante el viaje asegurado causadas por arribadas forzosas, descargas, estancias en tierra no previstas, etc. (arts. 755.7, 760 y 764 del Código de Comercio).

c) Prolongación del viaje a un puerto más remoto que el designado en la póliza (art. 756.3 del Código de Comercio).

---

[31] Se alude aquí a la voluntad del asegurado y no del asegurador (sentencia del TS de 17-9-1984).

1.3.4   Concepto

Garrigues, J. señala: «*(...) si se examinan las pólizas usadas en España, se verá que la garantía del asegurador va más allá que la responsabilidad del porteador, puesto que incluye los daños y pérdidas sufridos por las mercancías a consecuencia de fuerza mayor, como es el caso del rayo, la inundación, el desbordamiento de ríos, de las lluvias y nieves tempestuosas, de las avalanchas, del huracán, del desprendimiento de tierras, del hundimiento de puentes, etc.; daños éstos por los cuales nunca responde el porteador, ya que el riesgo de las cosas transportadas corresponde al cargador, como decía el artículo 361 del Código de Comercio y debía decir la nueva Ley*».[32]

1.4   *El interés asegurable*

El interés asegurable es la relación económico-jurídica entre una persona y las mercancías transportadas. Se trata de una cualidad que legitima a una persona para poder asegurar las mercancías, ya que desea su conservación a lo largo del transporte. En términos generales, la existencia del interés es una condición indispensable para la validez del contrato de seguro.[33]

Pueden ser titulares del interés asegurable no sólo el propietario de las mercancías, sino también otras personas que no necesariamente ostentan la propiedad en el momento de la celebración del contrato como el usufructuario, el acreedor pignoraticio, el vendedor, el expedidor, el comprador, el receptor o, incluso, el propio transportista. Tanto es así que el artículo 56 de la Ley de Contrato de Seguro aclara que «*podrán contratar este seguro no sólo el propietario del vehículo o de las mercancías transportadas, sino también el comisionista de transporte y las agencias de transporte, así como todos los que tengan interés en la conservación de las mercancías, expresando en la póliza el concepto en el que se contrata el seguro*».

---

[32] Garrigues, J., *Contrato de seguro terrestre*, pág. 299. Fragmento recogido en la sentencia de la Audiencia Provincial de Oviedo de 28-3-1981.

[33] Artículo 25 de la Ley 50/1980, de 8 de octubre, de Contrato de Seguro.

[34] La cuestión de si el comisionista de transportes está obligado contractualmente a contratar una cobertura de seguro de las mercancías en interés de su comitente, se halla regulada en el artículo 274 del Código de Comercio: «*El comisionista encargado de una expedición de efectos que tuviera orden para asegurarlos será responsable, si no lo hiciere, de los daños que a estos sobrevengan, siempre que estuviese hecha la provisión de fondos necesaria para pagar el premio del seguro, o se hubiere obligado a anticiparlos y dejara de dar aviso inmediato al comitente de la imposibilidad de contratarlo. Si durante el riesgo el asegurador se declarase en quiebra, el comisionista tendrá la obligación de renovar el seguro, al no haberle prevenido cosa en contrario el comitente*». En la Orden de 25-4-1997, por la que se establecen las condiciones generales de

El seguro de transporte recae –qué duda cabe– sobre mercancías en movimiento, es decir, que se desplazan de un punto a otro. De igual modo, dichas mercancías cambian de propietario a lo largo del transporte mediante la emisión y entrega de títulos de tradición (conocimientos de embarque, carta de porte CMR, AWB, albaranes, etc.) que, mediante nominación, endoso o cesión, permiten la transmisión de la propiedad sin la tenencia física de las mercancías. El seguro no puede suponer ningún obstáculo a la libre circulación de mercancías por medio de dichos títulos. Antes al contrario. El legislador aplica al ámbito del seguro los mecanismos de transmisión propios de las compraventas y del transporte. Ello explica la existencia de pólizas de seguro nominativas, a la orden y al portador. El contrato de seguro se configura así como un título transferible que confiere la titularidad del interés asegurable.

Vamos a referirnos muy brevemente a aquellos sujetos a los que el artículo 56 menciona como posibles titulares del interés asegurable. El *propietario del vehículo,* en primer lugar, podrá contratar el seguro cuando sea él mismo quien, además de ser propietario del vehículo, realice el transporte de las mercancías. El *comisionista de transportes* puede también contratar el seguro, ya sea en su nombre o por cuenta de terceros, dependiendo de los compromisos que haya adquirido con sus clientes.[34] Por lo que respecta a las *agencias de transporte,* la doctrina y la jurisprudencia consideran que «*los comisionistas de transporte de mercancías reciben la denominación de agencias de transportes*».[35]

En cuanto al propietario de las mercancías, si bien es obvia su paternidad del interés asegurable, no lo es tanto su condición de propietario. Al menos en el ámbito de las compraventas internacionales. En otras palabras, ¿en qué momento deja de ser propietario el vendedor y pasa a ser propietario el comprador? ¿Cuándo pasa la propiedad de uno a otro?

En compraventas internacionales sujetas a los Incoterms CIF (coste, seguro y flete) en las que el seguro se contrata por el vendedor, la transmisión del riesgo al comprador se verifica desde el instante en que la mercancía se pone a bordo para ser

---

la contratación de los transportes de mercancía por carretera, se establece, en el apartado 2.2 de las relativas a los transportes de carga fraccionada, la siguiente obligación: «*El porteador deberá informar al remitente, en el momento de contratar, de la posibilidad de suscribir un seguro que cubra los daños que las mercancías integrantes del envío puedan sufrir, hasta los límites de valor de las mismas. El coste de dicho seguro, los supuestos en los que se acuerde suscribirlo, tendrá la consideración de gastos de explotación y será, por tanto, repercutido en el precio del transporte*».

[35] Sánchez Calero, F., *Instituciones de derecho mercantil,* Aranzadi, 2005, t. II, pág. 150. Dicha asimilación trae causa de la interpretación extensiva del artículo 120 de la Ley de Ordenación de los Transportes Terrestres de 30-7-1987, que define la figura de las agencias de transporte. En el mismo sentido, las sentencias del TS de 11-10-1986, 18-11-1986, 19-4-1990 y 7-6-1991 y la del Tribunal Constitucional núm. 180/1992 de 16-11-1992.

transportada, es decir, desde el momento preciso en que la mercancía ha sobrepasado la borda del buque en el puerto de embarque. La transmisión del riesgo conlleva, desde ese momento, la transmisión del interés asegurado en beneficio del comprador.

El Tribunal Supremo, en su sentencia de de marzo de 1997 relativa a un seguro marítimo, recoge lo anterior en el siguiente fragmento: «*(...) la asegurada por la póliza de seguro contra los riesgos del transporte concertado entre la actora [la aseguradora] y la vendedora de la mercancía asegurada debe ser necesariamente la compradora, bien sea porque así se estipule formalmente en la póliza de seguro, bien porque ésta se transfiera o se endose a favor del cobrador de la mercancía —artículo 742 del Código de Comercio—. Y así debe constar expresamente en la póliza, ya que una de las obligaciones esenciales que el vendedor contrae en la venta CIF es entregar al comprador esa póliza debido a que éste asume los riesgos desde el momento en que la mercancía se carga, es decir, se transmite el riesgo al comprador desde el momento en que la mercancía sobrepasa efectivamente la borda del buque en el puerto de embarque; de tal manera que, a partir de ese momento, el interés asegurable es el suyo y no el del vendedor*».[36]

Con respecto a los seguros terrestres, el artículo 34 de la Ley de Contrato de Seguro establece el régimen siguiente: «*En caso de transmisión del objeto asegurado, el adquirente se subroga en el momento de la enajenación en los derechos y obligaciones que correspondían en el contrato de seguro al anterior titular. Se exceptúa el supuesto de pólizas nominativas para riesgos no obligatorios, si en las condiciones generales existe pacto en contrario. El asegurado está obligado a comunicar por escrito al adquirente la existencia del contrato de seguro de la cosa transmitida. Una vez verificada la transmisión, también deberá comunicarla por escrito al asegurador o a sus representantes en el plazo de quince días. Serán solidariamente responsables del pago de las primas vencidas en el momento de la transmisión el adquirente y el anterior titular o, en caso de que éste hubiera fallecido, sus herederos*».

Con cierta frecuencia, las mercancías se embarcan sin saberse *a priori* la identidad del comprador o receptor de las mismas, o, incluso, durante el transporte pueden volverse a vender por el comprador inicialmente designado por el vendedor y tomador del seguro. Ante estas situaciones, la experiencia ha desarrollado una práctica común consistente en asegurar las mercancías «*por cuenta de quien corresponda*». De este modo, se evitan situaciones en las que el titular del interés asegurado no puede beneficiarse de la cobertura al no constar expresamente designado en la póliza. Otro mecanismo empleado son las pólizas emitidas a la orden cuya transmisión se efectúa, una o repetidas veces, mediante uno o sucesivos endosos.

---

[36] Así también las sentencias del TS de 22-10-1931, 3-7-1941, 24-6-1942 o, más recientemente, la de 3-5-1991.

Por último, vamos a referirnos, aunque muy brevemente, al valor del interés asegurable. Este concepto no debe confundirse con el de suma o capital asegurado, ya que este último supone la concreción o estimación en la póliza del valor del interés asegurable. En otras palabras, se trata de una cuantificación concreta o aproximada, realizada generalmente por el asegurado, y que no tiene por qué coincidir con el valor real de las mercancías. Pensemos, por ejemplo, en mercancías cuyo precio se deprecia o se revaloriza a lo largo del transporte, o en aquellas otras cuyo precio no ha podido determinarse en el momento de la celebración del contrato de seguro.

Para estos casos, en los seguros terrestres, el artículo 62 de la LCS aporta un sistema de doble opción. *«En defecto de estimación, la indemnización cubrirá, en caso de pérdida total, el precio que tuvieran las mercancías en el lugar y en el momento en que se cargaran y, además, todos los gastos realizados para entregarlas al transportista y el precio del seguro si recayera sobre el asegurado. No obstante lo dispuesto en el párrafo anterior, cuando el seguro cubre los riesgos de mercancías que se destinen a la venta, la indemnización se regulará por el valor que éstas tuvieran en el lugar de destino.»* Distingue, en suma, en función de si la mercancía transportada esté destinada o no a la venta: en caso afirmativo, aplica el valor de mercado en destino, y en caso negativo, aplica un sistema de fijación de valor analítico basado en el valor FOB (franco a bordo) de la mercancía, incrementado por los gastos de transporte, flete, seguros y aduanas.

En situaciones homólogas, aunque relativas a seguros marítimos, el artículo 754 del Código de Comercio establece una única fórmula de carácter analítico: *«Si, al momento de firmarse el contrato, no se hubiese fijado con especificación el valor de las cosas aseguradas, se determinará éste: 1. Por las facturas de consignación. 2. Por la declaración de corredores o peritos, que procederán basándose en el precio de los efectos en el puerto de salida, más los gastos de embarque, flete y aduanas».* Se trata de un único valor analítico al que se llega a partir de las facturas comerciales y se termina con la prueba de peritos o corredores sobre el valor de la mercancía a costado de buque, incrementado por los gastos de embarque, flete y aduanas.

1.5 La suma o capital asegurado

1.5.1 Concepto

El valor asegurado es el valor que se asigna al interés asegurable; en la póliza, se concreta en una cifra que se llama «capital» o «suma asegurada». La suma asegurada es el límite máximo que el asegurador está obligado a pagar en caso de que se produzca un siniestro. Dicha cifra generalmente suele ser aportada por el asegurado de forma unilateral y es aceptada sin reservas por el asegurador.

La indemnización del asegurador nunca podrá ser superior al daño efectivamente sufrido por el asegurado. Para determinar el daño en los seguros terrestre y aéreo, la Ley de Contrato de Seguro establece unas reglas muy claras que deben observarse de modo general en todos los seguros de daños. Dichas reglas se encuentran en los artículos 26, 27 y 28 y son las siguientes:

1. La suma asegurada representa el límite máximo de la indemnización que debe pagar el asegurador en cada siniestro.
2. El seguro no puede ser objeto de enriquecimiento injusto para el asegurado. Para determinar el daño se atenderá al valor del interés asegurado en el momento inmediatamente anterior a la realización del siniestro.
3. Las partes, de común acuerdo, podrán fijar –en la póliza o con posterioridad a la celebración del contrato– el valor del interés asegurado que habrá de tenerse en cuenta para el cálculo de la indemnización.

La suma asegurada constituye el máximo indemnizable, sin embargo, no es *per se* el importe que hay que indemnizar en cada siniestro. El asegurado debe cuantificar el daño tomando como referencia el valor del interés asegurado en el momento anterior a la ocurrencia del siniestro. La estricta función indemnizatoria del seguro de daños exige que el valor que se considere para fijar la indemnización sea el que el interés tenga en el momento inmediatamente anterior al siniestro. A dicho valor se le llama «valor final».

En las pólizas, el asegurador suele incluir cláusulas de aplicación de la denominada «regla proporcional». Si en el momento de la producción del siniestro la suma asegurada es inferior al valor del interés, en virtud de la regla proporcional el asegurador indemnizará el daño causado sólo en la misma proporción que la suma asegurada cubre el interés asegurado. La regla proporcional beneficia al asegurador en situaciones de infraseguro en las que el valor del interés asegurado supera el del capital asegurado.

Las partes, de común acuerdo, pueden excluir la aplicación de la regla proporcional fijando el valor del interés asegurado. Esto significa que, en caso de siniestro, el asegurador indemnizará con sujeción al importe pactado y fijado por las partes.[37] La fijación del valor asegurado podrá hacerse en la misma póliza o en cualquier otro

---

[37] En la sentencia de 5-11-1999, el TS se refiere a este tipo de pólizas, y añade que en las mismas *«el asegurador se compromete a abonar el total del daño producido en uno de los bienes asegurados, sin que entre en juego la regla de proporcionalidad del seguro de daños; se trata, en todo caso, de una modalidad de seguro de daños que en modo alguno contradice el que la determinación de los bienes asegurados se relacione por anexos a la póliza».*

documento posterior (por ejemplo, facturas comerciales). Estas pólizas se denominan «a primer riesgo». Conllevan una prima más alta, pero favorecen al asegurado, ya que someten al asegurador al valor asegurado prescindiendo del valor real de las mercancías.

El seguro «a primer riesgo» es frecuente en el transporte de mercancías. Se emplea cuando el tomador considera que el siniestro sólo puede afectar a una parte del valor asegurable, ya que el interés del asegurado se refiere a un conjunto de bienes cuya naturaleza o cuyo emplazamiento hace muy difícil o imposible que un mismo siniestro afecte a todos ellos. La suma asegurada suele ser inferior al valor total de los bienes sometidos al riesgo, sin embargo, servirá para determinar el daño sin que quepa aplicar la regla proporcional.[38]

En la práctica, el valor del interés asegurado se acostumbra a fijar en el 100 % del precio contractual de las mercancías pactado entre comprador y vendedor, en la misma moneda, más un 10 % adicional.

1.5.2   *La póliza estimada*

En la póliza estimada el valor asegurado se ha convenido entre las partes, que se comprometen a aceptarlo como real a todos los efectos, especialmente los indemnizatorios en caso de siniestro.

Según el artículo 28 de la Ley de Contrato de seguro, *«se entenderá que la póliza es estimada cuando el asegurador y el asegurado hayan aceptado expresamente en ella el valor asignado al interés asegurado»*. Dicha definición es válida para los seguros de transporte terrestre y aéreo, ya que se incluye en las disposiciones relativas al seguro de daños. En estos seguros, la póliza estimada requiere de un pacto o aceptación expresa entre las partes.

En el seguro marítimo, el artículo 752 del Código de Comercio establece la *«presunción legal de que los aseguradores admitieron como exacta la evaluación hecha en ella de los efectos asegurados»*. Ello significa que, sin necesidad de pacto o aceptación expresa, el valor asegurado se corresponderá siempre con el valor real de la mercancía.

La estimación presenta, sin embargo, algunos límites. Son excepciones en las que, en virtud del principio indemnizatorio y de la buena fe contractual, se deja sin efecto la correspondencia entre el valor real y el valor asegurado. Las excepciones varían ligeramente según se trate de un seguro terrestre o aéreo, o bien de un seguro marítimo.

---

[38] Las sentencias del TS de 22-7-1991 y 5-11-1999, entre otras, se refieren a este tipo de seguros. En la segunda sentencia, el TS mantiene que *«esta modalidad tiene lugar en supuestos en que se da una pluralidad de intereses asegurados cubiertos por un mismo contrato de seguro»*.

En los seguros terrestre y aéreo, el asegurador sólo podrá impugnar el valor estimado *«cuando su aceptación haya sido prestada por violencia, intimidación o dolo, o cuando por error la estimación sea notablemente superior al valor real, correspondiente al momento del acaecimiento del siniestro, fijado pericialmente».*

En el seguro marítimo las excepciones se refieren a los casos en los que se aprecia *fraude o malicia* y de error por el asegurado al hacer la estimación. En el primer caso, el fraude o la malicia son motivo de anulación del contrato.[39] En el segundo, si apareciere exagerada la evaluación y ésta hubiere procedido de error imputable al asegurado, *«se reducirá el seguro a su verdadero valor, fijado por las partes de común acuerdo o por juicio pericial. El asegurador devolverá el exceso de prima recibida, pero retendrá, sin embargo, medio por ciento de este exceso».*

1.5.3   El doble o múltiple seguro

En el mundo del transporte de mercancías es relativamente frecuente encontrar que un mismo interés ha sido asegurado dos o más veces para el mismo viaje y por idénticos riesgos. En ocasiones, el porteador y el propietario aseguran, cada uno por su lado, los objetos transportados. En otras, son el comprador y el vendedor quienes, de forma separada e independiente, aseguran los efectos. Puede ocurrir, incluso, que sea el mismo tomador el que asegura dos veces el mismo interés, bien sea por mero desconocimiento o bien porque se solapan una póliza flotante con otra por viaje. Se trata, en definitiva, de situaciones en las que dos o más contratos con distintos aseguradores cubren los efectos que un mismo riesgo puede producir sobre el mismo interés y durante idéntico período de tiempo

En estos casos, la suma de capitales asegurados por dos o más pólizas suele superar el valor real del interés. Cuando ello ocurre, la ley obliga a la estricta aplicación del principio indemnizatorio de que el seguro no puede ser objeto de enriquecimiento injusto para el asegurado. En otras palabras, prohíbe al asegurado percibir una indemnización por encima del valor real del interés asegurado.

En los seguros de transporte terrestre y aéreo, el doble o múltiple seguro se produce únicamente cuando los contratos de seguro han sido estipulados por el mismo tomador. Cuando ello ocurre, el artículo 32 de la Ley de Contrato de Seguro establece al tomador del seguro o al asegurado, salvo pacto en contrario, la obligación de comunicar a

---

[39] Artículo 752 del Código de Comercio: *«Si la exageración [de la evaluación hecha por el asegurado] fuera por fraude del asegurado y el asegurador lo probara, el seguro será nulo para el asegurado y el asegurador ganará la prima, sin perjuicio de la acción criminal que le corresponda».* Artículo 781.1 del Código de Comercio: *«Será nulo el contrato de seguro que recaiga (...) sobre cosas en cuya valoración se haya cometido falsedad a sabiendas».*

cada asegurador los demás seguros contratados. Si por dolo se omitiera esta comunicación, y en caso de sobreseguro se produjera el siniestro, los aseguradores no están obligados a pagar la indemnización. Una vez producido el siniestro, el tomador del seguro o el asegurado deberá comunicarlo, de acuerdo a cada asegurador, con indicación del nombre de los demás. Los aseguradores contribuirán al abono de la indemnización en proporción a la propia suma asegurada, sin que pueda superarse la cuantía del daño. Dentro de este límite el asegurado puede pedir a cada asegurador la indemnización debida, según el respectivo contrato. Se trata, en definitiva, de un sistema de contribución que obliga a cada asegurador a indemnizar en proporción al capital asegurado por él.

En el seguro marítimo la concurrencia de dos o más seguros se regula de modo muy distinto, pues cada asegurador contribuye según la fecha de cada contrato: el más antiguo es el que indemniza y los posteriores sólo participan en caso de que el primero sea insuficiente para cubrir íntegramente el valor del interés asegurado. Esta fórmula se recoge en el artículo 782 del Código de Comercio, cuyo contenido reza:

> *«Si se hubieran realizado sin fraude diferentes contratos de seguro sobre un mismo objeto, subsistirá únicamente el primero, con tal que cubra todo su valor. Los aseguradores de fecha posterior quedarán libres de responsabilidad y percibirán un medio por ciento de la cantidad asegurada. En caso de que el primer contrato no cubra el valor íntegro del objeto asegurado, la responsabilidad del exceso recaerá sobre los aseguradores que contrataron con posterioridad, siguiendo el orden de fechas».*

1.5.4   Sobreseguro e infraseguro

a) Sobreseguro

Se entiende por sobreseguro aquella situación en la cual la suma asegurada supera notablemente el valor del interés asegurado. Esta situación es peligrosa, pues puede incitar al asegurado a la producción dolosa del siniestro para obtener un enriquecimiento. De acuerdo con el artículo 31[40] de la Ley de Contrato de Seguro, las consecuencias del sobreseguro se resumen de la siguiente manera:

---

[40] Artículo 31 de la Ley de Contrato de Seguros: *«Si la suma asegurada supera notablemente el valor del interés asegurado, cualquiera de las partes del contrato podrá exigir la reducción de la suma y de la prima, debiendo restituir el asegurador el exceso de las primas percibidas. Si se produjese el siniestro, el asegurador indemnizará el daño efectivamente causado. Cuando el sobreseguro previsto en el párrafo anterior se deba a la mala fe del asegurado, el contrato será ineficaz. El asegurador de buena fe podrá, no obstante, retener las primas vencidas y las del período en curso».*

– Cualquiera de las partes podrá proponer una reducción de la suma asegurada y de la prima, con restitución por parte del asegurador del exceso de primas recibido.
– De producirse el siniestro, el asegurador indemnizará sólo el daño efectivamente causado.

En consecuencia, la Ley prevé, además de la lógica adaptación del contrato a las circunstancias reales, la no realización por parte del asegurado de un beneficio extraordinario.[41] Cuando el sobreseguro se deba a mala fe del asegurado, el contrato será ineficaz, y el asegurador podrá además retener para sí las primas vencidas y las del período en curso. En caso contrario, el sobreseguro permitiría percibir en concepto de indemnización una cantidad superior a la que realmente correspondería en función del verdadero valor del interés lesionado por el siniestro, con lo cual esa diferencia de valoración entre la suma asegurada y el interés asegurado no podría calificarse como resarcimiento, sino como una auténtica ganancia que enriquecería injustamente al asegurado con la subsiguiente quiebra del principio indemnizatorio y la ruptura de la equivalencia de las prestaciones que ha de regir para las partes en el contrato de seguro.

De conformidad con el artículo 31 de la LCS, la existencia de un sobreseguro sólo determina la ineficacia del contrato de seguro cuando se debe a la mala fe del asegurado, circunstancia ésta que no se presume por la sola existencia de sobreseguro y cuya prueba corresponde a la compañía aseguradora. Al respecto, no hay que confundir el valor del interés que se asegura con la suma asegurada, que representa la medida en que queda cubierto por el seguro el interés asegurable. Esta suma, libremente establecida en la póliza por el asegurado, no sólo sirve de base para el cálculo de la prima, sino que representa, además, el límite máximo de la prestación del asegurador. El tomador es libre de fijar como suma asegurada una cantidad igual, inferior o superior al valor del interés al tiempo de contrato. Si la suma asegurada es superior al valor del interés, el supuesto, como hemos visto, será el sobreseguro. Como se ha apuntado anteriormente, esta situación es peligrosa para el asegurado, porque puede suponer un incentivo para la provocación dolosa de un siniestro por

---

[41] Sentencia del TS de 23-1-2003: «*(...) Si la suma asegurada supera notablemente el valor del interés asegurado cualquiera de las partes del contrato podrá exigir la reducción de la suma y de la prima, debiendo restituir el asegurador el exceso de las primas percibidas. Si se produjera el siniestro, el asegurador indemnizará el daño efectivamente causado. Cuando el sobreseguro previsto en el párrafo se debiera a la mala fe del asegurado, el contrato será ineficaz. El asegurador de buena fe podrá, no obstante, retener las primas vencidas y las del período en curso. Las partes, de común acuerdo, podrán excluir la aplicación de la regla proporcional prevista en este párrafo, ya sea en las condiciones particulares de esta póliza o por convenio escrito posterior*».

[42] Artículo 30 de la Ley de Contrato de Seguros: «*Si en el momento de la producción del siniestro la suma asegurada es inferior al valor del interés, el asegurador indemnizará el daño causado en la misma*

parte de éste con el propósito de lograr una indemnización superior al valor real del interés que aseguró; y puede resultarle gravoso porque satisfará una prima superior a la que corresponda al valor real del interés asegurado al tiempo del siniestro, mientras que la regla indemnizatoria no permite que la prestación del asegurador sobrepase ese valor.

Además de contravenir el principio indemnizatorio y suponer un enriquecimiento injusto legalmente vetado por los artículos 1 y 26 de la LCS, el sobreseguro ha sido tradicionalmente contemplado con recelo por la doctrina y por la jurisprudencia debido a los innumerables peligros y riesgos que conlleva. Al aparecer el siniestro como una oportunidad de beneficio, el contrato de seguro podría incentivar el interés del asegurado en su provocación, o como mínimo, en la disminución de las medidas de vigilancia o seguridad que puedan ser adoptadas para su evitación, así como en la reducción de la diligencia necesaria para tratar de impedir que, en caso de siniestro, se genere un incremento en las consecuencias dañosas derivadas del mismo. Valga como ejemplo la Sentencia de la AP de Madrid de 7 de marzo de 1998, cuando señala que: *«(...) Ello ha obligado a la legislación a contemplar y regular tal anomalía y a los tribunales a ser minuciosos en el examen de tales circunstancias para evitar un desequilibrio de situaciones».* Esto mismo pretende la LCS, cuando en el artículo 26 dispone que *«el seguro no puede ser objeto de enriquecimiento injusto para el asegurado».*

b) Infraseguro

La figura del infraseguro está regulada en el artículo 30 de la Ley del Contrato de Seguro,[42] y consta de dos partes bien diferenciadas. La primera presenta un supuesto de hecho, que es la situación correspondiente con el infraseguro, mientras que la segunda determina las consecuencias indemnizatorias derivadas de esa situación enunciada. Se trata de la denominada «regla proporcional»,[43] que se entiende como un régimen indemnizatorio especial resultante de aplicar una regla aritmética de

---

proporción en la que aquélla cubre el interés asegurado. Las partes, de común acuerdo, podrán excluir en la póliza, o con posterioridad a la celebración del contrato, la aplicación de la regla proporcional prevista en el párrafo anterior».

[43] Sentencia del TS de 1-6-2006: *«La solución, recogida en el artículo 10, de reducción proporcional de la indemnización tiene alguna semejanza con la llamada regla proporcional para el caso de infraseguro (art. 30), aun cuando ciertamente los supuestos no son idénticos. La solución aceptada por la Ley de Seguro EDL 1980/4219, que parte de la buena fe o de la culpa leve del tomador del seguro, tiene ventajas, no sólo para el asegurado, sino también para el asegurador, pues se refuerza la confianza en éstos».*

carácter polinómico, que tiene en cuenta distintos factores, entre ellos: la suma asegurada, el daño causado y el valor del interés, de tal modo que si al final la suma asegurada es inferior al valor del interés, el asegurador únicamente estará obligado a indemnizar el daño causado en idéntica proporción en la que la suma cubra el interés. Esta regla sólo entra en juego cuando tiene lugar un siniestro parcial, toda vez que en el supuesto de pérdida o destrucción total del objeto asegurado la situación señalada se produce automáticamente, ya que el asegurado sólo percibirá la indemnización pactada, corriendo a su propio cargo la diferencia del valor que falte por cubrir.[44]

Tan sólo hay una excepción a esta regla, y se daría cuando las partes contratantes no hicieren uso de la facultad otorgada en el párrafo segundo del artículo 30, esto es, la exclusión de la consecuencia indemnizatoria contemplada para el supuesto de hecho de infraseguro.

Destacamos distintas situaciones de infraseguro: *1)* en función del momento en que se producen, éstas pueden ser iniciales, sucesivas o finales. Es inicial cuando la suma asegurada es inferior al valor del interés en el momento de la conclusión del contrato. Es sucesivo si el menor valor de la suma asegurada acontece durante la vigencia de la póliza suscrita. Y es final cuando acontece en el momento de la producción del siniestro; *2)* en función de la influencia que la voluntad de los contratantes tenga en su provocación, las situaciones de infraseguro pueden ser voluntarias (cuando desde el principio, libre y voluntariamente, las partes deciden evitar una situación de seguro pleno) o involuntarias (cuando partiendo de la contratación de un seguro pleno, la quiebra de la ecuación de igualdad suma asegurada-interés asegurado y la minoración del importe de aquélla frente al valor de éste, se produce por causas ajenas a la voluntad de las partes).

Debe tenerse en cuenta, no obstante, que entre todas las situaciones de infraseguro planteadas en el punto anterior, el artículo 30 sólo considera relevantes, a efectos

---

[44] Sentencia del TS de 23-1-2003: «*En relación con lo expuesto, el artículo 30 EDL 1980/4219 atiende la situación de infraseguro en el momento de la producción del siniestro y extrae las debidas consecuencias a los efectos del cálculo de la indemnización del asegurador, al decir que en tal supuesto "indemnizará el daño causado en la misma proporción en la que aquélla cubre el interés asegurado", de forma que este artículo presupone la existencia de una situación de infraseguro. Norma ésta, como explica la doctrina más autorizada, que completa la enunciada en el artículo 27 EDL 1980/4219 de que la suma asegurada representa el límite máximo de la indemnización a pagar por el asegurado en caso de siniestro*».

[45] Sentencia del TS de 24-6-2003: «*La sentencia impugnada reconoce la existencia de infraseguro al fijarse la suma asegurada en treinta millones de pesetas, lo cual no se discute, infraseguro que se califica de voluntario por cuanto "el asegurado pudo contratar la pérdida de beneficios por una cantidad mayor, pero por las razones que fuera, no le convino...". La suma asegurada determina la cantidad cubierta por el seguro; en realidad, su cuantificación depende de la voluntad del asegurado, aunque obviamente también de la aceptación por la aseguradora. Si esta suma es inferior al valor del interés asegurado, da lugar al*

de aplicar las consecuencias indemnizatorias previstas en el mismo, aquellas que acontezcan en el momento en que tenga lugar el siniestro. De esta afirmación legal, se concluye lo siguiente:

1. Que resulta indiferente que la minoración del valor de la suma asegurada respecto al interés tenga o no su origen en la voluntad de los contratantes.[45]
2. Que el especial régimen indemnizatorio únicamente regirá para los supuestos de infraseguro inicial y sucesivo, cuando éstos se mantengan como tales en el momento del siniestro.[46]

1.6   La prima

La prima es un elemento esencial del contrato de seguro: es la cantidad dineraria que el tomador del contrato abona al asegurador como contraprestación a la cobertura de los riesgos que éste asume con la póliza.

Según el artículo 14 de la Ley de Contrato de Seguro, *«El tomador del seguro está obligado al pago de la prima en las condiciones estipuladas en la póliza».* Ésta es, por tanto, la prestación típica del tomador de la póliza en el contrato de seguro. La importancia de la prima como elemento esencial del contrato es tal que su importe tiene que estar obligatoriamente indicado en la póliza, según lo establecido por el artículo 8.1.6 de la misma Ley.[47]

En lo referente al tiempo y lugar del cumplimiento de la obligación del pago de la prima, el mencionado artículo 14 concluye que *«Si se han pactado primas periódicas, la primera de ellas será exigible una vez firmado el contrato. Si en la póliza no se determina ningún lugar para el pago de la prima, se entenderá que éste debe hacerse en el domicilio del tomador del seguro».*

---

infraseguro, hecho objetivo consecuente, sin que pueda imputarse negligencia a la aseguradora por no advertir al asegurado su existencia, pues es algo obvio que debe ser reconocido con mayor fuerza por el propio asegurado y lo inaceptable sería inferir una conducta negligente de la aseguradora de la mera contratación en la situación de infraseguro, de donde se sigue que la sentencia no infringió los preceptos invocados en el motivo».

[46] Sentencia del TS de 23-1-2003: *«(...) la suma asegurada representa el límite máximo de la indemnización que deba pagar el asegurador en cada siniestro. El seguro no puede ser objeto de enriquecimiento injusto para el asegurado. Para determinar el daño se atenderá al valor del interés asegurado en el momento inmediatamente anterior a la realización del siniestro. Si en el momento de la producción del siniestro la suma asegurada es inferior al valor del interés, el asegurador indemnizará el daño causado en la misma proporción en la que aquélla cubre el interés asegurado».*

[47] En caso de que la póliza no especifique la cuantía de la prima, se aceptará un reenvío directo a un documento que se aporte junto con la póliza o una referencia a las tarifas del asegurador.

El cumplimiento del pago de la prima es una condición que afecta directamente a la eficacia del contrato. El artículo 15 de la LCS establece los siguientes principios:

- Si por culpa del tomador la primera prima no ha sido pagada, o la prima única no lo ha sido a su vencimiento, el asegurador tiene derecho a resolver el contrato o a exigir el pago de la prima debida en la vía ejecutiva con base en la póliza. Salvo pacto en contrario, si la prima no ha sido pagada antes de que se produzca el siniestro, el asegurador quedará liberado de su obligación.
- En caso de falta de pago de una de las primas siguientes, la cobertura del asegurador queda suspendida un mes después del día de su vencimiento. Si el asegurador no reclama el pago dentro de los seis meses siguientes al vencimiento de la prima, se entenderá que el contrato queda extinguido. En cualquier caso, el asegurador, cuando el contrato esté en suspenso, sólo podrá exigir el pago de la prima del período en curso.
- Si el contrato no hubiera sido resuelto o extinguido conforme a los párrafos anteriores, la cobertura vuelve a tener efecto a las veinticuatro horas del día en que el tomador pagó su prima.

En líneas generales, la falta de pago de la prima por culpa del tomador puede llevar al asegurador, bien a exigir el cumplimiento de la prestación o bien a resolver el contrato, con la necesaria matización que, además, quedará liberado de sus obligaciones en cuanto a los siniestros ocurridos antes de que el tomador haya abonado la prima.[48]

Puede ocurrir que el tomador del seguro y el asegurado sean personas distintas. En tal caso, el artículo 7 de la LCS dispone que *«las obligaciones y los deberes que de-*

---

[48] En cuanto a la posibilidad de que una aseguradora oponga a terceros interesados la excepción de cobertura por impago de la prima por parte del tomador, véase la sentencia de la AP de Zaragoza de 6-10-2005, donde se afirma que la aseguradora está obligada al pago frente al tercero perjudicado en caso de que no haya notificado al asegurado la resolución del contrato por impago de la prima por parte de éste.

[49] Artículos 13.3 y 26.4 Ley 26/2006, de 17 de julio, de mediación de seguros y reaseguros privados.

[50] En caso de agravio del riesgo para el asegurador, éste podrá proponer al tomador una modificación del contrato y resolver el mismo en tanto que no llegue a un acuerdo con el tomador. Según lo dispuesto por el artículo 12 de la Ley de Contrato de Seguro, *«El asegurador puede, en un plazo de dos meses a contar del día en que la agravación le ha sido declarada, proponer una modificación del contrato. En tal caso, el tomador dispone de quince días a contar desde la recepción de esta proposición para aceptarla o rechazarla. En caso de rechazo, o de silencio por parte del tomador, el asegurador puede, transcurrido dicho plazo, rescindir el contrato previa advertencia al tomador, dándole para que conteste un nuevo plazo de quince días, transcurridos los cuales y dentro de los ocho siguientes comunicará al tomador la rescisión definitiva. El asegurador igualmente podrá rescindir el contrato comunicándolo por escrito al asegurador dentro de un mes, a partir del día en que tuvo conocimiento de la agravación del riesgo. En el caso de que el tomador del seguro o el asegurado no haya efectuado su declaración y sobreviniera un siniestro, el asegurador queda liberado de su prestación si el tomador o el asegurado ha actuado con mala fe. En otro caso,*

rivan del contrato corresponden al tomador del seguro, salvo aquellos que, por su natura-leza, deban ser cumplidos por el asegurado (...) Los derechos que derivan del contrato corresponderán al asegurado, o, en su caso, al beneficiario (...)».

Es decir, aunque el beneficiario de la póliza sea distinto del tomador, será siempre este último quien tenga la obligación de abonar la prima, sin excluir la facultad del beneficiario de proceder voluntariamente al abono de la misma.

En lo relativo a la legitimación para el recibo de la prima, además del asegurador, pueden recibir el pago de ésta el agente de seguros que haya mediado en la conclusión del contrato (salvo que su legitimación se haya excluido explícitamente en la póliza) y el corredor de seguros cuando entregue al tomador el recibo de prima emitido por la entidad aseguradora.[49]

Dado que el contrato de seguro es un contrato aleatorio, la prima está intrínsecamente unida al grado de riesgo cubierto por la póliza. Por tanto, la LCS prevé en su artículo 10 la obligación por parte del tomador de comunicar al asegurador todas la circunstancias por él conocidas que puedan influir en la valoración del riesgo, así como, durante el curso del contrato, todas las que lo agraven (art. 11). En consecuencia, para salvaguardar el equilibrio entre las prestaciones correspondientes, los artículos 12[50] y 13[51] prevén una disciplina que permite renegociar el contrato en caso de desequilibrio entre la cuantía de la prima abonada por el tomador y la entidad de los riesgos cubiertos por la aseguradora.

Finalmente, cabe mencionar que en las pólizas flotantes, si bien es cierto que las partes gozan de total libertad al negociar los detalles del contrato, resulta bastante frecuente que la prima consista en un mínimo fijo y la parte variable se abone con cadencia periódica basándose en los transportes realizados y el valor de la carga.[52]

---

la prestación del asegurador se reducirá proporcionalmente a la diferencia entre la prima convenida y la que se hubiera aplicado de haberse conocido la verdadera entidad del riesgo».

[51] El artículo 13 de la Ley de Contrato de Seguro reza así: *«El tomador del seguro o el asegurado podrán, durante el curso del contrato, poner en conocimiento del asegurador todas las circunstancias que disminuyan el riesgo y sean de tal naturaleza que si hubieran sido conocidas por éste en el momento de la perfección del contrato, lo habría concluido en condiciones más favorables.*

»En tal caso, al finalizar el período en curso cubierto por la prima, deberá reducirse el importe de la prima futura en la proporción correspondiente; en caso contrario, el tomador tendrá derecho a la resolución del contrato y a la devolución de la diferencia entre la prima satisfecha y la que le hubiera correspondido pagar, desde el momento en que tuvo conocimiento de la disminución del riesgo».

[52] La sentencia de la AP de Gipuzkoa núm. 2141/2005 (sección 2.ª) de 22 de abril aplica, en cuanto a la relación entre la póliza flotante y el abono de la prima, lo previsto por el artículo 15 de la Ley de Contrato de Seguro, que en caso de impago de la prima por parte del tomador en el momento de una «declaración de abono», si en lugar de comunicar que no procede el aseguramiento del riesgo por falta de abono de la prima correspondiente o condicionar el mismo a su pago en un determinado plazo, la aseguradora emite sin reserva el certificado de aplicación a la póliza flotante, por un principio de buena fe y de protección de la confianza, el contrato de seguro se considerará válido y en vigor.

El seguro marítimo presenta, además, algunas peculiaridades propias de su tradición y su historia. Su regulación específica se recoge en los artículos 737 a 805 del Código de Comercio.

El artículo 738 del Código de Comercio, al mencionar los requisitos obligatorios de las pólizas de seguro, hace una expresa referencia a la prima, a la que se refiere con el término «precio»: *«La póliza del contrato de seguro contendrá, además de las condiciones que libremente consignen los interesados, los requisitos siguientes: (...) Precio convenido por el seguro, y lugar, tiempo y forma de su pago».*

Al igual que la Ley de Contrato de Seguro, el Código de Comercio prevé varios supuestos que permiten modificar *a posteriori* la cuantía de la prima fijada en la póliza. A título de ejemplo, el artículo 757 prevé que *«En los seguros de carga contratados por viaje redondo, si el asegurado no encontrase cargamento para el retorno o sólo encontrara menos de las dos terceras partes, se rebajará el precio de vuelta proporcionalmente al cargamento que trajera, y se abonará además al asegurador medio por ciento de la parte que dejara de conducir...».* A su vez, el artículo 767 recoge el procedimiento que hay que seguir para el aumento de la prima en caso de producirse acontecimientos bélicos.[53]

La gran diferencia entre la disciplina prevista por la Ley de Contrato de Seguro y la del Código de Comercio en materia de prima radica en que en el seguro marítimo no se aplica la disciplina sobre impago y demoras en el pago que, por el contrario, sí se prevé en el artículo 15 de la LCS.[54]

Existe numerosa jurisprudencia que asienta el siguiente principio: en caso de que haya demora en el pago de la prima, la cobertura de la póliza no queda suspendida si la aseguradora tolera, tácita o expresamente, el retraso en el abono.[55] Ocurre lo mismo si la aseguradora, tras reanudarse el pago tardío de la prima, no manifiesta explícitamente al tomador la no vigencia de la póliza durante el período de impago de la prima fraccionada.[56]

Por tanto, al no poder aplicarse al seguro marítimo los mecanismos previstos por el artículo 15 de la LCS, para considerar el efecto que un incumplimiento unilateral en el pago de la prima tiene sobre la vigencia de la póliza, cobran mayor importan-

---

[53] Artículo 767 del Código de Comercio: *«Si se hubiera estipulado en la póliza un aumento de premio en caso de sobrevenir guerra o no se hubiera fijado el tanto del aumento, se regulará éste, a falta de conformidad entre los mismos interesados, por peritos nombrados en la forma que establece la Ley de Enjuiciamiento Civil, teniendo en consideración las circunstancias del seguro y los riesgos corridos».*

[54] Así, según la sentencia del TS de 22-6-1992, *«(...) al no resultar atendible lo dispuesto en dicho artículo 15 de la LCS, habrá que apreciar el condicionado de la póliza».*

[55] Sentencia del TS de 23-1-1996: *«(...) lo sucedido es que, habiendo surgido con anterioridad discrepancias sobre el importe que se debía pagar por la prima, que nunca dieron lugar a que las coaseguradoras estimasen suspendidas las garantías, se produjo el siniestro (...), y fue entonces cuando se rechazó el cobro de la*

cia –si cabe– el análisis del contrato en su conjunto y la evaluación de los comportamientos de las partes y de las praxis establecidas entre ellas.[57]

Cabe mencionar, por último, el artículo 34 de la citada Ley en lo relativo a la transmisión del objeto asegurado. Un supuesto típico al que se refiere dicho precepto es la compraventa (por ejemplo, en términos de coste, seguro y flete) de mercancías. Dice el mismo que: «*En caso de transmisión del objeto asegurado, el adquirente se subroga en el momento de la enajenación en los derechos y obligaciones que correspondían en el contrato de seguro al anterior titular. Se exceptúan el supuesto de pólizas nominativas para riesgos no obligatorios, si en las condiciones generales existe pacto en contrario*». En tales casos, «*el asegurado está obligado a comunicar por escrito al adquirente la existencia del contrato de seguro de la cosa transmitida. Una vez verificada la transmisión, también deberá comunicarla por escrito al asegurador o a sus representantes en el plazo de quince días. Serán solidariamente responsables del pago de las primas vencidas en el momento de la transmisión el adquirente y el anterior titular o, en caso de que éste hubiera fallecido, sus herederos*».

1.7   *La póliza flotante o de abono*

Con frecuencia, el asegurado precisa de cobertura para una serie de expediciones cuyo valor o número desconoce *a priori*. Pensemos, por ejemplo, en un fabricante que exporta parte de su producción vendiéndola en términos CIF (coste, seguro y flete) a distintos compradores en todo el mundo. También puede ocurrir que se trate de un comerciante o *trader* de materias primas cuya actividad es comprar en posición FOB (franco a bordo) y revender en posición CIF, lucrándose con el diferencial de precio, el flete y el seguro. Otro caso es el transitario que consolida y organiza el transporte de mercancías, cuyos propietarios solicitan el aseguramiento de las mismas. La póliza flotante o de abono es, en definitiva, un instrumento eficaz en todos aquellos casos en los que se expiden cargas regularmente, pero sin poder anticipar la cantidad o el momento de su expedición.

---

prima. Ello significa que las coaseguradoras habían estado consintiendo el retraso en el abono de la prima y no sería conforme a la buena fe entender que se había incurrido en mora ni mucho menos con el efecto improcedente basándose en los preceptos invocados de hacer inexigible sin más la indemnización por el siniestro».

[56] Sentencia del TS de 22-6-1992 citada anteriormente y recogida en la de 28-6-1989: «*(...) así las cosas, no debía, en buena lógica jurídico-civilística, proyectarse sobre este contrato de seguro la pura exigencia de otros contratos, en la idea de que incumplida la prestación por una parte –el asegurado en cuanto al pago de la prima– tenga que automáticamente darse por resuelta o no vigente la póliza suscrita (...), o sea, no cabe la cesación de efectos inmediata*».

[57] Véase el artículo 57 del Código de Comercio.

Mediante una única póliza, esta modalidad permite al tomador asegurar una pluralidad de mercancías que se encuentran aún indeterminadas en el momento de la firma del contrato. Con la utilización de dicha póliza se consigue una cobertura automática para una pluralidad de bienes que el tomador no puede concretar.[58] No es necesario suscribir diferentes pólizas para las distintas expediciones, ya que una póliza flotante es suficiente para todas ellas. No hará falta, tampoco, renegociar los derechos y obligaciones de las partes en cada expedición. De ese modo, la unidad del contrato aporta homogeneidad de las condiciones pactadas entre las partes, así como continuidad en la extensión de la cobertura, que se extenderá a lo largo de un período pactado entre el tomador y el asegurador.[59] Todos los embarques o expediciones que se realicen durante dicho período y que el tomador aplique a la póliza flotante se entenderán cubiertos por la misma.

El interés asegurado se referirá en la póliza de modo genérico e indeterminado. Para ello, se utilizarán fórmulas tales como *«todas las mercancías que entren en almacén concreto para ser reexpedidas»*, *«todas las ventas CIF»*, *«todos los embarques realizados durante el período»* o *«todos los transportes realizados por carretera dentro de España»*. El interés puede concretarse en una ruta geográfica determinada, referirse a un único tipo de mercancías o incluso limitarse a cantidades máximas por viaje, a un número de viajes. También puede restringirse a un determinado tipo de buques según criterios técnicos, de bandera o de antigüedad, o bien a la flota de vehículos del propio tomador.

Aunque tiene su origen en el seguro marítimo, la póliza flotante o de abono se encuentra también referida –si bien de forma muy sucinta– en la LCS. En efecto, el ar-

---

[58] Tal y como señala Cortés Domínguez, L. J. en *Seguro de abono* (Enciclopedia jurídica básica, Ed. Civitas, Madrid, 1995, t. IV pág. 6.163 y ss.), con la póliza flotante se desea *«evitar la necesidad de concertar una pluralidad de contratos de seguros, dotar a la cobertura de unas condiciones jurídicas y económicas homogéneas y, en fin, alcanzar una suerte de automatización de manera que la efectividad de la cobertura se independice de cualquier consideración que no sea la exposición al riesgo»*. En la sentencia de la AP de Guipúzcoa de 22-4-2005 encontramos otra definición similar: *«Con arreglo a dicha modalidad de seguro, al celebrar el contrato se individualiza la clase de riesgo, si bien en ese momento no existe objeto alguno sometido al mismo. Será cuando surge una efectiva situación concreta de riesgo cuando se comunica este extremo al asegurador mediante la denominada "declaración de alimento" o de "abono" de la póliza, sin necesidad de celebrar un contrato para cada caso particular»*.

[59] Como señala Uría, R., para los asegurados, acudir al seguro con el peligro de no llegar a tiempo de cubrir los riesgos hace necesario contratar un seguro general por tiempo determinado que cubra anticipada y preventivamente todos los intereses asegurables a medida que vayan quedando expuestos a los riesgos *(El seguro marítimo,* pág 771, Bosch, Barcelona, 1940).

[60] Nombre de las partes –y del asegurado o beneficiario si es distinto del tomador–, concepto en el cual se asegura, naturaleza del riesgo cubierto, designación de los objetos asegurados y de su situación, suma asegurada o alcance de la cobertura, importe de la prima junto con sus recargos e impuestos, vencimiento de las primas, lugar y forma de pago, duración del contrato y nombre del agente.

tículo 8 relativo al contenido necesario de la póliza de seguro de transporte terrestre establece que «*en caso de póliza flotante, se especificará, además, la forma en que debe hacerse la declaración del abono*». Ello significa que, además de los datos generales,[60] la póliza flotante debe precisar el modo en que se hará la declaración de aplicación o de abono. En la práctica, las pólizas flotantes contienen indicaciones adicionales tales como la clase de mercancías que se van a transportar, el medio de transporte, el valor máximo que se va a transportar por viaje y las rutas o zonas geográficas en las que se otorga cobertura.

En este tipo de pólizas, se suele exigir que el aviso de aplicación se realice dentro de las 24 horas siguientes al momento del embarque o a la fecha en que el asegurado tenga conocimiento del mismo, y siempre antes de que se reciban en lugar de destino. Si la comunicación al asegurador se hace transcurrido dicho plazo, es decir, con retraso, la cobertura no despliega efectos retroactivos, de tal modo que el seguro entrará en vigor no desde la fecha de embarque, sino desde la fecha posterior en la que se hizo la comunicación. Obviamente, la omisión del aviso de aplicación o declaración de abono conlleva para el asegurado la pérdida de la prestación indemnizatoria a cargo del asegurador.[61]

Puede ocurrir que las mercancías se encuentren afectadas por un siniestro antes incluso de hacerse la declaración de abono o aplicación al asegurador. En ese caso y siempre que la declaración haya sido hecha puntualmente, el asegurado deberá acreditar que en el momento del siniestro era el propietario de las mercancías o tenía un interés legítimo sobre las mismas.

No existe en la doctrina una definición pacífica de la póliza flotante y de los elementos que la componen.[62] No ha sido resuelta de modo unitario la cuestión de si la

---

[61] La sentencia del TS de 15-7-1983 se refería a un seguro de abono con la cláusula siguiente: «*si se omitiesen tales avisos del asegurado, ello llevará consigo la inmediata anulación de la póliza, sin responsabilidad alguna para la compañía aseguradora por averías o siniestros ocurridos a las expediciones no declaradas*»; además, se añadía que: «*la compañía aseguradora tendrá derecho, además, a exigir al asegurado el abono de las primas correspondientes a las expediciones no declaradas*». Producido el siniestro sin existir aviso o declaración de aplicación, se estimó correcta la anulación por el asegurador de la póliza, cesando su obligación de indemnizar, por un lado, y obligándose al asegurado al abono de la prima correspondiente a la expedición. En la sentencia de la AP de Pontevedra de 19-1-2000 se desestimó la demanda de la asegurada contra la aseguradora al haber omitido aquélla la correspondiente comunicación de abono: «*(...) el representante de la demandante reconoció ser cierta la obligación de abonar la prima correspondiente a cada viaje. Como en el presente caso no consta la comunicación del viaje efectuado el 30 de octubre de 1997, la aseguradora no podía emitir la relación mensual de primas, a que se refiere dicha condición particular, ni la asegurada abonar la prima de un transporte que no había comunicado, pese a estar obligada a ello a tenor de lo estipulado*».

[62] Se refieren a las pólizas flotantes, entre otras, las sentencias del TS de 12-5-1981, 15-7-1983, 9-1-1985, 14-12-1986, 31-3-1990, 15-11-1993, 26-11-1993, 17-5-1993, 5-10-1994 y 7-12-1998.

declaración de abono o de aplicación es facultativa para el tomador del seguro o si, por el contrario, es un deber de los ampliamente reconocidos dentro de la obligación de información declaración del riesgo. Existe también disparidad de criterios en cuanto a si la póliza flotante es un solo contrato de seguro o si hay tantos contratos como declaraciones de abono. En esta cuestión, Cortés Domínguez, L. F., en su libro *Póliza flotante* (pág. 113), estima que la concepción unitaria sólo es admisible para el seguro de abono obligatorio, y no para el seguro facultativo que hace referencia *«no a un contrato de seguro, sino a un contrato de opción del que pueden derivarse una pluralidad de contratos de seguro»*.

La aplicación podrá hacerse dentro del «paraguas» de la póliza flotante del transportista, aunque designando de forma concreta al titular nominal de las mercancías. De ese modo, la póliza contratada por el transportista (contratante o tomador del seguro) será aplicada para la cobertura de un interés perteneciente a una tercera persona (asegurada), que será la titular de la mercancía transportada por la contratante del seguro, lo cual es perfectamente lógico si se tiene en cuenta que el primer y fundamental titular del interés asegurable es el propietario del objeto asegurado.[63]

En las compraventas internacionales, el vendedor CIF (coste, seguro y flete) o el comprador FOB (franco a bordo) es quien contrata el seguro, aplicando en cada caso la expedición a la póliza flotante. Cuando ello ocurra, la declaración de abono o aviso de aplicación designará –de forma nominal o genérica– al propietario como beneficiario del seguro.[64]

En el transporte de mercancías es muy frecuente utilizar una póliza de abono que incluya la cláusula *«por cuenta de quien corresponda»*. Ello obedece al hecho de que en una misma expedición pueden concurrir diversos agentes, comisionistas y operadores, por lo que es lógico aplicar los intereses que progresivamente tengan unos y otros en cada momento. Cuando ello ocurre, el certificado de aplicación se emitirá también *«por cuenta de quien corresponda»*.

---

[63] La sentencia de la AP de Cádiz de 9-11-1998 se refiere a un seguro marítimo de una compraventa contratada en términos FOB (franco a bordo). La Sala desestima el recurso del asegurador contra la sentencia de instancia que, a su vez, estimaba la demanda de indemnización a favor del comprador: *«(...) no podemos compartir, por tanto, el argumento del recurso en el sentido de que, al soportar el riesgo la entidad vendedora desde la salida del almacén hasta el embarque, la aseguradora no era titular de interés asegurable alguno, puesto que, con independencia de la persona o entidad que en cada una de las secuencias o vicisitudes que, a lo largo de un trayecto de estas características, haya de soportar el riesgo (lo cual tendrá relevancia una vez que la aseguradora, en su caso, vaya a ejercer las acciones derivadas de una supuesta subrogación), no existe duda alguna de que [el comprador] tenía interés en que los relojes por ella adquiridos no sufrieran pérdida ni deterioro alguno desde el momento de su salida del almacén del vendedor. Esto es lo que sirvió de base a su contrato con la compañía de seguros, una vez concretada la póliza*

La póliza flotante suele contratarse para un año de duración y, en virtud del artículo 22 de la Ley de Contrato de Seguro, se entiende prorrogada tácitamente por otro año y así sucesivamente, salvo oposición expresa por alguna de las partes en los términos del apartado 2 de dicho precepto. Cuando se contrata por tiempo indefinido, estará en vigor hasta que una de las partes comunique a la otra la rescisión por escrito con dos meses de anticipación al término deseado.[65]

En las pólizas flotantes, la prima se fija tomando como base el valor total calculado para el conjunto de los viajes previstos en el período que se ha concertado. Al inicio suele establecerse una prima mínima provisional y, a lo largo del mismo, una o varias regularizaciones (normalmente cada mes) considerando el volumen real. Haya o no aplicaciones, el pago de la prima mínima inicial suele ser obligatorio.

El pago de la prima puede pactarse en función de varios criterios: por cada aplicación, por períodos, o de forma anticipada y con sucesivo prorrateo al vencimiento del seguro en relación con el número de aplicaciones y con la suma asegurada. También puede pactarse el pago mediante una cuota fija inicial, más una cuota variable al vencimiento del período establecido.

Existen, por último, dos modalidades de seguros de abono según la forma de calcular la prima: la póliza por prima fija y la póliza por kilogramos o toneladas. La primera es adecuada cuando se conoce con exactitud el valor de las mercancías transportadas, fijándose la prima en un porcentaje del mismo. Es útil para empresarios que transportan sus propias mercancías o transportistas que trabajan con clientes regulares. La segunda suele utilizarse por agencias de transporte que no conocen el precio ni la naturaleza de las mercancías que transportan. En este segundo grupo, la prima se calcula por kilogramo o tonelada de mercancía y se establece una cantidad límite a la indemnización determinada por kilogramo o por bulto, o una suma máxima.

---

flotante a una determinada mercancía en tránsito; y desde ese instante, la relación asegurada o contrato de seguro estuvo vigente, sin que adoleciera de falta de interés asegurable».

[64] En la sentencia del TS de 30-3-2006 se debatía la cuestión de si debía o no prosperar la acción de una aseguradora subrogada en la posición del vendedor CIF de una mercancía averiada durante la estiba. La aseguradora instaba la acción subrogatoria frente al armador, quien se oponía alegando —entre otros— falta de legitimación activa al entender que la aseguradora no había indemnizado a quien soportaba el riesgo, que en compraventas CIF es el comprador. La Sala desestimó la excepción de la aseguradora confirmando la sentencia de apelación, que destacó el hecho de que *«el certificado de la póliza flotante no contenía mención como asegurado ni como beneficiario de la compradora, y se refería a la vendedora como asegurada».*

[65] Sentencia de la AP de Cuenca de 1-11-1997.

1.8   Otras modalidades: por viaje y por tiempo, abierta, global y a tanto alzado

1.8.1   La póliza por viaje y por tiempo

El artículo 57 de la Ley 50/80, de 8 de octubre, de Contrato de Seguro establece que *«el seguro de transporte terrestre puede contratarse por viaje o por un tiempo determinado»*.

En la modalidad de póliza por viaje, los efectos del contrato de seguro se despliegan con la efectiva realización del transporte de las mercancías aseguradas. La duración y vigencia del seguro van unidas a las del viaje. Una vez finalizado éste, la cobertura del riesgo expira. No existe una definición legal del término viaje, aunque –a falta de pacto en contrario– comprenderá no sólo el desplazamiento de la mercancía del lugar de origen al de destino, sino también todas las operaciones accesorias y necesarias para el mismo, tales como la carga, la estiba, la desestiba, la descarga y la entrega final. Ello incluirá, además, el almacenamiento intermedio y las posibles interrupciones del transporte.

En la modalidad por tiempo, las partes contratan el seguro para un período de tiempo determinado (días, meses o años), sin importar –a efectos de cobertura– el número de operaciones o viajes efectuados dentro del período. Si el viaje se inicia dentro del período contratado y finaliza fuera del mismo, la cobertura no comprenderá todo el viaje sino sólo hasta donde alcance el período contratado. Es una modalidad más utilizada en los seguros de medios de transporte que en los de transporte de mercancías.

1.8.2   La póliza abierta

Se contrata para más de una expedición o viaje. Cubre una cantidad alzada de una operación de transporte de mercancías que se realiza en varias expediciones o embarques. Se trata, en definitiva, de un seguro que cubre un transporte fraccionado o realizado por partes. Esta modalidad de transportes puede obedecer a razones de diversa índole: necesidades del ritmo de fabricación, volumen de los efectos transportados o simplemente exigencias del comprador. Pensemos, por ejemplo, en un producto cuya gran cantidad de unidades exige un tiempo determinado de fabricación cuyo término el receptor no está dispuesto a esperar y prefiere ir recepcionando unidades al ritmo de su fabricación. Otro caso sería una máquina o una nave de gran tonelaje y volumen que es separable y transportable en diferentes piezas y en distintas expediciones. O, por último, un comprador que no puede decepcionar una gran cantidad de producto de golpe y prefiere que la entrega de éste se realice por partes.

A diferencia de las pólizas flotantes, las pólizas abiertas se contratan para una misma operación comercial y tienen como asegurado al mismo comprador o receptor de la mercancía.

1.8.3   *La póliza global*

En la póliza global la cantidad de mercancías, los vehículos y las fechas de expedición están indeterminados en el momento de firmar la póliza. No es necesario que el asegurado dé al asegurador el aviso o boletín de aplicación después de cada expedición. Basta con que las vaya anotando en un registro de forma sucesiva, periódica y regular. Una vez que se alcance una cifra determinada de mercancías o se concluya un período acordado, el asegurado deberá enviar una comunicación con un resumen del total de las expediciones realizadas.

Esta póliza guarda cierta similitud con la póliza flotante, la póliza abierta y la póliza a tanto alzado en cuanto a que no requiere la determinación de las mercancías o expediciones en el momento de firmar el contrato.

1.8.4   *La póliza a tanto alzado*

Llamada también póliza *forfait,* es una póliza donde se fija un límite de valor asegurado sin importar el número de expediciones o viajes que se realicen. Se trata de un seguro basado en un capital asegurado máximo global.

En esta modalidad de póliza, el asegurador fija el límite de la indemnización que hay que satisfacer independientemente de cuál sea el valor real de las mercancías transportadas. El asegurado no está obligado a comunicar al asegurador las sucesivas expediciones, ni a dar aviso o boletín de aplicación ni –menos aún– a probarlas mediante declaración jurada.

La póliza a tanto alzado se usa normalmente para cubrir el transporte de mercancías homogéneas y en tráficos regulares. Permite al asegurado gozar de cobertura en diversas circunstancias sin tener que contratar una póliza para cada una de ellas. La póliza se entiende agotada cuando se alcanza el valor asegurado.

2   La contratación del seguro[66]

2.1   *Solicitud, proposición y nota de cobertura provisional*

A continuación, vamos a referirnos a los documentos que recogen la formación del contrato de seguro entre el asegurador y el tomador del seguro.

---

[66] Sánchez Calero, F., *Ley de Contrato de Seguro,* pág. 144.

Según las normas del derecho civil general, los contratos se perfeccionan cuando concurren la oferta y la aceptación (art. 1.262 del Código Civil). En palabras de Sánchez Calero, el sistema seguido por la Ley de Contrato de Seguro en esta cuestión *«se inspira en el principio de la protección del futuro tomador del seguro, de forma que éste pueda disponer del tiempo suficiente para reflexionar sobre las condiciones definitivas de contrato».*

Sobre dicho principio, el artículo 6 de la Ley de Contrato de Seguro introduce dos documentos típicos y característicos en la contratación del seguro: la solicitud y la proposición de seguro.[67] Así, establece que *«la solicitud de seguro no vinculará al solicitante»,* pero *«la proposición de seguro por el asegurador vinculará al proponente durante un plazo de quince días».* Del texto se desprende que el legislador ha querido que la solicitud del posible tomador no sea una oferta *per se,* sino simplemente una invitación al asegurador para que éste pueda hacer –ahora sí– una verdadera oferta de contrato que será irrevocable durante al menos quince días. La solicitud no es vinculante, salvo en los datos que contiene, para el futuro tomador del seguro.[68] En otras palabras, mediante la solicitud de seguro el tomador no manifiesta su voluntad de contratar sino que invita al asegurador a emitir una oferta irrevocable que llamamos «proposición de seguro».[69]

La solicitud no constriñe al futuro tomador, pero la proposición sí es vinculante e irrevocable para el asegurador como mínimo durante quince días. La sentencia del TS de 28 de febrero de 1998 afirma que *«la proposición de contrato de seguro perfecciona la relación, al ser aceptada por la entidad aseguradora (arts. 1.226 del Código Civil y 55 del Código de Comercio), ya que la declaración de voluntades, constitutiva de un negocio jurídico, puede ser expresa o tácita y esta última se produce cuando el sujeto interesado no manifiesta de un modo directo su voluntad, sino que realiza una determinada conducta, que, por presuponer tal voluntad, es valorada por el ordenamiento jurídico*

---

[67] El reglamento de la Ley de Ordenación y Supervisión de los Seguros Privados, aprobado por RD 1348/1985, de 1 de agosto, derogó la Orden de 22 de octubre 1982 sobre documentación técnica y contractual para operar en los seguros distintos de vida, dejando vigente el núm. 4 de su artículo 3, relativo a la domiciliación bancaria de los recibos de primas. Los artículos 104 a 107 de dicho reglamento desarrollan el artículo 60 de la Ley sobre Información del Asegurador al Tomador del Seguro antes de la conclusión del contrato e incluso durante su vigencia.

[68] La sentencia del TS de 2-2-1990 dice, de la solicitud del futuro tomador, que *«no tiene, según reconoce la mayor parte de la doctrina científica, el valor de una oferta contractual al ser requisito esencial de ésta la vinculación del oferente, ya que la oferta en sentido técnico consiste en una declaración de voluntad dirigida por una de las partes a la otra con el fin de concluir un contrato una vez que reciba la aceptación, falta de vinculación que reconoce expresamente el artículo 6 de la Ley de Contrato de Seguro».* La sentencia del TS de 13-7-1992 (Sala de lo Penal) interpreta el citado artículo 6 en el sentido que *«la solicitud responde a una iniciativa del eventual tomador del seguro, generalmente consecuencia de la eventual propaganda de la entidad aseguradora, llevando hasta la misma su proyecto o deseo de concierto de un contrato de seguro. No presenta una verdadera oferta contractual, carece de las condiciones configuradoras*

como emitida». La propuesta deberá hacerse por escrito y contener los elementos esenciales del contrato,[70] sin olvidar expresar detalladamente todas las condiciones generales que el asegurador vaya a incluir en la futura póliza (art. 3).

Huelga decir que el plazo mínimo de quince días le permite al futuro tomador deliberar sobre la aceptación o el rechazo de la oferta del asegurador.

Paradójicamente, en el seguro de transporte de mercancías este régimen de formación progresiva del contrato puede ser desfavorable para el tomador, quien está interesado en la conclusión rápida o instantánea del contrato ante la inmediatez del viaje o transporte. En estos casos, las partes optan por la contratación mediante un solo acto o documento a la espera de que se emita la correspondiente póliza.

En ocasiones, el asegurador tiene impresos unos documentos que, a pesar de autodenominarse «solicitud de seguro», entrañan una verdadera «proposición de seguro». Estos impresos se redactan en forma de cuestionarios, incluyen el cálculo de primas e impuestos, y son luego completados con los datos del tomador y del objeto asegurado, recogiendo la firma o el membrete de ambos, asegurador y tomador. Esta clase de documentos puede crear confusión y ambigüedad acerca de su valor. Los tribunales españoles han optado por considerar tales documentos, una vez están completos y firmados, auténticas proposiciones de seguro cuyo valor asegurador es pleno cuando van acompañados del pago de la prima. Si se produce un siniestro antes de emitirse la póliza, en virtud de tales documentos el asegurador se encuentra obligado a cumplir su deber de indemnizar.[71]

En el 2.º párrafo del citado artículo 6 se establece que *«por acuerdo de las partes, los efectos del seguro podrán retrotraerse al momento en que se presentó la solicitud o se formuló la proposición»*. Esta regla ha derivado –según lo expresa el TS en su sentencia de 7 de septiembre de 1990– en que *«es práctica usual en materia de seguros, de*

---

de la misma, se traduce en una invitación al asegurador para que éste pueda dar cuerpo a la verdadera oferta de contrato plasmada en la proposición». En el mismo sentido, la sentencia del TS de 14-3-1994 establece que la solicitud no vincula ni al solicitante ni a la aseguradora, siendo irrelevante que el documento que recoge dicha solicitud –en ese caso– se autodenominara «proposición». Todo lo anterior no significa, sin embargo, que el contenido de la proposición vaya a ser irrelevante en el contrato de seguro. Las declaraciones integradas en la solicitud tienen importancia en relación con el artículo 8 y servirán como datos esenciales que deberán integrarse en la póliza (véanse las sentencias del TS de 25-5-1996, 2-6-1982 y 14-3-1994).

[69] En los seguros relativos a «grandes riesgos», el mecanismo de formación del contrato puede ser distinto al previsto en el citado artículo 6. Quien hace la oferta de contrato suele ser el tomador del seguro mediante su agente o corredor. Dichos contratos –como se ha visto en el epígrafe 1.1 *ut supra*– se sustraen a la imperatividad de los preceptos de la Ley de Contrato de Seguro (art. 44.2).

[70] Así, las sentencias del TS de 2-6-1982, 21-5-1991, 14-3-1994 y 25-5-1996.

[71] Así lo tiene establecido la Sala 1.ª del TS en las sentencias de 18-7-1988, 28-2-1990, 26-2-1997, 31-5-1997, 28-2-1998 y 8-10-1999.

hacerse una proposición de contrato, que al ser aceptada y emitida posteriormente la póliza, ésta retrotrae sus efectos a la fecha de proposición».

La declaración de aceptación de la proposición del seguro puede hacerse de cualquier forma por parte del tomador, aunque siempre dentro de los quince días o del plazo superior establecido en la proposición. Es conveniente, a efectos de asegurar su valor probatorio, hacerlo por escrito (por ejemplo, mediante la firma de la proposición, indicando que la acepta y reenviándola por fax, por correo electrónico, etc.). También puede desprenderse de actos concluyentes bien del asegurado, como es el pago de la prima,[72] bien del asegurador, como puede ser la designación de perito en el caso de un siniestro, indicando un número de póliza.[73]

Cabe preguntarse qué ocurre cuando los términos de la proposición de seguro hecha por el asegurador no coinciden con los de la póliza ya emitida. La solución prevista por el artículo 8 *in fine* de la LCS es la siguiente: *«Si el contenido de la póliza difiere de la proposición de seguro o de las cláusulas acordadas, el tomador del seguro podrá reclamar a la entidad aseguradora en el plazo de un mes a contar desde la entrega de la póliza para que subsane la divergencia existente. Transcurrido dicho plazo sin efectuar la reclamación, se estará a lo dispuesto en la póliza. Lo establecido en este párrafo se insertará en toda la póliza del contrato de seguro».*

El artículo 5 de la LCS dispone que *«el asegurador está obligado a entregar al tomador del seguro la póliza o, al menos, el documento de cobertura provisional».* La «nota de cobertura provisional» es un documento suscrito por el asegurador o su agente que cumple una función probatoria con carácter provisional hasta que se emite la póliza. No debe ser muy exhaustivo, aunque sí contener una referencia a los elementos esenciales del contrato de seguro: asegurador, tomador del seguro, riesgo, interés asegurado, duración, etc.

Con la regla cumplida del artículo 6.2.º, la «nota de cobertura provisional» que tradicionalmente hacía el asegurador para cubrir el período entre la proposición y la emisión de la póliza es ya innecesaria desde el punto de vista asegurador. Subsiste, sin embargo –y recomendamos su uso–, en los seguros marítimos, ya que éstos se rigen principalmente por los preceptos del Código de Comercio.

2.2   *Deber de información precontractual*

La Ley 30/1995, de 8 de noviembre, de Ordenación y Supervisión de los Seguros Privados, establece, en sus artículos 53.1, 60.1 y 3 y 81.1, el deber del asegurador de

---

[72] Así, las sentencias del TS de 23-6-1986, 18-7-1988, 28-2-1990 o 21-5-1991.
[73] Así, la sentencia del TS de 8-10-1999.

informar al tomador del seguro acerca de una serie de aspectos que citamos a continuación:

1. Antes de celebrar un contrato de seguro distinto al contrato de seguro por grandes riesgos, la entidad aseguradora española que opere en el espacio económico europeo en régimen de derecho de establecimiento o en régimen de libre prestación de servicios, deberá informar al eventual tomador del seguro de que la entidad aseguradora está domiciliada en España o, si es el caso, la sucursal con la que vaya a celebrarse el contrato. Esto también deberá constar en los documentos que a estos efectos se entreguen, en su caso, al tomador del seguro o a los asegurados.

2. Antes de celebrar un contrato de seguro distinto al seguro de vida y siempre que el tomador sea persona física, deberá informar al tomador sobre la legislación aplicable al contrato, sobre las disposiciones relativas a reclamaciones que puedan formularse, sobre cuál es el Estado miembro y la autoridad a quienes corresponde el control de esa entidad aseguradora, así como sobre los demás extremos que se determinen de un modo reglamentario. Tales extremos se han concretado después en los artículos 104 y 105 del reglamento, que se refieren a contratos de seguro distintos al seguro de vida celebrados con personas físicas como tomadores, y son –entre otros– el de informarles *«sobre las diferentes instancias de reclamación, internas y externas, utilizables en caso de litigio, así como sobre el procedimiento que se debe seguir»*.[74]

3. Las entidades aseguradoras domiciliadas en otro Estado miembro del espacio económico europeo que operen en España en régimen de derecho de establecimiento o en régimen de libre prestación de servicios, estarán sujetas, en los contratos que celebren en ambos regímenes, al mismo deber de información al tomador del seguro que a las entidades aseguradoras españolas imponen los dos apartados anteriores. La información será suministrada en lengua española oficial en el domicilio o residencia habitual del tomador del seguro.

2.3 *Contratación por cuenta propia o ajena*

En el contrato de seguro distinguimos entre el tomador o contratante del seguro y el asegurado. El primero interviene directamente en la contratación del seguro y el se-

---

[74] Según Sánchez Calero, F., ello puede comprender la existencia del «defensor del asegurado» y la eventual reclamación ante la Dirección General de Seguros, cuya interposición es relevante para iniciar actuaciones administrativas, tanto frente al uso de determinadas cláusulas como con relación a la iniciación de un procedimiento sancionador *(Ley de Contrato de Seguro,* pág. 183, nota 24, Aranzadi, 2001).

gundo es quien, al estar expuesto al riesgo, deviene titular del interés cubierto por aquél. Cuando el tomador y el asegurado coinciden en una misma persona, decimos que el contrato es por cuenta propia. Cuando, por el contrario, ambas figuras corresponden a personas distintas, entonces hablamos de contrato por cuenta ajena.

La contratación del seguro por cuenta ajena nació y se desarrolló en el seguro marítimo. En el seguro de transporte de mercancías es harto frecuente la contratación por cuenta ajena, ya sea por cuenta del receptor de la mercancía, del comprador o con la fórmula «por cuenta de quien corresponda». El único requisito es que el asegurado, sea quien sea, tenga un interés legítimo sobre las mercancías. Así, por ejemplo, quien ostente la propiedad de las mercancías en el momento del siniestro se convertirá en acreedor de la indemnización a la que se verá obligado el asegurador.

La contratación por cuenta ajena obedece, en el seguro de transporte de mercancías, al cambio de propiedad que se produce en algún momento del viaje por acuerdo entre las partes. En tanto que la propiedad o la posesión de la mercancía pasa de una parte a otra, es lógico que el titular del seguro sea quien va a recibirla. Un claro ejemplo de ello son los contratos que incorporan el incoterm CIF (coste, seguro y flete), en los cuales el vendedor se obliga a contratar un seguro por cuenta del comprador para cubrir los riesgos del transporte desde el momento del embarque de las mercancías. A veces, ocurre que el transportista obliga a contratar un seguro de mercancías por cuenta del propietario al haberlo pactado así en el contrato de transporte.

Puede ocurrir, incluso, que el tomador del seguro no sea ni el vendedor ni el expedidor de la mercancía. La intervención de terceras personas en la contratación y ejecución del transporte (por ejemplo, transitarios, almacenistas, porteadores, agentes, etc.) puede recogerse también en la contratación del seguro.

En el seguro marítimo, el artículo 738.3.º del Código de Comercio se refiere a esta cuestión en los siguientes términos: «*La póliza del contrato de seguro contendrá (...) el concepto en que contrata el asegurado, expresando si obra por sí o por cuenta de otro*». Dicho precepto, no obstante, no contempla estrictamente el seguro por cuenta ajena sino el del mandato para contratar. En otras palabras, no se refiere a la contratación del seguro por cuenta ajena sino en nombre ajeno y, más concretamente, en nombre del tomador del seguro.[75] Ocurre algo similar en lo establecido en el ar-

---

[75] A este supuesto se refiere la sentencia del TS de 15-3-1991, donde un agente actuó en la contratación del seguro como representante del tomador y, como tal, no era parte del contrato. Así también en la de 23-1-1998, donde se dice que el corredor nunca podrá ser parte del contrato de seguro, sin perjuicio de que pueda contratar el seguro en nombre del tomador. Cuando quien usa el nombre del tomador carece de poder de representación, el tomador puede ratificar el contrato antes de que pueda ser revocado por el asegurador. La ratificación puede realizarse expresamente (firmando la póliza) o mediante actos concluyentes (pago de la prima), según lo previsto en el artículo 1.259.2.º del Código Civil.

tículo 56 de la LCS relativo al de transportes terrestres al disponer lo siguiente: *«Podrán contratar este seguro no sólo el propietario del vehículo o de las mercancías transportadas, sino también el comisionista de transporte y las agencias de transportes, así como todos los que tengan interés en la conservación de las mercancías, expresando en la póliza el concepto en que se contrata el seguro»*. De nuevo, no estamos ante una regulación de la contratación por cuenta ajena sino en la del mandato para contratar.

En la cuestión que nos ocupa debemos acudir al artículo 7 de la LCS en cuanto a los seguros de transporte terrestre y aéreo de mercancías. El texto de dicho precepto es el siguiente:

> *«Artículo 7. Contratación por cuenta propia o ajena.*
>
> *»El tomador del seguro puede contratar el seguro por cuenta propia o ajena. En caso de duda, se presumirá que la ha contratado por cuenta propia. El tercer asegurado puede ser una persona determinada o determinable por el procedimiento que las partes acuerden.*
>
> *»Si el tomador del seguro y el asegurado son personas distintas, las obligaciones y los deberes que derivan del contrato corresponden al tomador del seguro, salvo aquellos que por su naturaleza deban ser cumplidos por el asegurado. No obstante, el asegurador no podrá rechazar el cumplimiento por parte del asegurado de las obligaciones y los deberes que correspondan al tomador del seguro.*
>
> *»Los derechos que derivan del contrato corresponderán al asegurado o, en su caso, al beneficiario, salvo los especiales derechos del tomador en los seguros de vida».*

El artículo 7 dispone que el tomador puede contratar el seguro por cuenta propia o ajena. En el primer caso, el tomador y el asegurado serán la misma persona, mientras que en el segundo, se tratará de dos personas distintas. En caso de duda, se presume que el tomador está siempre contratando por cuenta propia. Por ello, y según se dice en la sentencia del TS (Sala de lo Contencioso-Administrativo) de 4 de octubre de 1999, *«el concepto de tomador del seguro, como contratante que pacta por cuenta ajena, exige que tal condición conste en el contrato de seguro»*.

En tanto que la contratación por cuenta ajena conlleva el aseguramiento del interés de un tercero (i. e., el asegurado), ello deberá realizarse con conocimiento del asegurador. Por ello –y según el artículo 8.2 de la LCS–, la póliza deberá contener *«el concepto en el cual se asegura»*.

En los contratos de transporte o de compraventa de mercancías, suele desconocerse la identidad del receptor o comprador final de las mismas. En el momento de contratar el seguro de transporte, el tomador del seguro (expedidor, vendedor CIF, transitario, etc.) puede desconocer quién va a tener un interés y va a soportar el riesgo en las mercancías y, por tanto, es merecedor de la eventual indemnización. El problema se agudiza en el caso de ventas encadenadas o sucesivas o, incluso, cuando hay varios compradores o receptores de una misma mercancía que viaja consolidada o en grupaje. En estos supuestos, surge una cuestión importante para la persona obligada a contratar el seguro de mercancías por cuenta ajena: ¿cómo se debe determinar o identificar al «tercer asegurado» en la póliza? El artículo 7 resuelve la cuestión diciendo que el tercer asegurado puede ser una persona determinada *«o determinable por el procedimiento que las partes acuerden».* De este modo, se deja abierta la posibilidad de que sea el contrato de compraventa o el de transporte el que determine la identidad del asegurado o, incluso, de que existan varios asegurados sucesivos según vayan adquiriendo el interés sometido al riesgo.[76]

El Código de Comercio, sin embargo, no sólo no contempla esta fórmula abierta sino que parece descartarla para los seguros marítimos (entre ellos, el de transporte de mercancías). Así, en su artículo 738.2.º dice que la póliza deberá contener –entre otros– el siguiente requisito: *«nombres, apellidos y domicilios del asegurador y asegurado».*

Como hemos dicho antes, la determinación del asegurado –en las modalidades sujetas a la LCS– puede hallarse establecida por la fórmula genérica «por cuenta de quien corresponda» en la póliza de seguro. También puede determinarse mediante un mecanismo alternativo: la transferencia de pólizas a la orden o al portador, según lo dispuesto en los artículos 9 y 36 de la LCS. Este mecanismo se recomienda especialmente para dejar indeterminado el «tercer asegurado» en los seguros marítimos.

2.4 *Transferencia de la póliza*

El artículo 9 de la Ley de Contrato de seguro se refiere, con carácter general, a la transferencia de la póliza. Dice así:

---

[76] En compraventas CIF (coste, seguro y flete), donde el vendedor es quien contrata el seguro, se recomienda usar la fórmula *«por cuenta propia o de quien pertenezca»* para designar al asegurado en la póliza. En la sentencia del TS de 21-7-1989, el empleo de dicha fórmula permitió al vendedor demandante sortear con éxito una excepción de falta de legitimación activa opuesta por la aseguradora demandada: «(...) *lo cierto es, por un lado, que el seguro marítimo de la expresada mercancía fue concertado con la aseguradora por la entidad vendedora "por cuenta propia o de quien pertenezca", cuya forma de contratación no le priva de interés jurídico en la efectividad del seguro concertado (con independencia del destino que tuviera que dar a la indemnización reclamada, en virtud de las relaciones internas entre ella –la vendedora– y la compradora de la mercancía), y, por otro, que la entidad aseguradora tiene extrajudicialmente reconocida la personalidad de la vendedora para reclamar dicha indemnización, como lo prueban las negociaciones o relaciones que con ella mantuvo (...)».*

«La póliza del seguro puede ser nominativa, a la orden o al portador. En cualquier caso, su transferencia, efectuada según la clase del título, ocasiona la del crédito contra el asegurador con iguales efectos que produciría la cesión del mismo».

En lo relativo al seguro marítimo, el Código de Comercio –en su artículo 742– dice que *«podrán extenderse a la orden del asegurado, en cuyo caso serán endosables»*. Entendemos que, a pesar de omitir el Código de Comercio la posibilidad de que sean emitidas al portador, la supletoriedad de la LCS permite igualmente su uso en el ámbito del seguro marítimo.

La sentencia de la AP de Madrid (sección 21) de 20 de abril de 1999 desarrolla claramente el precepto con estas palabras: *«Con la emisión de la póliza a la orden o al portador, el asegurador acepta la sustitución de la persona del asegurado, bien por medio de una cláusula de endoso (si la póliza es a la orden), bien mediante la entrega de la póliza (si es al portador). Asegurado es quien tenga la posesión de la póliza (al portador), o sea, el endosatario –siempre que exista una cadena regular de endosos– de la póliza (a la orden), sin que cada transmisión de ésta imponga al asegurado transmitente un doble deber de comunicación por escrito ni confiera al asegurador ni al adquirente la facultad de resolver unilateralmente la relación jurídica derivada del contrato de seguro».* Estamos, qué duda cabe, ante dos modalidades de cesión del contrato de seguro que se perfeccionan mediante actos distintos: el endoso en el caso de pólizas a la orden y la posesión en las pólizas al portador. Si existe acuerdo entre el cedente y el cesionario, y el consentimiento del asegurador desde el instante en que emitió la póliza, la transmisión del contrato se materializa mediante uno u otro acto.

La póliza a la orden es muy útil cuando el tomador es un tercero sin interés directo sobre las mercancías (por ejemplo, el transitario u organizador del transporte), o bien cuando el vendedor con el incoterm CIF (coste, seguro y flete) decide transmitir, junto con los documentos de la compraventa (conocimiento de embarque, factura comercial y certificados de calidad, peso, origen y aduaneros), la póliza o el certificado del seguro. De este modo, la póliza o el certificado pueden entregarse –a su vez– a otros compradores sucesivos mediante una cadena ininterrumpida de endosos. Este mecanismo faculta la negociabilidad del seguro hasta llegar al último beneficiario, que será quien acepte el último endoso y ponga fin a la transmisión del contrato.

El artículo 36 de la LCS completa el artículo 9 y aclara lo siguiente: *«las pólizas a la orden o al portador no se pueden rescindir por transmisión del objeto asegurado».*

Se dice que en las pólizas de seguros a la orden o al portador lo que se asegura es un interés *objetivo*, en el sentido de que es irrelevante quién sea su titular. Así sucede, por ejemplo, en la transmisión de mercancías en compraventas CIF, donde, junto con la transferencia del título representativo de las mercancías (por ejemplo, conocimiento de embarque), se acompaña la transferencia de la póliza de seguro. De este modo, aceptada por el asegurador desde el principio la posible sustitución de la persona del asegurado, desaparece la obligación de que se le comunique la transmisión de las mercancías, pues ya contaba con ello. Además, tal deber de comunicación carece de sentido porque se fundaba en la facultad de denuncia del contrato del artículo 35, a la cual ha renunciado el asegurador desde el momento en que emitió la póliza a la orden o al portador.

Por último y desde un punto de vista conceptual, cabe advertir que la póliza a la orden o al portador no reviste el carácter de título valor. La doctrina mayoritaria coincide en identificar éste como un título impropio por dos razones: porque la póliza no tiene una función constitutiva del derecho del titular, y porque el deudor podrá oponer a dicho titular las excepciones que hubiera que alegar contra el cedente de la póliza. Así lo expresa el artículo 9 cuando dice que la transferencia de la póliza comporta la del crédito o indemnización *«con iguales efectos que produciría la cesión del mismo»*. Lo que, en otras palabras, supone que el asegurador puede oponer frente al tercer asegurado (sea portador o endosatario de la póliza, según el caso) las mismas excepciones que tendría frente al asegurado inicial.

2.5   *La mediación: el agente y el corredor de seguros*

No todos los mediadores de seguros son iguales. Conviene diferenciar entre dos figuras afines, aunque muy distintas la una de la otra: el corredor de seguros y el agente de seguros.[77] La Ley 26/2006, de 17 de julio, de Mediación de Seguros y Reaseguros Privados[78] las delimita con precisión en sus artículos 6 a 21, cuyos fragmentos más significativos reproducimos a continuación:

> *El agente (o «agente afecto») de seguros es una persona física o jurídica que actúa como mandatario o comisionista por cuenta y riesgo de su principal o empresario, es decir, del asegurador.[79] Su retribución corre a cargo del asegurador y suele ser en for-*

---

[77] La distinción entre agentes y corredores de seguros ha sido señalada también en la jurisprudencia: sentencias del TS de 2-5-1963, 21-5-1992, 22-10-1996, 10-2-1999 y 13-3-1999. A modo de ejemplo, la sentencia de 20-7-1998 de la AP de Granada estimó como no acreditada la condición de agente de un individuo al entender que, en realidad, era y actuó como un corredor de seguros. Luego, la modificación del riesgo comunicada a dicho individuo no pasó de ser una mera solicitud sin que en ningún momento vinculara a la entidad aseguradora, ni constara la aceptación por parte de ésta de tal solicitud.

[78] Deroga la antigua Ley 9/1992, de 30 de abril, de Mediación de Seguros y Reaseguros Privados.

[79] En la sentencia del TS de 24-11-04, Tráfico y Fletamentos, SA se ofreció frente al demandante como un agente afecto a Mapfre Industrial, SA. En realidad, Tráfico y Fletamentos, SA se dedicaba a

ma de comisión sobre el montante de la prima en cada una de las pólizas en las que media. Ningún agente puede estar vinculado simultáneamente con varios aseguradores a menos que sea autorizado por éstos de forma expresa y escrita. En toda publicidad y documentación del agente de seguros deberá figurar la expresión «agente de seguros» o «sociedad de agencia de seguros», según se trate de una persona física o jurídica. Las comunicaciones que efectúe el tomador del seguro al agente de seguros que haya mediado en el contrato surtirán los mismos efectos que si se hubiesen realizado con el asegurador.

El corredor de seguros (llamado también «agente libre») es una persona física o jurídica que no mantiene vínculos que supongan afección con aseguradores o pérdida de independencia respecto a éstas. En su publicidad y documentación deberán aparecer en un lugar destacado las expresiones «corredor de seguros» o «correduría de seguros», según sean personas físicas o jurídicas. Deberán —entre otros requisitos— estar inscritos en el Registro de la Dirección General de Seguros, tener concertado un seguro de responsabilidad civil, poseer el diploma de Mediador de Seguros Titulado y haber constituido una garantía económica a disposición de la Dirección General de Seguros. El corredor está autorizado —salvo pacto en contrario con el asegurador— para cobrar primas y entregar recibos de las mismas del asegurador.

El artículo 21 de la LCS alude a las comunicaciones que efectúa el corredor al asegurador, pero no a las comunicaciones que el corredor reciba del tomador del seguro. El precepto dice así: *«Las comunicaciones efectuadas por un agente libre al asegurador en nombre del tomador del seguro surtirán los mismos efectos que si las realiza el propio tomador, salvo indicación en contrario de éste».*

El corredor de seguros opera, fundamentalmente, según la Ley 26/2006, como mandatario del tomador del seguro. Sin embargo, es posible que en ocasiones realice determinadas funciones propias del asegurador, como cobrar primas, entregar pólizas, intervenir en la liquidación de un siniestro, etc. En lo que concierne a la contratación del seguro, cuando ante el futuro tomador del seguro el corredor aparezca como representante del asegurador, la aceptación comunicada al corre-

---

la consignación de mercancías, agencia de aduanas y transporte, y, aunque no era agente ni corredor de seguros, actuaba como tomador contratando seguros de transporte por cuenta de sus clientes al amparo de una póliza flotante anual que tenía concertada con dicha aseguradora. Traspasando los límites de la póliza flotante (i. e., de capital suscrito y medio de transporte asegurado), Tráficos y Fletamentos, SA extendió un certificado de seguro, sobre el formato firmado y sellado en blanco por Mapfre Industrial, SA, a favor de la demandada. Producido el siniestro y entablada la acción por el demandante contra Mapfre Industrial, SA, la Sala 1.ª absolvió a dicha aseguradora al entender que ésta nunca autorizó a Tráficos y Fletamentos, SA a extender un certificado de seguro en condiciones y riesgos ajenos a la póliza.

dor produce los mismos efectos que si se hubiese efectuado al asegurador directamente.[80]

2.6   La póliza

La póliza de seguro es un documento privado suscrito por el tomador del seguro y por el asegurador, mediante el cual ambas partes justifican la existencia del contrato de seguro. La palabra «póliza» tiene su origen etimológico en el vocablo griego *apodeixis,* que significa «mostrar» o «enseñar».

Suele redactarse en tres ejemplares: uno para el tomador del seguro, otro para el asegurador y el tercero para el agente o el corredor de seguros.

Además de cumplir una función probatoria del contrato, la póliza contiene las normas que van a fijar la relación jurídica entre las partes y legitima al titular del contrato según sea designado en forma nominativa, a la orden o al portador.

2.6.1 Forma del contrato

En lo relativo a las formalidades que debe observar el contrato de seguro, distinguimos de nuevo entre la regulación de los seguros de transporte terrestre y aéreo, y la de los transportes marítimos.

Para los seguros marítimos, el artículo 737 del Código de Comercio establece que *«para ser válido (...), tendrá que constar por escrito y en póliza firmada por los contra-*

---

[80] Según las sentencias del TS de 2-2-1990 y 28-2-1990. En la sentencia de la AP de La Rioja, se desestimó la demandada del asegurado cuya póliza no llegó físicamente a su poder sino después de haber dado parte del siniestro, y cuando ya se conocían los datos referentes al mismo, asegurándose en las condiciones particulares el riesgo relativo a la podredumbre, para excluir los daños denunciados que se concretan en la germinación de las patatas. Concertado el seguro por medio de un corredor de seguros, dadas las funciones que a éste le marca la legislación aplicable, y que no se han acreditado incumplidas, se dedujo que la demandante conocía el contenido, el alcance, los efectos y las exclusiones de la póliza contratada, aunque no la hubiera tenido físicamente en su poder. Además, tampoco se había probado que la aseguradora demandada redactara las condiciones particulares en contra de la negociación llevada a cabo por el corredor con la misma, por lo que debían entenderse aceptadas las exclusiones, en concreto la aplicable al supuesto enjuiciado.

[81] Sobre la eficacia de la firma en la póliza y de su suplemento en general, véanse las sentencias del TS de 24-1-1997 y 18-12-1998. Como ejemplo, la del TS de 20-10-1995 (EDJ1995/501) dice: *«(...) Es cierto que, no obstante la inaplicabilidad de la Ley de 8-10-1980, de Contrato de Seguro, al seguro marítimo, que sigue rigiéndose por la normativa del Código de Comercio, según han declarado, entre otras, las sentencias de 21-7-1989, 22-6-1992 y 16-2-1994, aquélla puede ser aplicable con carácter supletorio,*

tantes. Esta póliza se extenderá y firmará por duplicado, reservándose un ejemplar cada una de las partes contratantes».[81]

Para los seguros de transporte terrestre y aéreo, debe aplicarse el artículo 5 de la Ley de Contrato de Seguro: *«El contrato de seguro y sus modificaciones o adiciones deberán ser formalizadas por escrito. El asegurador está obligado a entregar al tomador del seguro la póliza o, al menos, el documento de cobertura provisional...».* Además –y según el artículo 8–, la póliza *«deberá redactarse, a elección del tomador del seguro, en cualquiera de las lenguas oficiales en el lugar donde aquélla se formalice. Si el tomador lo solicita en otra lengua distinta, deberá redactarse de conformidad con la Directiva 92/96 del Consejo de la Unión Europea».*[82] La alternativa que establece dicha Directiva es la lengua del país de la Unión Europea donde el tomador tiene su residencia habitual.

Las exigencias legales de tipo formal no son materia disponible para las partes, aplicándose incluso al seguro marítimo y supliendo lo no previsto en los artículos 737 a 805 del Código de Comercio. No en vano, el TS ha reafirmado, en varias decisiones, la imperatividad *«de aquellos preceptos de orden general del Título I (de la Ley de Contrato de Seguro) que, como el artículo 3, conforman la atmósfera en que la relación contractual debe desenvolverse».*[83]

La necesaria rapidez en la contratación del contrato de seguro de mercancías es difícil de armonizar con la formación progresiva del contrato, el cual no se concluye hasta la emisión y entrega de la póliza al tomador del seguro. A pesar de que –como hemos visto– los efectos del contrato pueden retrotraerse al momento de la solicitud o de la proposición, las cualidades probatorias del mismo no se manifiestan en su plenitud hasta el momento de firmar la póliza.[84]

---

pero sin que ello suponga que requisitos formales establecidos para la póliza en dicha Ley de 1980 resulten exigibles en el seguro marítimo, el cual, en este punto, se rige por el artículo 737 del Código de Comercio, conforme al cual deberá constar en póliza firmada por los contratantes, debiendo estarse, respecto al contenido de ésta a lo dispuesto en el artículo 738 de dicho Código. Por otra parte, debe advertirse que la ausencia de firma, en la póliza, del tomador del seguro no es determinante, por sí sola, ni siquiera con referencia a las cláusulas de exclusión de cobertura del seguro incorporadas a sus condiciones generales, de la inaplicación de éstas, pues lo esencial es que conste su conocimiento y aceptación».

[82] En lo relativo a la lengua de los contratos, el artículo 8 de la Ley de Contrato de Seguro rompe con la regla general impuesta por el artículo 51 del Código de Comercio, que declara válidos y eficaces los contratos mercantiles *«cualesquiera que sean la forma y el idioma en que se celebren».*

[83] Fragmento de la sentencia de 2-12-1997.

[84] En la sentencia del TS de 18-7-1988 se resuelve que, aunque en la póliza figura una cláusula por la que la eficacia del contrato no se produce hasta la firma de la póliza, la necesidad de un afianzamiento inmediato de cierto riesgo que el asegurador o sus agentes aceptan puede hacer que la cobertura del seguro comience cuando se ha suscrito por el agente un documento llamado «solicitud de cobertura», se ha pagado la prima y se ha fijado una fecha a partir de la cual el agente daba por iniciada la cobertura.

Con todo, no podemos sino afirmar el carácter consensual del contrato de seguro y decir que se perfecciona sin necesidad de la emisión y firma de la póliza. En algunos casos, los tribunales españoles han dado por acreditado y probado el contrato de seguro sin emisión de la póliza.[85] La sentencia del TS de 25 de mayo de 1996 declara la validez del contrato de seguro antes de la firma de la póliza por el tomador del seguro si el agente de seguros había confeccionado la «proposición del seguro», cuya vinculación para el asegurador se extiende a los quince días previstos en el artículo 6 de la Ley de Contrato de Seguro. En el mismo sentido, la sentencia de 28 de febrero de 1998 declara que *«la proposición de contrato de seguro perfecciona la relación, al ser aceptada por la entidad aseguradora (arts. 1.226 del Código Civil y 55 del Código de Comercio), ya que la declaración de voluntades constitutiva de un negocio jurídico puede ser expresa o tácita y esta última se produce cuando el sujeto interesado no manifiesta de un modo directo su voluntad, sino que realiza una determinada conducta que, por presuponer tal voluntad, es valorada por el ordenamiento jurídico como emitida».*

El citado artículo 5 de la LCS obliga al asegurador a entregar la póliza al tomador del seguro. Esta obligación se encuentra, además, reforzada por el artículo 1.279 del Código Civil relativo a la generalidad de los contratos.[86]

Aunque la Ley no expresa el plazo en el que deberá entregarse la póliza, se sobreentiende que deberá hacerlo lo más pronto que le sea posible y siempre dentro de un plazo razonable.

Por último, en caso de pérdida o extravío de la póliza, el artículo 76.2 del reglamento de la Ley de Ordenación y Supervisión de los Seguros Privados establece que, a petición del tomador del seguro o, en su defecto, del beneficiario, el asegurador deberá expedir una copia o un duplicado de la póliza, que tendrá la misma eficacia que el original. Tal petición deberá hacerse por escrito; se explicarán las circunstancias de la pérdida o el extravío, se aportarán pruebas de haberlo notificado a los titulares de algún derecho en virtud de la póliza y, por último, se manifestará el compromiso de devolver la póliza original si apareciese y a indemnizar al asegurador de los perjuicios que le irrogue la reclamación de terceros por la emisión del duplicado.

---

[85]   En cuanto a la prueba de la existencia del contrato sin la aportación de la póliza, véanse las sentencias del TS de 2-11-1983, 15-12-1990 y 25-5-1996.

[86]   Artículo 1.279 del Código Civil: *«Si la ley exigiese el otorgamiento de escritura u otra forma especial para hacer efectivas las obligaciones de un contrato, los contratantes podrán compelerse recíprocamente a llenar aquella forma desde que hubiese intervenido el consentimiento y demás requisitos necesarios para su validez».*

2.6.2   *Contenidos mínimos*

En lo referente a los contenidos que debe reunir cualquier póliza de seguro marítimo, el artículo 738 del Código de Comercio establece como necesarios los siguientes:

1. Fecha del contrato, con expresión de la hora en que queda convenido.
2. Nombres, apellidos y domicilios del asegurador y asegurado.
3. Concepto en que contrata el asegurado, expresando si obra por sí o por cuenta de otro. En este caso, el nombre, los apellidos y el domicilio de la persona en cuyo nombre contrata el seguro.
4. Nombre, puerto, pabellón y matrícula del buque asegurado o del que conduzca los efectos asegurados.
5. Nombre, apellidos y domicilio del capitán.
6. Puerto o rada en que han sido o deberán ser cargadas las mercaderías aseguradas.
7. Puerto de donde el buque ha partido o debe partir.
8. Puertos o radas donde el buque debe cargar, descargar o hacer escalas por cualquier motivo.
9. Naturaleza y calidad de los objetos asegurados.
10. Número de fardos o bultos de cualquier clase, y sus marcas, si las tuvieran.
11. Época en que deberá comenzar y terminar el riesgo.
12. Cantidad asegurada.
13. Precio convenido por el seguro, y lugar, tiempo y forma de su pago.
14. Parte del premio que corresponda al viaje de ida y al de vuelta, si el seguro fuera a viaje redondo.
15. Obligación del asegurador de pagar el daño que sobrevenga a los efectos asegurados.
16. El lugar, plazo y forma en que deberá realizarse el pago.

A tenor de los requisitos 4, 9 y 10, el artículo 741 del Código de Comercio aclara que «*en los seguros de mercaderías podrá omitirse la designación específica de ellas y del buque que tenga que transportarlas, cuando no consten estas circunstancias al asegurado*».

Se trata de una lista anacrónica en muchos de sus contenidos, tanto en lo que respecta al seguro marítimo de mercancías como en su aplicación en el tráfico mercantil moderno que dista mucho del de 1885, año en que fue publicado el Código de Comercio. Baste, como ejemplo, aludir a la introducción del uso del contenedor como unidad de consolidación de mercancías o a la predominancia de tráficos de línea regular con asistencia de un número casi indeterminado buques alimentadores o *feeder* y de escalas portuarias.

Aparte de regular los requisitos mínimos que debe contener el seguro marítimo, el citado artículo 738 consagra la libre autonomía de la voluntad de las partes al pactar las condiciones que crean oportunas. Esa libertad, qué duda cabe, se refiere al contenido material del contrato y no –como ya se ha visto– a las exigencias legales sobre su forma.

Los contenidos mínimos de los seguros de transporte terrestre y aéreo deben buscarse en el citado artículo 8 de la Ley de Contrato de Seguro, en el que se dice que la póliza contendrá, *como mínimo,* las indicaciones siguientes:

1. Nombre y apellido o denominación social de las partes contratantes y su domicilio, así como la designación del asegurado beneficiario, en su caso.
2. El concepto en el cual se asegura.
3. Naturaleza del riesgo cubierto.
4. Designación de los objetos cubiertos y de su situación.
5. Suma asegurada o alcance de la cobertura.
6. Importe de la prima, recargos e impuestos.
7. Vencimiento de las primas, lugar y forma de pago.
8. Duración del contrato, con expresión del día y la hora en que comienzan y terminan sus efectos.
9. Nombre del agente o agentes, en el caso de que intervengan en el contrato.

En el caso de póliza flotante, se especificará, además, la forma en que debe hacerse la declaración del abono.

Una vez emitida y entregada la póliza, si cualquiera de los contenidos enunciados difiere de la proposición de seguro o de las cláusulas acordadas, el tomador del seguro podrá reclamar a la entidad aseguradora en el plazo de un mes a contar desde la entrega de la póliza para que subsane la divergencia existente. Transcurrido dicho plazo sin efectuar la reclamación, se estará sujeto a lo dispuesto en la póliza. Lo establecido en este párrafo se insertará en toda la póliza del contrato de seguro (art. 8 *in fine).*

A los contenidos mínimos del mencionado artículo 8, el artículo 107.5 de la misma Ley añade el deber, *cuando sea posible,* de expresar en la póliza la elección por las partes de la ley aplicable. Creemos que difícilmente podrá alegar un asegurador que *no le ha sido posible cumplir* este deber.

Por último y además de los anteriores, existen otros dos requisitos que deben incluirse, en tanto que seguros de daños en general y en su modalidad de robo, en las pólizas de seguro de transporte de mercancías (arts. 29 y 51.1 y 53.1 de la Ley de Contrato de Seguro):

1. Cuando las partes pacten que la suma asegurada cubre plenamente el valor del interés durante la vigencia del contrato, la póliza deberá indicar los criterios y

el procedimiento para adecuar la suma asegurada y las primas a las oscilaciones del valor del interés.

2. En el seguro de robo, debe fijarse en la póliza el plazo que tiene que transcurrir desde el robo, sin que sea hallado el objeto sustraído, para que surja el deber de indemnizar a cargo del asegurador.

La falta de alguno de los contenidos mínimos enunciados no implica la invalidez del contrato, pero sí merma el valor probatorio de la póliza sobre aquellos aspectos que, aunque necesarios, han sido omitidos. En tanto que la entrega de la póliza es una obligación que incumbe al asegurador, los errores u omisiones debidos a la culpa de éste podrán acarrearle un deber de indemnizar los daños y perjuicios que hubiere causado al tomador del seguro o al asegurado.

A los aseguradores españoles que operan en régimen de derecho de establecimiento o en régimen de libre prestación de servicios en el territorio del espacio económico europeo, el artículo 53.2 de la Ley de Ordenación y Supervisión de los Seguros Privados les impone la obligación de indicar en la póliza la dirección del domicilio social o, en su caso, de la sucursal de la entidad aseguradora española que proporciona la cobertura. El artículo 60.3 del mismo cuerpo legal les obliga, además, a informar –también en la póliza– sobre el Estado miembro y autoridad a quienes corresponde el control de la actividad de la propia entidad aseguradora. Obviamente, el artículo 53.2 y el 60.3 están diseñando un sistema de protección para los eventuales tomadores que, a pesar de contratar con aseguradores españoles, mantienen su residencia habitual fuera de España. Como reflejo inverso de lo anterior, este deber de información se ha materializado en los artículos 104 a 107 del reglamento también sobre los aseguradores de otros Estados comunitarios que operan en España.

Por último, cabe aclarar que los modelos de pólizas de seguro que emplee el asegurador ya no están sometidos a una autorización administrativa ni deben ser objeto de remisión sistemática a la Dirección General de Seguros, aunque sí deben estar a disposición de ésta en el domicilio social de la entidad, según lo establecido en el artículo 76.1 del Reglamento de la Ley de Ordenación y Supervisión de los Seguros Privados. Las pólizas deberán emitirse con numeración correlativa, pudiendo comprender varias series, según distintos criterios de clasificación o ramos. Es obligatorio para los aseguradores llevar un registro de las pólizas, los suplementos y las anulaciones.

2.6.3 Suplementos

La existencia de «modificaciones o «adiciones» de la póliza se menciona en el citado artículo 5 de la Ley de Contrato de Seguro. El citado precepto establece la necesidad de que tales modificaciones o adiciones, en tanto que no obedecen sino a acuerdos que alteran lo convenido inicialmente entre las partes, se recojan por escrito.

En la práctica, estas modificaciones o adiciones se documentan, por el asegurador, en forma de suplementos o apéndices de la póliza. Para que el suplemento o apéndice tenga valor probatorio debe estar firmado por ambas partes. Además, según el artículo 64.1.b) del Reglamento de la Ley de Ordenación y Supervisión de los Seguros Privados, los suplementos emitidos *«deben ser relacionados con la póliza de la que procedan»*, lo que significa identificarla mediante su numeración, las partes contratantes, el riesgo asegurado, etc.

Existen otros casos de modificación del contrato que se someten a un régimen distinto al establecido en el artículo 5. Nos referimos a los supuestos de agravación o disminución del riesgo (arts. 12 y 13 de la Ley de Contrato de Seguro, respectivamente), a la prórroga tácita del contrato (art. 22) y a la transmisión del objeto asegurado (arts. 34 y 35), a cuyos comentarios nos remitimos.

2.7   Sus cláusulas

La póliza se compone de un pliego de condiciones generales y particulares. A continuación, exponemos la forma y los contenidos de unas y otras.

Una de las cuestiones más controvertidas referentes a las cláusulas de la póliza de transportes es la de si, en el seguro marítimo, están sujetas a las exigencias formales del artículo 3 de la Ley de Contrato de Seguro. Es decir, si deben destacarse de modo especial las cláusulas limitativas de los derechos del asegurado y si, además, deben ser aceptadas individualmente por escrito por el tomador. Es cierto que el artículo 738 del Código de Comercio establece la libertad de las partes para pactar las condiciones que crean oportuno, pero no lo es menos que esa libertad se refiere sólo al contenido material del contrato y no a las exigencias legales sobre su forma.[87]

---

[87] En su sentencia de 20-2-1995, el TS negó la aplicación al seguro marítimo de los requisitos formales establecidos en la Ley de Contrato de Seguro, aunque matizó tal posición diciendo que *«el artículo 3 de la Ley de Contrato de Seguro no es aplicable estrictamente al seguro marítimo, pero el principio del que parte, al hallarse inspirado por la buena fe contractual, sí deberá tenerse en cuenta como tal»*. En la de 2-12-1997, el TS dio un paso más al rechazar la validez de la incorporación en la póliza de una condición general de las cláusulas inglesas al considerar que ésta era limitativa de los derechos del asegurado y que no había sido suscrita *«separada y destacadamente»* por el tomador. La Sala fundamentó tal decisión en la aplicación supletoria al seguro marítimo de aquellos preceptos de orden general del Título I de la Ley de Contrato de Seguro que, *«como el artículo 3, conforman la atmósfera en que la relación contractual debe desenvolverse»*.

2.7.1   *Condiciones generales*

Las condiciones generales son cláusulas cerradas, sin margen para la negociación, a las que el asegurado debe adherirse sin más. En ocasiones, incluso, son pliegos incorporados por el asegurador a partir de otras ramas o de modelos publicados por entidades asociativas o gremiales como UNESPA, ILU, etc. Se trata, en definitiva, de condiciones que el asegurador predispone para su aplicación a un número indefinido de contratos con el fin de aplicarlas con un criterio de igualdad o uniformidad.

La validez de las condiciones generales se encuentra condicionada al cumplimiento de exigencias tales como una redacción concreta, clara y precisa. Tales exigencias vienen dadas por imperativo legal mediante el artículo 3 de la LCS, cuyo texto transcribimos a continuación:

> *«Las condiciones generales, que en ningún caso podrán tener carácter lesivo para los asegurados, deberán incluirse por el asegurador en la proposición de seguro, si la hubiere, y necesariamente en la póliza de contrato o en un documento complementario, que se suscribirá por el asegurador y al que se entregará copia del mismo. Las condiciones generales y particulares se redactarán de forma clara y precisa. Se destacarán de modo especial las cláusulas limitativas de los derechos de los asegurados, que deberán ser específicamente aceptadas por escrito».*

En este sentido, también es de aplicación el artículo 5 de la Ley 7/1998, de 13 de abril, sobre condiciones generales de la contratación, cuyo apartado 1 dice: *«Las condiciones generales pasarán a formar parte del contrato cuando se acepte por el adherente su incorporación al mismo y sea firmado por todos los contratantes. Todo contrato deberá hacer referencia a las condiciones generales incorporadas».* Se inspiran en este mismo principio los artículos 76.2 de la Ley de Ordenación y Supervisión de los Seguros Privados y 10.1 de la Ley de Defensa de los Consumidores y Usuarios.

Los pliegos de condiciones generales han sido tradicionalmente empleados en el seguro de transportes y, más en particular, en el seguro marítimo. Los antecedentes históricos quizá más tempranos los encontramos en España en las Ordenanzas de Burgos y Sevilla y en las de Bilbao de 1737, que incorporaban dos modelos de pólizas de seguro marítimo. En la práctica inglesa, el Lloyd's ha empleado formularios de póliza desde su fundación en el siglo XVII que adoptó de una póliza italiana del siglo XV. En la actualidad, los modelos o pliegos de condiciones generales que quizás han tenido más aceptación en España son los siguientes: póliza UNESPA de seguro de transporte terrestre de mercancías, póliza española para el seguro marítimo de mercancías y otros intereses del cargador de 1934 y, por supuesto, las cláusulas del Institute of London Underwriters.

Cabe recordar que, desde la entrada en vigor de la Ley de Ordenación y Supervisión de los Seguros Privados en 1995, ya no se exige la aprobación previa por parte de la Administración de los modelos de pólizas ni su control mediante una inspección sistemática.[88] Ello comporta que cada asegurador puede utilizar o incorporar libremente el modelo que desee.

Entre las condiciones generales que afectan a los derechos del asegurado, cabe diferenciar entre las condiciones abusivas, las lesivas y las limitativas de los derechos del asegurado. Existe un cuarto grupo de condiciones generales que, sin mermar los derechos del asegurado, delimitan el riesgo o la cobertura del seguro.

Las condiciones abusivas se pueden apreciar únicamente cuando el asegurado tiene la condición de «consumidor». Cobran significación a partir de la Ley 26/1984, de 19 de julio, de Defensa de los Consumidores y Usuarios.[89] En concreto, a partir de su artículo 10, que identifica dentro de las cláusulas prohibidas un supuesto especial de cláusulas abusivas que no cumplen unos requisitos mínimos para su aceptación y que, como tales, se tienen por no puestas y son nulas de pleno derecho. Dicho artículo 10 fue modificado por la Ley 7/1998, de 13 de abril, sobre Condiciones Generales de la Contratación al tiempo que introduce un artículo 10 bis que define lo que es una cláusula abusiva: *«Se considerarán cláusulas abusivas todas aquellas estipulaciones no negociadas de forma individual y todas aquellas prácticas no consentidas expresamente que, en contra de las exigencias de la buena fe, causen, en perjuicio del consumidor, un desequilibrio importante de los derechos y obligaciones de las partes que se deriven del contrato».*

Las condiciones lesivas para los asegurados están, por otro lado, igualmente prohibidas cuando estén configuradas en la póliza como condiciones generales. El artículo 3 de la Ley de Contrato de Seguro declara que las condiciones generales *«en ningún caso podrán tener carácter lesivo para los asegurados».* Dicha prohibición se refiere a aquellas cláusulas que, sin estar en contradicción directa con ningún precepto de la Ley de Contrato de Seguro, colocan al asegurado en una situación que manifiesta un desequilibrio injusto entre los derechos y las obligaciones de las partes o contra la buena fe contractual. Se trata, en definitiva, de cláusulas que, aun cuando no vulneran ningún precepto, se consideran prohibidas por su onerosidad a su carácter excesivamente gravoso para el asegurado.

---

[88] Artículo 24.5 de la Ley 30/1995, de 8 de noviembre, de Ordenación y Supervisión de los Seguros Privados.

[89] A los efectos de dicha Ley (art. 1), *«son consumidores o usuarios las personas físicas o jurídicas que adquieren, utilizan o disfrutan como destinatarios finales bienes muebles o inmuebles, productos, servicios, actividades o funciones, cualquiera que sea la naturaleza pública o privada, individual o colectiva de quienes los producen, facilitan, suministran o expiden. No tendrán la consideración de consumidores o usuarios quienes, sin constituirse en destinatarios finales, adquieran, almacenen, utilicen o consuman bienes o servicios, con el fin de integrarlos en procesos de producción, transformación, comercialización o prestación a terceros».*

El tercer grupo de cláusulas que afectan a los derechos del asegurado son las limitativas. La diferencia entre las cláusulas lesivas y las limitativas radica en que estas últimas son válidas, aun cuando sean desfavorables para el asegurado, cuando éste preste su consentimiento expreso a las mismas mediante una declaración en la que afirme que las conoce. Su validez la refrenda el citado artículo 3, al decir que *«se destacarán de modo especial las cláusulas limitativas de los derechos de los asegurados, que deberán ser específicamente aceptadas por escrito»*. Además de estas exigencias formales, las cláusulas limitativas deben sortear un segundo obstáculo: tienen que referirse necesariamente al ámbito que deja el derecho dispositivo a la autonomía de la voluntad de las partes. Dicho de otro modo, la limitación de derechos del asegurado que impone una cláusula de este tipo no es posible cuando tales derechos estén configurados por una norma de carácter imperativo. En este sentido, es reveladora la sentencia de 22 de abril de 1991 del TS, en la que se dice que *«no puede entenderse la existencia de limitación de derechos afectantes al riesgo, cuando se da un supuesto –pérdida total del buque– que no está comprendido en el riesgo pactado»*.

Por último, aunque íntimamente ligadas a las anteriores, están las llamadas cláusulas delimitadoras del riesgo asegurado. La prestación del asegurador depende de la delimitación del riesgo que, a su vez, es la base de referencia para calcular la prima. Sobre este principio, podemos afirmar que una cosa es una cláusula limitativa de los derechos del asegurado y otra muy distinta la que determina el nacimiento o no de esos derechos. A título de ejemplo, la sentencia de 2 de junio de 1992 del TS distingue una cláusula limitativa de otra delimitadora del riesgo, ya que lo que esta última hace es *«concertar el riesgo asegurado y contratado, no quitarle o restringirle (al asegurado) ningún derecho que tuviese por ley. No se puede confundir este último supuesto con el de interpretar qué riesgo se aseguró y cuál fue el objeto del contrato»*. En el mismo sentido, la sentencia del TS de 9 de febrero de 1994 afirma que *«el clausulado, así aceptado, no limita los derechos de la asegurada, sino que delimita el riesgo asumido en el contrato, su contenido, el ámbito al que el mismo se extiende, de manera que no constituye excepción que el asegurador pueda oponer al asegurado, sino que, por constituir el objeto contractual, excluye la acción, que no ha nacido, del asegurado»*. Y en la de 19 de septiembre de 1999, ya por todas, el TS declara: *«la jurisprudencia de esta Sala ha elaborado una doctrina contenida, entre otras, en las sentencias de 9-11-1990, 16-10-1992 y 9-2-1994, que distingue aquellas cláusulas destinadas a delimitar el riesgo, de aquellas otras que restringen los derechos del asegurado. Por eso dice la sentencia citada de 16-10-1992 que la exigencia de que deberán ser aceptadas por escrito que impone el artículo 3 de la Ley del Contrato de Seguro, no se refiere a cualquier condición general del seguro ni a sus cláusulas excluyentes de responsabilidad para la aseguradora, sino en concreto, a aquellas cláusulas que son limitativas de los derechos de los asegurados, por lo que no les alcanza esa exigencia –de la aceptación expresa mediante suscripción– a aquellas cláusulas que definen y delimitan la cobertura del seguro»*.

2.7.2   Condiciones particulares

Las condiciones particulares son cláusulas negociadas entre las partes contratantes. Suelen referirse a aspectos concretos y específicos como la definición del riesgo, las partes contratantes, la suma asegurada o el alcance de la cobertura, la duración del seguro, el tráfico o zona geográfica para los que se contrata, la descripción de la mercancía, el medio de transporte o, en las pólizas flotantes, incluso el nombre del buque, su antigüedad y su clasificación cuando sean conocidos por el asegurado.

La redacción de las cláusulas particulares debe ser, también por imperativo del artículo 3 de la LCS, *«clara y precisa»*. Los *«criterios de transparencia, claridad, concreción y sencillez»* de la Ley sobre Condiciones Generales de la Contratación le son igualmente aplicables, así como la prohibición de *«reenvíos a textos o documentos que no se faciliten previa y simultáneamente a la conclusión del contrato»*.

2.7.3   Reglas de interpretación

Ante la concurrencia en una misma póliza de condiciones particulares y condiciones generales, surge la dificultad de interpretar unas y otras cuando su significado difiere o se contradice entre sí. El artículo 8 de la LCS, en su último párrafo, incide en cierta manera en este punto.

Sin embargo, para interpretar las condiciones del contrato de seguro debemos acudir a las reglas del artículo 57 y siguientes del Código de Comercio y del artículo 1.281 y siguientes del Código Civil. En primer lugar, la voluntad común de las partes contratantes tendrá que buscarse en el sentido recto, propio y usual de las palabras. Cuando éstas parecieren contrarias a la intención evidente de las partes, prevalecerá ésta sobre aquéllas. La intención de las partes, por último, se presume a partir de sus actos.

En este contexto surge la siguiente dificultad: ¿qué ocurre cuándo las condiciones generales contradicen a las particulares o viceversa? Las reglas de interpretación que hay que tener en cuenta son las siguientes:

1. En caso de contradicción o incompatibilidad, prevalecerán siempre las condiciones particulares sobre las generales, ya que aquéllas reflejan más fielmente la voluntad común de las partes. Excepcionalmente, las condiciones generales prevalecerán sobre las particulares sólo si resultan más beneficios para el asegurado. Dicha excepción está consagrada en el artículo 6.1 de la Ley de Condiciones Generales de la Contratación. A modo de ejemplo, citamos la sentencia del TS de 21 de septiembre de 1999, que declara que la fuerza probatoria de la póliza *«no puede desvirtuarse, ni atenuarse, sin contar con otras pruebas de*

contrario, por unas llamadas "condiciones generales" que, como tal documento no suscrito, ni adverado de otra manera, incorporó la demandada».

2. Las condiciones deberán interpretarse de forma conjunta y no aisladamente o de manera individual. Mediante una lectura conjunta se pretende una interpretación armonizada de todas las condiciones de un mismo contrato, de modo que puedan complementarse o integrarse unas con otras, evitando –en la medida de lo posible– contradicciones.

3. La llamada regla contra *proferentem* es también de aplicación general en el contrato de seguro. Se refiere a aquellas cláusulas de difícil comprensión por su carácter enrevesadamente técnico o, incluso, su mala redacción. Esta regla se halla consagrada en el artículo 1.288 del Código Civil, cuyo texto dice que *«la interpretación de las cláusulas oscuras de un contrato no deberá favorecer a la parte que haya ocasionado su oscuridad».* La sentencia del TS de 27 de septiembre de 1996 matiza lo anterior diciendo que dicho artículo 1.288 *«no entra en juego cuando una cláusula contractual debe ser interpretada, sino cuando una vez utilizados los criterios legales hermenéuticos y, por supuesto y primordialmente, la lógica, no es unívoco el resultado obtenido, sino que origina varios en análogo grado de credibilidad».*

4. Por último, debe tenerse también en cuenta el principio *in dubio pro asegurado*. Dado que, en la mayoría de los casos, el contrato de seguro constituye un contrato de adhesión, impuesto por el asegurador y sin margen para la negociación por el asegurado –la parte débil del contrato–, se impone el criterio favorable a la interpretación más beneficiosa para este último. Dicho principio se recoge, de nuevo, en el artículo 6.2 de la Ley sobre Condiciones Generales de la Contratación y ha sido comúnmente aplicado por los tribunales españoles.[90]

2.8 *Otros documentos*

2.8.1 *El aviso o boletín de aplicación*

El aviso o boletín de aplicación –también llamado aviso de seguro, cupón o nota de abono o declaración de aplicación–, es un documento muy usual en las pólizas flotantes. Se trata de la declaración escrita del asegurado informando al asegurador de la voluntad de incluir una expedición bajo la cobertura de una póliza flotante previamente contratada para un período de tiempo en curso. En virtud del aviso o bo-

---

[90] Así las sentencias del TS de 8-2-1999, 19-2-1999, 9-3-2000 o 30-5-2000.

letín de aplicación, el asegurado solicita al asegurador que aplique el riesgo de esa expedición bajo el paraguas de la póliza flotante. Dicho documento deberá contener datos esenciales de las circunstancias en que se realiza la expedición: nombre del vehículo, barco o avión, bandera o pabellón del mismo, origen y destino de las mercancías, así como su clase, peso y valor declarado.

El aviso o boletín de aplicación suele enviarse inmediatamente después de cargada la mercancía, ya que no es sino hasta entonces que el asegurado tiene conocimiento de datos tales como el nombre del buque, la fecha de embarque o el peso y la condición de la mercancía a bordo, que configurarán el contenido del documento. Generalmente, es necesario que el asegurador reciba el aviso o boletín antes de que se descarguen o se reciban las mercancías en el puerto de descarga, ya que es entonces cuando se tiene conocimiento de la concreción o realización del riesgo.

La póliza flotante establecerá el momento y forma en que el asegurado deberá enviar el boletín de aplicación.[91] En unos casos, se debe emitir antes del viaje o del momento en que se tenga conocimiento del envío. En otras, dentro de las 24 horas siguientes al momento de la carga o del embarque, o bien en el momento en que el asegurado tenga conocimiento de la carga o embarque. Cuando se emite con retraso, no se frustra el derecho del asegurado a la indemnización siempre y cuando el riesgo se haya materializado después de recibido el documento por parte del asegurador. Es decir, la cobertura se iniciará sólo desde el momento de la recepción del boletín. Por último, la omisión del boletín conlleva la pérdida del derecho del asegurado a la indemnización.[92]

2.8.2   *El certificado de seguro*

Las pólizas de transporte de mercancías suelen generar el llamado «certificado de seguro». Se trata de un documento emitido y firmado por el asegurador en el que éste reconoce el alcance de la cobertura, el beneficiario de ésta, el viaje al que se aplica y

---

[91] En la sentencia del TS de 14-12-1983, la aseguradora se oponía al pago de la indemnización al considerar que el asegurado incumplió su obligación de enviar el aviso de aplicación en los términos previstos en la póliza. Según ésta, el asegurado debía, inmediatamente después de verificar los envíos, llevar con todos los requisitos exigidos los avisos de aplicación en «cuadernos adecuados» o «talonarios de cupones» que la aseguradora le facilitaría y a la cual remitiría cumplimentados cada día que realizara expediciones. Sin embargo, la aseguradora nunca facilitó tales cuadernos talonarios.

[92] En la sentencia del TS de 15-7-1983, las mercancías fueron cargadas el 8 de noviembre, el siniestro ocurrió el 9 de noviembre y el aviso de seguro se entregó el 10 de noviembre. En este supuesto, la Sala desestimó la demanda del asegurado al entender que la omisión del aviso produjo la inmediata anulación de la póliza y la cesación de la obligación de indemnizar por parte de la aseguradora.

el valor de los bienes asegurados. Es, en definitiva, un documento que prueba el contrato de seguro sin necesidad de aportar la póliza completa.

El certificado de seguro es indispensable en compraventas internaciones de mercancía pactadas en términos CIF (coste, seguro y flete), donde el vendedor se obliga a asegurar el transporte de las mercancías por cuenta y en beneficio del comprador. El precio de las mercancías en posición CIF incluye el concepto del seguro. En tales compraventas, el certificado de seguro se erige como uno de los documentos necesarios cuya entrega al comprador –o a su banco– permite al vendedor el cobro del precio de la mercancía. No en vano los incoterms 2000, al establecer las obligaciones del vendedor en condiciones CIF, incluyen el deber de proporcionar al comprador *«la póliza de seguro u otra prueba de la cobertura del seguro»*. Para evitar dar información del precio de repercusión al comprador CIF, el importe de la prima no suele aparecer en el certificado de seguro.

El certificado de seguro cobra una relevancia especial en las pólizas flotantes, donde cada remesa o viaje se recogerán en un certificado distinto, sin necesidad de aportar o renegociar en cada caso la póliza completa. Según la sentencia del TS de 24 de noviembre de 2004, *«este certificado no tiene otra significación que dotar al asegurado, al ser persona distinta del tomador del seguro, de un medio de acreditar la existencia del seguro, como ejecución o desarrollo de la mecánica inherente a un seguro concertado mediante una póliza flotante y con la finalidad de agilizar la tramitación del seguro. El tomador carece de facultades para establecer condiciones o cláusulas que fijen el contenido del seguro, tanto si se adecuan a la póliza flotante como si se exceden de esas estipulaciones»*.

2.9 *Nulidad e ineficacia del seguro*

El Código de Comercio –en el caso del seguro de transporte marítimo– y la Ley 50/1980 de Contrato de Seguro –en el de los seguros de transporte terrestre y aéreo–, establecen un conjunto de reglas que conducen a la nulidad o ineficacia del contrato de seguro. Dichas reglas previenen supuestos en los que alguna de las partes pueda haber obrado de mala fe o de forma fraudulenta incumpliendo obligaciones esenciales en la contratación, la declaración del riesgo o el cálculo del interés asegurable. Dichas reglas pretenden evitar situaciones de enriquecimiento injusto del asegurado a costa y en perjuicio del asegurador.

La aplicación de todas estas reglas debe cumplir el principio general del artículo 26 de la LCS que, de modo excepcional, tiene una indudable fuerza interpretativa o inspiradora en cualquier contrato de seguro, incluso marítimo. Dicho precepto dice que *«El seguro no puede ser objeto de enriquecimiento injusto para el asegurado. Para determinar el daño se atenderá al valor del interés asegurado en el momento inmediatamente anterior a la realización del siniestro»*.

Mientras que en los seguros de personas se tiende a una valoración abstracta del daño –cuya existencia se presume–, en los seguros contra daños (el de transportes es uno de ellos), se busca el resarcimiento concreto de la lesión del interés asegurado. De ahí que, para determinar el valor del daño que hay que indemnizar, sea necesario acreditar previamente un interés legítimo en el objeto asegurado. Así, entrando a exponer algunos supuestos de nulidad, el artículo 25 de la misma establece la nulidad del contrato de seguro en aquellos casos en los que no existe un interés asegurado. Es decir, no existe el interés por parte del asegurado a que el evento previsto en el contrato no se verifique y produzca un daño. El precepto ilustra la repulsa del legislador a este supuesto diciendo que *«el contrato de seguros contra daños es nulo si en el momento de su conclusión no existe un interés del asegurado a la indemnización del daño»*.

Nos hallaremos también ante un caso de nulidad del contrato cuando, en el momento de suscribir la póliza, no exista posibilidad alguna de que el evento dañoso se pueda producir (ni siquiera de manera abstracta), o cuando se tenga una certeza absoluta de que el evento se haya producido. Dicho supuesto se recoge en el artículo 4 de la LCS: *«El contrato de seguro será nulo, salvo en los casos previstos por la ley, si en el momento de su conclusión no existía el riesgo o había ocurrido el siniestro»*. El artículo 784 del Código de Comercio es, no obstante, una excepción a dicho principio. Dicha excepción erige la validez de aquellos contratos en los que existía un riesgo putativo, es decir, que no existía en la realidad sino sólo en la mente del asegurado.[93]

El artículo 785 del Código de Comercio recoge un supuesto de nulidad basado en la idea anterior, aunque con excepciones propias del seguro marítimo: *«El contrato de seguro sobre buenas y malas noticias no se anulará si no se prueba el conocimiento del suceso esperado o temido por alguno de los contratantes al tiempo de verificarse el contrato. En caso de probarlo, el defraudador abonará a su coobligado una quinta parte de la cantidad asegurada, sin perjuicio de la responsabilidad criminal a que hubiera lugar»*. Si bien impone una penalización del 25 % sobre la cantidad asegurada, dicha regla contempla la nulidad para el caso de que alguna de las partes sepa de la ocurrencia del riesgo asegurado en el momento de contratar el seguro. Éste es el caso, por ejemplo, del asegurado que, a sabiendas de que la mercancía ha perecido antes del embarque o de que el buque ha naufragado, decide contratar el seguro para resarcirse indebidamente de sus pérdidas. Por el contrario, el contrato no será nulo cuando no

---

[93] En la sentencia de la AP de Barcelona de 23-6-1999 se alegó la nulidad del contrato de seguro por cuanto que éste aparecía fechado con posterioridad a la producción del siniestro. En el fundamento 5.º, la Sala resolvió lo siguiente: *«Dice, en efecto, el artículo 784 del Código de Comercio que "el seguro hecho con posterioridad a la pérdida, avería o al feliz arribo del objeto asegurado al puerto de destino, será nulo siempre que pueda presumirse racionalmente que la noticia de lo uno o de lo otro había llegado a conocimiento de alguno de los contratantes", lo cual parece lógico para evitar confabulaciones*

hay indicios de que la buena o mala noticia haya llegado a conocimiento de alguna de las partes. Dicho conocimiento se presume cuando la noticia ha llegado al lugar donde se celebró el contrato o en el que residen las partes. En palabras de Gabaldón y Ruiz-Soroa,[94] «*el contrato de seguro marítimo celebrado con posterioridad a la pérdida (riesgo realizado) o feliz arribo del objeto asegurado (riesgo desaparecido) al puerto de destino no será nulo a no ser que pueda presumirse racionalmente que la noticia de lo uno o de lo otro había llegado a conocimiento de alguna de las dos partes contratantes*».

Otro de los supuestos es el sobreseguro doloso. El Código de Comercio lo trata en su artículo 752 para el seguro marítimo estableciendo las reglas siguientes: «*La suscripción de la póliza creará una presunción legal de que los aseguradores admitieron como exacta la evaluación hecha en la misma de los efectos asegurados, salvo los casos de fraude o malicia. Si apareciese exagerada la evaluación, se procederá según las circunstancias del caso, (...) Si la exageración fuera por fraude del asegurado y el asegurador lo probara, el seguro será nulo para el asegurado y el asegurador ganará la prima, sin perjuicio de la acción criminal que le corresponda*».

El sobreseguro doloso también se regula en el artículo 31 de la LCS para los seguros de transporte terrestre y aéreo, cuyo texto es el siguiente: «*Si la suma asegurada supera notablemente el valor del interés asegurado, cualquiera de las partes del contrato podrá exigir la reducción de la suma y de la prima, y el asegurador deberá restituir el exceso de las primas percibidas. En el caso de que se produzca el siniestro, el asegurador indemnizará el daño efectivamente causado. Cuando el sobreseguro previsto en el párrafo anterior se deba a la mala fe del asegurado, el contrato será ineficaz. El asegurador de buena fe podrá, no obstante, retener las primas vencidas y las del período en curso*».

La redacción del artículo 31 es quizá más inteligible, pero aplica la misma fórmula que la del artículo 752 del Código de Comercio. En definitiva, ambos preceptos requieren prueba suficiente de que el asegurado actuó de mala fe al asegurar las mercancías por un valor notablemente superior al del interés asegurado.

Los artículos 32 de la Ley de Contrato de Seguro y 782 del Código de Comercio contemplan, además, los casos de doble seguro o duplicidad de pólizas a cargo de distintos aseguradores sobre un mismo objeto, para los mismos riesgos y durante el mismo período. Éste sería el caso, por ejemplo, en el que concurren una póliza contratada por un comprador en condiciones de venta FOB (franco a bordo), por un lado, y una póliza flotante del transportista contratada por cuenta *de* y cuya

---

fraudulentas. Mas en el presente supuesto, (...) si el siniestro acaeció con anterioridad, seguro que ni el asegurador ni el tomador del seguro, ni el asegurado, tuvieron conocimiento del mismo, con lo que el mencionado precepto deviene inaplicable y, en consecuencia, debe decaer también el mencionado motivo de recurso».

[94] Gabaldón García , J. L. y Ruiz Soroa, J. M., *Manual de derecho de la navegación marítima*, Marcial Pons, 1999, pág. 757.

prima repercute *a* su cliente, que no es otro que el mismo comprador. Aunque en estos casos no suele haber dolo o mala fe en el momento de la contratación, sí puede apreciarse tal conducta en la comunicación a cada asegurador de la duplicidad de seguros.

Para tales casos, la LCS establece la regla siguiente: «*Cuando en dos o más contratos estipulados por el mismo tomador con distintos aseguradores se cubran los efectos que un mismo riesgo puede producir sobre el mismo interés y durante idéntico período de tiempo, el tomador del seguro o el asegurado deberán, salvo pacto en contrario, comunicar a cada asegurador los demás seguros que estipule. Si por dolo se omitiera esta comunicación, y en caso de sobreseguro se produjera el siniestro, los aseguradores no están obligados a pagar la indemnización*». Esto significa que, cuando el deber de comunicación se incumpla a sabiendas y con mala fe, los seguros aéreo y terrestre devendrán nulos y el asegurador quedará exento de la obligación de indemnizar.

No ocurre lo mismo en el seguro marítimo, para el cual el artículo 782 del Código de Comercio establece la regla siguiente: «*Si se hubieran realizado sin fraude diferentes contratos de seguro sobre un mismo objeto, subsistirá sólo el primero, a fin de que cubra todo su valor. Los aseguradores de fecha posterior quedarán libres de responsabilidad y percibirán un medio por ciento de la cantidad asegurada. Si el primer contrato no cubre el valor íntegro del objeto asegurado, la responsabilidad del exceso recaerá sobre los aseguradores que contrataron con posterioridad, siguiendo el orden de fechas*». Aquí, el deber de comunicación pierde interés y, sin que haya mala fe en el momento de la contratación, se establece una fórmula de reparto entre los distintos aseguradores.

Además de los anteriores, el artículo 781 del Código de Comercio establece una relación de casos típicos en los que el seguro marítimo es nulo. En esta obra sólo nos interesan los relativos a las mercancías: «*Será nulo el contrato de seguro que recayera: 1. Sobre los buques o mercaderías afectos anteriormente a un préstamo a la gruesa por todo su valor. Si el préstamo a la gruesa no fuera por el valor entero del buque o de las mercaderías, podrá subsistir el seguro en la parte que exceda al importe del préstamo. (...) 4. Sobre géneros de ilícito comercio en el país del pabellón del buque. (...) 8. Sobre cosas en cuya valoración se hubiera cometido falsedad a sabiendas*».

Por último, el artículo 786 del Código de Comercio regula la responsabilidad del comisionista o tomador del seguro por cuenta ajena en aquellos casos en los que obrase de mala fe: «*Si quien hace el seguro, sabiendo la pérdida total o parcial de las cosas aseguradas, obra por cuenta ajena, será personalmente responsable del hecho como si hubiera obrado por cuenta propia; y si, por el contrario, el comisionado es inocente del fraude cometido por el propietario asegurado, recaerán sobre este último todas las responsabilidades, quedando siempre a su cargo pagar a los aseguradores el premio convenido. Igual disposición regirá respecto al asegurador cuando contrate el seguro por medio de comisionado y sepa el salvamento de las cosas aseguradas*».

Parte II
Los modos de transporte

1   El seguro en el transporte marítimo

1.1   Régimen jurídico

El seguro de transporte marítimo de mercancías es una de las modalidades comprendidas dentro de lo que se conoce como «seguros marítimos». El Código de Comercio establece, en su artículo 743, que *«podrán ser objeto del seguro marítimo (...) todos los objetos comerciales sujetos al riesgo de navegación cuyo valor pueda fijarse en cantidad determinada»*. Se trata de un seguro de «facultades» que deja el alcance del mismo a la voluntad del interesado.

El elemento común que caracteriza y define el seguro marítimo no es otro que el riesgo. El riesgo de la navegación marítima es el que da lugar al concepto de seguro marítimo. Este concepto o clase de seguro comprende distintas modalidades o subcategorías que se definen por los bienes patrimoniales (o intereses asegurables) que tutelan: seguro de cascos, seguro de flete, seguro de desembolsos, seguro de mercancías y seguro de responsabilidad.

La regulación especial del seguro marítimo (arts. 737 a 805 del Código de Comercio) es de carácter eminentemente dispositivo. Así, se rige, en primer lugar, por la voluntad de las partes, es decir, por las condiciones acordadas en la póliza de seguro.[1] El artículo 738 del Código de Comercio anuncia que el contrato lo formarán *«las condiciones que libremente consignen los interesados»*. Sólo en su defecto acudiremos a la regulación sustantiva del libro III, título III, sección 3.ª *De los seguros marítimos*, del Código de Comercio (arts. 737 a 805).

---

[1] Frente a sentencias favorables al principio de autonomía de la voluntad de las partes (TS de 21-7-1989, 22-4-1991, 4-3-1993, 20-2-1995 y 21-11-1996), destacan otras que propugnan la aplicación de las normas de derecho necesario contenidas en el título I de la Ley del Contrato de Seguro *«por tratarse de preceptos protectores del asegurado como "consumidor"»* (TS de 2-12-1997 y 19-2-1988).

Una de las cuestiones debatidas en los tribunales españoles es la supletoriedad de la Ley de Contrato de Seguro sobre los seguros marítimos.[2] Ello es especialmente relevante, ya que dicha Ley contempla soluciones –más modernas y, por lo general, más favorables al asegurado– distintas de las del Código de Comercio. Un ejemplo de ello son los intereses moratorios del 20 % previstos en el artículo 20 de la LCS: ¿se pueden imponer intereses moratorios al asegurador del transporte marítimo de mercancías? Otro ejemplo lo encontramos en el procedimiento pericial del artículo 38 de dicha Ley: ¿es aplicable también al seguro marítimo?

Al margen de las opiniones doctrinales, de la LCS se desprende la necesidad previa de un vacío normativo que justifique su aplicación. Éste no es el caso del seguro marítimo. Habrá, pues, que acudir al sistema de fuentes del seguro marítimo que determina un orden jerárquico en el que, respetando la normativa comunitaria que le es preferente, se aplican en primer lugar las normas de carácter necesario del Código de Comercio, después los pactos entre las partes (o *lex negotii),* las normas de derecho dispositivo y, por último, el derecho común.[3] La Ley 30/1995 de Ordenación de seguros Privados no aporta luz al respecto.

Los tribunales españoles no han resuelto de forma clara y unánime esta cuestión.[4] Por un lado, han establecido la no aplicabilidad de los intereses moratorios del 20 % en el ámbito del seguro de mercancías transportadas por mar, lo cual excluye la supletoriedad de la LCS.[5] Por otro, paradójicamente, han adoptado la noción de supletoriedad con respecto a la regulación del instituto de la subrogación del asegurador no previstos en el artículo 780 del Código de Comercio.[6]

---

[2] Hay unanimidad doctrinal y jurisprudencial en cuanto a que la LCS no puede derogar los artículos 737 a 805 del Código de Comercio. La disposición final de dicha Ley no menciona los artículos 737 a 805 entre las normas derogadas. Además, cabe aplicarse el principio de que una norma general posterior no puede derogar a otra especial anterior. Por último, el mismo artículo 2 establece que cada modalidad de seguro se regula por la «ley que le sea aplicable». Así las sentencias del TS de 19-10-1987, 22-4-1991 y 22-6-1992.

[3] No obstante, parte de la doctrina entiende que primero hay que ir al derecho mercantil y después al derecho civil para acudir al derecho común como supletorio del derecho marítimo.

[4] La jurisprudencia del TS fue en un primer momento favorable a una aplicación de la Ley de Contrato de Seguro al seguro marítimo en su sentencia de 19-2-1988. No obstante, el criterio ha cambiado radicalmente como se observa en las sentencias de 10-12-1988, 12-12-1988, 21-7-1989, 30-1-1990, 22-4-1991, 2-12-1991, 22-6-1992, 22-2-1994, 20-2-1995, 24-4-1995, 22-2-1994, 20-2-1995, 24-4-1995, 26-4-1995, 23-1-1996, 12-2-1996, 16-3-1996, 3-10-1996, 31-12-1996, 16-1-1997, 2-12-1997, 29-6-1998, 23-7-1998, 18-12-1998, 23-6-1999 y 30-6-1999.

[5] Sentencias del TS de 22-6-1992, 23-1-1996 y 12-9-1996. Si bien en la sentencia de la AP de Baleares de 16-10-2003 (440/2003) se resolvió a favor de la aplicación de la Ley de Contrato de Seguro

1.2   Forma y contenidos del contrato

El seguro de transporte marítimo de mercancías –al igual que ocurre con las otras modalidades de los seguros marítimos– *«tendrá que constar por escrito en la póliza firmada por los contratantes»* (art. 737 del Código de Comercio).[7] La Ley 50/1980 de Contrato de Seguro establece igualmente que *«el contrato y sus modificaciones o adiciones deberán ser formalizados por escrito»* (art. 5), aunque no requiere expresamente la firma de ninguna de las partes.

La exigencia de que la póliza vaya firmada por ambos, el asegurado y el asegurador, está en desacuerdo con la práctica habitual y la modernidad de las comunicaciones. Tanto es así que los tribunales han dispensado, en ocasiones, de dicho formalismo a los contratantes y han adoptado un criterio más flexible y práctico.[8] El uso del correo electrónico, en el que se incorpora un pliego de condiciones particulares y generales, es habitual hoy en día para contratar una póliza y no precisa firma manuscrita.

Pese a todo lo dicho anteriormente, sigue siendo recomendable aportar la póliza firmada por el asegurado y por el asegurador cuando ésta es relativa a un seguro marítimo. En caso de no haber sido emitida y firmada con anterioridad al período de cobertura, es preferible –incluso– hacerlo con posterioridad, requiriendo por conducto fehaciente la firma a la contraparte (bien sea el asegurado o al asegurador).

La póliza deberá igualmente extenderse y firmarse *«por duplicado, y cada una de las partes contratantes se reservará un ejemplar»* (art. 737 del Código de Comercio). La suscripción de la póliza creará –según el artículo 752– una presunción legal de que el asegurador admitió como exacta y veraz la valoración de las mercaderías, salvo en caso de fraude o malicia.

---

al haber invocado la aseguradora el sometimiento del contrato a dicha Ley. La validez de ese sometimiento expreso permitió aquí aplicar los intereses moratorios del 20 % del artículo 20.4 al no existir –en dicho contrato– ninguna cláusula de aplicación preferente relativa al devengo de los intereses.

[6] Sentencia del TS de 23-12-1993.

[7] Sentencia del TS de 30-3-1985.

[8] Sentencia del TS de 16-2-1994 relativa a la oposición –desestimada por la Sala– del asegurado a la existencia del seguro marítimo y a la concomitante reclamación por parte del asegurador del abono de las primas adeudadas, escudándose aquél en que la póliza carecía de firma. También la sentencia del TS de 20-2-1995, cuyo fundamento 2.º reza: *«(...) debe advertirse que la ausencia de firma, en la póliza, del tomador del seguro no es determinante, por sí sola, ni siquiera con referencia a las cláusulas de exclusión de cobertura del seguro incorporadas a sus condiciones generales, de la inaplicación de éstas. Lo esencial es que conste su conocimiento y aceptación, que no ofrece duda en el presente caso en que la documentación correspondiente, incluida la que refleja las condiciones generales, ha sido aportada a los autos por el propio actor que alega la inaplicabilidad de la cláusula –circunstancia ponderada por esta Sala, ya en sentencia de 7-2-1992, como indicativa de su aceptación (...)».*

El artículo 738 del Código de Comercio establece una serie de requisitos –algunos más actuales que otros– que debe contener la póliza. Son los siguientes:

– Fecha del contrato.
– Identidad y domicilio de las partes contratantes.
– Expresión de si el asegurado contrata por cuenta propia o ajena y, en el segundo caso, por cuenta de quién.
– Buque que va a transportar las mercancías, con expresión del puerto, pabellón y matrícula.[9]
– Identidad del capitán.
– Puerto de partida del buque, puerto de carga y puerto de descarga de las mercancías.
– Naturaleza, número, marcas y calidades de los objetos asegurados.
– Período de cobertura.
– Valor asegurado.
– Importe y pago de la prima.
– Obligación de pago del asegurador en caso de siniestro, así como el lugar, plazo y forma en que deberá realizarse.

Por último, si la póliza se hubiera fijado en divisa extranjera –lo cual es frecuente, ya que muchas mercancías cotizan en dólares americanos–, el tipo de cambio aplicable será el correspondiente al lugar y fecha en que se firmó la póliza (art. 753 del Código de Comercio).

1.3   *Riesgos asegurados y riesgos excluidos*

Los riesgos del seguro marítimo son propios y característicos de la aventura marítima. Tienen una idiosincrasia particular que los hace difícilmente extrapolables a otras modalidades de seguros para el transporte de mercancías.

Los riesgos se enumeran, en el artículo 755 del Código de Comercio, como «causas» por las cuales los aseguradores indemnizarán *«los daños y perjuicios que los obje-*

---

[9] Según el artículo 741, *«en los seguros de mercancías podrá omitirse la designación específica de las mismas y del buque que deba transportarlas, cuando no consten estas circunstancias al asegurado».* Quedan –según el artículo 745– excluidos del seguro genérico de mercancías *«los metales amonedados o en lingotes, las piedras preciosas y las municiones de guerra».*

[10] Así lo expresa en la sentencia del TS de 21-7-1989: *«Si, según lo normado con carácter general por el artículo 1.091 del Código Civil, las obligaciones que nacen de los contratos tienen fuerza de ley entre las partes contratantes y deben cumplirse al tenor de los mismos, y, como aplicación concreta de ese principio*

tos asegurados experimenten» durante su transporte. Tales causas están sujetas a las excepciones o exclusiones que pacten los contratantes en la póliza, por lo que se trata de una enumeración meramente facultativa. Son las siguientes:

RIESGOS ASEGURADOS

1	Varada o empeño del buque, con rotura o sin ella.
2	Temporal.
3	Naufragio.
4	Abordaje fortuito.
5	Cambio de derrota durante el viaje, o de buque.
6	Echazón.
7	Fuego o explosión, si aconteciera en mercancías, tanto si estuvieran a bordo como depositadas en tierra, siempre que se hayan alijado por orden de la autoridad competente, para reparar el buque o beneficiar el cargamento; o fuego por combustión espontánea en las carboneras de los buques de vapor.
8	Apresamiento.
9	Saqueo.
10	Declaración de guerra.
11	Embargo por orden del Gobierno.
12	Retención por orden de una potencia extranjera.
13	Represalias.
14	Cualesquiera otros accidentes o riesgos de mar.

El seguro marítimo obedece al principio de universalidad del riesgo; esto significa que no se refiere a un determinado riesgo o riesgos, sino que ofrece cobertura a todo el conjunto de riesgos –mencionados o no en la enumeración del artículo 755– que amenacen a los intereses asegurados. En concreto, el apartado 14 de dicho artículo acoge el principio de universalidad y da cabida, mediante una cláusula de cierre, a cualesquiera *«accidentes o riesgos de mar».* Para que un riesgo quede fuera de cobertura, es necesario que éste se haya excluido expresamente en el contrato[10] o que no sea relativo a la navegación marítima.[11]

---

primero, admite que los contratantes pueden excluir en la póliza de seguro los riesgos que tengan por conveniente, es evidente que la obligación indemnizatoria no se extiende a aquellos riesgos que, por así haberlo pactado las partes en la póliza correspondiente, quedan excluidos de la cobertura del seguro marítimo entre ellas concertado».

[11] El concepto de riesgo marítimo o riesgo de la navegación ha sido objeto de interpretación y revisión continua por los tribunales del Reino Unido. Aquello que la Marine Insurance Act de 1906 y las Institute Cargo Clauses inglesas denominan *«perils of the sea»* o *«marine risks»* tiene su origen

Ocurrido un siniestro que encaje dentro de unos de los riesgos marítimos, incumbe al asegurador –en su caso– demostrar que el mismo está excluido del seguro y no al asegurado probar lo contrario. Veámoslo con un ejemplo: en un transporte puerta a puerta de mercancía consistente en café en grano, el asegurado reclama al asegurador la indemnización por daños consistentes en mojadura por agua dulce; y el asegurador, por su parte, alega vicio propio de la mercancía al atribuirlo a condensación propia del café. En este caso, correspondería al asegurador (y no al asegurado) probar la existencia de vicio propio para eludir su obligación resarcitoria. Al asegurado le basta con demostrar la ocurrencia del siniestro y su aparente conexión con alguno de los riesgos de la navegación.

El riesgo número 1 *(«varada»)* ha sido objeto de precisión semántica por la sentencia del Tribunal Supremo de 18-9-1998.[12] La varada es –según el diccionario– la «acción de varar un barco», y «varar» es palabra que se caracteriza por su polisemia, pluralidad de significados tales que algunos incluso son ajenos al mundo de la mar, y los relacionados con la navegación son tan diferentes como echar un barco al agua, o sacarlo para resguardarlo o para carenarlo y también encallar la nave en la costa, en unas peñas o en un banco de arena. La Sala entendió, en el fundamento 1.º de la citada sentencia, que *«la equivocidad del término "varada" desaparece (...), se convierte en inequívoca, teniendo en cuenta que el seguro es de riesgos de la navegación, no de los inherentes a prestación de servicios en astilleros, que cubre los gastos de salvamento, los cuales tienen que procurar disminuir el asegurado y sus dependientes; que el siniestro se produjo en tierra firme, por riesgos ajenos a la navegación y, en todo caso, originados por la*

---

embrionario en la decisión de la Cámara de los Lores (o House of Lords) en el caso referenciado como *«The Inchmaree»* (Thames & Mersey Insurance Co. *versus* Hamilton, Fraser & Co., 1887, 12 AC 484). El riesgo acaecido consistió en la explosión de un motor del buque causado por la indebida actuación del ingeniero de máquinas al haber cerrado una válvula durante la navegación. La Cámara entendió que la aseguradora no debía hacerse cargo del importe de la reparación del motor porque el riesgo acaecido no era propio de la navegación. El mismo hecho podía haber ocurrido en tierra. Lord Bramwell sentenció: *«El mar, las olas y el viento no tuvieron nada que ver con ello»*. Con relación a un caso de un buque hundido por fuego procedente de otro buque enemigo –conocido como *The Santo* (1887, 7 HL Cas 504)–, la Cámara de los Lores también descartó el deber de indemnizar al no tratarse de un peligro *del* mar, distinguiéndolo de un peligro ocurrido *en* el mar. Lord Herschell dijo: *«Veo claro que la expresión "peligros del mar" no cubre todo accidente o siniestro que pueda afectar al objeto asegurado en el mar. Debe ser un peligro "del" mar»*. Los tribunales españoles también han acotado, de acuerdo con la legislación española aplicable (p. ej., Código de Comercio) y las cláusulas de cada contrato, los términos equivalentes de «accidente» o «riesgo de mar». A modo de ejemplo, cabe mencionar la sentencia del TS de 4-5-1982 relativa a la acción del asegurado frente a la compañía aseguradora por la omisión de entrega de la mercancía transportada hasta el puerto de Lagos y su desvío al de Rotterdam, donde el armador procedió a su venta para satisfacerse de los fletes debidos. La Sala 1.ª entendió que tal supuesto *«no cabe ser amparado por el contrato de seguro marítimo concertado entre los litigantes, toda vez que ni las cláusulas, tanto generales como particulares, de la póliza (...) y menos las normas legales*

rotura de una grúa durante la prestación de una actividad (...). Se trata, en definitiva, de daños causados durante la varada (extracción del buque a muelle para ser calafateado), pero causados por la rotura de la grúa que izaba la nave y no es esta varada, accidente marítimo de los que habla el artículo 755 del Código de Comercio junto al empeño, riesgo también cubierto por la póliza».

El riesgo número 4 (*«abordaje fortuito»*) se encuentra habitualmente especificado en el clausulado de las pólizas. Alguna decisión judicial aislada ha interpretado la referencia al carácter fortuito del riesgo en el sentido del término en el ámbito de la responsabilidad civil en general; esto es, abordaje fortuito como opuesto al culpable. Nos referimos a la sentencia del TS de 24 de abril de 1926, donde se dice que *«el artículo 755 se refiere a incidentes de la navegación que tienen los caracteres del caso fortuito, que es el suceso inopinado o de fuerza mayor o que se puede prevenir ni resistir».* Sin embargo, la jurisprudencia mayoritaria se decanta en sentido contrario, ya que en el ámbito del contrato de seguro, debe entenderse el carácter fortuito como la cualidad del riesgo que lo distingue del acaecer necesario o del acto negligente o doloso. Sólo se excluiría su cobertura en el supuesto de que se acreditase que en los hechos concurrentes e inmediatamente anteriores al abordaje, existió negligencia de los mandos o patronos del buque, y que tal negligencia fue un factor determinante en la colisión. Con frecuencia, el único modo de probar negligencia en la tripulación es en la comisión de una infracción reglamentaria de navegación. No basta, sin embargo, la mera comisión de la infracción para que opere la exclusión de la cobertura, sino que debe existir relación de causa y efecto entre la infracción y el accidente.[13]

---

aplicables (arts. 755 y 756 del Código de Comercio), incluyen aquel supuesto fáctico (...) como "accidente o riesgo de mar", sino en sentido muy distinto como integrante de un incumplimiento del contrato de fletamento por parte de quienes estaban obligados al pago de los fletes pactados, hipótesis que en modo alguno puede equipararse al daño sufrido por las mercancías durante su transporte por mar o en los momentos que le preceden o siguen, únicos riesgos que cubre el seguro marítimo...».

[12] La sentencia del TS de 18-9-1998 se refiere a un barco pesquero que, para su pintura y calafateado, fue izado y llevado a un varadero. En el momento de izarlo, la grúa se rompió, cayó sobre la nave y le causó graves desperfectos. El barco estaba amparado por una póliza que cubría los riesgos de la navegación y la cuestión que había que decidir era si el siniestro fue causado por la efectiva realización de un riesgo cubierto por la póliza. El artículo 17 de la misma decía: *«serán indemnizables: a) los daños producidos por naufragio, hundimiento, abordaje, varada, empeño, incendio... incluso los gastos de salvamento».*

[13] La AP de Baleares, en sentencia de 22-11-2000, se refiere a un supuesto en el que la aseguradora de un buque pesquero deniega dar cobertura al asegurado al observar que el patrón carecía de la necesaria experiencia, por ser su primera salida al mando del buque –artículo 609 del Código de Comercio–, y de la adecuada titulación para operar en la estación de servicio móvil marítima, que la vigilancia visual y audiovisual eran insuficientes al no cubrirse el cuadro de tripulación mínima, y añade además que tenían excesivo cansancio. Cita al respecto la condición 18.a de las condiciones generales de la póliza –artículo 756.5 del Código de Comercio–, y añade que la revisión de las condiciones 16 y 17 de la póliza evidencian que no estaba cubierto por la póliza el caso de baratería del

Cabe decir, no obstante, que en los seguros marítimos relativos a mercancías amparadas en conocimientos de embarque, el dolo o la negligencia de la tripulación del buque difícilmente desplazarían el riesgo de abordaje hasta excluirlo del ámbito material de cobertura.

En quinto lugar, el artículo 755 aborda como riesgo asegurado el *«cambio de derrota durante el viaje, o de buque»*. En armonía con el supuesto del artículo 756.1, el mismo hecho queda excluido de cobertura cuando es voluntario, siendo la voluntad a la que se refiere el precepto la del propio asegurado y no la de un tercero.[14]

Los riesgos 8 a 13 conforman sistemáticamente lo que se conoce como «riesgos de guerra». Si bien históricamente han sido objeto de cobertura, en la actualidad, las pólizas marítimas de facultades los excluyen de su cobertura ordinaria, pudiendo sólo ser asegurados mediante pólizas *ad hoc* (por ejemplo, Institute War Clauses) o ampliaciones expresamente pactadas y contra el pago de una sobreprima.

Finalmente, el supuesto 14.º del artículo 755 del Código de Comercio habla de *«cualesquiera otros accidentes o riesgos del mar»*. Con esta expresión, el legislador se refiere a los «riesgos de la navegación», que comprende todas aquellas situaciones de riesgo a las que debe hacer frente el buque o los efectos que se hacen a la mar. Algunos autores entienden que en dicha expresión deben considerarse incluidos los riesgos de estancia en astillero o varadero, el período de construcción del buque o, en el caso de mercancías, sus fases de estancia y manipulación portuaria. En otras palabras, que –según dicha doctrina– el seguro marítimo debe dar cobertura a los intereses asegurados, no sólo durante la navegación marítima, sino también *«en los momentos de quietud que le precedan, interrumpan o subsigan en dependencia directa de ella»*.[15]

---

patrón, consistente en negligencia de los mandos o patrones de un buque. La Sala desestima todas las excepciones invocadas por la aseguradora. Concluye, en el fundamento 2.º de la sentencia, que *«pese a tratarse de su primera salida al mando del barco, esto no constituye por sí mismo una causa que permita presumir negligencia alguna, ya que cualquier profesional se inicia en una primera ocasión y no por ello puede atribuirse a su falta de experiencia todo eventual accidente que ocurra, sino que deberá siempre probarse tal negligencia, como si de un profesional avezado se tratase. (...) Se dice que, además, el patrón carecía de la adecuada titulación para operar la estación de servicio móvil marítimo; sin embargo, no se preocupa la parte demandada-apelante de enlazar la eventual relación de causalidad que entre esta denunciada carencia y la producción del accidente de autos pudiera acontecer, dándose la circunstancia de que dicha eventual relación de causalidad tampoco cabe imaginarla sin más, más bien al contrario, todo parece indicar que el empleo puntual de dicho servicio en el caso de autos tampoco hubiera permitido detectar la presencia próxima del buque mercante, el cual hubiera sido en todo caso detectado por un radar, aparato este cuya presencia y cuyo manejo en el pesquero no eran preceptivos –a diferencia de lo que ocurría con el mercante y que no por ello resultó eficaz–, de modo que tampoco este motivo puede prosperar (...). La "insuficiente vigilancia" se presenta en esta alzada como mera manifestación de parte, pues la ausencia de un marinero no conduce tampoco a la conclusión de que de haber habido otra persona a bordo el barco mercante hubiera sido detectado*

Todo lo anterior no es óbice para que el Código de Comercio, en su artículo 756, enumere siete supuestos (o riesgos) que –a falta de pacto expreso en contrario– se entenderán excluidos del seguro.

Riesgos excluidos

1	Cambio voluntario de derrotero del viaje o del buque, sin expreso consentimiento de los aseguradores.
2	Separación espontánea de un convoy, habiéndose estipulado que iría en conserva con él.
3	Prolongación del viaje a un puerto más remoto que el designado en el seguro.
4	Disposiciones arbitrales y contrarias a la póliza de fletamento o al conocimiento, tomadas por orden de fletantes, cargadores y fletadores.
5	Baratería de patrón, a no ser que fuera objeto del seguro.
6	Mermas, derramas y dispendios procedentes de la naturaleza de las cosas aseguradas.
7	Falta de los documentos prescritos en este Código, en las ordenanzas y reglamentos de marina o navegación u omisiones de otra clase del capitán, en contravención de las disposiciones administrativas, a no ser que se haya tomado a cargo del asegurador la baratería del patrón.

De estas exclusiones, las de los supuestos primero a cuarto consisten en situaciones de agravación o de prolongación del riesgo provocadas o consentidas por el asegurado. En el caso de *«cambio de viaje, derrota o buque»*, la interpretación histórico-evolutiva de la norma ha propiciado que se entienda que la *voluntad* a que se refiere el precepto sea la del propio asegurado.[16] En el de *«prolongación del viaje»* a otro

---

con anticipación suficiente para realizar una maniobra de esquiva solvente, siendo representativo en este sentido el contra argumento sustentado de contrario en orden a que el buque mercante sí contaba con toda la dotación, mucho más numerosa que la del pesquero, e incluso con radar, y no por ello fue capaz de divisar el barco y evitar la colisión, por lo que la mera afirmación de la parte demandada-apelante sobre la trascendencia de la ausencia de un marinero, o sobre la vigilancia insuficiente y el pretendido cansancio excesivo, no está respaldada por prueba suficiente para neutralizar su responsabilidad probatoria excluyente de la cobertura comprometida como norma general en su contrato de seguro salvo prueba en contrario».

[14] Según la interpretación histórico-evolutiva del mismo que hace la sentencia del TS de 17-9-1984.

[15] Gabaldón García, J. L. y Ruiz Soroa, J. M., *Manual de derecho de la navegación marítima*, Marcial Pons, pág. 759. Y también Arroyo Martínez, I., Los seguros marítimos. Aéreo. Préstamo a la gruesa, *Anuario de Derecho Marítimo*, cap. 111, pág. 1.429.

[16] Sentencia del TS de 17-9-1984 (véase fundamento 4.º: «... *no se ha producido la prolongación del viaje a un puerto más remoto que el designado en el seguro, que es la base de aplicación del artículo 756.3.º, ya que la prolongación a que se contrae la mencionada norma legal hay que entenderla referida, en todo caso, a la que emane de la mera voluntad del que la haya motivado, y no a la que es debida a causas que se establecen como no imputables»*).

puerto más lejano que el designado en la póliza, la interpretación debe basarse –al igual que en otros casos– en la exigencia de consentimiento del asegurado y en la ausencia de elementos de urgencia o peligro (p. ej., arribada forzosa o temporal). Ambas son exclusiones de cobertura por alteración voluntaria del riesgo desde la perspectiva causal. Es decir, que requieren que la modificación del riesgo haya sido necesariamente la causa de la producción del siniestro. Por ejemplo, en un caso de desviación de buque y de daños por un temporal, el asegurador sólo podría negar la indemnización si demuestra que el temporal no existía en la zona de navegación correspondiente a la derrota del viaje pactado.[17]

En quinto lugar, se excluye *«la baratería de patrón, a no ser que fuera objeto del seguro»*. La doctrina moderna entiende que dicha exclusión no comprende los actos culposos del capitán. Los actos de baratería exigen una intencionalidad que los distingue de las meras infracciones reglamentarias o administrativas tipificadas en el séptimo lugar entre las exclusiones del artículo 756. La equiparación entre baratería y actos simplemente culposos se contradice en el artículo 809.9.º del Código de Comercio, que distingue entre *«baratería»* por un lado y *«faltas o descuidos del capitán y de la tripulación»* por otro. Por ello, los tribunales españoles se han decantado por entender por el término «baratería» sólo los actos dolosos o fraudulentos del capitán y, como tales, excluirlos de la cobertura del seguro marítimo.[18]

La exclusión sexta consistente en «vicio inherente» de las mercancías es un concepto abierto y, en la práctica, puede dar lugar a confusión. Su contenido coincide

---

[17] Así, expresamente, la sentencia del TS de 23-7-1998.

[18] Así se ha pronunciado la sentencia del TS de 13-10-1989. Esta interpretación cuenta con el aval del derecho comparado en los ordenamientos de tradición marítima. A título de ejemplo, el artículo 55(b) de la Marine Insurance Act que rige en el Reino Unido.

[19] En *Boyd* frente a *Dubois* (1811), 3 Camp. 133, un tribunal inglés se planteó si el fuego que dañó un cargamento de cáñamo había sido causado por la condición propia de dicha mercancía. Como los aseguradores no pudieron probar que el incendio se generó por el estado del cáñamo, el tribunal entendió que los asegurados tenían derecho a la indemnización.

[20] Éste es el caso, por ejemplo, de una partida de anchoas envasadas en barriles de plástico que fue embarcada «limpio a bordo» y en condiciones de frío. A pesar de haberse acreditado la subida y el exceso de temperatura exterior, el TS dedujo –en la sentencia de 26-4-1995– como única causa probada de los daños la presencia de contenidos intestinales en las anchoas, descartando así la responsabilidad del asegurador. Otras sentencias del TS de 13-4-1984 y 17-5-1984, aunque guardan similitud con la referida, llegan a la conclusión opuesta al dar como probado que hubo efectiva falta de frío por paralización de los frigoríficos, bien porque el aparato *«se detuvo, se entorpeció o impidió su acción»*.

[21] En la sentencia de 20-7-1999, el Tribunal Supremo decidió, en un transporte marítimo de cemento, que los daños producidos en la carga no debían ser atendidos por el asegurador al tener su origen en el mal embalaje de los sacos a cargo del asegurado. Si bien la estiba se realizó correctamente, los sacos de cemento carecían de plástico en la base y las cintas o eslingas eran incorrectas. La póliza

con la formulación del más moderno artículo 57 de la Ley de Contrato de Seguro, cuyo segundo párrafo establece, para el transporte terrestre, lo siguiente: *«El asegurador no responderá por el daño debido a la naturaleza intrínseca o a los vicios propios de las mercancías transportadas»*. La cláusula 4.4 de las Institute Cargo Clauses (A), (B) y (C) excluye igualmente cualquier pérdida, daño o gasto originado por vicio inherente o naturaleza propia de las cosas aseguradas. Se trata, en cualquiera de los casos, de un supuesto que a menudo es esgrimido por el asegurador para dejar sin cobertura al asegurado en casos de pérdida de temperatura, humedades o incendio.[19]

El vicio inherente es intrínseco o propio de la mercancía y, como tal, ajeno a los riesgos asegurados en la póliza. No depende de factores externos.[20] La exclusión de vicio inherente se invoca, con cierta frecuencia, en aquellos supuestos en los que los daños pueden haber sido causados por una mala estiba o por un embalaje defectuoso o insuficiente. Sin embargo, es preciso distinguir los casos donde la estiba corresponde al cargador y asegurado,[21] de los otros donde corre por cuenta y riesgo del buque.[22]

Merece especial atención el tratamiento de los daños producidos en mercancías que viajan en contenedor. La estiba, la colocación y el trincaje de la mercancía en el interior del contenedor puede ser efectuada por el naviero (o sus dependientes) o por el cargador (o sus dependientes). En lo que concierne al seguro de transporte de mercancías, es esencial distinguir si es el naviero o el cargador quien realiza la estiba.[23] Ello determinará la cobertura o la exclusión de los daños que se produzcan por causa de una mala estiba dentro del contenedor. Éste es el caso, por ejemplo, de un co-

---

incorporaba las Institute Cargo Clauses *(A)* y, en las condiciones generales firmadas por ambas partes, un artículo 3(1)(F) expresaba como riesgos excluidos la *«deficiencia o insuficiencia de envases, embalajes o preparación del objeto asegurado»*.

[22] En la sentencia del TS de 24-4-1995 se establece la responsabilidad solidaria de la naviera y del fletador por una defectuosa estiba de pescado congelado a granel. El capitán reconoce no haber estado do *«satisfecho de que hubiera espacio suficiente entre la estiba y las bandas del buque o mamparas para permitir un correcto flujo del aire; ello indica que el capitán no estaba de acuerdo con la estiba que se estaba haciendo»*. En otro caso, la AP de Madrid descartó, en sentencia de 13-11-1996, la exclusión de «mala estiba» invocada por el asegurador en un transporte marítimo de atunes asegurado por cláusulas inglesas: *«(...) en absoluto cabe concluir que existiera dicha "mala estiba", es decir, deficiente colocación de las mercancías en las bodegas del buque al ser cargado; por el contrario, está dictaminado en autos que eran túnidos sin embalar, "a granel", y que (...) el hielo pudo muy bien proceder del agua de baldeo utilizada en el proceso de deshielo de pisos de los tambuchos de frigorígenos, de los propios frigorígenos y serpentines de frío, al haber rebosado éstas al interior de las bodegas a través de cierres y tapas de tambuchos, lo que provocó la mojadura de la mercancía, la obstrucción de los circuitos de aireación, la acumulación indebida de restos y la consecuente pérdida de frío en la referida mercancía, compactado de estiba y, por lo tanto, con posterior aplastamiento por la propia presión de estiba»* (fundamento 5.º).

[23] En las pólizas modernas, el asegurador suele incluir el siguiente complemento a la definición de embalaje: *«a efectos de este apartado, "embalaje" incluye también la estiba de la mercancía en un contenedor o plataforma bien sea por parte del asegurado o de sus dependientes»*.

rrimiento y la consiguiente rotura de bultos que se hallan mal trincados o sueltos en el interior del contenedor. Otro caso frecuente es la obstrucción de los conductos de ventilación o de las salidas de frío por un exceso de carga.[24] En tales situaciones, cuando el cargador es quien ha realizado la estiba, al asegurador le corresponde aplicar la exclusión 6.ª del artículo 756. Ni el porteador marítimo ni el capitán disponen de medios para verificar y supervisar que la estiba ha sido realizada correctamente en el interior del equipo. No olvidemos que, una vez estibada la mercancía y cerrado el contendor, el cargador suele sellar el cierre con un precinto. En tales casos, el capitán está dispensado de su obligación de verificar la estiba.

La 7.ª exclusión ampara aquellos casos en los que se produce una infracción reglamentaria de navegación o la insuficiencia de las condiciones del buque y su tripulación necesarias para navegar. Sería el caso, por ejemplo, de falta de la tripulación adecuada[25] o de la titulación necesaria para conducir la nave.[26] Otro caso susceptible de entrar en la citada exclusión sería el de conducta dolosa o negligencia por parte de la tripulación.[27] La sentencia del Tribunal Supremo de 31 de diciembre de 1996

---

[24] Véase, sin embargo, la sentencia del TS de 7-12-1998. La causa primordial del siniestro o daño de la mercancía por falta de frío fue ocasionada por el fallo o paralización de los aparatos frigoríficos, entendiendo ésta, como hace la moderna jurisprudencia, no en un sentido exclusivo de paro absoluto, pero sí al menos en su sentido gramatical más amplio de *«impedimento, detención o entorpecimiento»*, en cuanto a su función; o también como hace la sentencia del TS de 13-4-1984 en cuanto a su relación espacial, conectándolo con los sitios o espacios del buque donde se estibe la mercancía, a los que el frío no puede llegar o llega de modo insuficiente, sin que el aparato que lo genera esté completamente parado. Si bien la maquinaria frigorífica no tenía ningún fallo o avería en su funcionamiento, el aumento de la temperatura se debió a un fallo de circulación del aire frío en el interior del contenedor, a causa de un bloqueo en la zona inferior del frente del contenedor, lugar por donde sale el aire frío. En dicho lugar existía agua procedente del exterior y ésta, al congelarse, taponó casi totalmente la salida de aire frío, impidiendo así que éste penetrase y circulase en el interior. A partir de esto, la Sala concluyó *«que el siniestro producido fue debido a una paralización más o menos temporal o a un defectuoso funcionamiento del aparato frigorífico, y no a una deficiente estiba de la mercancía».*

[25] Al respecto, véase la sentencia de la AP de Madrid 28-5-2001 (fundamento 4.º): *«(...) una defectuosa composición de la tripulación más que innavegabilidad del buque supone una infracción de la reglamentación aplicable. Ello haría de aplicación el artículo 756, 5.º y 7.º del Código de Comercio, que excluye la responsabilidad del asegurador en casos de baratería de patrón, a no ser que fuera objeto de seguro y por falta de los documentos prescritos en el Código, en las ordenanzas y los reglamentos de Marina o de Navegación u omisiones de otra clase del capitán en contravención de las disposiciones administrativas, a no ser que se hayan tomado a cargo del asegurador la baratería del patrón. Sin embargo, en el presente caso, la aseguradora incluyó en los riesgos tomados a su cargo».*

[26] La sentencia del TS de 23-7-1998 se refiere a una póliza entre cuyas condiciones pactadas se hallaba el responsabilizar al asegurado de que el patrón del barco poseyera el título exigido para mandar. Ocurrido el siniestro, la aseguradora rehusó el pago de la indemnización alegando que el patrón carecía del título reglamentario para el manejo de la embarcación. La Sala resolvió a favor del asegurado interpretando la exclusión 7.ª del artículo 756 en íntima y necesaria conexión con el párrafo 1.º

declaró, no obstante, que la infracción de reglamentos no opera con autonomía, ni permite por sí sola la privación de los beneficios del seguro. Se exige necesaria e inexcusablemente que el daño sobrevenga a consecuencia de la infracción. El nexo de causalidad entre la infracción y el daño es una *conditio sine qua non* para que opere la exclusión 7.ª a favor del asegurador.

La regulación especial del seguro marítimo es de carácter eminentemente dispositivo, contenida en los artículos 737 a 805 del Código de Comercio, y la aplicación, en todo caso supletoria y subsidiaria, de la Ley 50/1980, de 8 de octubre, de Contrato de Seguro (arts. 2 y 44 *in fine)*. En este sentido, el artículo 738 del Código de Comercio contempla que, en primer lugar, el seguro marítimo se rige por las condiciones que libremente pacten los interesados en la póliza. Ello significa que podrán incluirse en ésta otras exclusiones fuera de las establecidas en el artículo 756.

La casuística en las cláusulas de exoneración o exclusión que recogen supuestos no contemplados en el artículo 756 es abundante y obedece a la propia idiosincrasia del

---

del mismo precepto, *«según el cual, "los aseguradores no responderán de los daños y perjuicios que sobrevengan a las cosas aseguradas por cualquiera de las causas siguientes". La preposición "por" y la palabra "causa" obligan a concluir que entre la falta de documentos y el siniestro haya relación de causa a efecto y ello es algo que de ningún modo puede afirmarse. Cierto también que la libertad de pacto podría haber subordinado la responsabilidad al título de patrón, pero tampoco es ésa la interpretación que la Sala da al contrato, pues la solicitud se refiere expresamente a las condiciones generales inglesas de yates, y en éstas no se menciona titulación en función de los tonelajes del navío y velocidad en millas que alcanza. Y la Sala, en su sentencia, entiende que con tales condiciones generales se pactó el seguro, y que por ello no afecta la categoría del título. Pero además, la buena fe contractual, exigible en el ámbito civil y mercantil, elevada a rigurosa exigencia en los contratos de seguro, no parece apreciarse en la aseguradora al suministrar el documento, es decir, la solicitud del seguro, pues el formulario no contiene ninguna pregunta sobre la titulación del patrón y se entiende que es insuficiente la que poseía el de autos. Esto llevaría a la insólita conclusión de que la póliza no cubría ningún riesgo, o mejor, que la efectiva y concreta realización de cualquiera de los riesgos sería siempre un siniestro ajeno a la cobertura de la póliza».*

[27] Al respecto, véase la sentencia del TS de 16-3-1996 (fundamento 6.º): *«La avería determinante del hundimiento se ocasionó en la estructura del buque o en el elemento fijo de éste, al entrar una vía de agua en la máquina, que la anegó completamente, a través de la parte cementada del codaste. La tripulación procedió a utilizar una bomba de achique, conectada por una correa con el motor principal, si bien dicha bomba al tiempo de estar funcionando tomó agua y se soltó. Ante ello, y la imposibilidad de impedir la entrada de agua y el peligro cierto de hundimiento, se avisó por radio a otro pesquero y se evacuó el siniestrado. No puede decirse que el hecho dañoso haya ocurrido a consecuencia de culpa o negligencia de la tripulación. No se pueden hacer planteamientos hipotéticos y generales sobre las obligaciones del capitán y de la tripulación, sin descender a la problemática del barco en concreto —un pesquero de madera—. La flota pesquera de muchos puntos de España es obsoleta e inadecuada —hecho notorio y ampliamente difundido en los medios de comunicación social—, pero, pese a ello, los pescadores siguen faenando. Y lo cierto es que el pesquero de esta litis lo hacía regularmente, como acredita la documental de autos, pasaba las revisiones pertinentes y volvía cada cierto tiempo a su base con sus cajas de pescado».*

mercado asegurador.[28] A veces, la frontera entre una cláusula de exclusión y una cláusula limitativa o delimitadora de la cobertura es difícil de percibir. Conforme a la doctrina del Tribunal Supremo,[29] no es de aplicación al seguro marítimo lo dispuesto en el artículo 3 de la Ley 50/1980, de 8 de octubre, de Contrato de Seguro y, por ello, no hay necesidad de destacar de forma especial las cláusulas limitativas de los derechos del asegurado y su específica aceptación por escrito, *«bastando* –según el fundamento 6.º de la sentencia de la AP de Las Palmas de de 4 de abril de 2001– *el conocimiento de la limitación mediante la suscripción de la póliza y la incorporación de las condiciones especiales (entre ellas las limitativas) al propio contrato»*.

1.4   El trasbordo y la carga en diferentes buques

El trasbordo de mercancía de un buque a otro es una práctica muy extendida hoy en día. Con la introducción del contenedor[30] y su uso generalizado como unidad de transporte, el trasbordo resulta imprescindible (e innegociable) para las líneas marítimas regulares. Permite a los operadores optimizar costos y espacio en los buques, así como ofrecer una mayor cobertura geográfica.

Lo anterior se plasma en los conocimientos de embarque que tienen impresos las navieras y que recogen todas las cláusulas y condiciones del transporte. Una de estas cláusulas es la llamada «cláusula de trasbordo» (o *transhipment clause),* donde la naviera, en su condición de porteador, se reserva la facultad de trasbordar los contenedores en cualquiera de los puertos intermedios.

Al mismo tiempo, los conocimientos que tienen impresos los transitarios que actúan como consolidadores de mercancías (conocidos en inglés como *non vessel operating*

---

[28]   Los tribunales españoles han exonerado a las aseguradoras de responsabilidad en virtud de cláusulas como las siguientes: cláusula de «duración del riesgo», que establece el fin de la cobertura en el momento en que se descargan las mercancías, no cubriendo –por tanto– los daños acaecidos entre la descarga y la entrega al receptor (sentencia de la AP de Cantabria de 10-12-2004); cláusula de exclusión en «transportes realizados sobre cubierta del buque», que exonera de responsabilidad por mojaduras en mercancías que habían viajado en cubierta (Sentencia de la AP de Las Palmas de 4-6-2001); o cláusula de «buques de menos de veinte años de antigüedad», donde la aseguradora se abstuvo de liquidar la indemnización al haberse transportado las mercancías en un buque de 24 años de antigüedad (sentencia de la AP de Tarragona de 5-3-1997).

[29]   Sentencias del TS de 20-2-1995, 21-7-1989, 22-6-1992 y 16-2-1994, entre otras.

[30]   El término «contenedor» se halla definido en el artículo 1 de la Orden de 18-1-1945 de la siguiente manera: *«Aquellos recipientes metálicos en su totalidad, o bien de construcción mixta, destinados al transporte de mercancías sólidas o líquidas a granel, y que, estando dotados de medios propios y adecuados para su carga fácil y racional sobre cualquier clase de vehículos o embarcaciones, responde, por su construcción, a las normas o ideas dictadas por la Oficina Internacional de Contenedores».*

common carrier o NVOCC) también contienen dicha cláusula. Estos últimos, además de autorizar el trasbordo de contenedores cerrados de un buque a otro, trasvasan la mercancía –que viaja consolidada o en régimen de grupaje– de un contenedor a otro.

Como ocurre con frecuencia, la práctica moderna contrasta con un marco regulador histórico. El transporte en régimen de contenedor (con el concomitante uso del trasbordo) excluye automáticamente de cobertura al asegurado desde el mismo momento en que contrató el transporte. La causa de la exclusión es el «cambio de buque», comprendida en el artículo 756.1. Con la aceptación o el endoso del conocimiento de embarque, el asegurado está aceptando (o *consintiendo*) la facultad de trasbordo del porteador.

Con la incorporación de las Institute Cargo Clauses (conocidas en la práctica como «cláusulas ICC» o «cláusulas inglesas»), esta exclusión «accidental» queda automáticamente neutralizada. En efecto, la cláusula 8.2 garantiza la continuidad de la cobertura ante cualquier cambio de ruta o de buque, así como en caso de reembarque o trasbordo de la mercancía. Así pues, desde el punto de vista del asegurado, es interesante su incorporación en la póliza.

1.5   Ampliación a riesgos terrestres

El transporte de mercancías por mar invariablemente contiene uno o varios tramos terrestres antes o después del tránsito marítimo, ya sea desde el almacén del expedidor hasta el puerto de carga, ya desde el puerto de descarga hasta el almacén del receptor. Por esta razón, el seguro suele contratarse para riesgos de la navegación y para riesgos del transporte por carretera o ferrocarril.

La ampliación a riesgos terrestres no está expresamente regulada como tal en el Código de Comercio español. En el Reino Unido, la norma reguladora del seguro marítimo denominada Marine Insurance Act de 1906 sí contempla esta posibilidad en su artículo 2.1 con el epígrafe *Mixed sea and land risks*.

Con la incorporación de las ICC en las pólizas españolas, este vacío normativo queda cubierto por pacto expreso entre las partes. Las cláusulas ICC 8.1, 8.2, 8.3, 9 y 10 ofrecen una cobertura continuada desde que las mercancías salen del almacén de origen hasta su entrega en el almacén de recepción, incluyendo estancias o tramos terrestres intermedios.

1.6   La cobertura «todo riesgo»

La cobertura a todo riesgo significa el amparo, por la póliza contratada, de cualquier riesgo salvo de aquellos que expresamente se nominen y se excluyan por las partes contratantes.

El concepto «todo riesgo» ha sido objeto de análisis e interpretación en el ámbito del seguro marítimo. Una de las preguntas que más se ha planteado es si el asegurador debe indemnizar, en el marco de un seguro «todo riesgo», aun en el caso de que nos encontremos ante una de las exclusiones enumeradas en el Código de Comercio (p. ej., vicio propio de las mercancías).

En el Reino Unido, la Cámara de los Lores (House of Lords) debatió y resolvió esta cuestión en el caso conocido como *The Gaunt*.[31]

Por último, una de las grandes ventajas de un seguro «todo riesgo», en contraposición con los seguros de riesgos nominados, es la carga de la prueba. Ocurrido un siniestro y perdida o dañada la mercancía, al asegurado le basta con probar la ocurrencia del siniestro y el menoscabo sufrido. Corresponderá –en su caso– al asegurador cargar con la prueba de demostrar que ha sido causado por uno de los riesgos excluidos de la póliza.

1.7   Las cláusulas inglesas

Las coberturas básicas españolas se pueden ampliar o aclarar mediante la incorporación expresa de las comúnmente referidas como cláusulas inglesas o del Instituto de Aseguradores de Londres (Institute of London Underwriters).

Dichas cláusulas o pólizas inglesas contienen una cláusula de sumisión a la ley y práctica inglesas.[32] Tienen su origen e inspiración en los principios jurídicos del derecho inglés del seguro marítimo, que fueron estableciéndose por sus tribunales a lo largo de los siglos XVIII y XIX y que cristalizaron en la –todavía vigente– Marine Insurance Act de 1906.

Una de las cuestiones que suscita la incorporación de las cláusulas inglesas –en su configuración de condiciones generales incorporadas al contrato de seguro– es su sometimiento al régimen establecido en el artículo 3 de la Ley de Contrato de Seguro. El Tribunal Supremo, en su sentencia de 2 de diciembre de 1997, declarando la aplica-

---

[31]   (1921) 2 AC 41 HL; 57: Lord Sumner's dijo: *«Hay, por supuesto, límites a "todo riesgo". Hay riesgos y hay riesgos asegurados. Así, la expresión no cubre vicio propio (...). Cubre un riesgo, pero no una certeza; es algo que ocurre al objeto asegurado desde el exterior, no el comportamiento natural propio del objeto asegurado, siendo lo que es, en las circunstancias en las cuales es transportado. Tampoco debe ser un daño o pérdida que el asegurado genera por sus actos propios, ya que en tal caso no se ha limitado a exponer las mercancías a tales daños sino que los ha dañado él mismo. Por último, la descripción de "todo riesgo" no altera la ley general; sólo están cubiertos aquellos riesgos que legalmente se pueden cubrir (...)».*

[32]   Efectivamente, la traducción de la cláusula 19 de las cláusulas ICC reza: *«El presente contrato queda sometido a la ley y los usos ingleses».* El texto original en inglés es el siguiente: *«This insurance is subject to English Law and Practice».* La jurisprudencia y doctrina inglesas no otorgan a dicha cláusula la más mínima trascendencia en cuanto a la jurisdicción aplicable al seguro. El término *«practice»* no se refiere a una elección de foro o jurisdicción inglesas, sino a la aplicación de usos ingleses establecidos

ción supletoria al seguro marítimo *«de aquellos preceptos de orden general del título I que, como el artículo 3, conforman la atmósfera en que la relación contractual debe desenvolverse»*, rechazó la integración en el contrato de una de las cláusulas inglesas que consideraba limitativa de los derechos del asegurado y que –contraviniendo el citado artículo 3– no había sido destacada *«de modo especial»* ni *«específicamente aceptada por escrito»*.

1.7.1   *Institute Cargo Clauses (A), (B) y (C)*[33]

Hasta 1982, las Institute Cargo Clauses (ICC) se clasificaban en tres grupos: *All Risk* (AR; «todo riesgo»), *With Average* (WA; «con avería») y *Free Particular Average* (FPA; «libre de avería particular»). A partir de 1982, fueron revisadas y modernizadas y pasaron a denominarse Institute Cargo Clauses (A), (B) y (C).

Las cláusulas ICC son ampliamente utilizadas y reconocidas en todo el mundo. Su uso trasciende al contrato de seguro, ya que son referidas o incorporadas en aquellos contratos de compraventa en los que el vendedor se obliga a contratar el seguro de las mercancías hasta su entrega (p. ej., mediante el incoterm CIF, coste, seguro y flete, o el CIP, transporte y seguro pagado). También recurren a ellas los bancos que financian la compraventa (p. ej., mediante cartas de crédito o avales) en el sentido de obligar a los compradores a suscribir un seguro con arreglo a dichas cláusulas.

Las tres modalidades (A), (B) y (C) están formadas por 19 capítulos (o cláusulas) de los cuales sólo el 1, 2, 3 y 4 varían de una modalidad a otra. En el encabezamiento de las tres se anuncia que son cláusulas «para ser utilizadas con los nuevos modelos de pólizas marítimas», lo que en el mercado asegurador español podría referirse al «Seguro Marítimo de Mercancías y Otros Intereses del Cargador».

Las cláusulas ICC contienen una regulación conceptualmente distinta a la del «seguro marítimo» del Código de Comercio. La cobertura no depende de si estamos o no ante la ocurrencia de los llamados «riesgos de mar» (o *perils of the sea)*; ni siquie-

---

con relación a la póliza o a la liquidación de siniestros (p. ej., *Rules of Practice of the Association of Average Adjusters).* Además, las cláusulas ICC han sido acomodadas en la actualidad para ser empleadas en la Lloyd's Marine Policy (MAR 91), la cual ya contiene una cláusula de jurisdicción. En este punto, se recomienda acudir a *Arnould's Law of Marine Insurance and Average,* 16 ed., 1997, vol. III, págs. 12-14. Los tribunales españoles han adoptado en diversas ocasiones un planteamiento similar al inglés; a modo de ejemplo, la sentencia de la AP de Alicante de 9-2-2005 cuyo fundamento 4.º reza: *«La cláusula 19 del "Instituto para Mercancías" (…) no puede calificarse como una cláusula de sumisión a arbitraje; no contiene una cláusula de sumisión a arbitraje sino una indicación de las normas a las que queda sometido el contrato de seguro de transporte marítimo, como permite el artículo 10.5 del Código Civil».*

[33] Para un mejor manejo y comprensión de las cláusulas ICC, se recomienda el *Reference Book of Marine Insurance Clauses,* ed. Whiterby & Co. Ltd., que se publica cada año y reúne referencias cruzadas y bibliografía.

ra los mencionan. El término «riesgos de mar» ha sido deliberadamente excluido de las cláusulas ICC, ya que la cobertura queda delimitada por una serie de riesgos que expresamente se enumeran y definen en las propias cláusulas. Se trata, pues, de un seguro de «riesgos nominados».

Además de los riesgos cubiertos, las cláusulas enumeran también los excluidos. Los riesgos comúnmente excluidos de estas modalidades son los siguientes: conducta dolosa del asegurado (cl. 4.1); merma natural, desgaste o vicio propio de las mercancías[34] (cl. 4.2 y 4.4); insuficiencia o inadecuación del embalaje y estiba defectuosa cuando éstos corren a cargo del asegurado[35] (cl. 4.3); demora (cl. 4.5); insolvencia de los propietarios, gestores, armadores o fletadores del buque (cl. 4.6); uso de armas nucleares o atómicas (cl. 4.7). Dichas cláusulas de exoneración son perfectamente aplicables al derecho español, pues la regulación especial del seguro marítimo es de carácter eminentemente dispositivo, y se halla contenida en los artículos 737 a 805 del Código de Comercio, y la aplicación, en todo caso supletoria y subsidiaria, de la Ley 50/1980, de 8 de octubre, de Contrato de Seguro (arts. 2 y 44 *in fine*). En este sentido, el artículo 738 del Código de Comercio contempla que, en primer lugar, el seguro marítimo se rige por las condiciones que libremente pacten los interesados en la póliza.

Las tres modalidades también excluyen pérdidas, daños y gastos originados por la innavegabilidad del buque o la inadecuación de éste, del medio de transporte terrestre (en transportes combinados), del contenedor o del remolque cuando el asegurado o sus dependientes conocían dicha circunstancia en el momento de la carga de las mercancías (cl. 5.1). En el caso de contenedores, podemos pensar –como ejemplos– en una partida de carne que ha sufrido daños por descongelación al haberse contratado un contenedor sin refrigeración autónoma o en prendas mojadas por lluvia al haberse pactado el transporte con un remolque descubierto o un contenedor sin te-

---

[34] La exclusión 4.4 se reconoce expresamente en la sentencia del TS de 21-7-1989: «*La cláusula 4.4 de las Institute Cargo Clauses (A), por las que se rigen los contratos de seguro marítimo a que se refiere este recurso, declara expresamente como riesgo excluido de la cobertura del mismo "la pérdida, el daño o el gasto causados por vicio inherente o por la naturaleza de los bienes objeto del seguro" (...). Siendo ello así, es evidente que se trata de un riesgo excluido de la cobertura de los seguros aquí cuestionados*».

[35] La cláusula 4.3 de las Institute Cargo Clauses ha sido interpretada y aplicada por los tribunales españoles. «*En aclaración de esta cláusula se entenderá también por "embalaje" la estiba dentro de un contenedor o remolque, pero sólo cuando dicha estiba se lleva a cabo con anterioridad al inicio de esta cobertura o por el asegurado o sus dependientes*»; la cita pertenece a la sentencia de la AP de Córdoba de 10-5-2005, quien entendió aplicable dicha cláusula a un transporte de mercancía en contenedores «puerta a puerta» en régimen de contenedor completo o «FCL/FCL»; los daños en las mercancías fueron atribuidos a la negligencia del asegurado, que «*no sólo dejó algunos huecos en los contenedores, sino que no adoptó mecanismos de sujeción eficientes ni para el cierre de los* pallecons *[recipientes apilables] en cuestión ni para evitar el desplazamiento de éstos dentro del contenedor*». La sentencia de la AP de Cantabria de 10-12-2004 entendió también válidamente incorporada y aplicable la cláusula 4.3, donde «*la*

cho. En los buques, la edad del buque o el estado de las bodegas suelen ser motivos de exclusión frecuente invocados por los aseguradores.[36]

Destacan también otras exclusiones comunes a las tres modalidades, entre ellas las pérdidas, los daños o gastos causados por hostilidades (cl. 6.1); por secuestro, embargo preventivo o detención –exceptuándose piratería– (cl. 6.2); por minas, torpedos o bombas abandonadas (cl. 6.3); por huelgas, motines, cierres patronales o disturbios laborales (cl. 7.2), o por personas que tomen parte en los mismos (cl. 7.1); o por actos terroristas o realizados en función de intereses políticos (cl. 7.3).[37]

La modalidad (C) ofrece las coberturas más restringidas. Es apropiada para cubrir riesgos básicos que, aunque poco frecuentes, son de mayor trascendencia. Al igual que la (C), la (B) también es una modalidad de riesgos nominados, pero contiene un listado más extenso.

Riesgos cubiertos	*ICC (B)*	*ICC (C)*
Incendio o explosión.	×	×
Embarrancada, varada, hundimiento o zozobra del buque.	×	×
Vuelco o descarrilamiento del transporte terrestre.	×	×
Abordaje o colisión.	×	×
Daños durante la descarga de la mercancía en puerto de arribada forzosa.	×	×
Terremotos, erupciones volcánicas o rayo.	×	×
Sacrificio y contribución a la avería gruesa.	×	×
Echazón.	×	×
Arrastre por las olas.	×	
Mojaduras por agua de mar, lago o río.	×	
Pérdida total de bultos durante las operaciones de carga/descarga.	×	

---

desmejora o corrupción de la mercancía asegurada por influencia de la temperatura se debió al inadecuado embalaje o preparación de la salazón del pescado, según requería su naturaleza». Por último y por todas, la sentencia del TS de 20-7-1999 interpreta la citada cláusula 4.3 en el sentido de exonerar al asegurador por los daños ocurridos en un cargamento de cemento en sacos al faltarle a éstos una base de plástico y ser defectuosas las eslingas o cintas de los mismos.

[36] La sentencia de la AP de Tarragona de 5-3-1997 desestimó la acción subrogatoria de la aseguradora por falta de legitimación activa al entender que el siniestro, que previamente había liquidado a su asegurado, no estaba cubierto por la póliza. La subrogación no podía, entonces, producirse por el artículo 780 del Código de Comercio. El buque tenía 24 años y la póliza –que incorporaba las Institute Cargo Clauses (A) de 1-1-1982 y una cláusula expresa que limitaba la edad máxima del buque a los veinte años–, no alcanzaba a cubrir ningún siniestro en buques de esa antigüedad.

[37] Los riesgos de huelgas, cierre patronal *(lock-out)* y actos terroristas o motivos políticos pueden asegurarse –con algunas limitaciones– mediante la suscripción de las Institute Strikes Clauses (ISC) editadas en 1982. Los riesgos de guerra, rebelión, incautación, captura y los daños producidos por minas, torpedos u otros artefactos bélicos abandonados pueden ser cubiertos –también con limitaciones– por las Institute War Clauses de 1982.

La modalidad (A) es una póliza «todo riesgo» de pérdidas, daños o gastos que cubre todos aquellos riesgos que no estén expresamente excluidos en los capítulos o cláusulas 4, 5, 6 y 7. Esta modalidad de póliza es la más utilizada por la seguridad que aporta al tráfico y a los distintos agentes involucrados en la operación comercial (compradores, bancos, aseguradores, etc.).

La duración del riesgo en las tres modalidades está regulada en el capítulo 8, donde se incluye la llamada «cláusula de tránsito» (cl. 8.1).[38] El seguro entra en vigor desde el momento en que las mercancías dejan el almacén o lugar designado en la póliza como inicio del viaje. Continúa durante el curso ordinario del tránsito. Y cesa con la entrega, bien en los almacenes del receptor o punto de destino fijado en la póliza, bien en cualquier otro almacén o lugar anterior al punto de destino. Cesará igualmente si, con anterioridad a la entrega en el punto de destino, transcurrieran sesenta días después de haber sido completada la descarga de las mercancías al costado del buque en el puerto final de descarga. En caso de reexpedición sobrevenida de las mercancías, posterior a la descarga al costado del buque pero anterior a la terminación del seguro, éste continuará en vigor hasta el momento en que se inicie el tránsito al otro destino (cl. 8.2). La demora, desviación, descarga forzosa, el reembarque o trasbordo, no perjudicarán la vigencia de la póliza siempre que sean ajenos al control del asegurado (cl. 8.3).

La cláusula 9 (o «de terminación del contrato de transporte») permite al asegurador terminar el seguro en caso de descarga de las mercancías, por causas ajenas al asegurado, en un lugar o puerto distinto al designado en el contrato de transporte. Como excepción, se permite la continuación de la cobertura contra el pago de una prima siempre y cuando se dé aviso inmediato de tal circunstancia al asegurador.

Por último, la cláusula 10 (o «de cambio de viaje») permite mantener la cobertura contra el pago de una prima en caso de cambio de destino efectuado a instancias del asegurado siempre cuando se dé aviso al asegurador.

1.7.2   *Institute Frozen Food Clauses*

Las cláusulas del Instituto de Aseguradores de Londres para Alimentos Congelados (IFF) son, en su especialidad, similares a las ICC. Cubren, además de los ries-

---

[38] La cláusula 8.1 ha sido interpretada, entre otras, en la sentencia de la AP de Cádiz de 9-11-1998: *«Conforme la cláusula de tránsito (8.1) del Instituto para Mercancías, este seguro entra en vigor desde el momento en que las mercancías dejan el almacén o lugar de almacenamiento, en el punto que se designa en la póliza como inicio del viaje, continúa durante el curso ordinario de tránsito y termina, ya en los almacenes del receptor o en otro almacén final o lugar de almacenaje en el punto de destino designado en la póliza».*

[39] En la sentencia de la AP de Madrid de 23-9-2000, la demandante reclamaba a su aseguradora el pago de la indemnización por la pérdida de un cargamento de gambas. Era esencial la descripción del suceso, pues el seguro marítimo contratado sólo cubría el riesgo por podredumbre de la mercancía

gos de pérdida o daño que sea distinto de los que provengan de cualquier variación de temperatura, cualquiera que fuese su causa, todos aquellos riesgos de pérdida o daño a las mercancías provenientes de cualquier variación de temperatura atribuible a:

- Rotura de maquinaria de refrigeración que ocasione su paralización por un período no inferior a 24 horas consecutivas (cl. 1.2.1).
- Incendio o explosión (cl. 1.2.2).
- Varada, embarrancada, hundimiento o naufragio del buque (cl. 1.2.3).
- Vuelco o descarrilamiento del vehículo de transporte terrestre (cl. 1.2.4).
- Colisión o contacto del buque, embarcación o vehículo con cualquier objeto distinto del agua (cl. 1.2.5).
- Descarga de la mercancía en un puerto de refugio (cl. 1.2.6).

Para que se active la cobertura por daños derivados de variaciones de temperatura, es necesario que se produzca una avería en la maquinaria de frío, que esta avería ocasione una parada y que esta parada sea superior a 24 horas consecutivas. Ello excluye, por ejemplo, los daños causados por falta de combustible en los equipos con compresor autónomo, o por no haber conectado el contenedor frigorífico a la toma de corriente del buque o la terminal. Tampoco estarían cubiertos los casos de interrupciones en el suministro de la red eléctrica o de inadecuado mantenimiento del sistema de refrigeración.[39]

Las exclusiones de las cláusulas IFF son, en la modalidad (A), las mismas que las de las ICC (A). Además, se excluye expresamente cualquier pérdida, daño o gasto:

- Que surja de cualquier falta del asegurado o sus dependientes en tomar las precauciones razonables para asegurarse de que el objeto asegurado quede guardado en un espacio refrigerado o, en su caso, en uno convenientemente aislado y enfriado (cl. 4.8).
- Que sea recuperable a menos que se dé aviso inmediato del mismo a los aseguradores y, en cualquier caso, no más tarde de treinta días después de la terminación del seguro (cl. 4.9).

---

debido a paralización del aparato frigorífico por avería durante el viaje, siempre y cuando la paralización lo hubiese sido por más de 48 horas consecutivas. La póliza del seguro exigía como documentación del siniestro, además de los documentos de la avería, el diario de navegación y de pesca del buque pesquero. Existía una clara inactividad del capitán en cuanto al modo de llevar los libros de a bordo en lo referente al estado de la carga, y en cuanto a su obligación de realizar la protesta de avería al llegar a puerto, de modo que la Sala desestimó la reclamación del asegurado al entender que no había quedado suficientemente probada la existencia de una avería y que su duración fuera superior a 48 horas consecutivas.

– Que haya sido causado por embargo, rechazo, prohibición o detención por el gobierno del país de importación, o de sus agencias o departamentos, pero no excluye la pérdida de los daños al objeto asegurado causados por riesgos cubiertos por la presente y admitidos antes de dicho embargo, rechazo, prohibición o detención.

La duración del seguro IFF comienza cuando las mercancías son cargadas en el primer medio de transporte desde el almacén frigorífico de origen y termina una vez han sido descargadas al costado del buque. A diferencia de las ICC –que establecen un plazo máximo de sesenta días–, las IFF otorgan sólo un máximo de cinco días después de la descarga, transcurridos los cuales cesa necesariamente la cobertura.

Para ampliar la cobertura de las IFF, el Instituto editó unas cláusulas denominadas Frozen Food Extensión Clauses que modifican parcialmente las IFF. El efecto que produce su suscripción es convertir las IFF en una modalidad «todo riesgo». Desaparece la distinción entre las averías debidas a variaciones de la temperatura y las debidas a otras causas distintas, dejando sin efecto los requisitos de avería, parada y duración de 24 horas de la avería (cl. 1).

1.7.3   Institute War Clauses

En el apartado 3.7.1 hemos visto que el capítulo 6 de las ICC excluía los daños, pérdidas y gastos ocasionados en las mercancías a causa de riesgos de guerra. Para darles cobertura, el Instituto de Aseguradores de Londres tiene editadas las llamadas Institute War Clauses (IWC) para mercancías (Cargo).

Se trata de una cobertura que puede contratarse bien de forma aislada bien en concurrencia con las ICC. Sus tasas son publicadas periódicamente por el War & Strikes Risk Committee para cada zona del mundo, según el riesgo que presenta cada una.

El seguro entra en vigor cuando las mercancías han sido cargadas a bordo y termina con el inicio de la descarga. La cobertura se circunscribe al viaje estrictamente o al trayecto «puerto a puerto», no siendo posible asegurar las mercancías ni antes del comienzo ni después de la finalización del viaje. En todo caso, la cobertura cesa una vez han transcurrido quince días después de la llegada del buque al puerto de destino.

En las pólizas por viaje, aunque durante el mismo se produzcan hechos (por ejemplo, hostilidades, cambios políticos, atentados, etc.) que modifiquen la calificación del riesgo de la zona geográfica, la cobertura y la prima se mantienen. En las pólizas flotantes, la existencia de la cláusula para cancelación por guerra permite al asegurador anular la póliza o modificar sus condiciones para aquellos viajes que aún no se han iniciado. La anulación no se hará efectiva –en su caso– antes de los siete días siguientes al aviso de cancelación de los aseguradores.

Estas cláusulas se hallan agrupadas en catorce capítulos. Los riesgos cubiertos se recogen en los capítulos «de riesgos» (cl. 1) y «de avería gruesa» (cl. 2). Son los siguientes:

— Guerra, guerra civil, revolución, rebelión, insurrección o contienda civil que provenga de esos hechos o de cualquier acto hostil por o contra un poder beligerante, lleven o no aparejada declaración de guerra (cl. 1.1).
— Captura, incautación, embargo preventivo, restricción o detención, provenientes de los riesgos cubiertos por la cláusula 1.1 anterior, junto con las consecuencias de los mismos o de su tentativa (cl. 1.2).
— Minas, torpedos, bombas u otras armas de guerra abandonadas, ya sea en tiempo y zona de guerra ya en estado de paz (cl. 1.3).

Este seguro también cubre la avería gruesa y los gastos de salvamento cuando traen causa de uno de los riesgos cubiertos por las cláusulas anteriores (cl. 2). Ello comprende la contribución a la gruesa y los gastos de salvamento necesarios para evitar o mitigar una pérdida que estaría cubierta por las condiciones de guerra.

Las exclusiones de las IWC son idénticas a las recogidas en el capítulo 4 de las ICC, con las dos excepciones siguientes: la pérdida o frustración del viaje o aventura sin daño en las mercancías (cl. 3.7) y la pérdida, el daño o los gastos que surjan de la utilización hostil de cualquier arma de guerra con fisión o fusión atómica o nuclear, u otra parecida reacción o fuerza radiactiva (cl. 3.8).[40]

1.7.4 *Institute Strike Clauses*

Las Cláusulas del Instituto para Huelgas (ISC) ofrecen cobertura para aquellos riesgos de huelgas expresamente excluidos de las ICC. Las ISC fueron editadas en 1982 en sustitución de sus predecesoras, las Institute Riots, Strikes and Civil Commotions Clauses.

Las ISC no aseguran más allá de los daños *físicos* que sufran las mercancías a causa de las huelgas. No cubren, en ningún caso, los perjuicios económicos que la ocurrencia de tales huelgas haya supuesto para el asegurado. Así, por ejemplo, no cubrirían la pérdida total de una mercancía perecedera que, por una huelga de estibadores, ha permanecido durante meses en las bodegas del buque; tampoco cubrirían los gastos de manipulación o almacenamiento que han sido originados por dicha huelga.

---

[40] Esta exclusión es idéntica a la 4.7 de las ICC (A) salvo en el uso de la palabra «hostil»; por tanto, quedan cubiertos aquí los riesgos derivados de un uso «no hostil» de dichas armas.

Las ISC pueden ser suscritas de forma aislada o en concurrencia con las ICC o las IWC. En la práctica, las ISC y las IWC se contratan conjuntamente con el pago de una única prima que suele sumarse a la de las ICC. Las tasas para la cobertura de huelgas son, al igual que ocurre con las de guerra, por el War and Strikes Risk Committee.

La agravación del riesgo durante la vigencia de la póliza, ya sea en las de viaje, ya en las flotantes, se regula de forma idéntica a la establecida (y ya comentada) en las IWC.

La duración del seguro ISC es concomitante e idéntica a la del seguro ICC, llegando –como se ha visto anteriormente– a abarcar el segmento «almacén-almacén».

Cubren la pérdida o el daño al objeto asegurado causados por huelguistas, trabajadores afectados por cierre patronal, o personas que tomen parte en disturbios laborales, motines o tumultos populares (cl. 1.1); o por cualquier terrorista o persona que actúe por motivos políticos (cl. 1.2). Este seguro cubre la avería gruesa y los gastos de salvamento incurridos para evitar, o tratar de evitar, un daño proveniente de un riesgo cubierto por estas cláusulas (cl. 2).

En ningún caso este seguro cubrirá la pérdida, el daño o los gastos provenientes de la abstención, falta o detención del trabajo de cualquier naturaleza como consecuencia de cualquier huelga, cierre patronal, disturbios laborales, motines o tumultos populares (cl. 3.7). Tampoco cubre las reclamaciones basadas en la pérdida o frustración del viaje o aventura (cl. 3.8) ni la pérdida, el daño o gasto causados por guerra, guerra civil, revolución, rebelión, insurrección o contienda civil que provenga de esos hechos o cualquier acto hostil por o contra un poder beligerante (cl. 3.10).

2   El seguro en el transporte terrestre

2.1   *Régimen jurídico*

No existe ninguna normativa de la Unión Europea que regule el seguro privado de transporte de mercancías. El sector de los seguros, en general, se rige por el principio comunitario de libre prestación de servicios consagrado en los artículos 59, 60, 61, 74 y 75 del Tratado de Roma. Todas las normas comunitarias sobre seguros se refieren a la ordenación del sector de los seguros, pero no a los contratos de seguros.

La Ley 30/1995, de 8 de noviembre, de Ordenación y Supervisión de Seguros Privados,[41] en su disposición adicional primera, clasifica los seguros por ramos y co-

---

[41] Que incorpora al ordenamiento jurídico español las Directivas 92/49/CEE y 92/96/CEE.

[42] De igual modo, el artículo 44 de la Ley de Contrato de Seguro establece el carácter dispositivo de sus preceptos al decir que *«no será de aplicación a los contratos de seguros por grandes riesgos, tal como se delimitan en esta Ley, el mandato contenido en el artículo 2 de la misma»*.

loca en el séptimo lugar los riesgos sobre mercancías transportadas, incluidos los equipajes y demás bienes objeto de un transporte. La misma Ley 30/1995 ofrece una nueva redacción del artículo 107 de la Ley 50/1980, de 8 de octubre, de Contrato de Seguro.

> *«Artículo 107: 2. En los contratos de seguro por grandes riesgos las partes tendrán libre elección de la ley aplicable. Se considerarán grandes riesgos los siguientes: (a) Los de (...) mercancías transportadas (comprendidos los equipajes y demás bienes transportados).»*

La razón por la que en este artículo se califica el seguro de transporte de mercancía de gran riesgo, es garantizar el equilibrio en la contratación. El legislador considera que no existe una parte débil (p. ej., el asegurado) que acude a un mercado en masa y se ve empujado a suscribir un contrato de adhesión impuesto por el asegurador. Los tomadores del seguro de transporte terrestre tienen, según el legislador, entidad o capacidad económica suficiente para intervenir en la contratación en un plano de igualdad.

La consecuencia del citado artículo es la no aplicación del mandato del artículo 2 de la LCS.[42] Esto significa que dicha Ley deja de tener carácter imperativo y su aplicación deviene facultativa o dispositiva. Por voluntad expresa de las partes, las normas de protección del asegurado pueden excluirse válidamente de la póliza y pueden incorporarse otras más favorables para el asegurador. En estos casos, la LCS puede convertirse en meramente subsidiaria. En virtud de la autonomía de la voluntad, los pactos entre las partes son preferentes y, en su defecto, se aplica la Ley dispositiva.

Cuando, por el contrario, las partes contratantes del seguro decidan someterse al derecho español y no hayan excluido válidamente la Ley 50/1980, de 8 de octubre, de Contrato de Seguro, entonces ésta recobrará toda su vigencia y prioridad. El seguro de transporte terrestre de mercancías se encuentra substantivamente regulado en la sección 4.ª del título II de dicha Ley (arts. 54 a 62). Sin embargo, también le son de aplicación las disposiciones generales sobre el contrato de seguro (arts. 1 a 24) y las de seguros de daños (arts. 25 a 44).

Como complemento a la anterior regulación, han aparecido pliegos de condiciones generales o pólizas estándares como la elaborada por la Unión Española de Entidades Aseguradoras y Reaseguradoras (Unespa).[43] Como hemos visto, el artículo

---

[43] La póliza Unespa es el nombre que recibe el texto de las condiciones generales predispuestas por la Agrupación de Transportes de Unespa (patronal del seguro). Esta póliza rescata la técnica de enumeración de riesgos anterior a la LCS. En ella se conjugan los riesgos incluidos, los excluidos y las mercancías excluidas.

3 de la LCS establece un control riguroso para la incorporación de condiciones generales.[44]

Por último, en lo que respecta al contrato de transporte terrestre, el transportista y su cliente pueden hacer constar en la propia carta de porte pactos concernientes al seguro de las mercancías. Ello significa que, por ejemplo, aspectos tales como la contratación del seguro o el pago de la prima pueden ser pactados libremente entre ellos. Dicha facultad se recoge en la Orden del Ministerio de Fomento de 25 de abril de 1997 (BOE 109, de 7 de mayo de 1997).[45]

2.2   *Riesgos asegurados y riesgos excluidos*

La Ley 5/1980, de 8 de octubre, de Contrato de Seguro no define qué riesgos están cubiertos y cuáles excluidos de cobertura. En el artículo 57.2 se limita a advertir que *«el asegurador no responderá por el daño debido a la naturaleza intrínseca o a los vicios de las mercancías transportadas»*. Serán, pues, las partes contratantes las que deberán acordar los riesgos asegurados y las exclusiones.

Existe divergencia de opiniones sobre si la enumeración de riesgos cubiertos expresada en la póliza debe entenderse de forma taxativa (a modo de *numerus clausus)* o meramente ejemplificativa (o *numerus apertus)*. El principio de universalidad de riesgos plantea la primera opción como la más favorable al asegurado, entendido éste como la parte adherente y más débil en la relación contractual. Por el contrario, el artículo 8.3 de la LCS establece la necesidad de que la póliza contenga –entre otras indicaciones– *«como mínimo (...), la naturaleza del riesgo cubierto»*. Ello, qué duda cabe, nos llevaría al planteamiento opuesto de entender excluido todo aquello que no está expresamente cubierto en la póliza. Esta cuestión no ha sido resuelta de forma pacífica por los tribunales españoles.

El seguro de transporte terrestre de mercancías cubre la destrucción, los daños materiales y la desaparición total de las mercancías. La causa puede tener un origen natural o fortuito (incendio, rayo, inundación, desbordamiento de ríos, lluvias, nieves, avalanchas, aludes, desprendimiento de roca o tierra, etc.), bien sea imprevisible o bien –si previsible– imposible de evitar. Huelga decir aquí que la Ley de Contrato de

---

[44] Véase el apartado 2.5.2 de las condiciones generales.

[45] En el anexo A, apartado 1.9, referente al contenido de la carta de porte para cargas completas y en el anexo B, apartado 1.10, para cargas fraccionadas.

[46] Se entienden comprendidos dentro de esta exclusión el defecto de fabricación o construcción, el defecto o insuficiencia de envase o embalaje, la combustión espontánea, la contaminación radiactiva o las reacciones químicas, nucleares o atómicas (véase la sentencia del TS de 20-7-1999).

Seguro, en su artículo 57, no excluye la responsabilidad del asegurador por caso fortuito o fuerza mayor.

También deben incluirse los daños y la pérdida de las mercancías que tengan su origen en la acción u omisión de la persona. Esto es, por accidentes de circulación (incluidos choques contra vehículos, contra objetos fijos, vuelcos) o por robo realizado en cuadrilla y a mano armada debidamente probado. En estos casos, es preciso determinar si los actos que dieron lugar a la pérdida o al daño fueron o no realizados por el asegurado o sus dependientes, ya que, en caso afirmativo, la responsabilidad del asegurador se determinará de acuerdo con los pactos establecidos en el contrato de seguro. Además, si el siniestro ha sido causado por mala fe o dolo del asegurado, el asegurador está exento del pago de la indemnización al amparo del artículo 19 de la LCS.

En lo referente a los riesgos excluidos, el *«daño debido a la naturaleza intrínseca o a los vicios de las mercancías transportadas»* del artículo 57.2 se presenta como una delimitación causal y objetiva del riesgo.[46] Aunque –en virtud del artículo 2– puede dársele cobertura por pacto expreso entre las partes, ello configuraría una *«cláusula más beneficiosa para el asegurado»* que la práctica aseguradora no suele aceptar.

Entre los riesgos excluidos no hay que olvidar la actuación dolosa del asegurado. El artículo 19 propugna, con carácter general, la imposibilidad de asegurar el dolo o mala fe del asegurado. Como ejemplos de tales actos cabe citar el dar instrucciones erróneas al transportista o el contrabando u otras actividades ilícitas, etc. La ilegalidad de los actos realizados con ánimo de defraudar supone, de acuerdo con los límites genéricos del artículo 1.255 del Código Civil, su no aseguración. Se trata de una delimitación subjetiva del riesgo que, en la praxis, se recoge en una cláusula que la hace extensiva a la infidelidad del personal dependiente del tomador del seguro o del asegurado.

Por último y salvo que las partes pacten lo contrario, el artículo 44.1 dispone que *«el asegurador no cubre los daños por hechos derivados de conflictos armados, haya precedido o no declaración oficial de guerra, ni de riesgos extraordinarios sobre las personas y los bienes»*. Entre los riesgos extraordinarios se incluyen la guerra civil o internacional, el motín o tumulto popular, el terrorismo o las inundaciones.[47]

Una vez vistas las exclusiones legales, no debemos olvidar las exclusiones de naturaleza contractual. La LCS no hace referencia a las mismas, sin embargo, las siguien-

---

[47] El artículo 7 del Estatuto Legal del Consorcio de Compensación de Seguros (aprobado por el artículo de la Ley 21/1990, de 21 de diciembre, de adaptación al derecho español a la Directiva 88/357/CEE, sobre libertad de servicios en seguros distintos al de vida y actualización de seguros privados; BOE 304 de 20-12-1990) no incluye el ramo de transportes entre los seguros cuyos riesgos extraordinarios pueden ser objeto de indemnización por el Consorcio de Compensación de Seguros.

tes exclusiones con frecuentes en la praxis aseguradora. Se trata de una enumeración no exhaustiva y sólo a modo de ejemplo:

1. Retraso en la ejecución del transporte.
2. Demoras, desvíos, impedimentos o interrupción del viaje por causas imputables al asegurado o al tomador del seguro.
3. Infracción de las normas de expedición, importación, exportación o tránsito.[48]
4. Violación de bloqueo, contrabando y comercio, actividad o tráficos prohibidos, clandestinos o ilegales.
5. Daños leves.[49]
6. Robo total o parcial y hurto de las mercancías.
7. Extravío o falta de entrega de bultos completos.
8. Catástrofes naturales (inundaciones, terremotos, volcanes, etc.).
9. Guerras, revoluciones, motines y sediciones, huelgas, cierres patronales y actos terroristas.
10. Etc.

Pero ¿a quién le corresponde probar la concurrencia de una causa –legal o contractual– excluyente de la responsabilidad del asegurador? De acuerdo con los artículos 54 y 57 de la LCS, la prueba de la exclusión de un determinado riesgo corresponde al asegurador y no al asegurado. A éste le basta con demostrar que los daños derivan causalmente del transporte o a consecuencia del mismo,[50] ya que la indemnización se extiende imperativamente a los daños *«que sean consecuencia de siniestros acaecidos durante el plazo de vigencia del contrato»*.

2.3 *Duración y prórroga del contrato*

Cabe distinguir, con carácter previo, entre duración formal y duración material del contrato de seguro. Por lo primero, la doctrina entiende aquel período que se inicia con la perfección del contrato (o suscripción) y, por lo segundo, aquel otro que co-

---

[48] La sentencia del TS de 30-2-2000 condenó a la aseguradora a indemnizar los daños en las mercancías causados por una avería del termostato, a pesar de la existencia de incumplimiento de la normativa técnico-sanitaria sobre condiciones generales de almacenamiento frigorífico, pues no se consideró objeto de una cláusula de exclusión sino limitativa y, en tal consideración, no se habían observado los requisitos para la validez de su inclusión.

[49] Mermas naturales, derrames, roturas, oxidaciones, manchas, mojaduras, moho y vaho. Son daños de baja trascendencia económica y de una frecuencia común al producirse durante la carga o la descarga. Por ello, las pólizas suelen excluirlos.

mienza con la asunción de la garantía del riesgo por parte del asegurador. En lo sucesivo, vamos a referirnos a este último.

Los artículos 8.8 y 22 de la Ley 50/1980, de 8 de octubre, de Contrato de Seguro disponen que la duración el contrato deberá ser determinada, *«como mínimo»*, en la póliza, con expresión del día y la hora en que comienzan y terminan sus efectos.[51] Por mandato expreso del artículo 22, no podrá exceder de diez años. Ello debe entenderse sin perjuicio de las prórrogas anuales consecutivas que acuerden las partes. Según dicho precepto, *«las partes pueden oponerse a la prórroga del contrato mediante una notificación escrita a la otra parte, efectuada con un plazo de dos meses de anticipación a la conclusión del período del seguro en curso»*. Es decir, mediante una carta o un fax cualquiera de las partes puede dar por rescindido el contrato sin justa causa y avisando con dos meses de antelación.

En cuanto a la delimitación temporal de la cobertura del riesgo, debe tenerse en cuenta –según el artículo 58 de la Ley– que *«salvo pacto expreso en contrario, se entenderá que la cobertura del seguro comienza desde que se entregan las mercancías al porteador para su transporte en el punto de partida del viaje asegurado, y terminará cuando se entreguen al destinatario en el punto de destino, siempre que la entrega se realice dentro del plazo previsto en la póliza»*. La entrega –tanto del cargador al porteador en origen, como de éste al receptor en destino– se entiende en un sentido físico o material, sin que comprenda la mera puesta a disposición. El inicio o el fin del viaje son irrelevantes a efectos de determinar el inicio o fin de la cobertura. Lo que prima es la entrega.

El artículo 57 establece en el asegurador la obligación de indemnizar *«los daños que sean consecuencia de siniestros acaecidos durante el plazo de vigencia del contrato»*. Este precepto, en combinación con el 58, ha sido interpretado y aplicado por los tribunales españoles en el sentido de que las operaciones de carga y descarga realizadas por el porteador deben incluirse también en la cobertura del seguro.[52] Asimismo, se considerarán cubiertos los riesgos durante las interrupciones del viaje, siempre y cuando hayan ocurrido durante el plazo de vigencia de la póliza.

2.4 La cláusula «almacén a almacén»

El 2.º apartado del artículo 58 de la Ley de Contrato de Seguro añade la siguiente posibilidad: *«cuando se pacte expresamente, el seguro puede extenderse a los riesgos que*

---

[50] La sentencia del TS de 27-6-1998 establece, con relación a un riesgo de podredumbre, que incumbe al asegurado probar el estado de la mercancía al inicio y al final del transporte, su grado de deterioro, valor originario y relación de daños.

[51] Sentencia del TS de 6-3-1995.

[52] Sentencia de la AP de Álava de 14-4-1993.

afecten a las mercancías desde que salen del almacén o domicilio del cargador para su entrega al transportista hasta que entran para su entrega en el domicilio o almacén del destinatario». Ello significa que, si así lo establecen las partes, el contrato de seguro puede desplegar su cobertura «puerta a puerta» (o «almacén a almacén»), extendiéndose —en su caso— más allá de los límites concretos del contrato de transporte. Es decir, puede abarcar también los traslados realizados por el cargador o por el destinatario hasta, respectivamente, el punto de recepción o el de entrega por el transportista o los transportistas sucesivos.

En la sentencia de la AP de Asturias de 13 de marzo de 2001 hay una definición bastante precisa, aunque referida a un seguro de transporte combinado:

> *«Con la cláusula "almacén" el asegurador se obliga a indemnizar por las faltas y averías que puedan sufrir las mercancías aseguradas en las fases anteriores y posteriores al transporte puramente marítimo, al extenderse la cobertura a los desplazamientos de las mismas entre los respectivos puntos de almacenaje, tanto de origen como de destino, y el buque».*

Con la cláusula «almacén a almacén» se pretende dar cobertura a las mercancías desde que salen del almacén del cargador hasta que entran en el del destinatario. Con el artículo 58.2, cuya aplicación es dispositiva, se amplía de manera convencional la duración del contrato de seguro. El viaje deja de ser el hecho determinante al quedar, con dicha cláusula, incluidas las operaciones de carga y descarga, así como los almacenamientos anteriores y posteriores al viaje, los depósitos intermedios y los acarreos.

La cláusula «almacén a almacén» ha sido interpretada y aplicada por los tribunales españoles en diversas ocasiones. La jurisprudencia ha ido delimitando su contorno y matizando su significado.[53] Veamos algunos ejemplos. En un caso, el traslado fuera del almacén del cargador con anterioridad al inicio del viaje, siendo imputable a la voluntad expresa del asegurado y sin declaración previa al asegurador, no se consideró cubierto por dicha cláusula.[54] En otro caso, sin embargo, se consideró incluido en el

---

[53] Con anterioridad a la Ley de Contrato de Seguro, los tribunales españoles ya habían reconocido la validez del seguro puerta a puerta sobre la base del principio de autonomía de la voluntad de las partes (véase sentencia del TS de 22-11-1968).

[54] Sentencia del TS de 30-12-1993, donde se mantiene que el robo ocurrido en el camión la noche que éste permaneció cargado en un garaje antes de iniciar el viaje está fuera de la cobertura de la cláusula «almacén a almacén». Tratándose de una mercancía valiosa (azafrán) y de una decisión del asegurado y no comunicada al asegurador, el traslado previo del azafrán de la caja acorazada del almacén del asegurado a un garaje no puede considerarse propiamente el inicio del viaje. Para el TS el viaje debía iniciarse a partir del garaje donde se encontraba el vehículo cargado con el azafrán y no antes. Existió, además, la falta de declaración de un factor de riesgo sobrevenido y una asunción imprudente y culpable del riesgo por parte del asegurado al llevar el azafrán a un garaje que no contaba con las debidas condiciones de seguridad.

seguro de transporte un depósito de las mercancías posterior al viaje.[55] Otro ejemplo es el robo en un vehículo propio del asegurado estacionado en la vía pública, en horas nocturnas y con las mercancías en su interior; tampoco se consideró incluido en la cláusula «almacén a almacén» al coexistir con otra cláusula que exigía la inmovilización de la mercancía en locales cerrados.[56] Por último, los daños sobrevenidos por variación de la temperatura durante un transporte de marisco y pescado congelado en una cámara frigorífica sí se han considerado cubiertos por la mencionada cláusula.[57]

2.5   *El depósito transitorio de mercancías y la inmovilización y el cambio de vehículo*

El artículo 59 de la Ley 50/1980, de 8 de octubre, de Contrato de Seguro establece que «*salvo pacto en contrario, la cobertura del seguro (...) comprenderá el depósito transitorio de las mercancías y la inmovilización del vehículo o su cambio durante el viaje cuando se deban a incidencias propias del transporte asegurado y no hayan sido causados por algunos de los acontecimientos excluidos por el seguro*».

La primera parte del precepto aclara el carácter dispositivo del mismo y la creación, en caso de restricción de la cobertura, de una causa limitativa de los derechos del asegurado que exigirá, en virtud del artículo 3, la aceptación por escrito de éste.

El depósito transitorio se produce, de forma temporal, una vez iniciado el viaje y termina con anterioridad al fin del mismo. La noción de «depósito» es muy amplia. Puede configurarse como depósito voluntario extrajudicial en el sentido de los artículos 1.759, 1.762 y 1.763 del Código Civil y se extiende hasta la estancia de las mercancías en el vehículo durante períodos intermedios del transporte o en lugares típicos de almacenamiento del asegurado o de un tercero.

La inmovilización del vehículo significa la imposibilidad de continuar el viaje en el mismo vehículo, ya sea de forma temporal o definitiva. El cambio de vehículo puede venir precedido de la inmovilización del mismo. En otras ocasiones, se debe a la fragmentación del viaje a partir de los vehículos que intervienen en el mismo cu-

---

[55] Sentencia del TS de 28-6-1985: «*en cuanto la obligación de conservar del consignatario y de la que ha surgido su responsabilidad por conducta negligente, no emana de un contrato típico de depósito, sino del genérico y accesorio deber de conservar la mercancía hasta su entrega a los destinatarios*».

[56] Sentencia de la AP de Barcelona de 29-1-1996. La Sala consideró que dicha cláusula 10 de inmovilización necesariamente en locales cerrados no era limitativa de los derechos del asegurado sino delimitadora del riesgo, razón por la que no se consideró necesaria su firma expresa. La efectividad de dicha cláusula por encima de la de «almacén a almacén» se determinó por la Sala al amparo de la libertad de pacto establecida en el artículo 58 de la Ley de Contrato de Seguro.

[57] Sentencia del TS de 26-11-1993.

briendo siempre las mismas rutas. A veces, incluso, trae causa de un siniestro y de la consiguiente necesidad de salvar las mercancías. Ocurre, con frecuencia, que el vehículo aparece referido e identificado en la póliza y, en consecuencia, el cambio puede quedar fuera de cobertura.[58]

Cuando el depósito transitorio y la inmovilización o el cambio del vehículo son causados por *incidencias propias del transporte*, la LCS los incluye en la cobertura del seguro aun a pesar de que agravan el riesgo de daño o pérdida (robo, incendio, accidente, etc.). Se consideran incidencias propias del transporte la paralización del mismo por motivos aduaneros, la avería o el fallo mecánico en el vehículo, las huelgas, el descanso del conductor, la inundación, etc.

No encaja, sin embargo, en la definición del depósito necesario que se produce a raíz de un siniestro y de la necesidad de salvamento de las mercancías al amparo de los artículos 1.781 y 1.782 del Código de Comercio. El depósito necesario, en este sentido, supone gastos de salvamento propios de los contemplados en el artículo 61 de la Ley de Contrato de Seguro.

El artículo 59 de la LCS concluye así: «*La póliza podrá establecer un plazo máximo y, transcurrido éste sin reanudarse el transporte, cesará la cobertura del seguro*». Ello otorga al asegurador la posibilidad de establecer un plazo máximo para la interrupción del transporte que, una vez transcurrido sin reanudarse el transporte, implica el cese de la cobertura.

2.6   *La no obligatoriedad del seguro de daños*

El Real Decreto 7/2001, de 12 de enero, por el que se aprueba el reglamento sobre la responsabilidad civil y el seguro en la circulación de vehículos a motor, en su artículo 10.b, excluye de la cobertura del seguro de suscripción obligatoria «*los daños sufridos por el vehículo asegurado*», «*por las cosas en él transportadas*» y «*por los bienes de los que*

---

[58] La sentencia del TS de 31-3-1990 se refiere a un accidente sufrido durante un transporte asegurado. Tras el accidente, la mercancía fue reacondicionada, cargada y transportada en un segundo vehículo, el cual sufrió un segundo siniestro que dañó totalmente las mercancías. El Tribunal resolvió que la aseguradora demandada debía responder, no sólo de los daños causados en el primer transporte, sino también en el segundo. A pesar de que la póliza sólo cubría los daños que se produjeran viajando las mercancías en un vehículo determinado –esto es, debidamente referido e identificado en la póliza–, el Tribunal entendió que la aseguradora debía hacerse cargo también de los daños ocurridos en el segundo vehículo, aun a pesar de que éste no constaba en la póliza, al traer causa de una operación necesaria de salvamento.

[59] El contenido de dicho precepto coincide con el del artículo 5.2 de la Ley de Ordenación y Supervisión de los Seguros Privados, en su disposición adicional octava.

[60] Según sentencia del TS de 21-5-1996.

sean titulares el tomador, asegurado, propietario, conductor, así como los del cónyuge o los parientes hasta el tercer grado de consanguinidad o afinidad de los anteriores».[59] Ello significa que el seguro de responsabilidad civil de suscripción obligatoria no cubre la responsabilidad civil por las mercancías transportadas en el vehículo asegurado.

De igual modo, el llamado «seguro voluntario» o «complementario de responsabilidad civil ilimitada» contiene –en la mayoría de pólizas aprobadas por Resolución de 13 de abril de 1981– una cláusula de exclusión de la carga que viaja a bordo del vehículo asegurado. Esta cláusula, no obstante, ha sido calificada como limitativa y, por tanto, no oponible frente al tercero perjudicado.[60]

La Ley 16/1987, de 30 de julio, de Ordenación de los Transportes Terrestres dispone, en su artículo 21, lo siguiente: *«2. La Administración podrá, asimismo, establecer la obligatoriedad de que las empresas y agencias de transporte suscriban un seguro que cubra su responsabilidad derivada del cumplimiento del contrato de transporte de mercancías en los términos y con los límites que se determinen por la Administración. Reglamentariamente, podrán establecerse fórmulas de coordinación de dicho seguro con el que cubra los riesgos, que tuviera que soportar el cargador, incluso por medio de la unificación de ambos».* El apartado 1 del mismo precepto requiere el deber de aseguramiento en el transporte público de viajeros; no obstante, no contiene la misma obligación en el marco del transporte de mercancías.[61]

A continuación, el epígrafe 3.º de dicho precepto prevé que *«el importe de los seguros (...) tendrá la consideración de gasto de explotación, y será por tanto repercutido en las correspondientes tarifas».* No hay, sin embargo, ninguna disposición legal que establezca la obligación de asegurar las mercancías para transitarios, agencias de transporte o transportistas en general.[62]

También al seguro se refieren las condiciones generales para la contratación del transporte por carretera, aprobadas por orden del Ministerio de Fomento de 25 de abril de 1997. En particular, la condición 1.9 de su anexo A, para cargas completas, y la condición 1.10 de su anexo B, para cargas fraccionadas, dicen: *«El carga-*

---

[61] El apartado 1.º del artículo 21 ha sido modificado por la disposición adicional vigésimo cuarta de la Ley 14/2000, de 29 de diciembre, de Medidas Fiscales, Administrativas y del Orden Social, cuyo texto es el siguiente: *«En todo transporte público de viajeros, los daños que sufran éstos deberán estar cubiertos por un seguro, en los términos que establezca la legislación específica sobre la materia, en la medida en que dichos daños no estén indemnizados por el seguro de responsabilidad civil de suscripción obligatoria previsto en la Ley de Responsabilidad y Seguro en la Circulación de Vehículos a Motor».*

[62] Le Ley 3/1981, de 12 febrero, del Parlamento Vasco sobre Centros de Contratación de Cargas en Transporte Terrestre de Mercancías establecía, en su artículo 34, la obligación de todo transportista que aceptara una carga propuesta por un centro de contratación de asegurarla de acuerdo con la declaración de valor que se le indicara en la carta de porte. Dicho precepto fue declarado inconstitucional por sentencia de 16-11-1981 del Tribunal Constitucional al entrañar una clara intromisión en el ámbito de la legislación mercantil que es competencia exclusiva del Estado.

dor/remitente y el porteador podrán hacer constar asimismo, en la carta de porte (...), los pactos concernientes al seguro de las mercancías».

El convenio suscrito en Ginebra el 19 de mayo de 1956 relativo al contrato de transporte internacional de mercancías por carretera (CMR) contiene escasas y muy tangenciales referencias al seguro. Tampoco impone la obligatoriedad en la suscripción de un seguro de daños. Su artículo 6.2 dice así: *«En su caso, la carta de porte debe contener, además, las indicaciones siguientes: (...) (e) Instrucciones del remitente al transportista concernientes al seguro de la mercancía».*[63] Y el artículo 41.2, que reza: *«En particular, serán nulas de pleno derecho todas las estipulaciones por las que el transportista se coloque como beneficiario del seguro de la mercancía o análogas (...)».*

El Real Decreto 1.211/1990, de 28 de septiembre, por el que se aprueba el reglamento de la Ley de Ordenación de los Transportes Terrestres, impone –en sus artículos 162, 169 y 173, respectivamente– a las agencias de transporte, los transitarios y los almacenistas distribuidores, la justificación del cumplimiento de una serie de requisitos previos al otorgamiento de las correspondientes autorizaciones administrativas. De todos ellos, sólo los almacenistas distribuidores están obligados –según el artículo 173.2.b– a asegurar las mercancías depositadas frente a los posibles daños que puedan sufrir.

2.7 *El seguro de responsabilidad civil por el transporte de mercancías*

Ocurre con cierta frecuencia que el porteador tiene suscritos dos contratos de seguro: uno que asegura las mercancías por los daños que puedan sufrir éstas durante o a causa del transporte y otro que asegura la responsabilidad del porteador. Hablamos, en estos casos, del seguro de transporte de las mercancías y del seguro de responsabilidad civil por el transporte de las mercancías.

---

[63] El convenio CMR no contempla la responsabilidad del transportista, ni cualesquiera otras consecuencias, por dejar de cumplir tales instrucciones relativas al seguro. Dicho convenio no regula sino el contrato de transporte, dejando completamente al margen la regulación del contrato de seguro. En ese sentido se pronunció, en referencia a la competencia jurisdiccional respecto de un conflicto de transporte internacional, la sentencia del TS de 12-7-1986.

[64] No se recomienda el uso de una única póliza para ambos contratos, ya que genera cierta confusión para el asegurado y para los terceros perjudicados. En cualquier caso, la renuncia a la subrogación es una condición *sine qua non* para evitar que el asegurador ejercite su derecho de repetición contra el mismo porteador que suscribió la póliza.

[65] El seguro de transporte terrestre de mercancías cubre los riesgos producidos por sucesos de origen natural difíciles de prever o, si previstos, imposibles de evitar: rayo, inundación, desbordamiento de ríos, avalanchas, aludes, desprendimientos, rotura de puentes o túneles, etc. De hecho, el artículo 57 de la Ley de Contrato de Seguro no excluye la responsabilidad del asegurador por caso fortuito o fuerza mayor. También cubre riesgos que surgen por la intervención humana (incendios, accidentes,

Son dos seguros distintos con coberturas también diferentes (una es de daños, y la otra de responsabilidad); el primero se incluye en el ámbito del artículo 54 y el segundo en el del artículo 73 de la Ley de Contrato de Seguro. Los riesgos de ambos contratos también difieren, ya que uno asegura los riesgos del transporte sobre las mercancías, y el otro los riesgos de la responsabilidad civil derivada del contrato de transporte, obligando –este último– al asegurador a asumir la defensa procesal y la responsabilidad pecuniaria contraída por el porteador. Además, el seguro de transporte de mercancías se contrata en interés del propietario de éstas y el de responsabilidad en interés del porteador.

Si bien el porteador suele aparecer como tomador en ambos contratos de seguro, el seguro de transporte de mercancías es –implícita o expresamente– por cuenta ajena (por ejemplo, del propietario de las mercancías) y el seguro de responsabilidad civil lo es por cuenta propia. En ocasiones, la práctica aseguradora ha llevado a que ambos contratos se fundan en una sola póliza.[64]

La destrucción, el daño o la pérdida de la mercancía durante o a causa del transporte no generan necesariamente la obligación de indemnizar. Cuando concurren circunstancias eximentes como fuerza mayor, caso fortuito o naturaleza o vicio propio de las mercancías (art. 361.2 del Código de Comercio), no se genera responsabilidad del porteador frente a los propietarios de las mercancías. En tales casos, el seguro de transporte de mercancías obliga al asegurador a resarcir, pero no así el seguro de responsabilidad civil, ya que no se genera responsabilidad del porteador.[65]

En el seguro de responsabilidad civil por el transporte, el riesgo asegurado no es la pérdida o avería de las mercancías, sino la responsabilidad legal o pecuniaria que dicha pérdida o avería pueden generar en el porteador. En otros casos, la responsabilidad civil puede ser de naturaleza extracontractual únicamente, de tal modo que la póliza sólo cubra la responsabilidad del porteador sobre aquellos daños y perjuicios causados a terceros con los que el porteador no haya celebrado un contrato de transporte.[66]

---

vuelcos, robos en cuadrilla y a mano armada, etc.). Sin embargo, tales riesgos no están cubiertos en un seguro de responsabilidad civil del porteador cuando derivan de fuerza mayor o caso fortuito y no de la responsabilidad del porteador o de sus empleados, dependientes y subcontratados.

[66] La sentencia del TS de 9-10-1995 resuelve la reclamación del cargador de una mercancía frente a la aseguradora con quien el porteador tenía contratada una póliza de responsabilidad civil. La demanda versaba sobre los daños ocasionados por los empleadores del porteador a unas máquinas durante su acarreo y manipulación previos al transporte estrictamente. La póliza limitaba claramente la cobertura a «*la responsabilidad civil extracontractual*» frente a terceros derivada de las operaciones de transporte, acarreo y manipulación de la mercancía. Sin embargo, excluía la responsabilidad civil «*por daños sufridos por los bienes que por cualquier motivo (depósito, uso, manipulación, transporte u otro) se hallen en poder del asegurado o persona de quien éste sea responsable*». La Sala resolvió que, de acuerdo con las cláusulas de la póliza, «*no puede expresarse con mayor claridad la exclusión de las garantías del seguro de responsabilidad por daños a las mercancías transportadas*», no pudiendo atribuirse al cargador de la mercancía la condición de *tercero*.

3   El seguro en el transporte aéreo

3.1   *Régimen jurídico*

3.1.1   *Nacional y comunitario*

Como ya dijimos en la primera parte de esta obra, la Ley 50/1980 de Contrato de Seguro es también aplicable, en sus aspectos generales, al contrato de seguro en el transporte aéreo.

En el ámbito nacional, la Ley 48/1960, de 21 de Julio, sobre Navegación Aérea dedica específicamente cuatro preceptos (artículos 126 a 129) a los seguros aéreos. Dicha Ley establece, en su artículo 127, la obligación de contratar «(...) *el seguro de pasajeros, el de daños causados a terceros, el de aeronaves destinadas al servicio de líneas aéreas y el de las que sean objeto de hipoteca para los daños*». Tal y como se puede apreciar, la Ley de Navegación Aérea no obliga a contratar un seguro para el transporte de mercancías, aunque sí de responsabilidad civil, cuya cobertura debe amparar la responsabilidad legal derivada de las averías y pérdidas de mercancía.

Por otro lado, la Ley sobre Navegación Aérea establece un supuesto de responsabilidad objetiva para el transportista de mercancías. Así, según lo dispuesto en el artículo 116, el porteador «(...) *es responsable del daño o perjuicio causado durante el transporte (...) por destrucción, pérdida, avería o retraso de las mercancías y de los equipajes, facturados o de mano*».

El artículo 118 establece, además, unos límites a la indemnización por daños y pérdidas acaecidos en los siniestros ocurridos durante el transporte de mercancías. Tales límites han sido actualizados por el Real Decreto 37/2001, de 19 de enero. En particular, tal artículo determina lo siguiente:

---

[67] En la carta de porte cabe diferenciar entre «valor declarado para transporte» y «valor asegurado». Sólo el primero puede ampliar la responsabilidad del transportista; así, sentencia de la AP de Baleares (sección 5.ª) de 16-2-2001.

[68] BOE 162 de 8-7-2003.

[69] DOUE L 137 de 30-04-2004, pág. 1.

[70] Quedan excluidos, según lo establecido por el artículo 2.2 en relación con los requisitos de seguro derivados de los riesgos de guerra y terrorismo: *a)* las aeronaves de Estado en el sentido de la letra *b* del artículo 3 del Convenio de Aviación Civil Internacional, suscrito en Chicago el 7 de diciembre de 1944; *b)* los aeromodelos con una MTOM inferior a 20 kg; *c)* los artefactos voladores

– Pérdida o avería de la carga: corresponde indemnizar hasta el límite de 17 derechos especiales de giro por kilogramo de peso bruto.
– Retraso en la entrega de la carga o del equipaje facturado: corresponde indemnizar hasta el límite de una cantidad equivalente al precio del transporte.

El artículo 3 incorpora la previsión de que *«si la carga o el equipaje facturado o de mano se transporta con manifestación de valor declarado, aceptado por el transportista, el límite de responsabilidad corresponde a ese valor».*[67]

Si bien la Ley de Navegación Aérea no obliga a las compañías aéreas a asegurar las mercancías, la Ley 21/2003, de 7 de Julio, de Seguridad Aérea[68] afirma –en su artículo 33.11– que las compañías tendrán que *«contratar y mantener en vigor los seguros aéreos legalmente obligatorios y constituir los depósitos, fianzas y otras garantías exigibles».* Ello, qué duda cabe, nos deriva hacia un cierto vacío normativo.

Para salir a flote debemos acudir al derecho comunitario, el cual, por medio del Reglamento (CE) 785/2004 del Parlamento Europeo y del Consejo, de 21 de abril de 2004, sobre los requisitos de seguro de las compañías aéreas y operadores aéreos,[69] uniformiza y explicita el régimen de los seguros y de la responsabilidad civil en el transporte aéreo de mercancías. Dicho reglamento es, según su artículo 2.1, de aplicación *«a todas las compañías y a todos los operadores aéreos que efectúan vuelos dentro del territorio de un Estado miembro en el que sea de aplicación el Tratado, con destino a él, procedentes de él o que lo sobrevuelen».*[70]

En virtud de lo dispuesto en el artículo 4 del citado reglamento, las compañías aéreas deberán ser titulares de un seguro de responsabilidad civil frente a los pasajeros, su equipaje, la carga y cualesquiera terceros. Entre los riesgos asegurados se comprenderán los actos de guerra, el terrorismo, el secuestro, los actos de sabotaje y el apoderamiento ilícito de las aeronaves.

En cuanto al transporte de mercancías, el artículo 6.3 fija una cobertura mínima de seguro para las operaciones comerciales de 17 derechos especiales de giro por kilogramo de peso de carga.[71] Se trata, en definitiva, de la misma limitación que ha incorporado el legislador nacional español.

---

propulsados a pie (incluidos los paramotores y las alas delta); *d)* los globos cautivos; *e)* las cometas; *f)* los paracaídas (incluidos los ascensionales); *g)* las aeronaves, planeadores incluidos, con una MTOM inferior a 500 kg, y los ultraligeros que se utilicen con fines no comerciales o para prácticas de vuelo locales que no entrañen el cruce de fronteras internacionales.

[71] El DEG (derechos especiales de giro) es un activo de reserva internacional creado en 1969 por el FMI (Fondo Monetario Internacional) para complementar los activos de reserva existentes de los países miembros. Mediante el DEG se expresan los límites máximos de indemnización por las responsabilidades en el transporte internacional de mercancías. Un DEG equivale a 1,2-1,4 €.

Quedan excluidas de dicha obligación las compañías aéreas no comunitarias cuyos aviones sobrevuelen el territorio de la Unión Europea sin aterrizar ni despegar en ninguno de sus aeropuertos.

3.1.2   *Internacional*

El tráfico aéreo está regulado en su mayor parte por convenios internacionales multilaterales entre Estados. En ellos, han desarrollado un papel relevante la Organización de la Aviación Civil Internacional (OACI) y la International Air Transport Association (IATA).

España fue, desde 1929, uno de los países signatarios del convenio para la unificación de determinadas reglas para el transporte aéreo internacional, más conocido como el Convenio de Varsovia, que entró en vigor en España el 13 de febrero de 1933. Fue modificado en 1955 por el Protocolo de La Haya y más tarde en 1975 por los de Montreal. Dicho convenio fue el primero que adoptó unas reglas generales en el ámbito transnacional en materia de responsabilidad en el transporte aéreo.

El Convenio de Varsovia –y sus protocolos– sigue en vigor para aquellos Estados miembros que no han ratificado el nuevo Convenio de Montreal de 1999, del que hablamos más adelante. A pesar de no contemplar reglas relativas al seguro de mercancías, sí regula los aspectos fundamentales del transporte aéreo internacional. Así, por ejemplo, prevé un régimen de responsabilidad objetiva para siniestros que afecten a las mercancías. Según su artículo 18.1: «*El porteador*[72] *es responsable del daño ocasionado en caso de destrucción, pérdida o avería de equipajes facturados o de mercancías, cuando el hecho que ha causado el daño se produzca durante el transporte aéreo*».[73] Responsabilidad que, según el artículo 20, se excluye sólo si el portador «*prueba que*

---

[72] En términos generales, la responsabilidad del porteador se entiende solidaria con la del comisionista de transporte. Así, la sentencia de la AP de Madrid (sección 10.ª) de 15-12-2001.

[73] Este apartado ha sido reproducido de manera casi igual por el artículo 18 del Convenio de Montreal de 1999. Es interesante apreciar cómo la sentencia de la AP de Valencia (sección 9.ª) de 17-1-2007 considera que en un extravío de mercancías ocurrido en el ámbito de un contrato de transporte aéreo, aunque no *durante* el transporte aéreo, es aplicable la normativa del Código Civil, que no prevé limitación alguna en el montante de la indemnización.

[74] En cuanto a la interpretación del conjunto de los artículos 22 y 25 del Convenio de Varsovia, véase la sentencia del TS (Sala de lo Civil) de 20-6-1998, que excluye la presunción de dolo.

[75] Decisión del Consejo de 5 de abril de 2001 (DOUE L 194 de 18-07-2001, pág. 38). En lo que se refiere a la harmonización relativa a las responsabilidades por lesiones, inspirada por el mismo convenio, véanse el Reglamento (CE) 889/2002 del Parlamento Europeo y del Consejo de 9 de octubre

él y sus comisionados han tomado todas las medidas necesarias para evitar el daño o que les fue imposible tomarlas», o es consecuencia de una falta o un error de pilotaje, de conducción de la aeronave o de navegación.

En su origen, el artículo 22 del Convenio de Varsovia preveía un límite en las indemnizaciones calculado en *«franco francés, integrado por sesenta y cinco miligramos y medio de oro con la ley de novecientas milésimas de fino»*. Esta unidad de cuenta fue posteriormente reemplazada por los derechos especiales de giro en los Protocolos de Montreal de 1975. Según el artículo 25, el porteador quedará desprovisto de toda limitación de responsabilidad si se prueba que *«el daño proviene por su dolo o de faltas que, con arreglo a la Ley del Tribunal que entiende en el asunto, se consideran equivalentes a dolo»*.[74]

El Convenio de Varsovia ha sido sustituido por otro convenio que pretende unificar determinadas reglas para el transporte aéreo internacional. Se trata del Convenio de Montreal, suscrito en dicha ciudad en 1999, y del cual España es país signatario. Entró en vigor en la Unión Europea el 28 de junio de 2004.[75] El Convenio de Montreal es aplicable al transporte internacional de personas, equipaje o carga efectuado en aeronaves a cambio de una remuneración y, en el caso de transporte gratuito, siempre y cuando éste sea efectuado por una empresa de transporte aéreo.[76]

El artículo 1 del Convenio de Montreal define como transporte internacional *«todo transporte en que, conforme a lo estipulado por las partes, el punto de partida y el punto de destino, haya o no interrupción en el transporte o trasbordo, están situados, bien en el territorio de dos Estados Partes, bien en el territorio de un solo Estado Parte si se ha previsto una escala en el territorio de cualquier otro Estado, aunque éste no sea un Estado Parte. El transporte entre dos puntos dentro del territorio de un solo Estado Parte, sin una escala convenida en el territorio de otro Estado, no se considerará transporte internacional para los fines del presente convenio»*. Como consecuencia, quedan excluidos los

---

de 1997 (DOUE L 285 de 17-10-1997, págs. 1-3) y el Reglamento (CE) 889/2002 del Parlamento Europeo y del Consejo de 13-5-2002 (DOUE L 140 de 30-5-2002, págs. 2-5).

[76] Además de la Unión Europea, el Convenio de Montreal está en vigor desde octubre de 2007 en los siguientes países: Albania, Arabia Saudita, Bahrein, Barbados, Belice, Benín, Bosnia y Herzegovina, Botswuana, Brasil, Camerún, Canadá, Cabo Verde, China, Colombia, Cuba, República Dominicana, Ecuador, Egipto, Emiratos Árabes Unidos, Estados Unidos, Gambia, Islandia, Islas de Cook, Japón, Jordania, Kenia, Kuwait, Líbano, Macedonia, Madagascar, Maldivas, México, Mónaco, Mongolia, Namibia, Nueva Zelanda, Nigeria, Noruega, Omán, Pakistán, Panamá, Paraguay, Perú, Qatar, San Vicente y las Granadinas, Singapur, Sudáfrica, Suiza, Siria, Tonga, Tanzania y Vanuatu. Otros estados resultan como signatarios del convenio, pero todavía no han depositado el instrumento de ratificación: se trata de Bangladesh, Bolivia, Burkina Faso, Camboya, República Centroafricana, Chile, Costa Rica, Costa del Marfil, Gabón, Ghana, Jamaica, Mauricio, Mozambique, Níger, Senegal, Sudán, Swazilandia, Togo, Turquía, Uruguay y Zambia.

transportes puramente internos y los transportes sin escala entre dos países cuando sólo uno de ellos sea parte del convenio.

El Convenio de Montreal instituye la obligación generalizada para todas aquellas compañías aéreas que operen en el ámbito internacional de tener contratado un seguro de responsabilidad civil. Así lo expresa en su artículo 50: «*Los Estados Partes exigirán a sus transportistas que mantengan un seguro adecuado que cubra su responsabilidad en virtud del presente convenio. El Estado Parte hacia el cual el transportista explota servicios podrá exigirle a éste que presente pruebas de que mantiene un seguro adecuado, que cubre su responsabilidad en virtud del presente convenio*».

El artículo 18 establece el régimen de responsabilidad, que como suele ocurrir en los contratos de transporte, es objetivo. En virtud de este régimen objetivo, el transportista responderá de los daños por el solo hecho de que éstos hayan ocurrido durante el transporte aéreo, salvo en las siguientes excepciones (art. 18.2):

1. Naturaleza de la carga, o un defecto o vicio propios de la misma.
2. Embalaje defectuoso de la carga, realizado por una persona que no sea el transportista o alguno de sus dependientes o agentes.
3. Acto de guerra o conflicto armado.
4. Acto de la autoridad pública ejecutado en relación con la entrada, la salida o el tránsito de la carga.

En cuanto a los límites de responsabilidad establecidos respecto a la carga, el Convenio de Montreal establece los siguientes:

Artículo 22.3. «*En el transporte de carga, la responsabilidad del transportista en caso de destrucción, pérdida, avería o retraso se limita a una suma de 17 derechos especiales de giro por kilogramo, a menos que el expedidor haya hecho al transportista, al entregarle el bulto, una declaración especial del valor de la entrega de éste en el lugar de destino, y haya pagado una suma suplementaria, si hay lugar a ello. En este caso, el transportista estará obligado a pagar una suma que no excederá del importe de la suma declarada, a menos que pruebe que este importe es superior al valor real de la entrega en el lugar de destino para el expedidor.*»

Artículo 22.4. «*En caso de destrucción, pérdida, avería o retraso de una parte de la carga o de cualquier objeto que ella contenga, para determinar la suma que constituye el límite de responsabilidad del transportista solamente se tendrá en cuenta el peso total del bulto o de los bultos afectados. Sin embargo, cuando la destrucción, pérdida, avería o el retraso de una parte de la carga o de un objeto que ésta contiene afecte al valor de otros bultos comprendidos en la misma carta de porte aéreo, o en el mismo recibo o, si no se hubiera expedido ninguno de estos documentos, en la misma constancia conservada por los otros medios mencionados en el párrafo 2 del artículo 4, para determinar el límite de responsabilidad también se tendrá en cuenta el peso total de tales bultos.»*

En caso de daños a la mercancía, el destinatario deberá reclamar por escrito al transportista inmediatamente después de haber apreciado la avería, y en todo caso, dentro de los 14 días siguientes a la fecha del recibo de las mercancías.[77] Si hay retraso en la consignación del recibo, la reclamación deberá efectuarse dentro de los 21 días siguientes a la fecha en la que las mercancías fueron puestas a disposición del destinatario. Si éste no reclama dentro de dichos plazos, le será difícil ejercitar su derecho contra el transportista salvo en caso de fraude o dolo por parte de éste.[78] Así lo dicta el artículo 31 del Convenio de Montreal.

El artículo 35 fija el plazo para las acciones a tenor de lo siguiente: *«el derecho a indemnización se extinguirá si no se inicia una acción dentro del plazo de dos años, contados a partir de la fecha de llegada a destino o la del día en que la aeronave debería haber llegado o la de la detención del transporte»*. Dicho plazo se rige por la Ley del foro y, en la jurisdicción española, se entiende que es de prescripción.[79] La reciente sentencia del Juzgado de lo Mercantil de Madrid de 2 de marzo de 2007 precisa la naturaleza y el cómputo del plazo: *«(...) la conclusión anterior nos lleva a la necesidad de atender a la naturaleza de la acción para determinar si se enmarcaría dentro de las prescriptibles o de las susceptibles de caducar. En este sentido, conviene destacar que el propio artículo 35 del convenio habla de "derecho a la indemnización", es decir, se trata de una acción para el ejercicio de un derecho y, por consiguiente, entraría según el criterio seguido por nuestro derecho patrio con otras de igual naturaleza, en el ámbito de las acciones sometidas a prescripción y no a caducidad. Ésta es la tesis que se sigue en sede de transporte para las acciones derivadas del transporte terrestre y marítimo en el artículo 952 del Código de Comercio y para el aéreo en el artículo 124 de la Ley de Navegación Aérea y la que, por lo expuesto, debe aplicarse al plazo del artículo 35 del Convenio de Montreal».*

---

[77] Este plazo de 14 días procede del Protocolo de La Haya de 1955, que cambió el plazo inicial de siete días establecido en el Convenio de Varsovia. En cuanto a los plazos para presentar reservas previstos por el Convenio de Varsovia, véase la sentencia de la AP de Asturias (sección 4.ª) de 31-1-2006.

[78] En cuanto a los supuestos de dolo o culpa grave previstos por el antiguo Convenio de Varsovia, véase la sentencia de la AP de Valencia (sección 6.ª) de 3-3-2003 y la del TS de 20-6-1998, que enuncian la necesidad de demostrar un dolo efectivo.

[79] Por el contrario, el régimen de responsabilidad previsto por el Convenio de Varsovia (art. 29) está sometido a un plazo de caducidad. Así, entre otras, la sentencia de la AP de Vizcaya (sección 5.ª) de 1-9-2005 y la de la AP de Valencia (sección 9.ª) de 20-10-2004.

3.2   Forma y contenidos del contrato

En cuanto a la forma, son aplicables las disposiciones generales de la Ley de Contrato de Seguro, y en particular los artículos 5 y 8, que fijan los requisitos formales básicos de las pólizas. Dichos requisitos son los mismos que para las pólizas de transporte terrestre.

Ni el derecho español ni el derecho internacional han regulado los contenidos mínimos que deben tener los contratos de seguro de carga aérea, dejando, pues, a la iniciativa privada la regulación de sus relaciones comerciales.

3.3   Las cláusulas inglesas

Dado el carácter eminentemente internacional del transporte aéreo, en los contratos de seguros se usan –de nuevo y al igual que en el transporte marítimo– las llamadas «cláusulas inglesas». Como se vio en el epígrafe 3.7 de esta obra, dichas cláusulas establecen un sistema de riesgos nominados frente al principio de universalidad del riesgo en el que se inspira el legislador español.

Existen tres modalidades de seguro, cada una de las cuales tiene sus propios riesgos asegurados y riesgos excluidos Es posible combinar las tres modalidades cuando hay una póliza general y dos específicas, que cubren exactamente los riesgos excluidos por la general. Por otro lado, recuérdese que en todas ellas se excluye la cobertura para el transporte de correo. Como es de suponer, el contenido de muchas de las cláusulas coincide, con algunas adaptaciones, con las del transporte marítimo.

3.3.1   Institute Cargo Clauses (AIR)

Las Institute Cargo Clauses (AIR) configuran un modelo de póliza a todo riesgo. Así, la primera de sus cláusulas afirma que cubrirá todos los riesgos excepto los expresamente excluidos por las cláusulas siguientes. De esta manera, a la enunciación de una regla universal de cobertura le siguen tres cláusulas que enumeran los supuestos de exclusión del seguro.

La cláusula 2 *(General Exclusion Clause)* deniega la cobertura a los siniestros causados por conducta dolosa del asegurado (cl. 2.1), derrames usuales, pérdidas naturales de peso o volumen, uso y desgastes usuales propios de las mercancías aseguradas (cl. 2.2), insuficiencia o inadecuación del embalaje (cl. 2.3), vicio propio de la mercancía (cl. 2.4), falta o no idoneidad de la aeronave (cl. 2.5), retraso (cl. 2.6), insolvencia o quiebra de los propietarios, gestores, transportistas de la aeronave (2.7) y daños producidos por el uso de armas atómica y nucleares (cl. 2.8).

La cláusula 3 *(War Exclusion Clause)* excluye de la cobertura de la póliza los daños provocados por conflictos armados, guerra civil, insurrección y actos hostiles provenientes de o directos a un enemigo beligerante (cl. 3.1), captura, embargo, detención (excepto por actos de piratería) de las mercancías o de la aeronave y sus consecuencias (cl. 3.2), minas, torpedos y bombas abandonadas, así como cualquier otro dispositivo bélico (cl. 3.3).

La cláusula 4 *(Strikes Exclusion Clause)* excluye, a su vez, los daños causados por trabajadores en huelga o afectados por cierre patronal, disturbios políticos (cl. 4.1), resultantes de huelgas, cierres patronales, conflictos laborales (cl. 4.2), causados por acciones terroristas o por personas que actúan por motivos políticos (cl. 4.3).

La cláusula 5 *(Transit Clause)* fija la duración del seguro, que empieza cuando las mercancías dejan el almacén de origen del transporte y acaba tras la entrega al almacén de destino o a otro almacén que el destinatario vaya a utilizar para la distribución, o bien transcurridos 30 días después de que la mercancía haya sido descargada de la aeronave en el lugar final de descarga acordado.

Como por la correspondiente cláusula ICC (A) del transporte marítimo, la póliza ICC (AIR) sigue vigente aunque haya desviación de la ruta establecida, descarga forzosa, reembarque o trasbordo por razones que no sean causadas por la voluntad del asegurado (cl. 5.3).

Se refuerza, por otro lado, el deber del asegurado de actuar con diligencia en todas las circunstancias que se encuentren bajo su control (cl. 15).

Para cubrir los riesgos que quedan excluidos en las ICC (AIR), el Instituto de Aseguradores de Londres ha predispuesto otros dos modelos: las Institute War Clauses (Air Cargo) y las Institute Strikes Clauses (Air Cargo).

3.3.2   *Institute War Clauses (AIR Cargo)*

Las Institute War Clauses (Air Cargo) se aplican a los riesgos que excluya la cláusula 3 de las Institute Cargo Clauses (AIR), es decir, cubre los daños causados por guerra, guerra civil, revolución, rebelión, insurrección o contienda civil que provengan de esos hechos o de cualquier acto hostil por o contra un poder beligerante (cl. 1.1), los daños causados por captura, incautación, embargo preventivo, restricción o detención, provenientes de los riesgos cubiertos por la cláusula 1.1 anterior, así como las consecuencias de los mismos o de su tentativa (cl. 1.2) y los daños causados por minas, torpedos o bombas abandonadas (cl. 1.3).

En líneas generales, la póliza IWC (AIR Cargo) cubre las mercancías hasta la descarga desde el avión al destino final o hasta transcurridos 15 días desde la llegada del avión al lugar final de descarga (cl. 3.1.2).

En cuanto a las exclusiones, son las mismas que las indicadas por la cláusula 2 de las Institute Cargo Clauses (AIR), aunque se excluye, además, la posibilidad de cualquier reclamación basada en la pérdida o frustración del viaje o aventura.

3.3.3   Institute Strike Clauses (AIR)

Las Institute Strike Clauses (AIR) ofrecen un modelo de cobertura para aquellos daños que quedaban excluidos en las cláusulas 4.1 y 4.3 de las Institute Cargo Clauses (AIR). Por medio de esta póliza se aseguran los daños provocados por trabajadores en huelga, trabajadores afectados por cierre patronal, o personas que tomen parte en disturbios laborales, motines o tumultos populares (cl. 1.1); o por terroristas o personas que actúen por motivos políticos (cl. 1.2).

No se da cobertura, sin embargo, a las pérdidas, los daños o gastos provocados por la abstención, falta o detención del trabajo de cualquier naturaleza como consecuencia de cualquier huelga, cierre patronal, disturbios laborales, motines o tumultos populares (cl. 2.8) ni la pérdida, el daño o gasto causados por guerra, guerra civil, revolución, rebelión, insurrección o contienda civil que provenga de esos hechos o cualquier acto hostil por o contra un poder beligerante (cl. 2.10).

3.3.4   Las cláusulas AVN

En 2005 un nuevo organismo se ha encargado de modernizar las cláusulas de seguro en el transporte aéreo, principalmente en materia de responsabilidades generadas por actos hostiles (p. ej., las antiguas Institute War clauses). Nos referimos al Aviation Insurance Clauses Group (AICG), formado por miembros de los comités técnicos de la Lloyd's Market Association y de la International Underwriting Association (que en 1998 absorbió el Instituto de Aseguradores de Londres).

El AICG ha creado un nuevo sistema de cláusulas (AVN48C y AVN48D) relativas a los peligros de guerra y apoderamiento ilícito de aeronaves, con ayuda de un sistema general de exclusión de los seguros de dichos peligros y con la posibilidad de incluirlos y fijar un límite contractual a la responsabilidad de las compañías. Tal exclusión general se puede derogar introduciendo, tras el pago de la correspondiente sobreprima, otras cláusulas: las AVN52.

A título de ejemplo, la cláusula AVN48C excluye de las pólizas de seguro los siniestros provocados, entre otros, por:

— Guerras, invasiones, guerra civil, revolución, etc.

- Daños causados por el empleo de armas nucleares, contaminación de sustancias radiactivas provenientes de actos hostiles, uso hostil de impulsos electromagnéticos, y de armas químicas o biológicas (comprendido el uso hecho por terroristas).
- Huelgas, motines, disturbios, etc.
- Cualquier acto que cause un siniestro y sea realizado por una persona motivada por razones políticas o de terrorismo.
- Sabotaje.
- Confiscación, nacionalización, detención del avión, etc., realizados por una autoridad pública.
- Secuestro del avión mientras éste se halla en vuelo.
- Y cualesquiera otros daños ocurridos mientras el avión no está controlado por el asegurado.

4   El seguro en el transporte combinado

4.1   Régimen jurídico

El artículo 55 de la Ley 50/1980, de 8 de octubre, de Contrato de Seguro establece lo siguiente: *«En el caso de que el viaje se efectúe utilizando diversos medios de transporte, y no pueda determinarse el momento en el que se produjo el siniestro, se aplicarán las normas del seguro de transporte terrestre si el viaje por este medio constituye la parte más importante del mismo. Por el contrario, si el transporte terrestre es accesorio de uno marítimo o aéreo, se aplicarán a todo el transporte las normas del seguro marítimo o aéreo».*

Dicho precepto contiene dos reglas básicas:

1. El transporte combinado, cuando no pueda precisarse el momento del siniestro, se rige por las normas del seguro de transporte terrestre. Es decir, por la Ley de Contrato de Seguro.
2. El transporte terrestre, cuando sea accesorio de uno marítimo o aéreo, se rige por las normas del seguro marítimo o aéreo. Esto es, por el Código de Comercio (arts. 737 a 805) o por la Ley de Navegación Aérea de 21 de Julio de 1960 (arts. 126 a 129).

De acuerdo con el artículo 2 de la LCS, el contenido del artículo 55 es de carácter imperativo, sin que sea posible derogarlo por voluntad de las partes salvo en el caso de que se trate de un gran riesgo en los términos del apartado 2.º del artículo 44.[80] Por ello, su aplicación dependerá de si las partes han incorporado al contrato una ley diferente a la LCS.

En lo que se refiere a las reglas del seguro marítimo o aéreo, cuando el terrestre sea accesorio a los mismos, los preceptos que las contienen son en su mayor parte de carácter dispositivo.[81] Es, pues, la voluntad de las partes la que determinará la incorporación de cláusulas contractuales derogatorias del Código de Comercio. No obstante y en virtud de la controvertida supletoriedad de la Ley de Contrato de Seguro al seguro marítimo y aéreo, dichas cláusulas contractuales pueden adolecer de nulidad radical en el caso de que sean más desfavorables para el asegurado.

Por último, cabe mencionar la posibilidad de acudir a las normas reguladoras del transporte combinado para determinar cuándo estamos ante un transporte combinado y cuándo ante una sucesión de transportes accesorios.[82]

4.2 El transporte combinado

Una vez elegida la ley española, el párrafo primero del artículo 55 de la LCS es inderogable por las partes, salvo que sea en beneficio del asegurado. Ello significa la aplicación automática de las normas del seguro de transporte terrestre siempre y cuando se den tres presupuestos: que haya diversos medios de transporte, que no pueda determinarse cuándo se produjo el siniestro y que el medio terrestre sea el más importante del viaje.

---

[80] Según el artículo 107.a de la Ley de Contrato de Seguro, tienen la consideración de grandes riesgos los seguros de mercancías transportadas.

[81] Ya la Real Orden de 5-2-1923 admitió como válida una cláusula de renuncia a la aplicación de los artículos 770 y 774 del Código de Comercio en determinadas pólizas al amparo del principio de autonomía de la libertad de los artículos 1.255 del Código Civil y 50 y 738 del Código de Comercio. Esta cláusula se extendió a las condiciones generales del transporte terrestre por Real Orden de 23-9-1923, subsistiendo hasta nuestros días como cláusula de estilo en el seguro marítimo y en algunas pólizas de seguro aéreo.

[82] En este punto son aplicables la Directiva 75/130/CEE de 17-2-1975 –modificada por la Directiva 795/CEE de 19-12-1978 (DOCE de 9-1-1979)–, en relación con el establecimiento de normas comunitarias para determinados transportes de mercancías, combinados ferrocarril-carretera entre Estados miembros. También es relevante la Directiva 82/3/CEE de 21-12-1981 (DOCE de 9-1-1982), así como la 82/603/CEE de 28-7-1982, por la que se modifica la 75/130/CEE (DOCE de 23-8-1982). Ha habido modificaciones posteriores por las Directivas 86/544/CEE de 10-11-1986 (DOCE de 15-11-1986) y la 91/224/CEE (DOCE de 23-4-1991). La vigente es la Directiva 92/106/CEE de 7-12-1992, relativa al establecimiento de normas comunes para determinados transportes combinados de mercancías entre Estados miembros (DOCE L 368, de 17 de diciembre). Por

4.2.1   *Presupuestos*

- **Diversos medios de transporte**

  Desde el punto de vista asegurador, llamaremos transporte combinado a aquél en el que concurren medios de transporte diferentes, con independencia de que sean uno o varios los porteadores que lo realizan. Lo que importa es, en pocas palabras, que el viaje de las mercancías aseguradas combine el transporte por aire, mar, aguas fluviales o tierra.

  Dicha definición o acepción del término dista mucho de la empleada en otros ámbitos donde –por el contrario– es la combinación de porteadores o vehículos en un mismo medio de transporte la que da lugar al término en cuestión.[83]

- **Indeterminación del momento del siniestro**

  Con independencia de la responsabilidad del porteador frente a terceros, es necesario, a efectos del seguro, determinar el momento o lugar en que se produjo el daño. Si se produjo durante el tramo aéreo, se aplicará la disciplina del seguro aéreo. Si ocurrió durante el marítimo, se seguirá el Código de Comercio. En los demás casos, habrá que aplicar la normativa del seguro terrestre.

  Corresponderá a los propios interesados aportar la prueba del momento y lugar en que se produjo el daño. En otras palabras, el asegurado, el asegurador, su agente o los peritos designados por las partes, serán quienes podrán aportar

---

último, debe destacarse la Resolución del Consejo de 19-6-1995 sobre el desarrollo del transporte ferroviario y del transporte combinado (DOCE C 169, de 5 de julio).

[83] La Resolución de 5-11-1991 (RCL 1991, 2.726) publica el texto de la Orden de 30-9-1986, por la que se liberalizan diversos transportes. A los efectos de la definición terminológica de *transporte combinado*, el artículo 2 contiene las siguientes pautas: *«4.º Transportes combinados ferrocarril-carretera, entendiéndose como tales los transportes de mercancías por carretera entre España y demás miembros de la Comunidad Económica Europea, en los que el camión, el remolque, el semirremolque (con o sin tractor), la caja móvil y el contenedor de 20 pies o más, sean trasladados por ferrocarril desde la estación de embarque apropiada, más próxima al punto de carga de la mercancía, hasta la estación de desembarque apropiada, más próxima al punto de descarga. Caja móvil es la parte de un vehículo de carretera destinada a recibir la carga, que pueda ser separada del vehículo y volver a ser incorporada a éste. No se considerará transporte combinado ferrocarril-carretera, en ese sentido, un transporte que utilice el ferrocarril primordialmente para superar un obstáculo natural».* A continuación, el párrafo 5.º define el transporte combinado por vía navegable como *«aquellos realizados en camiones, remolques, semirremolques, con o sin tractor, cajas móviles y contenedores de 20 pies o más, por vía navegable, efectuados entre Estados miembros, que comprendan trayectos iniciales o finales por carretera que no excedan de un radio de 150 kilómetros a vuelo de pájaro, a partir del puerto fluvial de embarque o de desembarque».*

los elementos de prueba necesarios para determinar dónde y cuándo ocurrió el siniestro.

En caso de que haya una prueba definitiva –o, incluso, de alcanzar las partes contratantes un acuerdo– de que el daño se produjo en el período aéreo o en el marítimo, entonces la normativa del seguro de transporte terrestre dejará de aplicarse. Esto es, la sección 4.ª del título III de la LCS queda automáticamente excluida.[84]

- **La parte más importante del viaje**
  El medio de transporte terrestre (ya sea en camión, ya en ferrocarril) debe constituir la parte más importante del viaje para que, cumplidos los dos presupuestos anteriores, se aplique la normativa del seguro de transporte terrestre. Sólo de este modo, podremos establecer una excepción a la *vis atractiva* de las reglas del seguro aéreo o marítimo. En caso contrario, la accesibilidad del transporte terrestre nos llevará inexorablemente a subsumirlo a las reglas del seguro aéreo o del marítimo.[85]

  Poco se ha dicho acerca de qué debe entenderse por *«la parte más importante»* de un viaje. En defecto de criterios jurisprudenciales al respecto, la parte más importante será aquella que cubra una distancia mayor que las demás. Esto es, será más importante la parte terrestre que la marítima o la aérea cuando aquélla acumule un recorrido más largo que las dos últimas.

4.2.2   *Aplicación de las normas del seguro de transporte terrestre*

Para que la normativa del seguro de transporte terrestre sea de aplicación en el contrato de seguro de transporte combinado, es preciso, además de que no haya sido posible probar en qué momento se produjo el daño, que el empleo del medio de transporte terrestre constituya la parte más importante del viaje. Así, por ejemplo, dicha

---

[84] La sentencia del TS de 26-11-1993 se refiere a un supuesto donde no pudo precisarse, a juicio de la Sala, el momento en el que se originó el daño en las mercancías. Éstas consistían en marisco y pescado congelado y su transporte desde Las Palmas hasta Huelva fue contratado a –18 ºC en régimen de «almacén a almacén». La póliza cubría únicamente *«la pérdida o el daño de los bienes objeto del seguro debidos a cualquier variación de temperatura atribuible a la avería de la máquina frigorífica que origine un paro en su funcionamiento por un período inferior a 24 horas consecutivas»*. Para activar la obligación de indemnizar en virtud de dicha cláusula, el asegurado debía justificar que la pérdida de frío de la mercancía durante más de 24 horas fue debida a la avería en el dispositivo frigorífico del camión que la transportaba. La Sala consideró insuficiente, a los efectos de activar la obligación del asegurador, la actuación del asegurado, que, si bien comunicó debidamente

normativa no será de aplicación en los casos de acarreo de las mercancías desde el costado del buque hasta el almacén, o bien de transporte en ferrocarril desde el muelle hasta un punto del interior dentro del *hinterland* o área de influencia del puerto.

Como conclusión, podemos acogernos a ésta: *«se aplicará el seguro de transporte terrestre cuando exista un transporte combinado y no se pueda determinar la fijación del siniestro durante la fase marítima o la fase aérea del viaje terrestre en su mayor parte».*[86]

4.3   El transporte terrestre accesorio

4.3.1   Al transporte marítimo

El seguro marítimo no se circunscribe al ámbito estricto del transporte por mar ni a los riesgos que le son inherentes al medio marítimo. Esta afirmación se nutre no sólo de la práctica aseguradora sino también de la regulación del Código de Comercio. Tanto es así que sus artículos 761 y 733, admitiendo expresamente pacto en contrario, están legitimando la extensión convencional allende de los límites espaciales de transporte «puerto a puerto». Así, por ejemplo, el artículo 733 establece la presunción de cobertura sobre las mercancías *«desde que se cargan en la playa o el muelle del puerto de la expedición hasta que son descargadas en el de consignación».*

En la doctrina, Uría ha definido el seguro marítimo como *«contrato por el que una persona (asegurador) se obliga, a cambio de una prima, a indemnizar a otra (asegurado), hasta el límite de una suma fijada, los daños patrimoniales que sufran los intereses asegurados en una expedición marítima, o en cualquiera de los momentos de quietud que, en dependencia directa con ella, la precedan, interrumpan o subsigan».*[87]

Los tribunales españoles han aplicado el mismo principio o *vis atractiva* por la cual el seguro marítimo se extiende sobre aquellos riesgos que escapan de lo estrictamen-

---

el siniestro y la relación de daños al corredor de seguros, no logró justificar —en los términos del artículo 1.214 del Código Civil— que el daño se había producido por el riesgo o condicionante descrito en la citada cláusula.

[85]   Así lo señala el TS en el siguiente fragmento de la sentencia de 8-3-1990 relativa a un transporte combinado: *«carece de relevancia el hecho de realizarse el transporte en dos tramos, el terrestre y el marítimo, sin que el seguro llegara a efectuarse, pues a tenor del segundo apartado del artículo 55 de la Ley 50/1980, si el terrestre es accesorio de uno marítimo o aéreo, se aplicarán a todo el transporte las normas del seguro marítimo o aéreo».*

[86]   Tirado Suárez, F. J., *Ley de Contrato de Seguro*, Aranzadi, 2.ª ed., 2001, pág. 939.

[87]   Uría, R., *Derecho mercantil*, Marcial Pons, pág. 962.

te marítimo para asentarse en lo terrestre.[88] En el derecho comparado, dicha regla está refrendada –entre otros– por el ejemplo inglés en el artículo 2.1 de la Marine Insurance Act de 1906, aún vigente.

Fruto de lo anterior, en la póliza española para el seguro marítimo de mercancías y otros intereses del cargador de 1934, la cobertura ordinaria se extiende en el artículo 2.7 *«al incendio en tierra (con exclusión de cualquier otro caso fortuito o de fuerza mayor), sólo cuando se hayan alijado las mercancías por orden de autoridad competente para reparar el buque o beneficiar el cargamento, y en el caso de cuarentena, durante el período máximo de treinta días a contar desde la llegada del buque porteador a lazareto».* Con el mismo espíritu, el artículo 7 de la póliza de 1934 fija el inicio y fin de la cobertura y el 11 extiende el seguro marítimo a los *«trasbordos o reembarques en los servicios combinados con conocimiento de embarque».*

4.3.2   Al transporte aéreo

El seguro aéreo se halla definido en el artículo 126 de la Ley de Navegación Aérea de 21 de julio de 1960: *«Los seguros aéreos tienen por objeto garantizar los riesgos propios de la navegación que afecten a la aeronave, las mercancías, los pasajeros y al flete, así como las responsabilidades derivadas de los daños causados a terceros por la aeronave en tierra, agua o vuelo».*

Dicha definición alcanza también a riesgos terrestres que eventualmente están conexos o vinculados a la aventura aérea. Aquí, la práctica española también se ha visto influenciada por la anglosajona.

Aunque el seguro aéreo de mercancías carece de póliza uniforme, es frecuente que la cobertura se extienda desde el inicio de las operaciones de cara en el aeropuerto,

---

[88]   Así la temprana sentencia del TS de 17-12-1925, al decir que: *«las cláusulas de la póliza de seguro marítimo hay que interpretarlas en sentido restrictivo y cubriendo una de ellas el riesgo de incendio, casual o fortuito, mientras las mercancías permanecen en los muelles, estaciones o aduanas, para su embarque en el vapor designado. No puede estimarse que la póliza cubra el incendio que se produjo cuando la mercancía se hallaba depositada en la alhóndiga, pues la designación de lugares hay que reputarla como limitativa y no como enunciativa, y, además, porque el depósito de las mercancías no se efectuó como trámite para el embarque».* Transcripción de Fariña, F., *Derecho y legislación marítima*, Editorial Bosch, Barcelona, 1955, pág. 289.

[89]   Artículo 4.5(c) del Protocolo de Bruselas de 23 de febrero de 1968 o Reglas de la Haya-Visby, artículo 6.2(a) del Convenio de Naciones Unidas sobre el Transporte Marítimo de Mercancías de 31 de marzo de 1978 o Reglas de Hamburgo, el Convenio Aduanero sobre Contenedores, suscrito en Ginebra el 2 de diciembre de 1972 –al que España se adhirió el 22 de marzo de 1975–, la regla 9.ª de las Reglas Uniformes para un Documento de Transporte Combinado de la Cámara de Comercio Internacional de 1973, el Convenio Internacional para la Seguridad de los Contenedores de 1974, y

aeródromo o embarcadero, cuando se trate de hidroaviones, hasta el momento de la descarga definitiva después del aterrizaje en el lugar de destino.

Los trasbordos, necesarios o fortuitos, a otras aeronaves realizados en tierra quedan igualmente comprendidos en el seguro aéreo. Por último, el seguro aéreo también puede extender su cobertura a aquellos casos en los que el viaje aéreo fuera interrumpido y no pudiese ser finalizado más que por los medios ordinarios del transporte marítimo o terrestre. En tales casos, el seguro será válido para esta etapa complementaria del viaje siempre y cuando para ello se empleen buques de línea regular o servicios de locomoción terrestre debidamente autorizados.

4.4   El uso del contenedor

En la actualidad, el uso del contenedor está inextricablemente unido al transporte combinado de mercancías.

No existe ningún cuerpo legal que regule el uso del contenedor en España o en el ámbito internacional. Existen, eso sí, diversos instrumentos legislativos que, desde una u otra perspectiva, hacen referencia al mismo.[89]

El artículo 1 de la Orden Ministerial de 18 de enero de 1945 define el contenedor como *«aquellos recipientes metálicos en su totalidad, o bien de construcción mixta, destinados al transporte de mercancías sólidas o líquidas a granel, y que, estando dotados de medios propios y adecuados para su carga fácil y racional sobre cualquier clase de vehículos o embarcaciones, responden, por su construcción, a las normas o ideas dictadas por la Oficina Internacional de Contenedores».*

El contenedor se considera una unidad de *transporte* sólo cuando el mismo es suministrado por el porteador terrestre o marítimo.[90] En estos casos, el contenedor

---

el artículo 18.2(a) del Convenio de Naciones Unidas sobre el Transporte Multimodal Internacional de Mercancías suscrito en Ginebra el 24 de mayo de 1980.

[90]   En algunos tráficos combinados o consolidados en régimen LCL *(less than container load)*, el porteador puede recibir y transportar la mercancía en un contenedor suministrado por el cliente. En estos casos, el contenedor se considera una unidad de *carga*, quedando el porteador exento de cualquier responsabilidad sobre el mismo. En la sentencia del TS de 3-4-1998 se absolvió a la naviera demandada, Contenedores del Mediterráneo, SA, frente a la acción de la aseguradora subrogada Plus Ultra. El motivo fue que *«los daños en la mercancía fueron causados por agua dulce y por el mal estado del contenedor y éste no fue suministrado por la demandada»*, sino por el transitario del expedidor de la mercancía. La Sala resolvió que la naviera no incumplió ninguna de sus obligaciones al no haber rechazado el contenedor o no haber tomado las medidas necesarias para evitar el daño, ya que los artículos 612.5, 669 y 682 del Código de Comercio le obligaban a embarcar toda mercancía que no fuera peligrosa, inflamable, explosiva o de ilícito comercio, y además, no constaba que el daño se hubiera producido durante el transporte.

constituye una extensión del camión, del ferrocarril o del buque. El porteador será responsable del estado en que se encuentren aquellos contenedores suministrados por él o por sus subcontratados.[91] Opera de forma autónoma e independiente durante las fases estáticas del transporte, es decir, en el muelle, explanada o almacén de los porteadores o de los usuarios. Puede resistir sin variación temperaturas que oscilan entre –40 y +65 ºC. Debido a sus dimensiones, su forma y estructura normalizadas, es aceptado en todos los países.

Para su manipulación, el contenedor está provisto de cuatro cantoneras superiores y cuatro inferiores que sobresalen. Está dotado de un dispositivo de fijación (o *standard twist-lock cornercasting)* que se activa para elevarlo y sujetarlo. Otra característica importante es la fuerza de los postes que debe resistir el peso de otras seis unidades.

La carga máxima que puede contener varía en función del vehículo y el tipo de contenedor. Los contenedores más comunes son los de 20 pies, con un peso bruto máximo de unas veintinueve toneladas (es decir, la carga más la tara del contenedor),[92] y los de 40 pies, con un peso bruto máximo de unas treinta y dos toneladas. Sin embargo, dado que muchas veces se traslada el contenedor vía terrestre desde la zona de carga al puerto, hay que atenerse a la legislación vigente en cada país sobre pesos máximos en camiones.

4.5   El uso del remolque

El remolque permite, al igual que el contenedor, transportar por tierra y mar mercancía consolidada sin necesidad de manipulación intermedia. Sin embargo, el remolque no permite la movilidad de la carga si no es con la ayuda de una cabeza tractora.

Una vez cerrado y precintado por el cargador en origen, el remolque no será desprecintado ni abierto hasta su recepción final por el destinatario de la mercancía. Con la ayuda de una cabeza tractora, el remolque permite llevar mercancía hasta un buque trasbordador o un buque de carga horizontal *(ro-ro).* El remolque podrá acceder

---

[91] Así, en la sentencia de la AP de Las Palmas de 6-11-1998 se condena solidariamente al naviero, al consignatario del buque y a la entidad propietaria de los contenedores al no haberse determinado con exactitud el momento en que se produjeron los problemas de funcionamiento de frío en los contenedores frigoríficos con el consiguiente daño a la mercancía.

[92] La tara o el peso del contenedor vacío puede oscilar entre 1,8 toneladas y 4 toneladas para los buques de 20 pies, y entre 3,2 toneladas y 4,8 toneladas para los de 40 pies.

[93] Fundamento 2.º: *«La cláusula "Franco avería particular" excluye de las garantías del seguro los daños producidos accidentalmente en la caja del buque –averías particulares–, entre las que pueden citarse:*

al buque directamente por una compuerta y efectuar el tránsito marítimo sobre cubierta, en el entrepuente o en el «garaje». Una vez que el buque llega al puerto de destino, una nueva tractora accederá a su interior para enganchar el remolque y conducirlo hasta su destino final. Se trata de un sistema muy utilizado en transportes de cabotaje entre la península Ibérica y las islas.

Las soluciones aseguradoras para este tipo de transportes combinados son diversas. Desde el punto de vista del asegurador, destaca la preocupación por los riesgos a los que se expone la mercancía durante el tiempo —a veces semanas— que el remolque está en la explanada portuaria a la espera del enganche y recepción por el destinatario. El asegurado, por su parte, debe cerciorarse de que la póliza no se circunscribe al seguro marítimo sino que alcanza a cubrir los riesgos propios del transporte terrestre.

No abundan, en nuestra jurisprudencia, casos relativos a daños o pérdida de mercancía transportada en remolque y ocurridos durante el tránsito marítimo. En una sentencia de 23 de abril de 1985, los daños ocurrieron en el pescado congelado de un remolque que viajaba en cubierta. A consecuencia de un temporal y el balanceo de la caja por rotura de las amarras de sujeción, el remolque se abrió y cayó sobre cubierta parte del pescado. El Tribunal Supremo declaró probado que la póliza no cubría los riesgos para las travesías España-Canarias por tratarse de un seguro de transporte terrestre excepto para trayectos por mar. Si bien se trataba de una póliza típica para la cobertura de los riesgos derivados del transporte terrestre, se incluyó una cláusula particular, en virtud de la que se aclaraba que: *«cuando el vehículo asegurado sea transportado por vía marítima, la mercancía que contenga se garantizará única y exclusivamente a las condiciones FAP o Franco Avería Particular (pérdida total, avería gruesa, gastos de salvamento y averías particulares que provengan de naufragio, varada, incendio o colisión)».*[93]

---

el vicio propio de la mercancía, la insuficiencia de embalaje, la merma de ruta, los derrames de mercancías líquidas, la dispersión de ácidos, las roturas, la oxidación, la humedad de las bodegas, la mojadura de las mercancías, la caída de bultos al mar, etc., garantizándose exclusivamente, tal y como se menciona en la cláusula de referencia: la pérdida total de la mercancía, la contribución de la misma, por su valor, a la avería gruesa, los posibles gastos de salvamento y las averías particulares que pueda sufrir (daños accidentales), cuando dichos eventos provengan de uno de los llamados cuatro casos; esto es, naufragio, varada, incendio o choque del buque porteador; ninguna de cuyas circunstancias, y según se ha apuntado, concurrió en la producción de los daños que se reclaman, derivados de la simple caída del pescado a la mar».

Parte III
Los siniestros y las averías

1 Los siniestros

El concepto de siniestro ha sido tradicionalmente definido desde un doble aspecto. Por una parte, como la realización de un riesgo cubierto por la póliza; por otra, en alusión al menoscabo patrimonial que experimenta el asegurado al producirse un evento determinado.[1] Por tanto, podemos hablar de siniestro en un plano causal respecto a los riesgos cubiertos por la póliza, mientras que la segunda definición se centra en el perjuicio económico sufrido por el bien asegurado como consecuencia del evento dañoso.[2]

Existe siniestro desde el momento en que los riesgos cubiertos por la póliza provocan un detrimento patrimonial en los bienes asegurados, o incluso si este daño no llega a producirse, precisamente como consecuencia de la realización del deber de salvamento del asegurado. En este último caso, el detrimento patrimonial lo constituyen los gastos o daños acaecidos o producidos como consecuencia o durante la ejecución del deber de salvamento. Igualmente, debe entenderse que, a pesar de que el asegurador pudiera resultar beneficiado por la existencia de una franquicia, ello no significa que al producirse un detrimento patrimonial de los bienes asegurados ha existido un siniestro. Así, la franquicia no opera como exclusión del siniestro, sino como acuerdo económico entre asegurador y asegurado por el que las partes convienen que el primero no se hará cargo del perjuicio patrimonial sufrido frente al segundo a menos que el detrimento patrimonial alcanzado supere una cantidad determinada.

---

[1] Véase Ruiz Soroa y otros, *Manual de derecho marítimo,* Escuela de Administración Marítima, pág. 147.

[2] Con relación al artículo 17 de la LCS, Sánchez Calero, autor de *Ley de Contrato de Seguro,* Aranzadi, pág. 301, entiende que el citado artículo, relativo al deber de salvamento, distingue acertadamente entre siniestro como posibilidad de un evento dañoso, y daño o lesión de un interés. La distinción no resulta baladí, ya que, como veremos más adelante, pueden existir situaciones en las que un evento dañoso no cause directamente un detrimento patrimonial, pero sí sea considerado, a los efectos del citado artículo 17, un siniestro frente al cual el asegurado debe tomar las medidas necesarias para que no se produzca el subsiguiente detrimento patrimonial, medidas cuyo coste deberá asumir el asegurador.

1.1 Avería particular

Las lesiones patrimoniales se clasifican en pérdidas totales y pérdidas parciales o averías. En las perdidas totales distinguimos entre modalidades de pérdidas totales económicas y pérdidas totales constructivas. Las pérdidas parciales, por su parte, se clasifican en averías simples y averías gruesas.

Además de las pérdidas económicas totales y parciales, pueden existir otras lesiones del patrimonio del asegurado, por ejemplo los gastos de salvamento realizados para reparar o evitar los daños. En el ordenamiento español, el artículo 809.1 del Código de Comercio, entre otros, define la avería particular como: «*todos los gastos y perjuicios causados en el buque o en su cargamento que no hayan redundado en beneficio y utilidad común de todos los interesados en el buque y su carga, y especialmente los siguientes:*

— *Los daños que sobrevinieran al cargamento desde su embarque hasta su descarga, ya sea por vicio propio de la mercancía como por accidente de mar o fuerza mayor, y los gastos efectuados para evitarlos y repararlos.*

— *Los daños y gastos que sobrevinieran al buque en su casco, sus aparejos, armas y pertrechos, por las mismas causas y motivos, desde que se hizo a la mar en el puerto de salida hasta que ancló y fondeó en el de destino.*

— *Los daños sufridos por las mercancías cargadas sobre cubierta excepto en la navegación de cabotaje, si las ordenanzas marítimas los permiten*

— *Los sueldos y alimentos de la tripulación cuando el buque fuera detenido o embargado por orden legítima o fuerza mayor, si el fletamento estuviera contratado por un tanto el viaje.*

— *Los gastos necesarios de arribada a un puerto para repararse o aprovisionarse.*

— *El menor valor de los géneros vendidos por el capitán en arribada forzosa para el pago de alimentos y para salvar a la tripulación o para cubrir cualquier otra necesidad del buque, a cuyo cargo vendrá el abono correspondiente.*

— *Los alimentos y salarios de la tripulación mientras el buque estuviera en cuarentena.*

— *El daño inferido al buque o cargamento por el choque o abordaje con otro, siendo ello fortuito e inevitable.*

— *Si el accidente ocurriera por culpa o descuido del capitán, éste responderá de todo el daño causado.*

— *Cualquier daño que resulte al cargamento por faltas, descuido o baraterías del capitán o de la tripulación, sin perjuicio del derecho del propietario a la indemnización correspondiente contra el capitán, el buque y el flete*».

La diferenciación entre avería particular y pérdida total se encuentra recogida en el Código de Comercio en su artículo 789, el cual, en sentido contrario, establece la distinción entre ambos conceptos.

El concepto de avería particular supone siempre una pérdida o un daño efectivo en el objeto del seguro. Sin embargo, también existirá avería cuando estos daños no se hayan materializado como consecuencia del deber de salvamento ejercitado por el asegurado. Por ejemplo, cuando la mercancía no resulte dañada cuando el asegurado haya procedido a su trasbordo en otro mercante, ante el inminente acaecimiento de un riesgo cubierto por la póliza; en tal caso, conforme a lo que dispone el artículo 809.1, «*Los daños que sobrevinieran al cargamento desde su embarque hasta su descarga (…) y los gastos efectuados para evitarlos y repararlos*» se incluyen dentro del concepto de avería simple.

1.2 Avería gruesa

La avería gruesa es una de las instituciones más características del seguro marítimo. Nace antaño[3] como resultado de la complejidad y los grandes riesgos a los que se encontraba sometida la aventura marítima. Hoy en día, si bien en la práctica no es tan frecuente encontrarnos con situaciones que constituyan avería gruesa, tampoco se puede hablar de su desaparición. Los adelantos tecnológicos de la ciencia marítima e ingeniería, que han reducido notablemente estas situaciones, no son suficientes para vencer por completo el desafío que supone el transporte de mercancías por mar.

La avería gruesa no encuentra parangón en otros medios de transporte como el transporte terrestre o aéreo. Las inclemencias del mar, y la vulnerabilidad de los mercantes ante los agentes meteorológicos, entre otros, justifican que en el siglo XXI esta institución se mantenga en vigor, aunque no falten voces críticas hacia la misma.

El artículo 811 del Código de Comercio establece que «*Serán averías gruesas o comunes, por regla general, los daños y gastos que se causen deliberadamente para salvar el buque, su cargamento, o ambas cosas a la vez, de un riesgo conocido y efectivo, y en particular las siguientes (...)*».[4] Se considera, conforme a la regla A de las Reglas de York y Amberes, que nos encontramos ante una avería gruesa cuando hay un sacrificio extraordinario o gasto, hecho o incurrido intencional y racionalmente para preservar la

---

[3] «*Los decretos de la leyes de Rodas establecían que si para aligerar un buque se hacía necesario echar la mercancía por la borda para el bien de todos, ésta debía ser reemplazada por la contribución de todos.*» Dig. Lib. XIV, tit. 2, fol. 1.

[4] La ley de seguro marítimo inglesa (Marine Insurance Act [MIA]) define en su sección sexta como avería gruesa: «*La pérdida de avería gruesa tiene por motivo o es consecuencia directa de un acto de avería gruesa. Incluye los gastos y los sacrificios de una avería gruesa. Existe un acto de avería gruesa cuando cualquier sacrificio o gasto se lleva a cabo en una situación de riesgo, de manera voluntaria y razonable con el objeto de preservar la propiedad afectada por una aventura común*».

seguridad común e impedir un riesgo para los intereses involucrados en la aventura marítima.[5]

El artículo 811, continuando con la anterior definición, enumera, *non numerus clausus,* una serie de daños y gastos que entiende que son constitutivos de avería gruesa:

- Los efectos o metálico invertidos en el rescate del buque o del cargamento apresado por enemigos, corsarios o piratas, y los alimentos, salarios y gastos del buque detenido mientras se negociara el arreglo o rescate.
- Los efectos arrojados al mar para aligerar el buque, ya pertenezcan al cargamento, ya al buque o a la tripulación, y el daño que por tal acto resulte a los efectos que se conserven a bordo.
- Los cables y palos que se corten o inutilicen, así como las anclas y las cadenas que se abandonen para salvar el cargamento, el buque o ambas cosas.
- Los gastos de alijo o trasbordo de una parte del cargamento para aligerar el buque y ponerlo en estado de tomar puerto o rada, y el perjuicio que de ello resulte a los efectos alijados o transbordados.
- El daño causado a los efectos del cargamento por la abertura practicada en el buque para desaguarlo e impedir que zozobre.
- Los gastos efectuados para poner a flote un buque encallado de propósito con objeto de salvarlo.
- El daño causado en el buque que fuera necesario abrir, agujerear o romper para salvar el cargamento.
- Los gastos de curación y alimento de los tripulantes que hubieran sido heridos o maltrechos defendiendo o salvando el buque.
- Los salarios de cualquier individuo de la tripulación detenido en rehenes por enemigos, corsarios o piratas, y los gastos necesarios que cause en su prisión, hasta restituirse al buque, o a su domicilio, si lo prefiere.
- El salario y los alimentos de la tripulación del buque fletado por meses, durante el tiempo que estuviera embarcado o detenido por fuerza mayor u orden del Gobierno, o para reparar los daños causados en beneficio común.

---

[5] Regla A: «*Existe un acto de avería gruesa exclusivamente cuando cualquier sacrificio o gasto es voluntaria y razonablemente llevado a cabo o incurrido para preservar la seguridad común con el objeto de salvaguardar la propiedad afectada por la aventura marítima común*».

[6] Tanto las pólizas de fletamento como conocimientos de embarque incorporan en su articulado las citadas reglas. Véase la póliza de fletamento por viaje Gencon 1994, cláusula 12, que reza: «*La avería gruesa será liquidada en Londres a menos que se acuerde lo contario en la casilla 22 conforme a las Reglas de York y Amberes de 1994, y modificaciones posteriores*» (...)», y la póliza de fletamento por viaje Sinacomex 2000, cláusula 25, que establece: «*La avería gruesa será liquidada conforme a las Reglas de York y Amberes de 1994, y modificaciones posteriores*».

– El menoscabo que resultara en el valor de los géneros vendidos en arribada forzosa para reparar el buque por causa de avería gruesa.
– Los gastos de la liquidación de la avería.

El concepto de avería gruesa se compone de los siguientes elementos: el peligro común, la voluntariedad de la decisión, el sacrificio extraordinario, el salvamento común y el resultado útil.

La mayoría de las averías gruesas son liquidadas conforme a las archiconocidas Reglas de York y Amberes, en su edición de 1994.[6] Tales reglas comprenden un compendio uniformemente adoptado por la mayoría de los operadores del tráfico marítimo. Suelen entrar en vigor por acuerdo expreso de las partes, ya sea por medio de acuerdos en el seno de la póliza de fletamento, del clausulado del conocimiento de embarque o de las disposiciones del contrato de seguro.

El punto de partida de las convenciones de las que han ido constituyendo el compendio actual se remonta a 1860, en la ciudad escocesa de Glasgow. Desde entonces, redactadas por primera vez en York (1864) y modificadas y aprobadas después en Amberes (1877), las reglas han constituido el compendio de derecho marítimo aplicable internacionalmente a las averías gruesas.

Las Reglas de York y Amberes están estructuradas en tres secciones distintas: dos reglas preliminares, unas reglas alfabéticas y unas reglas numéricas. Las primeras son las reglas de interpretación y regla predominante o *paramount,* las segundas contienen conceptos y definiciones de carácter general, y las últimas son reglas aplicables a situaciones de averías concretas.

El autor F. D. Rose[7] ha definido los elementos constitutivos del concepto de avería gruesa en los siguientes términos: *«ante todo, el peligro debe ser real y no potencial; el mero hecho de que un buque encalle no supone que exista avería gruesa;*[8] *el peligro deber afectar a la aventura común,*[9] *y la acción debe ser necesaria para evitar o minimizar la seguridad de la aventura común; el acto debe ser incurrido por el capitán del buque o persona por él autorizada;*[10] *el sacrificio o gasto deber ser de naturaleza extraordinaria».*[11]

---

[7] General Average Law and Practice, LLP 1997, pág. 16.

[8] Trafalgar Steamship Co. frente a British and Foreign Marine Insurance Co. (The Makis) [1929] 1KB 187, por Roche, J.

[9] El peligro debe afectar al menos a dos intereses en juego, no bastando que afecte a uno solo. *«The Brigella,* 1983», Lloyd's Rep.,pág. 189.

[10] Morrison SS Co vs. Greystoke Castle (cargo owners), *The Cheldale,* 1947, A.C. 265.

[11] En Société Nouvelle d'Armament frente a Spillers & Bakers Ltd., el alquiler por parte del capitán de un remolcador para trasladar el buque entre dos puertos, mientras estaba en período de guerra, no fue considerado un gasto de avería gruesa porque era usual el empleo de remolcadores para ese trayecto.

En palabras del juez inglés Sankey, J.:[12] *«Debe existir un gasto de tipo o grado anormal»;* el sacrificio o gasto debe ser real, de algo susceptible de valor;[13] el acto de avería gruesa deber ser incurrido intencionalmente para el beneficio de la avería común, ser razonable y tener éxito, es decir, que el interés frente al que se reclame haya sido salvado como consecuencia del acto de la avería gruesa.

A raíz del acto de avería gruesa, los sacrificios llevados a cabo deben ser distribuidos entre los intereses beneficiados por dicho acto.[14] Los intereses contribuyentes son: el buque, incluyendo como tal los componentes, pertenencias y pertrechos; la carga, en este concepto se excluye el equipaje de los pasajeros y los efectos personales no cargados en régimen de conocimiento de embarque, pero se incluyen las mercancías no declaradas que hayan sido salvadas, así como las cargadas sobre cubierta que resulten salvadas; y el flete cuando llegue a devengarse y se salve. El flete o alquiler de un fletador por tiempo o viaje no contribuyen a la avería gruesa (regla B26), lo que no debe confundirse con el flete de los conocimientos de embarque emitidos por el fletador, que sí están sujetos a ésta.

Determinados los intereses contribuyentes a la avería gruesa, resta identificar las personas que deberán abonar la contribución, que serán aquellos titulares de los intereses al tiempo de producirse el acto de avería gruesa.

En el supuesto de que las mercancías hayan sido vendidas en términos *coste, seguro y flete* (incoterm CIF) o *franco a bordo* (incoterm FOB), el titular del interés será normalmente su comprador cuando el acto de la avería se haya producido tras el embarque de las mercancías. Respecto al buque, el propietario es quien deberá soportar la contribución a la avería, y en lo relativo al flete, aquel naviero que tenga que soportar en calidad de acreedor su pérdida. La determinación de los valores exactos al contribuir a la avería

---

[12] En société Nouvelle d'Armament frente a Spillers & Bakers Ltd., en alquiler por parte del capitán de un remolcador para trasladar el buque entre dos puertos, mientras estaba en período de guerra, no fue considerado un gasto de avería gruesa porque era usual el empleo de remolcadores para ese trayecto.

[13] Corfu Navigation Co. frente a Mobil Shipping Co. Ltd. *(The Alpha)* [1991] 2 LLR 515.

[14] Regla XVII de las RYA (Reglas de York y Amberes): *«La contribución a una avería gruesa deberá hacerse sobre los valores reales de la propiedad al termino de la aventura».*

[15] Lloyds Average Bond 77: *«a ... armador de ... viaje y fecha ... puerto de embarque ... puerto de destino/descarga ... numero del conocimiento de embarque o waybill ... cantidad y descripción de las mercancías ... "en consideración de la entrega a nosotros/nuestra orden, una vez pagado el flete devengado por las mercancías mencionadas arriba, aceptamos pagar la parte proporcional de cualquier salvamento, avería gruesa o cargas especiales que pueda establecerse en adelante como debida por las mercancías, los embarcadores o los propietarios de las mismas, bajo la liquidación que se prepare conforme a las disposiciones del contrato de fletamento aplicable al transporte de las mercancías o, a falta de dicha disposición, de acuerdo con el derecho y la práctica del lugar donde la aventura marítima común terminó. Estamos también de acuerdo en: proporcionar los detalles del valor de las mercancías, mediante una copia de la factura comercial entregada a nosotros o, en el caso que no existiera dicha factura, detalles del valor de la expedición y del pago a cuenta de dicho valor, debidamente certificado por los liquidadores de averías, correspondiente a estas mercancías y que sea pagadero por éstas, por sus embarcadores o los propietarios de las mismas". Fecha ... Firma de los receptores de las mercancías».*

gruesa, y de calcular las pérdidas, se llevará a cabo sobre la base de los valores en el momento y lugar que termine la aventura (regla G, RYA). A cada importe obtenido respecto al valor de cada bien salvado, deberá añadirse la cantidad del sacrificio que cada bien deba contribuir a la avería (regla XVII, RYA).

Especial mención merecen los documentos denominados *average bond* y *average guarantee*.[15] Mediante el primero, el consignatario de la mercancía acepta someterse a la decisión del liquidador, permitiendo que el porteador obtenga fondos de la avería gruesa inmediatamente, con la aprobación del liquidador. Sobre este último recae la decisión de qué desembolsos tienen que ser aceptados sin esperar a que se haya preparado la liquidación definitiva.

Mediante la suscripción del *average bond*, el consignatario acepta hacerse cargo de la cantidad que proporcionalmente le corresponda en concepto de avería gruesa. El *average guarantee* o *average undertaking* es el documento emitido por la compañía de seguros para hacerse cargo de las obligaciones de su asegurado en los términos de cobertura de la póliza.

El Código de Comercio contiene diversas formalidades y actos tendentes a regular la situación producida como consecuencia de la avería gruesa. Así, conviene distinguir entre la protesta de averías y la declaración de averías.

La *protesta de averías* es la declaración de voluntad del capitán, realizada por escrito ante la autoridad competente para hacer constar su irresponsabilidad y la de la tripulación a sus órdenes ante el accidente o avería sufrido. Por tanto, su finalidad es poner en conocimiento de las autoridades la situación, y dar por efectuadas unas alegaciones respecto a los hechos acaecidos. La protesta de averías se encuentra regulada en los artículos 2.131, 2.132 y 2.173[16] y siguientes de la Ley de En-

---

[16] Artículo 2.131:

«Cuando fuera necesario hacer la justificación mencionada en el artículo 945 del Código, de las pérdidas y los gastos que constituyen la avería común o gruesa, el capitán del buque, dentro del plazo de 24 horas de haber llegado al puerto de descarga, marcado en el artículo 670 de dicho Código, presentará al juez el escrito de protesta, donde hará una breve relación de todo lo ocurrido en el viaje con referencia al diario de navegación, y solicitará licencia para abrir las escotillas. Asimismo, designará al efecto el perito que, por su parte, deba asistir al acto.

»A dicho escrito acompañará las diligencias de protesta que en otro puerto de arribada se hubieran instruido a su instancia, y el diario de navegación».

Artículo 2.132:

«Presentado el escrito a que se refiere el artículo anterior, el juez, si fuera posible en el mismo día, con citación y audiencia de todos los interesados presentes o de sus consignatarios, recibirá declaración a los tripulantes y pasajeros, en el número que estime conveniente acerca de los hechos consignados por el capitán, y obtenida la información dará licencia para abrir las escotillas.

»Este acto se llevará a efecto en la forma indicada en el artículo 2.171».

Artículo 2.173:

«En los casos en que el capitán de una nave tenga que hacer constar las causas de la avería, arribada forzosa, naufragio o cualquier otro hecho por el cual pueda caberle responsabilidad si no hubiera obrado con

juiciamiento Civil de 1881, así como en los artículos 813[17] y concordantes del Código de Comercio.

La *declaración de averías* consiste en una declaración del capitán en la que manifiesta su voluntad de iniciar un procedimiento para llevar a cabo la liquidación de las averías sufridas. Su regulación se encuentra en los artículos 851[18] y siguientes del Código de Comercio.

---

arreglo a lo que determina el Código de Comercio, presentará al juez un escrito solicitando que se tome declaración a los pasajeros y tripulantes acerca de la certeza de los hechos que él enumere.

»A dicho escrito acompañará el diario de navegación».

[17] Código de Comercio, artículo 813:

«Para hacer los gastos y causar los daños correspondientes a la avería gruesa, precederá la resolución del capitán, tomada previa deliberación con el piloto y los demás oficiales de la nave y la audiencia de los interesados en la carga que se hallaran presentes.

»Si éstos se opusieran, y el capitán y los oficiales, o su mayoría, o el capitán, separándose de la mayoría, estimaran necesarias determinadas medidas, podrán ejecutarse bajo su responsabilidad, sin perjuicio del derecho de los cargadores a ejercitar el suyo contra el capitán ante el juez o tribunal competente, si pudieran probar que procedió con malicia, impericia o descuido.

»Si los interesados en la carga, estando en el buque, no fueran oídos, no contribuirán a la avería gruesa, imputable en esta parte al capitán, a no ser que la urgencia del caso fuese tal que faltase el tiempo necesario para la previa deliberación».

Artículo 814:

«El acuerdo adoptado para causar los daños que constituyen avería común, deberá extenderse necesariamente en el Libro de Navegación, expresando los motivos y razones en que se apoyó, los votos en contra y el fundamento de la disidencia, si existiera, y las causas irresistibles y urgentes a que obedeció el capitán, si obró por sí solo.

»En el primer caso, el acta se firmará por todos los presentes que supieran hacerlo, a ser posible, antes de proceder a la ejecución; y cuando no lo sea, en la primera oportunidad. En el segundo, por el capitán y los oficiales del buque.

»En el acta y después del acuerdo, se expresarán circunstancialmente todos los objetos arrojados, y se mencionarán los desperfectos que se causen a los que se mantengan en el buque. El capitán tendrá la obligación de entregar una copia de esta acta a la autoridad judicial marítima del primer puerto donde arribe, dentro de las veinticuatro horas siguientes a su llegada, y de ratificarla luego con juramento».

[18] Artículo 851:

«A instancia del capitán, se procederá de forma privada, mediante el acuerdo de todos los interesados, al arreglo, liquidación y distribución de las averías gruesas.

»A este efecto, dentro de las cuarenta y ocho horas siguientes a la llegada del buque a puerto, el capitán convocará a todos los interesados para que resuelvan si el arreglo o liquidación de las averías gruesas deberá hacerse por mediación de peritos y liquidadores nombrados por ellos mismos, en cuyo caso se procederá así, habiendo conformidad entre los interesados.

»Si la avenencia no resulta posible, el capitán acudirá al juez o tribunal competente, en este caso el del puerto donde deban practicarse tales diligencias, conforme a las disposiciones de este Código, o al cónsul de España, si lo hubiese, y si no, a la autoridad local, cuando tengan que verificarse en puerto extranjero».

Artículo 852:

«Si el capitán no cumpliera con lo dispuesto en el artículo anterior, el naviero o los cargadores reclamarán la liquidación, sin perjuicio de la acción que les corresponda para pedirle indemnización».

En la actualidad, este procedimiento rara vez es utilizado. Los contratos en régimen de conocimiento de embarque, así como las pólizas de fletamento fijan la forma y la jurisdicción a que las partes deberán someterse al liquidar las averías. De igual modo, los convenios aplicables a los conocimientos de embarque y los contratos de seguro establecen la forma en que las partes deberán actuar al gestionar y liquidar las averías. Por tanto, la finalidad de estos procedimientos está limitada al objeto de dejar constancia del alcance y las causas de las averías sufridas por las mercancías. En este sentido, es compatible y adecuado utilizar estos procedimientos sin perjuicio del procedimiento que sobre el fondo se dirima ante los tribunales o árbitros que resulten competentes.

Por último, cabe destacar que un acto tan complejo como la liquidación de la avería gruesa tiene un plazo de prescripción excesivamente breve. Conforme a lo dispuesto en el artículo 951 del Código de Comercio, las acciones para reclamar la contribución de averías comunes prescriben a los seis meses desde la entrega de los efectos que los adeudaron.

1.3   *Pérdida total real y pérdida económica constructiva*

En contraposición con las averías simples y gruesas, existen supuestos en los que el objeto del seguro sufre una lesión patrimonial de tal calibre, que le priva al mismo de cualquier valor económico. La pérdida puede materializarse, bien en la destrucción real de la cosa asegurada, sea buque o mercancía, o bien en su pérdida, en el sentido de falta de localización. La destrucción de la cosa puede, a su vez, fijarse como consecuencia de su deterioro físico, o de su imposibilidad de reparación o recuperación.

El término *constructive total loss,* de procedencia anglosajona, se emplea para aquellos supuestos en que la cosa, si bien perdura en términos materiales, su reparación, o recuperación deviene en improbable, impracticable o antieconómica, es decir, supone un coste superior al que retiene el valor del objeto asegurado.

El Marine Insurance Act define, en su sección 60, la pérdida económica constructiva como «*aquellos supuestos en que los efectos asegurados son abandonados por razón de que su pérdida total sea inevitable, o porque no podría ser evitable sin incurrir en un coste que excedería al de los efectos asegurados una vez el mismo fuera incurrido*».

La definición del concepto de pérdida está comprendida en la sección 60, por la enumeración de los siguientes supuestos:

- Cuando el asegurado está privado de la posición de su buque o sus mercancías por un riesgo asegurado en la póliza y es muy improbable que pueda recuperarlos o el coste de hacerlo excedería el del valor de los mismos una vez recuperados.
- En caso de daños a un buque, cuando éste haya sido dañado por un riesgo asegurador en la póliza, y el coste de reparar dicho daño exceda el del buque una vez reparado.

– En el caso de daños a la mercancía, cuando el coste de la reparación del daño, y el del envío de las mercancías, excediera el valor de las mismas a su llegada.

Existen algunas diferencias entre el concepto original inglés de pérdida económica total y el adoptado en el Código de Comercio español. La principal diferencia estriba en la cuantificación de la cantidad necesaria que, respecto al valor asegurado, deben alcanzar los costes de la reparación para considerar la pérdida una pérdida económica total. Así, el derecho inglés al objeto de considerar los costes de reparación como suficientes para constituirse en pérdida total económica, requiere que éstos asciendan al cien por cien del valor asegurado, mientras que la regla del Código de Comercio español establece que, llegado el valor de reparación al 75 %, es decir, las tres cuartas partes del valor asegurado, la pérdida sufrida por el objeto asegurado constituirá pérdida económica total.

Si bien, como hemos señalado, el Marine Insurance Act exige alcanzar el total del valor asegurado, esta exigencia se atenúa en la práctica. La mayoría de las pólizas vigentes en el mercado inglés regulan de forma expresa, y más en detalle, los supuestos de pérdida total económica.

Así, entre otras, las cláusulas de cascos internacionales 2003 (Internacional Hull Clauses), en su cláusula 21.1, establecen que *«al valorar si el buque constituye una pérdida económica, el 80 % del valor asegurado será considerado valor de reparación»*. Por el contrario, las cláusulas ICC (A, B y C) se remiten al cien por cien del valor de las mercancías a la llegada a su destino, para poder clasificar la pérdida como total.[19]

1.4 El abordaje

El objeto principal del seguro de cascos lo constituye la protección del objeto asegurado frente a los riesgos del mar, *«perils of the sea»*. Desde el punto de vista de la cobertura del seguro marítimo, ya en el año 1836, los tribunales ingleses entendieron que la responsabilidad a terceros por colisión no era ni un resultado necesario ni aproximado de los efectos de los peligros del mar.[20]

Desde entonces, la práctica internacional aseguradora ha cubierto los riesgos de abordaje, mediante la utilización de unas cláusulas suplementarias al contrato de se-

---

[19] Cláusula 13: *«Ninguna reclamación por pérdida total constructiva será recuperable a menos que el producto asegurado sea razonablemente abandonado debido a una pérdida total que sea inevitable o porque el coste de recuperación, reacondicionamiento y reenvío del contenido al destino al cual está asegurado excedería su valor a la llegada»*.

[20] *«(…) no fue una consecuencia ni necesaria ni próxima a los peligros de la mar»*, De Vaux frente a Salvador (1836) 4 Ad. & E 419.

guro que, con el nombre de *running down clause,* se han constituido en la cobertura universalmente conocida de seguros para los riesgos de abordaje.

Tal y como el magistrado inglés Bovill, C. J. apuntara en referencia a la citadas cláusulas,[21] *«en cada caso es un contrato especial muy diferente del contrato de seguro ordinario, y la responsabilidad cubierta por la misma no depende de la concurrencia de riesgos cubiertos por la póliza sino de los dispuestos expresamente en la cláusula».* La cobertura de estas cláusulas tiene un límite cuantitativo de las tres cuartas partes de la responsabilidad derivada frente a terceros como consecuencia del abordaje. Sin embargo, los clubes de protección, P & I Clubs, tradicionalmente han ofreciendo el resto de la cobertura patrimonial hasta el 100 %, en el mercado internacional asegurador.

Los tribunales ingleses, como jurisdicción líder del derecho marítimo, han tenido la oportunidad de desmenuzar mediante su rica casuística el concepto de lo que se considera abordaje, o colisión, respecto a la cobertura de la *running down clause.* Así, nos encontramos con los siguientes casos, merecedores de ser citados.

En *«Xenos frente a Fox»,* la cláusula *sue and labour* examinada en este litigio no cubría los gastos de defensa legal incurridos por el asegurado. A raíz de este caso, las cláusulas de responsabilidad por abordaje incluyen un apartado de su cobertura para los gastos de defensa del asegurado, gastos que requieren el cumplimiento de una serie de condiciones para que su indemnización encuentre cobertura en el contrato de seguro, por ejemplo, el consentimiento previo de los asegurados al acometimiento de los gastos.

En el caso *«Merchant Marine Insurance Co. Ltd.»,*[22] la corte de apelaciones inglesa, Court of Appeal, entendió que el concepto de abordaje se excluía en aquellos supuestos en los que la colisión se produjese contra un artefacto flotante, en aquel caso pertrechado con una grúa, que a juicio del Tribunal carecía de las características de un buque.

En el caso *«Bennett SS. CO. frente a Hull Mutual SS. Protecting Society»,*[23] un buque, a consecuencia de la niebla, se enredó con las redes de un pesquero y le causó daños. El mercante, previo abono de los daños al pesquero, reclamó a su P & I. La mutua del armador abonó tan sólo una cuarta parte de la reclamación al entenderla como colisión, e invitó a su miembro a reclamar el resto, es decir, las otras tres cuartas partes, a su aseguradora de cascos. El Tribunal de Apelaciones entendió que la red del pesquero no era parte del buque, por lo que la *running down clause* no resultaba aplicable, y en consecuencia, el P & I debía abonar a su miembro las tres cuartas partes restantes con su cobertura de responsabilidad civil.

Por lo que respecta al ordenamiento jurídico español, éste carece de una definición legal del abordaje. Ni en el Código de Comercio ni en los convenios internacionales suscritos por España, existe una definición de abordaje. Por lo que a su as-

---

[21] *«Xenos frente a Fox»,* LR 3 CP 630, pág. 635.

[22] 32 Com. Cas. 165, CA.

[23] (1914) 3 KB 57, CA.

pecto material se refiere, el concepto de abordaje incluye el choque entre dos o más embarcaciones, o el choque o colisión de un buque contra otro.

La sentencia del Tribunal Supremo de 6 de diciembre de 1929 estableció que el abordaje puede acaecer entre dos embarcaciones, cualquiera que sea su clase y tamaño, por acercamiento, encuentro, choque o golpe más o menos violento de una u otra embarcación; pero siempre sobre la base de hallarse las dos naves separadas, independientes la una de la otra, con libertad de movimientos, nunca ligadas entre sí y con relación de cierta dependencia de cualquiera de ellas con la otra.

La comunidad internacional ha procurado instaurar una disciplina relativa a la prevención de siniestros, mediante el establecimiento de unas reglas, comúnmente aceptadas, sobre las normas que hay que seguir, y las maniobras que es preciso realizar en caso de peligro; éstas incluyen desde los medios de señalización adecuados para los buques, hasta las señales acústicas que deben emitirse en situaciones de escasa visibilidad. En este marco se inscribió la aprobación en Londres, el 20 de octubre de 1972, del Convenio sobre el Reglamento Internacional para prevenir los abordajes, ratificado por España el día 13 de mayo de 1974 (BOE de 9-7-1977).

Asimismo, cabe destacar que, aunque el régimen legal del abordaje se inspira en los principios de la responsabilidad aquiliana o extracontractual, éste tiene una regulación específica, de aplicación preferente a la normativa general. Es más, en el ordenamiento jurídico español conviven dos regulaciones vigentes: la prevista en el Código de Comercio y la del Convenio Internacional de Bruselas para la unificación de determinadas reglas en materia de abordajes, de 23 de septiembre de 1910 (al que España se adhirió por nota de 17-11-1923). La aplicación de una u otra normativa depende de la nacionalidad de los buques implicados. En aquellos supuestos en que ambos buques tengan nacionalidad española, o uno de ellos sea español y el otro de un país no signatario del Convenio, se aplicará el Código de Comercio.

1.5   El retraso

El retraso puede conllevar un perjuicio patrimonial para el cargador o destinatario de las mercancías, ya que como tal éste es susceptible de cobertura mediante un contrato de seguros.

Los convenios internacionales en materia de transporte marítimo han obviado, hasta fechas recientes, la responsabilidad del porteador por motivo de retraso en la entrega de la mercancía. Esta particularidad del derecho marítimo ha estado justificada por el riesgo que supone la aventura marítima, a la que tradicionalmente se ha

---

[24] Prof. Wilson, *Carriage of Goods by Sea*, Pearson Education, England, 2001, 4.ª ed., pág. 219.

entendido que no sería justo añadir agravantes como la responsabilidad patrimonial del porteador derivada del retraso en el transporte.

Así, ni las Reglas de la Haya de 1924 ni sus modificaciones posteriores incluyen precepto alguno relativo a la responsabilidad por retraso del buque hacia las mercancías, lo que, por otra parte, conviene distinguir de aquellos supuestos en los que el retraso acarrea daños a las mercancías, supuestos que, a juicio de destacada doctrina internacional como Wilson,[24] deberán ser indemnizados por infracción de los dispuesto en el artículo 3(2) de las Reglas de la Haya, que impone sobre el porteador el deber de cuidar las mercancías adecuadamente.

Sólo el Convenio de Hamburgo de 1980, en su artículo 5.1, contempla de forma expresa las responsabilidades del porteador marítimo por retraso, a menos que sus empleados o él puedan probar que no han tenido la culpa del mismo. No obstante, el Convenio de Hamburgo ha sido ratificado por escasos países, de modo que la responsabilidad por retraso resulta raramente perseguible, salvo que las partes dispongan lo contrario, o el incumplimiento contractual del porteador pueda ser considerado muy grave.

Por lo que respecta a otros regímenes aplicables a los contratos de transporte, entre otros, el Código de Comercio, el Convenio CMR de transporte terrestre internacional, el Convenio de Varsovia regulador del transporte aéreo, o a la ley de navegación aérea, todos éstos contienen una regulación y, por ende, un reconocimiento de la responsabilidad del porteador motivada por el retraso en la entrega de las mercancías. El artículo 368 del Código de Comercio respecto al porteador terrestre, «*El porteador deberá entregar sin demora ni entorpecimiento alguno al consignatario los efectos que hubiere recibido, por el solo hecho de estar designado en la carta de porte para recibirlos; y, de no hacerlo así, será responsable de los perjuicios que por ello se ocasionen*»,[25] así como los artículos 17 del Convenio CMR, 19 del Convenio de Varsovia o el 108 de la Ley 48/1960, de 21 de julio, sobre Navegación Aérea, todos ellos reconocen la responsabilidad del transportista incurrida como consecuencia del retraso en su obligación de la entrega de las mercancías.

En el plano del contrato de seguro, ni el Código de Comercio ni la Ley de Contrato de Seguro regulan el concepto de retraso como riesgo asegurado. Sin embargo, en consideración a su calificación como detrimento patrimonial sufrido por el cargador o destinatario de las mercancías, el mismo es asegurable con la cobertura que el asegurador y el asegurado pacten en el contrato de seguro.

Las pólizas inglesas de seguros de mercancías, las Institute Cargo Clauses (A), (B) y (C), establecen que las coberturas de los riesgos asegurados no se extenderán a los daños y perjuicios causados por retraso, ni siquiera si el retraso está causado por un

---

[25] Matizando la responsabilidad del porteador, véase el artículo 23 de la ley 29/2003, que establece que «*La responsabilidad de dichos porteadores por los retrasos en la entrega de las mercancías no podrá exceder, salvo pacto en contrario, del precio del transporte*».

riesgo cubierto en la póliza. En este sentido, la cláusula 4.5 de las mencionadas cláusulas excluye *«los daños de pérdida o gastos causados en conexión con el retraso, aún cuando el retraso esté causado por el riesgo que se aseguró».* En el mismo sentido, la ley de seguro marítimo inglesa establece, *55.2 (b): «a menos que la póliza lo establezca de otro modo, el asegurador de buques o mercancías no es responsable de ninguna pérdida causada en relación con el retraso, aunque el retraso esté causado por un peligro asegurado por la póliza».*

En consecuencia, los tribunales ingleses han venido rechazando la cobertura de los daños y gastos ocasionados por el retraso en aplicación de lo dispuesto por la ley inglesa. Así, en *«Pink frente a Fleming»*,[26] los daños sufridos por un cargamento de cítricos, como resultado de los retrasos devengados a raíz de la colisión del buque y su posterior reparación, no debían ser indemnizados por los aseguradores en virtud del contrato de seguro de mercancías. Lord Esher, en aplicación del principio de la causa próxima, entendió que no estaban cubiertos por el contrato de seguro.

En análogo sentido cabe citar la sentencia del juez Keating J. en *«Taylor frente a Dunbar»*,[27] donde la mercancía dañada como consecuencia del retraso, a su vez debido al mal tiempo, fue considerada no cubierta por la póliza de seguros de mercancías.

En atención a la particularidad y a los antecedentes históricos del seguro marítimo, parece correcto interpretar que la definición de avería del artículo 809 del Código de Comercio no pretendió incluir los daños ocasionados por el retraso como daños indemnizables en el marco del seguro marítimo. A la misma conclusión llegamos si consideramos que el legislador en otras secciones del mismo código alude al concepto de daños y perjuicios por retraso, obviándolo en lo referente al seguro marítimo.

En lo dispuesto en la LCS tampoco encontramos alusión, o referencia alguna, a los supuestos de daños o perjuicios ocasionados por retraso. Por lo que debe entenderse que no están sujetos a cobertura salvo que las partes establezcan lo contrario.

1.6   La facultad de abandono

El abandono es una opción del asegurado que le reconoce el ordenamiento jurídico en determinadas circunstancias al liquidar el siniestro.

El presupuesto objetivo para proceder al abandono de los bienes asegurados se encuentra recogido en los artículos 789 y siguientes del Código de Comercio, que con el título «Del abandono de las cosas aseguradas» delimitan los casos en los que el asegurado puede optar por este sistema de liquidación de siniestros.

---

[26]   (1890) 25 QBD 396.
[27]   (1869) LR 4 CP 206.

Entre los supuestos recogidos en el artículo 789 encontramos: el naufragio; la inhabilitación del buque para navegar; el apresamiento, embargo o detención por un gobierno, sea nacional o extranjero; y la pérdida total de las cosas aseguradas, cuando la misma disminuya el valor asegurado en tres cuartas partes. El deterioro o daño económico mínimo fijado por el Código de Comercio, para que el asegurado pueda decantarse por el abandono como forma de liquidar el siniestro, debe alcanzar el 75 % del valor asegurado, coincidiendo con el concepto de pérdida económica constructiva.

Ha existido cierto debate doctrinal respecto a si el negocio jurídico de abandono es un negocio unilateral, o si requiere el concurso de voluntades del asegurador y asegurado. La doctrina especializada entiende que el mismo es de carácter unilateral, siendo tan sólo necesario el cumplimiento del presupuesto objetivo y las formalidades previstas por dicho código para su efectividad.

El artículo 804 del Código de Comercio prescribe los siguientes requisitos al otorgar validez al abandono:

- Que las pérdidas no hayan ocurrido antes de comenzar el viaje.
- Que no se hiciera de forma parcial o condicional.
- Que se efectuara dentro de los plazos siguientes, contando a partir del día en el que el asegurado haya recibido noticia de la pérdida, cuatro meses si el siniestro ocurre en España, diez meses si tiene lugar en Europa, el Mediterráneo o América, entre La Plata y San Lorenzo, y dieciocho meses si acontece en el resto del mundo.
- Que el ejercicio de la facultad de abandono deberá ser efectuado por el propietario de la cosa asegurada, o una persona especialmente apoderada y el comisionado para contratar el seguro.

A efectos de que comience el cómputo del plazo frente al asegurador y, por ende, al objeto de que éste tenga que abonar el valor asegurado, el asegurado deberá incluir y documentar en su declaración un listado de todos los seguros contratados para los efectos asegurados (art. 800 del Código de Comercio). Desde ese instante, el asegurador dispondrá del plazo acordado en la póliza contratada, y en todo caso, a los sesenta días desde la admisión del abandono, o desde la declaración del mismo, deberá proceder el pago de la indemnización.

Declarado el abandono y cumplimentada la documentación necesaria, la propiedad de los efectos abandonados (art. 803) con sus mejoras o desperfectos devenidos desde el abandono pasarán al patrimonio del asegurador. A pesar del traslado de la propiedad, el asegurador no quedará exonerado del pago de la reparación del buque legalmente abandonado (art. 804). La transmisión de la propiedad de los efectos asegurados conlleva la transmisión de los derechos accesorios y conexos a la misma, derechos estos últimos que incluyen el derecho a reclamar frente al tercero responsable del siniestro, no siendo en este supuesto necesaria la transmisión mediante la subrogación, al operar de forma *ex lege.*

La acción de abandono constituye una característica tradicional del seguro marítimo,[28] que determina la obligación del asegurador de pagar la suma íntegra fijada en la póliza de seguros (art. 805). La pérdida total del buque que autoriza el abandono no la constituyen sólo aquellos supuestos en los que se produce su destrucción física, sino también cuando, no obstante subsistir el objeto asegurado, aquél queda privado de la utilidad económica que tenía para el asegurado. El artículo 789, párrafo 2.º contempla como pérdida total real el caso de inhabilitación del buque para navegar por varada, rotura o cualquier otro accidente del mar.

La práctica aseguradora incluye la redacción de cláusulas en el contrato de seguro que impiden que tenga lugar el efecto transmisivo previsto en el artículo 804 del Código de Comercio (véase la sentencia de la AP de Las Palmas, de 19-4-2005, que reconoce la exclusión del efecto transmisivo del abandono acordada por las partes).

Sin embargo, esta exclusión convencional conlleva que, si bien los restos abandonados y salvados permanecen en la titularidad del asegurado, el asegurador no puede descontar su valor económico residual de la indemnización, pues el abandono, a diferencia de la avería, que permite reclamar al asegurador el daño real sufrido, implica optar por la indemnización de la totalidad del capital asegurado.

Además, cabe destacar que, cuando el asegurador, en caso de operar el efecto transmisivo, deviene propietario de la cosa abandonada, se hará responsable *in rem* hasta el límite del valor de los restos de aquellos privilegios marítimos que terceros acreedores pudieran ostentar y hacer valer frente a los restos de los efectos abandonados. De igual modo, las responsabilidades en que los citados restos puedan incurrir se transmiten desde la transmisión de la propiedad al asegurador en persona, por ejemplo los gastos de remoción.

En el seguro de mercancías para transporte distinto del marítimo, si bien la LCS no reconoce *ex lege* un sistema de liquidación de siniestros mediante la facultad y acción de abandono del asegurado, la misma Ley, en su artículo 53, reconoce la libertad de las partes para fijar de modo convencional las condiciones y los términos del ejercicio por parte del asegurador de la facultad de abandono. En este sentido, es usual para las partes del contrato de seguro de mercancías fijar cláusulas que determinen las circunstancias legales que legitiman al asegurador para ejercitar el abandono. Las condiciones de la Institute Cargo Clause A establecen, en su cláusula 13, *«ninguna reclamación por pérdida total constructiva será recuperable a menos que el producto asegurado este razonablemente abandonado (…)».* La doctrina internacional[29] ha definido el acto de abandono como la cesión voluntaria del asegurado al asegurador de los restos del objeto asegurado junto con sus derechos de propiedad y accesorios.

---

[28] Sentencias del TS de 28-6-1986, 31-5-1921, 14-1-1886, 26-11-1925, 31-1-1900 y 3-5-1968.

Para el correcto ejercicio de la facultad de abandono, las Institute Cargo Clauses exigen que la mercancía haya devenido en pérdida total constructiva, bien sea como consecuencia de la imposibilidad de evitar la pérdida, o de su alto coste de recuperación o reparación, cuando éste excediera su valor en destino. Para ejercer la facultad de abandono, será necesario que el asegurado notifique al asegurador el ejercicio de su facultad, de lo contrario, la avería se liquidará como una avería parcial.[30]

2   Los primeros pasos

2.1   *Producción del siniestro*

Como indicábamos en el capítulo anterior, tradicionalmente, el concepto de siniestro se ha delimitado desde un plano patrimonial, o causal. En todo caso, entendemos que existe siniestro cuando un riesgo cubierto por la póliza se materializa, bien sea lesionando el objeto asegurado como valor patrimonial, o bien provocando que el asegurado o tomador del seguro, ante la inminente materialización del riesgo, tengan que tomar una serie de medidas para evitar las consecuencias o lesiones materiales de los objetos asegurados.

Por tanto, si las lluvias caídas sobre una terminal de contenedores provocan que el asegurado tenga que trasladar las mercancías de la terminal a otro lugar, ante el inminente peligro de la materialización de un riesgo cubierto por la póliza, estas circunstancias serán constitutivas de siniestro, aunque las consecuencias materiales del mismo se acoten y limiten a los gastos de remoción o traslado de los contenedores para evitar las mojaduras de los objetos asegurados.

2.2   *El deber de comunicación*

La producción del siniestro se contempla en el artículo 765 del Código de Comercio, que establece, dentro del marco del seguro marítimo, el deber del asegurado de comunicar la producción del siniestro. Este código se limita, de forma posterior, a contemplar el siniestro, una vez que el mismo se ha materializado en una lesión patrimonial. Esta redacción encuentra su justificación en la dificultad de materializar, de forma general, el deber de salvamento del asegurado, pues los medios técnicos y tecnológicos en 1885, fecha de publicación del Código de Comercio, no se pueden equiparar a los actuales, y, por ende, la capacidad de responder del asegurado, fren-

---

[29] *Chambers' Marine Insurance Act,* 9.ª ed., pág. 95.
[30] Sección 60 del Marine Insurance Act.

te a la materialización de un riesgo, a la sazón, se encontraba limitada de forma muy notable.

El mencionado artículo 765 establece que «*El asegurado comunicará al asegurador (...) las noticias referentes al curso de la navegación del buque, y los daños o pérdidas que sufrieran las cosas aseguradas (...)*».

Producido el siniestro y, por ende, entrando en funcionamiento las coberturas y garantías contratadas por medio de la póliza de seguro, el asegurado debe poner en conocimiento del asegurador la información relativa al mismo. Se exige al asegurado que emplee celeridad en su comunicación. El incumplimiento del deber de comunicación del siniestro por parte del asegurado conlleva que éste deba responder de los daños y perjuicios que pudieran ser ocasionados por esta omisión. El asegurador ostenta normalmente una infraestructura profesional que le hace valedor de una mejor capacidad para gestionar el siniestro, aunque en algunos supuestos éste pudiera no ser el caso; piénsese en una línea marítima regular de renombre, que tenga tanta capacidad o más que el asegurador para gestionar de forma correcta y eficiente un siniestro. La falta de comunicación del siniestro por parte de un asegurado con infraestructura sobrada para gestionar el siniestro, es muy probable que no pueda llevar aparejada penalización alguna en el marco del contrato de seguro, siempre y cuando su respuesta ante el siniestro haya sido adecuada.

Como complemento a lo dispuesto en el artículo 765 del Código de Comercio, la práctica aseguradora española ha ido endureciendo sensiblemente los efectos de la falta de comunicación del siniestro. De esta forma, la cláusula 26 de la póliza española de seguro de cascos impone al asegurado una obligación de comunicación del siniestro o avería, cuyo incumplimiento lleva aparejada la pérdida de sus derechos. En análogo sentido se expresa el artículo 26 de la póliza española de seguro de mercancías. Sin embargo, tal y como ha señalado algún autor respecto a la validez de estas cláusulas, los tribunales se han mostrado reacios a concederles eficacia sin más, bien por entender que son nulas, o bien por interpretarlas contra las partes beneficiadas por éstas.[31]

En el mercado del seguro internacional, las cláusulas inglesas International Time Hull Clauses –también utilizadas como condiciones generales en las pólizas españolas–, en su artículo 10 «*Notice of claims and tenders*», se limitan, en su apartado cuarto, a rebajar en un 15 % la cantidad de la reclamación en el supuesto de que el asegurado no cumpla con su deber de comunicación del siniestro, o no invite al asegurador a tomar las pertinentes decisiones, respecto al puerto de reparación del buque, o respecto al número de presupuestos necesarios para llevar a cabo la reparación.

---

[31] Gabaldón García, J. L. y Ruiz Soroa, J. M., *Manual de derecho de la navegación marítima*, Marcial Pons, 1999, pág. 831.

[32] Sánchez Calero, F., Fuentes Camacho, V., Tapia Hermida, A. J., Tirado Suárez, J. y Fernández Rozas, J. C., *Ley de contrato de seguro*, Aranzadi, 2001, pág. 291.

La cláusula 16 de las Institute Cargo Clauses A exige al asegurado que tome todas las medidas necesarias para salvaguardar los derechos del asegurador. El incumplimiento de esta obligación por parte del asegurado lleva aparejada, no la pérdida de sus derechos, sino la reconvención del asegurador por los daños y perjuicios causados por la conducta del asegurado.

La Ley del Contrato de Seguro española de 1980, en su artículo 16, regula el deber de comunicación del siniestro por parte del asegurado al asegurador. El fundamento de este deber es triple: 1) el asegurador tiene el derecho, y por tanto, el asegurado la obligación, de estar informado sobre la producción de un siniestro, a fin de poder disponer las medidas internas que considere necesarias; 2) el asegurador debe preparar la liquidación técnica del siniestro, en la que se prevé la colaboración, en caso de ser necesaria, de peritos, y 3) dicha comunicación *«establece un estado provisional de los hechos del siniestro»*,[32] que dificulta su manipulación posterior de modo que no pueda perjudicar al asegurador. Estamos hablando de una comunicación referente a la producción de un siniestro, dirigida al asegurador, para que éste tenga conocimiento de unos hechos que, en la mayoría de casos, acabarán generando su obligación del pago de la prestación pactada.[33]

2.3   La obligación de salvamento

No sólo el asegurado esta obligado a comunicar el siniestro so pena de perder, o ver reducida, su reclamación frente al asegurador. Aquél deberá, además, tomar todas las medidas necesarias para que el siniestro tenga el menor alcance lesivo patrimonial en el objeto asegurado, o incluso eluda toda lesión por completo.

El deber de salvamento no se encuentra regulado de una forma detallada o suficiente en el Código de Comercio. El mismo se atribuye, con carácter general, al deber que todo comerciante tiene de minimizar los daños y perjuicios dentro de la relación obligatoria. Este deber se encuentra recogido en el artículo 57 del citado código, que establece que *«Los contratos de comercio se ejecutarán y cumplirán de buena fe, según los términos en que fueren hechos y redactados, sin tergiversar con interpretaciones arbitrarias el sentido recto, propio y usual de las palabras dichas o escritas, ni restringir los efectos que naturalmente se deriven del modo con que los contratantes hubieran explicado su voluntad y contraído sus obligaciones».*

Con mayor precisión, pero de forma limitada, el artículo 791 impone al asegurado, en los casos de naufragio y apresamiento, un deber de salvamento y recuperación

---

[33] Sentencia del TS de 10-03-1993: *«(...) es exigible la declaración a la aseguradora del acaecimiento del siniestro (art. 16 de la Ley de 8-10-1980), no de que ha sido condenado el asegurado a consecuencia del mismo; el acaecimiento es la producción del hecho que puede motivar su responsabilidad».*

de los efectos asegurados. Concretamente, expone: *«En los casos de naufragio y apresamiento, el asegurado tendrá la obligación de hacer por sí las diligencias que aconsejen las circunstancias, para salvar o recobrar los efectos perdidos, sin perjuicio del abandono que le competa hacer a su tiempo (...)».* De forma muy similar, el artículo 792, para el caso de inhabilitación para navegar del buque, impone a los intereses de la carga practicar todas las diligencias posibles para conducir el cargamento a puerto de destino.

Por último, en los supuestos de embargo del buque, o detención forzosa del mismo, el asegurado debe prestar cuantos auxilios estén en su mano para conseguir el alzamiento del embargo, así como realizar las gestiones convenientes, por sí mismo, para liberar el barco. Así lo indica el artículo 795 del Código de Comercio: *«En caso de interrupción del viaje por embargo o detención forzada del buque, el asegurado tendrá la obligación de comunicárselo a los aseguradores tan pronto como conozca la noticia, y no podrá recurrir a la acción de abandono hasta que hayan transcurrido los plazos fijados en el artículo 793. Estará obligado, además, a prestar a los aseguradores cuantos auxilios estén en su mano para conseguir el alzamiento del embargo, y deberá hacer por sí mismo las gestiones convenientes al propio fin, si, por hallarse los aseguradores en país remoto, no pudiera obrar de acuerdo con éstos».*

Los deberes de salvamento del asegurado encuentran su recompensa en la recíproca obligación del asegurador de hacerse cargo de los gastos que su ejercicio lleve aparejados. No sólo corren a cargo de este último los gastos de salvamento, sino que en el caso de que el buque quede inhabilitado para navegar, también correrán a su cargo los riesgos y, por ende, los perjuicios que el ejercicio de este deber lleven aparejados, entre otros, el almacenaje, trasbordo, reembarque, excedente de flete y todos los demás hasta que se alijen los efectos asegurados.

La póliza española de cascos contiene diversos artículos relativos al deber de salvamento del asegurado. La compañía de seguros tiene el deber de indemnizar al asegurado en lo concerniente a los gastos de salvamento, tal y como establece el artículo 17 de la póliza. Por el contrario, si el asegurado errase u omitiese el ejercicio de su deber de salvamento, el artículo 24 de la póliza española de cascos le hace responsable de cuantos perjuicios y daños causara.

Además, para los gastos de salvamento que sean considerados extraordinarios, la póliza establece que será necesario el consentimiento del asegurador a fin de que el asegurado pueda obtener el reembolso de los mismos (art. 19 de la póliza española de buques, y en idéntico sentido, véase el art. 27 de la póliza española de mercancías).

Las Institute Cargo Clauses imponen al asegurado el deber de minimizar y evitar los daños producidos por la ocurrencia de siniestro, al tiempo que el asegurador deberá indemnizar al asegurador de los gastos que, razonablemente, hayan sido incurridos por el asegurador para evitar y minimizar los daños.

Resultan más satisfactorias las redacciones de los clausulados ingleses, en muchos casos incorporados al español, que detallan con mayor nitidez los supuestos de la cobertura y los límites de la misma. Sensiblemente mejorable resulta también la necesidad de obtener el consentimiento del asegurador, para poder incurrir en gastos extraordinarios, entendiéndose que en cuanto los mismos sean acertados y contribuyan de forma clara a su finalidad de minimizar o evitar daños en el siniestro, deberán en todo caso ser abonados por la compañía de seguros.

La cláusula 16 de las Institute Cargo Clauses se refiere a la obligación del asegurador de evitar o minimizar las pérdidas al objeto asegurado en los siguientes términos: *«Es deber del asegurado, sus sirvientes y agentes en relación con las pérdidas recuperables: 1) tomar cuantas medidas sean razonables con el fin de impedir o minimizar dichas pérdidas, y 2) asegurarse que todos los derechos frente a los porteadores, depositarios u otras terceras partes sean correctamente preservados; los aseguradores reembolsaran al asegurado, además del valor de los daños recuperables, los gastos en los que incurra por el cumplimiento de estos deberes».*

Los tribunales ingleses, respecto a la responsabilidad del asegurado por no cumplir con sus deberes de impedir o minimizar los daños, han declarado que el asegurador no tiene derecho a denegar el pago, sino a instar una reclamación frente a éste por los daños sufridos, como consecuencia de su conducta.[34]

En el litigio *«Integrated Container Service Ltd. frente a British Traders Insurance» Co. Ltd.*,[35] el asegurado reclamó frente a su compañía de seguros los gastos consistentes en el pago de almacenaje, trasbordo, gastos de viajes de quienes llevaron a cabo esta operación y de abogados, incurridos al recuperar unos contenedores cuyo depositante inició un procedimiento de insolvencia. El tribunal inglés (Nelly, L. J.) decidió que todos los gastos debían ser indemnizados, puesto que de no haberlos incurrido, los objetos asegurados podrían haber sido robados o manipulados, lo cual constituía un daño o pérdida asegurado.

Las condiciones de las Institute Cargo Clauses en su cláusula 17,[36] denominada *waiver clause*, establecen que las acciones del asegurador y asegurado para salvar, proteger o recuperar los objetos del seguro no deberán prejuzgar la aceptación, o no, del abandono ni de cualquier derecho de las partes. Dicha cláusula trata de promover las acciones de ambas partes en beneficio común para que asegurador y asegurado no dejen de tomar las medidas necesarias para el salvamento o recuperación de la cosa asegurada,

---

[34] «The Gold Sky» (1972) 2 *Lloyd's Law Rep.*, 187. En este caso, el hundimiento del mercante *Gold Sky*, como consecuencia de haber desatendido los servicios del remolcador *Hércules* a treinta millas del estrecho de Gibraltar, y en consideración con la probada actitud del capitán y del tercer ingeniero de rechazar la ayuda que éste les prestaba, al objeto de conseguir el hundimiento del mercante, no se consideró dentro de la cobertura de la póliza. *Obiter dicta,* Mocatta, J. declaró que en caso de que el demandado hubiera probado la conexión entre el armador y la actitud del capitán de rechazar toda asistencia marítima, podría haber ejercitado una reconvención *set off* frente al asegurado.

[35] (1981) 2 *Lloyd's Law Rep.* sostuvo: *«Los contenedores estaban expuestos a riesgos de robo, abuso, ejecución de derecho de prenda, en otras palabras a riesgos de pérdidas y daños por una causa u otra».*

[36] Cláusula 17 de las Institute Cargo Clauses: *«Las medidas tomadas por el asegurado o por los aseguradores al objeto de salvar, proteger o recobrar el producto asegurado no serán consideradas como una renuncia o aceptación de abandono o en perjuicio de los derechos de cualquier parte».*

sin que la doctrina de los actos propios pueda prejuzgar sus actuaciones tendentes a minimizar los daños.

Por último, conviene destacar que la LCS, de aplicación subsidiaria, para el seguro marítimo, y directa, para el seguro de mercancías terrestre y aéreo, contiene una regulación bastante detallada del deber de salvamento en su artículo 17, que reza así:

> *«El asegurado, o el tomador de seguro, deberán emplear los medios a su alcance para aminorar las consecuencias del siniestro. El incumplimiento de este deber dará derecho al asegurador a reducir su prestación en la proporción oportuna, teniendo en cuenta la importancia de los daños derivados del mismo y el grado de culpa del asegurado.*
>
> *Si este incumplimiento se produjera con la manifiesta intención de perjudicar o engañar al asegurador, éste quedará liberado de toda prestación derivada del siniestro.*
>
> *Los gastos que se originen por el cumplimiento de la citada obligación siempre que no sean inoportunos o desproporcionados a los bienes salvados, serán por cuenta del asegurador hasta el límite fijado en el contrato, incluso si tales gastos no han tenido resultados efectivos o positivos. En defecto de pacto, se indemnizarán los gastos efectivamente originados. Tal indemnización no podrá exceder la suma asegurada.*
>
> *El asegurador que, en virtud del contrato, sólo tenga que indemnizar una parte del daño causado por el siniestro, deberá reembolsar la parte proporcional de los gastos de salvamento, a menos que el asegurado o tomador del seguro hayan actuado siguiendo las instrucciones del asegurador».*

Tal y como refleja Sánchez Calero,[37] existe abundante jurisprudencia relativa a diversos ramos de la contratación de seguros, en cuanto al deber del asegurador de resarcir al asegurado, en los gastos que sean ocasionados como consecuencia del ejercicio del deber de salvamento.

Si bien la regulación del sector marítimo se rige principalmente por el Código de Comercio, en una materia a la que éste dedica tan escasa atención, resulta evidente que lo dispuesto en el citado artículo 17 deberá ser tenido en cuenta al llevar a cabo una correcta interpretación del espíritu de la normativa aplicable, sin que ello nos aparte del marco normativo mercantil en los casos estrictamente marítimos.

---

[37] Sánchez Calero, F., Fuentes Camacho, V., Tapia Hermida, A. J., Tirado Suárez, J. y Fernández Rozas, J. C., *Ley de contrato de seguro*, Aranzadi, 2001, pág. 305, citando la sentencia de la AP de Barcelona de 20-11-1996. En el mismo sentido, la de Navarra de 09-02-1998 y las del TS de 15-02-1997 y 27-07-1998, entre otras.

[38] Artículo 43: *«El asegurador, una vez pagada la indemnización, podrá ejercitar los derechos y las acciones que, por razón del siniestro, correspondieran al asegurado frente a las personas responsables del mismo, hasta el límite de la indemnización.*

»No podrá ejercitar en perjuicio del asegurado los derechos en que se haya subrogado. El asegurado, por su parte, será responsable de los perjuicios que, con sus actos u omisiones, pueda causar al asegurador en su derecho a subrogarse.

2.4 Las reservas al transportista

El correcto cumplimiento de las obligaciones de las partes en el marco del contrato de transporte se delimita por una serie de presunciones y formalidades que, enmarcadas dentro de plazos de prescripción y caducidad, resultan fundamentales en algunos casos, e imperantes en otros, al delimitar quién deberá soportar la pérdida o avería sufrida por los objetos asegurados.

En algunos casos, los plazos para hacer constar reservas en la carta de porte o conocimiento de embarque son plazos de caducidad, por ejemplo, las reservas necesarias para acreditar averías frente al transportista marítimo en caso de viajes nacionales, artículo 952 del Código de Comercio. En otros supuestos, el plazo disponible no es de caducidad, sino que, admitiendo prueba en contrario, establece una presunción *iuris tamtum* a favor del transportista en caso de no existir reserva, y a favor del cargador o destinatario en caso de existir ésta. Éste es el caso, cuando el régimen jurídico aplicable al contrato de transporte marítimo internacional en régimen de conocimiento de embarque es el de las Reglas de la Haya-Visby.

La mayor parte de la normativa aplicable al contrato de transporte establece un equilibrado *quid pro quo,* al constituir distintas presunciones a partir de la conducta de las partes en la ejecución de sus obligaciones dentro del contrato de transporte. El juego de presunciones y la carga de la prueba son fundamentales para el asegurador al llevar a buen fin sus acciones de repetición frente al responsable del siniestro.

El Código de Comercio, en su artículo 57, se limita a exigir a las partes de un contrato que actúen de buena fe en el ejercicio de sus obligaciones y deberes. Tomar las medidas contra el transportista para asegurar una vía de resarcimiento se vislumbra como uno de los deberes de todo comerciante, al actuar con buena fe en el tráfico mercantil. No obstante, la práctica indica que muchas empresas usuarias de transporte marítimo desconocen el correcto alcance y las consecuencias del cumplimiento, o no, de sus obligaciones en el momento de efectuar las reservas frente al transportista.

A diferencia de lo previsto por la Ley de Contrato de Seguro,[38] el Código de Comercio no contiene una disposición que defina de forma expresa el deber del asegu-

---

»El asegurador no tendrá derecho a la subrogación contra ninguna de las personas cuyos actos u omisiones den origen a responsabilidad del asegurado, de acuerdo con la Ley, ni contra el causante del siniestro que sea, respecto del asegurado pariente en línea directa o colateral dentro del tercer grado civil de consanguinidad, padre adoptante o hijo adoptivo que convivan con el asegurado. Pero esta norma no tendrá efecto si la responsabilidad proviene de dolo o si la responsabilidad está amparada mediante un contrato de seguro En este último supuesto, la subrogación estará limitada en su alcance de acuerdo con los términos de dicho contrato.

»En caso de concurrencia de asegurador y asegurado frente a tercero responsable, el recobro obtenido se repartirá entre ambos en proporción a su respectivo interés».

rado de no perjudicar la acción contra el responsable del siniestro. Esta omisión, sin embargo, es suplida por el contenido de las condiciones particulares de las pólizas contratadas, por el deber de buena fe previsto en el artículo 57 del Código de Comercio, y en todo caso, por lo dispuesto en el artículo 43 de la LCS.

La póliza española de mercancías establece, en su artículo 37, que: «*El asegurado queda obligado a cumplir estrictamente todas las obligaciones que el Código de Comercio y la póliza le imponen, así como a defender de acuerdo con la compañía o sus representante, en cuanto ello proceda, los intereses de la cosa asegurada, salvarla y conservarla proporcionando a dicha compañía en tiempo hábil los documentos o pruebas necesarios para la defensa de su derecho contra tercero*». La conjugación de esta cláusula, y lo dispuesto en el artículo 43 de la LCS, permiten al asegurador evitar la indemnización o reducirla proporcionalmente cuando la culpa del asegurado sea grave, y la causalidad del resultado lesivo le sea directamente imputable.

En el mercado internacional, mediante la utilización de las Institute Cargo Clauses (A) (B) (C), constituye un deber del asegurado «*asegurar que todos los derechos frente a los porteadores, depositarios u otras terceras partes estén debidamente preservados y ejercitados*» (cláusula 16.2). El incumplimiento, por derecho inglés, del asegurado de su deber de salvaguardar los derechos frente a los porteadores, depositantes o terceras personas, no legitima a la compañía de seguros para negar la indemnización, sino que deberá reclamar o reconvenir frente al asegurado por los daños y perjuicios sufridos como consecuencia de su incumplimiento.

2.5   La inspección y el peritaje

La agilidad al evaluar el siniestro resulta fundamental, no sólo para llevar a cabo el mejor salvamento posible de las mercancías, sino para determinar con precisión la extensión y las causas de las averías. En algunos casos, la intervención del perito se extiende a gestionar los primeros pasos, que servirán de base al ejercitar las necesarias reclamaciones contra el responsable del siniestro y salvaguardar los derechos del asegurado que, en su día, podrán ser del asegurador.

Con el fin de poder llevar a cabo la consiguiente inspección de las mercancías, se requiere al asegurado la pronta notificación de la existencia del siniestro. En lo que se refiere a la inspección de las averías y la emisión del peritaje, el Código de Comercio español, en su artículo 415, fijaba antaño la siguiente regla: «*Los gastos que ocasionen la tasación pericial y liquidación de la indemnización serán de cuenta y cargo, por mitad, del asegurado y del asegurador; pero si hubiese exageración manifiesta del daño por parte del asegurado, éste será el único responsable de ellos*». Esta disposición fue derogada por la disposición final de la LCS de 1980 y, por tanto, no resulta aplicable a ningún seguro de mercancías, ya sea para transporte marítimo, terrestre o aéreo.

La cláusula 28 de la póliza española de mercancías establece que los gastos de averiguación y prueba de las averías serán por cuenta del asegurador en la medida en que excedan de la franquicia, y en la proporción que corresponda al valor de las mercancías cuya avería vaya a su cargo.

La moderna LCS de 1980, aplicable al seguro de mercaderías de transporte terrestre y aéreo, en sus artículos 38 y 39, prevé un marco legal bastante más completo para la actuación de los peritos. Así, de no existir acuerdo entre asegurador y asegurado para liquidar el siniestro, cada uno de ellos podrá nominar a un perito. Si ambos peritos coinciden en sus valoraciones, éstos levantarán un acta conjunta. En caso contrario, ambas partes designarán un tercer perito, y de no existir conformidad para la nominación, ésta será llevada a cabo por parte del juez de Primera Instancia mediante acto de jurisdicción voluntaria, utilizando un sistema de insaculación judicial.

El dictamen de los tres peritos, por mayoría o unanimidad, será vinculante a menos que asegurador o asegurado lo impugnen judicialmente dentro de los plazos requeridos. En todo caso, el asegurador, conforme a lo dispuesto en el artículo 18, deberá abonar la indemnización mínima, o total, según haya sido impugnado, o no, el resultado pericial.[39]

En lo que respecta a los gastos incurridos como consecuencia de la peritación descrita en el párrafo anterior, cada parte abonará la minuta de su perito, y el tercer perito y los gastos ocasionados serán abonados por el asegurador y el asegurado a partes iguales. En el supuesto de que la peritación haya sido necesaria porque una de las partes sostuviera una valoración de las consecuencias del siniestro manifiestamente desproporcionada, todos los gastos serán por cuenta de la parte que haya motivado el procedimiento.

La práctica diaria de las compañías de seguros, en muchos casos, al existir una relación de continuidad y confianza entre asegurador y asegurado, es conducida por el asegurador, quien de hecho es la parte que organiza y asume el coste de la inspección y el peritaje. Asimismo, es frecuente encontrar pólizas que como cobertura complementaria incluyen los gastos de peritación.

Son poco frecuentes los supuestos en los que se acude al procedimiento previsto para el nombramiento del tercer perito, nombramiento que surge en supuestos de cuantías muy elevadas, alta complejidad del siniestro o existencia de desconfianza en la relación entre asegurador y asegurado. Es más común en la práctica judicial el nom-

---

[39] En la sentencia del TS de 8-3-2006, los peritos del asegurador y el perito del asegurado acordaron la cifra de 122.341,19 € como importe de la indemnización, por lo que desde la fecha del acuerdo la aseguradora estaba obligada a pagar el importe mínimo conocido, ya que no impugnó el acuerdo alcanzado por sus peritos (art. 38 de la LCS).

bramiento de un perito dentro del marco del proceso declarativo, sin perjuicio de los habituales informes periciales de cada parte.[40]

2.6   El procedimiento del artículo 38 de la Ley del Contrato de Seguro

El artículo 38 es, sin duda, uno de los más complejos de cuantos integran la Ley de Contrato de Seguro. Tras más de veinte años desde la entrada en vigor de la misma, es el que más resoluciones jurisprudenciales y aportaciones doctrinales ha generado.

En este sentido, la tan citada sentencia de la Sala 1.ª del TS de 17 de julio de 1992 establece que el artículo 38 regula un prolijo, aunque incompleto y a veces oscuro, procedimiento de carácter extrajudicial cuya finalidad no es otra que procurar una liquidación lo más rápida posible en los siniestros producidos en los seguros contra daños, cuando no se logre acuerdos entre las partes dentro de los cuarenta días a partir de la recepción de la declaración de aquéllos, con el fin de evitar las inevitables mayores dilaciones del procedimiento judicial, con lo que este procedimiento extrajudicial tiene carácter negativo.

Esta finalidad liquidadora del daño es puesta de relieve reiteradamente por la jurisprudencia. Así, la sentencia del TS de 4 de septiembre de 1995 dice que *«al plantear desde los inicios las aseguradoras la negativa a la cobertura del siniestro, por entender que el mismo fue provocado, no cabe entender que se estuviese en el supuesto previsto en el artículo 38, donde se hace constar en forma taxativa que el procedimiento que hay que seguir, en su caso, provendrá, literalmente, "cuando las partes no se pusieran de acuerdo sobre el importe y la forma de la indemnización", esto es, partiendo de que siendo un siniestro aceptado, únicamente se discrepe en la cuantía, y para lo cual es preciso el dictamen pericial en los términos previstos en el citado artículo»;* la sentencia de 19 de octubre de 2005 dice que *«el artículo 38 legitima a las partes para acudir a un procedimiento especial, con el nombramiento de peritos, para que resuelvan todo lo relativo a la valoración del daño, como presupuesto para el pago de la indemnización por el asegurado».* Las partes, sin embargo, pueden decidir no

---

[40] La sentencia de la AP de Girona de 16-10-2002: *«(…) el asegurador, una vez recibido el parte del siniestro y antes de pagar, tiene todo el derecho a investigar las causas del siniestro, sin que tenga por qué intervenir en ello el asegurado, ni entregarle una copia del dictamen del perito, pues el propio asegurado puede realizar perfectamente los dictamen de peritos que estime oportuno, bien sea al mismo tiempo o bien después de recibir el rechazo del siniestro por parte del asegurador. Tales dictámenes que pueden realizar ambas partes nada tienen que ver con los emitidos en el procedimiento del artículo 38, y serán valorados de acuerdo con las reglas generales de valoración de la prueba, si se produce la contienda judicial».*

[41] Artículo 38.4: *«Si no se lograse el acuerdo en el plazo previsto en el artículo 18, cada parte designará un perito, debiendo constar por escrito la aceptación de éstos. Si una de las partes no hubiera hecho la designación, estará obligada a realizarla en los ocho días siguientes a la fecha en que sea requerida por la que hubiera designado el suyo, y, de no hacerlo en este último plazo, se entenderá que acepta el dictamen que emita el perito de la otra parte, quedando vinculado por el mismo».* En clara aplicación de este precepto hallamos

acudir a este procedimiento, o pueden no estar conformes con cuestiones relativas al fondo de su discrepancia, como ocurre cuando una parte, normalmente el asegurador, niega la cobertura del siniestro producido, en cuyo caso está abierta la vía judicial como reconocen las sentencias de 10 de mayo de 1983 y 31 de enero de 1991, ambas del TS.

Esta función liquidadora del daño, objeto de la actividad pericial, determina la fuerza vinculante del dictamen emitido, una vez firme, que alcanza exclusivamente a la fijación del importe que debe satisfacer el asegurador; no obstante exigir el quinto párrafo del artículo 38 que se hagan constar en el acta conjunta las causas del siniestro, tal consignación no tiene carácter vinculante y pueden ser combatidas por vía judicial al no ser más que uno de los presupuestos al igual que las «demás circunstancias» a que se refiere el texto legal, que influyen en la determinación de la indemnización.

El párrafo cuarto del artículo 38 legitima a las partes para que puedan urgir la apertura de un procedimiento pericial en orden, como hemos indicado, a la liquidación del daño, como presupuesto para el pago de la indemnización por el asegurador, en la hipótesis de que fracase la liquidación por vía amistosa, cualquiera que sea el resultado de la misma.[41] En este supuesto de hecho regulado en la LCS no ha sido el perito único independiente de las partes, sino el binomio antagónico de dos personas (profesionales, técnicos...) designadas libremente por éstas. Ante esta situación de conflicto y dependencia formal, el acuerdo puede ser difícil, por lo que es necesario articular extrajudicialmente la resolución de la controversia. El legislador no ha fijado el momento cronológico de la designación del tercer perito, sino que se ha subordinado al desacuerdo de los peritos designados. En caso de desacuerdo sobre la persona del tercer perito, entra en juego la autorización judicial.[42]

Tal como señala la LCS, la eficacia del dictamen pericial realizado por los profesionales designados vincula a las partes desde el mismo momento en que éste les es notificado. Dicha notificación debe ser inmediata y estar realizada de forma indubitada, y en el supuesto de retraso o, incluso, inexistencia de la misma, la responsabilidad recaerá sobre el perito o peritos frente a la parte perjudicada. La vinculación antes apun-

---

la sentencia del TS de 26-11-1993, al señalar que: «*Si el asegurado se abstiene de designar un perito que elabore un dictamen sobre el origen y alcance de los daños sufridos, paralelo al realizado por el perito designado por la otra parte, no puede decirse que rechace o no recurra al procedimiento establecido en el referido artículo 38, sino que, todo lo contrario, debe entenderse que el asegurado acepta el único dictamen emitido, quedando vinculado por el mismo; por tanto, la actuación del asegurado quedó plena y válidamente subsumida dentro del procedimiento establecido en el párrafo cuarto del expresado artículo*».

[42] Artículo 38.6: «*Cuando no haya acuerdo entre los peritos, ambas partes designarán un tercer perito de conformidad, y de no existir ésta, la designación se hará por el juez de Primera Instancia del lugar en que se encuentren los bienes, en acto de jurisdicción voluntaria y por los trámites previstos para la insaculación de peritos en la Ley de Enjuiciamiento Civil. En este caso, el dictamen pericial se emitirá en el plazo señalado por las partes o, en su defecto, en el de treinta días, a partir de la aceptación de su nombramiento por el perito tercero*».

tada puede dejar de producir los efectos y consecuencias perseguidos, si alguna de las partes decide impugnar el informe pericial en cuestión, impugnación que debe hacerse en el plazo de 30 días, en el caso del asegurado, y de 180 días, si es el asegurador quien decide desvincularse del dictamen emitido. Cabe subrayar que si bien la citada Ley prevé esta impugnación, no lo es más que la ausencia de las causas para acudir a la misma; ésta es una de las lagunas más notables del precepto estudiado.

Respecto a la forma y al plazo del ejercicio de la acción de impugnación, y en palabras de Cuesta y Oliva: *«la mal llamada impugnación judicial del dictamen no puede ser sino la demanda del proceso declarativo que, tras el dictamen, y no aceptándolo alguna de las partes (o las dos, que cauces procesales existen para tal eventualidad), puede abrirse en pos de una resolución judicial que liquide o se ordene a la liquidación del contrato de seguro de daños. La jurisdicción determinará si se debe, cuánto se debe y, en su caso, en qué forma, dictando las correspondientes condenas».*

Asimismo, también pudiera darse el caso de que el dictamen emitido por el perito asignado no fuera objeto de impugnación dentro de los plazos por ninguna de las partes, transformando al mismo en firme, y perdiendo así la posibilidad de su ulterior impugnación. Se produce, en este caso, la caducidad de una acción o un derecho de impugnación por el transcurso del tiempo.[43]

En consecuencia, de la impugnación o no impugnación del dictamen pericial se derivan unas situaciones, de hecho diferentes, que generan unas obligaciones para el asegurador respecto al importe con el que deberán indemnizar a su asegurado. El artículo 38.8 establece textualmente que: *«Si el dictamen de los peritos fuera impugnado, el asegurador deberá abonar el importe mínimo a que se refiere el artículo 18, y si no lo fuera abonará el importe de la indemnización señalado por los peritos en un plazo de cinco días».* Como se puede comprobar, este artículo impone, con independencia de la posible impugnación, el deber de pago de la indemnización por el asegurador. Mediante el siguiente ejemplo, veremos claramente cómo opera este artículo y las consecuencias que su aplicación produce: *«Un asegurador considera que no debe nada. No hay arreglo amistoso y se inicia el procedimiento pericial. En la decisión pericial adoptada mayoritariamente se estima que el asegurador debe 100. El asegurador impugna la tasación porque estima deber sólo 20, ya que considera que ha existido un error de cálculo. Se trata de una clara consecuencia del principio de buena fe. Lo mismo ocurre si el asegurador acepta el dic-*

---

[43] La calificación como plazo de caducidad ha sido reconocida en la sentencia del TS de 16-7-1990. También en la del TS de 29-5-1992, donde se afirma textualmente: *«(...) existiendo caducidad al señalar la Ley un plazo fijo para la duración de un plazo de impugnación, de tal manera que al no ejercitarse el poder o facultad jurídica en el tiempo señalado, ya no cabe su ejercicio y esto, ciertamente con independencia de la naturaleza sustantiva o procesal de la Ley en que se encuentre incluido el precepto que señale la limitación».* Asimismo, también en la sentencia del TS de 9-2-1995, cuando indica: *«(...) cuando por ser aquél plazo de caducidad y en él no se excluyen los días inhábiles».*

tamen de las 100, pero esta vez es el asegurado quien impugna, ya que considera la existencia de error en el cálculo de los peritos y que la indemnización debe ser de 200. Ahora, el asegurador debería pagar las 100 si reconoce la existencia de esta deuda».[44]

Es necesario subrayar que la regulación total del artículo 38 destaca por su naturaleza de derecho imperativo.[45] Esto contrasta vivamente con la praxis aseguradora anterior a la LCS, en la que se planteaban numerosos problemas, tanto doctrinales como operativos, pues los diversos artículos del Código de Comercio en la materia tenían un claro carácter dispositivo, conforme a los artículos 385 y 438 de dicho cuerpo legal, y en éstos, con suma claridad se consagraba el principio del respeto a la autonomía de la voluntad de las partes, concertada en las cláusulas contractuales, siendo los preceptos del título VIII del citado código de aplicación subsidiaria a la póliza.

Finalmente, es preciso hacer especial hincapié en el hecho de que si cualquiera de las partes solicita la apertura del procedimiento pericial, se cierra la vía de la jurisdicción ordinaria sobre el tema concreto de la tasación de daños. La antes citada sentencia de la Sala 1.ª del TS de 17 de julio de 1992 establece que: *«(...) en este sentido, las partes no son libres de acudir sin más al planteamiento judicial de los problemas que origine la liquidación del siniestro, sino que vienen compelidas por Ley a seguir el procedimiento que se dice, que debe observarse, con carácter de vía previa a aquel planteamiento».*

Aunque también es cierto que existen declaraciones jurisprudenciales, en el sentido de que las partes pueden eludir la aplicación del procedimiento pericial del artículo 38 de la LCS acudiendo al procedimiento judicial, tal como señalan las sentencias de 23-1-1986, 11-12-1989, 27-7-1990, 10-5-1989, 31-1-1992, 5-10-1994, 9-2-1995 y 25-7-1995.

2.7   *La preexistencia y la carga de la prueba*

2.7.1   *La preexistencia*

De acuerdo con el artículo 38.2 de la Ley de Contrato de Seguro, *«incumbe al asegurado la prueba de la preexistencia de los objetos. No obstante, el contenido de la póliza constituirá una presunción a favor de éste cuando razonablemente no puedan aportarse pruebas más eficaces».*

---

[44] Sánchez Calero, F., Fuentes Camacho, V., Tapia Hermida, A. J., Tirado Suárez, J. y Fernández Rozas, J. C., *Ley de contrato de seguro*, Aranzadi, 2001, pág. 657.

[45] Carácter imperativo que le reconoce, entre otras, las sentencias del TS de 20-5-2002, 9-12-2002, 2-6-1995 y 29-6-1992, así como las sentencias de las siguientes Audiencias Provinciales: AP de Barcelona, sección 12.ª de 12-5-2003, sección 11.ª de 12-9-2002; AP de Cádiz, sección 6.ª de 5-6-2003; AP de Albacete, sección 1.ª de 31-3-2003, y AP de León, sección 1.ª de 22-7-2002.

De este modo, y con independencia de cuál sea la modalidad contratada, el asegurado debe probar la preexistencia de los objetos sustraídos y determinar el daño real sufrido; esta prueba sólo puede realizarla el dueño de la cosa en cuestión, si bien su valoración deberá efectuarse conforme a los criterios establecidos por la doctrina y la jurisprudencia al respecto, en aplicación de la normativa legal vigente.

Así, la sentencia del TS de 31 de diciembre de 1992 indica, al referirse al problema de la preexistencia:

> *«La preexistencia de los objetos que fueron robados debe ser objeto de la correspondiente actividad probatoria directa y, en su caso, factible, asimismo, por la vía de las presunciones (...). La póliza hace constar la contratación de un seguro de robo, con unas cantidades máximas para el objeto del convenio, y por sí misma no determina directamente la situación de preexistencia en discordia, sino que sólo es indicativa de lo que abarca el riesgo al que se le dio cobertura con el seguro concertado y sin perjuicio del valor presuntivo que le reconoce el artículo 38 de la LCS de octubre de 1980. (...) Se tiene que partir de la presunción de preexistencia que el mencionado artículo, en concordancia con el artículo 2, establece a favor de los asegurados, lo que no les releva de la necesaria prueba para deducir aquélla o complementarla, así como de la concurrente contraprueba de la aseguradora, dada su posición preeminente en el contrato. (...) La prueba de la preexistencia a cargo del asegurado, conforme a la prueba del artículo 38, no es rígida, por las dificultades que en la mayoría de los casos se presentan. El precepto es flexible, pues aparte de la presunción que refieren en relación al contenido de la póliza, que en el caso de autos concurren y es de procedencia, también deja abierta la posibilidad de estimación en línea de racionalidad a falta de pruebas disponibles más contundentes y, en su caso, de contrapruebas, destructoras de la preexistencia que se contradice. (...) Esto está acorde con la flexibilidad que es preciso adoptar en materia de seguros para que los derechos legítimos de los asegurados gocen de verdadera protección legal, de garantías de eficacia y para que el contrato no sea dominado por la unilateralidad rechazable de consistir sólo en las obligaciones del pago de las primas convenidas, lo que ataca frontalmente el sentido y filosofía de la mencionada Ley».*

---

[46] Artículo 26 de la Ley de Contrato de Seguro: *«El seguro no puede ser objeto de enriquecimiento injusto para el asegurado. Para la determinación del daño se atenderá al valor del interés asegurado en el momento inmediatamente anterior a la realización del siniestro».*

[47] Sánchez Calero, F., Fuentes Camacho, V., Tapia Hermida, A. J., Tirado Suárez, J. y Fernández Rozas, J. C., *Ley de contrato de seguro*, Aranzadi, 2001, pág. 607.

[48] Artículo 217 de la Ley de Enjuiciamiento Civil:

«1. Cuando, al tiempo de dictar sentencia o resolución semejante, el tribunal considerase dudosos unos hechos relevantes para la decisión, desestimará las pretensiones del acto o del reconveniente, o las del demandado

En este contexto, se sitúa la prueba de la preexistencia de los bienes asegurados, así como el deber de conservar los vestigios o restos de las cosas dañadas, imprescindibles para constatar la preexistencia y para realizar la valoración de daños por peritos. El fundamento de ambos deberes es la salvaguarda del principio indemnizatorio, ya que si los objetos asegurados no se encuentran en el lugar y momento cronológico del siniestro, no pueden ser destruidos o sustraídos y, por tanto, si son indemnizados se produciría un enriquecimiento injusto del asegurado (art. 26).[46]

Tal y como indica Tirado Suárez al tratar el régimen de la prueba de la preexistencia:

> *«Está claro que, si bien el artículo 38.2 de la LCS no somete la prueba de la preexistencia a un plazo perentorio, como sucede con el aviso de siniestro (siete días) y con el deber de información complementario (cinco días), es necesario que, en beneficio de sus propios intereses, el asegurado la presente en el menor plazo de tiempo posible, a fin de que, una vez cumplimentada, entre en juego el deber de iniciar el procedimiento pericial (art. 38) o el deber del pago del asegurador».*[47]

2.7.2   La carga de la prueba

Al hilo de lo anteriormente expuesto, para determinar la parte a quien corresponde la carga de probar los hechos en que funda su pretensión, habrá que basarse en la norma general de distribución de la carga de la prueba contenida en los apartados 1, 2 y 3 del artículo 217[48] de la Ley 1/2000, 7 de enero, de Enjuiciamiento Civil. En dicho artículo se recoge, en parte, la amplia doctrina según la cual (sentencia del TS de 8-3-1991), si bien es cierta la vigencia de la conocida regla *incumbit probatio ei qui dicit, non qui negat,* no tiene un valor absoluto y axiomático; la moderna doctrina matiza el alcance del principio del *onus probandi* (carga de la prueba) que el artículo 1.214 del Código Civil sancionaba, en el sentido de que incumbe al actor la prueba de los hechos normalmente constitutivos de su pretensión, y al demandado, en general, la de los impeditivos o extintivos que alegue (sentencia del TS de 15 de febrero de 1985), no pudiendo admitirse como norma absoluta que los hechos negativos no pueden ser probados, pues pueden

---

o reconvenido, según corresponda a unos u otros la carga de probar los hechos que permanezcan inciertos y fundamenten sus pretensiones.

2. Corresponde al actor y al demandado reconveniente la carga de probar la certeza de los hechos de los que ordinariamente se desprenda, según las normas jurídicas a ellos aplicables, el efecto jurídico correspondiente a las pretensiones de la demanda y de la reconvención.

3. Incumbe al demandado y al actor reconvenido la carga de probar los hechos que, conforme a las normas que les sean aplicables, impidan, extingan o enerven la eficacia jurídica de los hechos a que se refiere el apartado anterior».

serlo por los hechos positivos contrarios (sentencia del TS de 8-3-1991). Si los demandados no se limitan a negar los hechos no constitutivos de la acción o pretensión ejercitada, sino que alegan otros impeditivos, obstativos o extintivos al efecto jurídico reclamado por el actor, tendrán que probarlos (sentencias del TS de 13-9-1986 y 13-12-1989). Finalmente, la norma distributiva de la carga de la prueba no responde a unos principios inflexibles, sino que éstos deben adaptarse a cada caso, según la naturaleza de los hechos afirmados o negados, así como la disponibilidad o facilidad para probar que tenga cada parte (sentencia del TS de 23-9-1986, entre otras).

El *onus probandi* es la expresión latina del principio jurídico que señala quién está obligado a probar un determinado hecho ante los tribunales, con el objetivo de hacer valer sus acciones y pretensiones sobre las del contrario. Su fundamento radica en un viejo aforismo de derecho que expresa que *«lo normal se presume, lo anormal se prueba»*. Por tanto, quien invoca algo que rompe el estado de normalidad debe probarlo *(affirmati incumbit pribatio,* o lo que es lo mismo, a quien afirma, incumbe probarlo). En este sentido, cabe citar las sentencias del TS de 31 de enero de 2001, de 5 de julio de 2002 y de 3 de octubre de 2002, la última de las cuales dice textualmente: *«Tal doctrina se aplica cuando unos hechos concretos no se han probado y determina quién sufre las consecuencias de la falta de prueba: "el problema de la carga de la prueba es el problema de la falta de prueba". La parte que reclama un derecho basado en un hecho, es decir, el supuesto fáctico de la norma cuya aplicación se pretende, sufre la carga de la prueba del mismo. Desde otro punto de vista, la parte demandante sufre la carga de los hechos constitutivos de la relación jurídica y la demandada, la de los impeditivos y extintivos».*

Probado un hecho a iniciativa de cualquiera de las partes, el tribunal no precisa recurrir a las reglas distributivas de la carga probatoria para tenerlo por demostrado. La jurisprudencia ha recordado con reiteración que no se vulnera ni es invocable la infracción del principio distributivo del *onus probandi «cuando los jueces de instancia obtienen su convicción decisoria por cualquiera de la pruebas obrantes en el pleito, con independencia del litigante que las hubiera proporcionado»*[49] o, en otros términos, *«cuando se realiza una apreciación de la aportada por cada parte y se valora en conjunto su resultado».*

Las normas que regulan la carga de la prueba tienen como objetivo principal establecer una serie de normas o pautas que ayuden al juez a resolver el problema del hecho incierto. Por tanto, éste debe disponer de reglas que le faciliten el ejercicio de su función jurisdiccional, y para ello cuenta, precisamente, con las normas reguladoras de la carga de la prueba. Dichas normas se encuentran estrechamente vinculadas al principio de la aportación de parte, es decir, que corresponde a las partes la inicia-

---

[49] Sentencias del TS de 2-6-1995 y 12-12-1998.

[50] Artículo 282 de la Ley de Enjuiciamiento Civil: *«Las pruebas se practicarán a instancia de parte. Sin embargo, el tribunal podrá acordar, de oficio, que se practiquen determinadas pruebas o que se aporten documentos, dictámenes u otros medios e instrumentos probatorios, cuando así lo establezca la ley».*

tiva en materia probatoria.[50] No obstante lo anterior, la Ley también prevé que sea el juez quien acuerde la práctica de las pruebas que considere oportunas.

Las normas de la carga de la prueba van dirigidas al juez, que es quien está obligado a aplicarlas. Se trata de normas de carácter imperativo y, por tanto, no son susceptibles de ser modificadas convencionalmente. El juez es el principal destinatario de estas normas, y su inobservancia puede provocar que la sentencia por él dictada sea objeto de impugnación, mediante los diversos recursos que la ley regula. Por esta razón, una decisión del juez que no responda a los criterios previstos legalmente puede ser impugnable, no tanto porque se haya equivocado al valorar la prueba sino porque no ha sabido aplicar de forma correcta lo dispuesto en la ley. Asimismo, la finalidad de estas normas es evitar que el juez, al final del proceso, se ampare en la falta de prueba de un hecho para negarse a dictar sentencia, lo que provocaría una situación prohibida por la ley.[51] Los jueces y tribunales tienen el deber inexcusable de resolver en todo caso los asuntos que conozcan, tal como pregona el artículo 1.7 del Código Civil, ya que, como recuerda la sentencia del TS de 29 de marzo de 1999, *«para que el juez pueda fallar conforme a las exigencias de los artículos 361 del Código de Comercio y 1.7 del Código Civil, el ordenamiento le ofrece un instrumento lógico para determinar en los casos de incertidumbre fáctica si la sentencia debe ser absolutoria o condenatoria».*

Para afrontar el tema probatorio, lo primero que tiene que hacer el juez, tras averiguar qué tipo de hecho se debe probar, es determinar a quién corresponde su prueba en función de la naturaleza del mismo y de la relevancia que dicho hecho ocupe en relación con la posición procesal de quien lo haya alegado en su favor. A partir de aquí, deben concretarse las distintas categorías de hechos respecto de lo que refieren las reglas anteriormente vistas, siendo la clasificación clásica aquella que divide los hechos en *constitutivos,* por un lado, e *impeditivos, extintivos y excluyentes,* por otro. Conforme a lo dispuesto en el artículo 217, en principio, corresponde al actor la prueba de los primeros, y recae en el demandado la prueba respecto de los segundos (véanse sentencias del TS de 25-4-1990, 26-11-1993, 21-9-1998 y 26-11-1999). Atendiendo a esta clasificación, serán hechos constitutivos aquéllos necesarios para que nazca el derecho que sustenta la acción ejercitada; hechos impeditivos los que privan a un hecho de la facultad de desarrollar su efecto normal; hechos extintivos los que hacen cesar las circunstancias que dan vida a la acción ejercitada; y, finalmente, hechos excluyentes los que constituyen verdaderas excepciones en sentido propio.

En consecuencia, cabe afirmar que las normas sobre la carga de la prueba desempeñan una doble función en el orden civil: por un lado, y de forma directa, establecen el

---

[51] Artículo 11.3 de la Ley Orgánica del Poder Judicial: *«Los juzgados y tribunales, de conformidad con el principio de tutela afectiva consagrado en el artículo 24 de la Constitución, deberán resolver siempre sobre las pretensiones que se formulen, y sólo podrán desestimarlas por motivos formales cuando el defecto sea insubsanable o no se subsane por el procedimiento establecido en las leyes».*

mecanismo y el sistema de la regla de juicio ante el llamado «hecho incierto» y, por otro, indirectamente distribuyen los hechos que hay que probar entre las partes procesales. Y esto es exactamente lo que señala el legislador en la Exposición de Motivos de la Ley de Enjuiciamiento Civil, cuando indica que *«las normas de carga de la prueba, aunque se aplican judicialmente cuando no se ha logrado certeza sobre los hechos controvertidos y relevantes en cada proceso, constituyen reglas de decisiva orientación para la actividad de las partes. Y son, asimismo, reglas que, bien aplicadas, permiten al juzgador confiar en el acierto de su enjuiciamiento fáctico, cuando no se trata de casos que, por estar implicado un interés público, resulte exigible que se agoten, de oficio, las posibilidades de esclarecer los hechos».*

3   La indemnización

3.1   *Determinación del valor del interés*

3.1.1   *En el transporte terrestre*

Producido el siniestro, se tiene que proceder a determinar los daños y la indemnización, pero para ello hay que considerar el valor del interés asegurado.[52]

En aplicación de las disposiciones generales reguladoras del seguro de daños, el daño tiene que ser causado al asegurado y debe tratarse de un daño patrimonial (daño material). Ahora bien, recordemos que la suma asegurada representa el límite máximo de la indemnización que deba pagar el asegurador en cada siniestro y que el seguro no puede dar lugar al enriquecimiento injusto del asegurado (art. 26 de la Ley

---

[52] El valor del interés o valor asegurable depende del título jurídico o carácter en el que se asegura y del estado de la mercancía. Cuando el asegurado sea el propietario de las mercancías aseguradas, el valor del interés se determinará según la relación de propiedad del sujeto con el objeto asegurado. Probablemente, se acerque al valor entero de la mercancía. Si el asegurado es el usufructuario o el acreedor hipotecario o pignoraticio de la mercancía, el valor del interés será menor, de acuerdo con el crédito hipotecario o el valor del usufructo.

Téngase presente que el valor asegurado puede variar y que, por tanto, puede haber un valor del objeto del seguro en el momento del contrato, otro durante el contrato (valor sucesivo), otro inmediatamente antes del siniestro (valor final) y otro después del siniestro (valor residual).

[53] El artículo 14 del anexo 3 de la Resolución de la Dirección General de Seguros de 17-3-1981 tenía presente el principio de libertad de fijación del valor del interés, pues establecía que la determinación de los daños se realizase por acuerdo de las partes sobre el importe y la forma de la indemnización y, en defecto de acuerdo, dentro de los cuarenta días siguientes a la recepción del asegurador de la declaración del siniestro se procederá a efectuarlo por medio de peritos en la forma que establece el artículo 38 de la Ley de Contrato de Seguro.

de Contrato de Seguro). También que, en virtud de la determinación legal o convencional del valor del interés y la suma asegurada, nos podemos encontrar ante un seguro pleno, un sobreseguro o un infraseguro (arts. 30 y 31).

El principio general es la libertad de las partes para fijar la valoración del interés (art. 28). Los contratantes determinarán el valor de los distintos objetos asegurados o mercancías, utilizando para ello criterios objetivos.[53]

Así, la póliza en la cual el valor del interés asegurado se fija convencionalmente por las partes es la póliza estimada. La ley permite fijar, en la póliza o después de firmar el contrato, el valor del interés asegurado que se tendrá en cuenta para calcular la indemnización (art. 28). Se requiere el acuerdo sobre el valor asignado al interés asegurado entre asegurador y asegurado con su aceptación expresa.

En los seguros de daños, el artículo 26 de la LCS establece que para determinar el daño se atenderá al valor del interés asegurado en el momento inmediatamente anterior a la realización del siniestro. Pero esta disposición general no es aplicable al seguro de transportes terrestres, pues el artículo 62 de la misma Ley establece criterios especiales para valorar las mercancías transportadas. Este precepto dispone que la indemnización se establecerá en el caso de pérdida total de las mercancías, en función de su precio en el lugar y momento de la carga y, en caso de mercancías designadas para la venta, se regulará por el valor que éstas tuvieran en destino.[54] Para evitar complicaciones como la valoración, el peritaje y la prueba, se puede pactar el valor mediante una póliza estimada. Cuando existe esta póliza no se utiliza el valor del interés asegurado en el momento indicado por el citado artículo 62 (carga o destino), sino que es el valor estimado del interés el que sirve de base para calcular la indemnización. Se fija un valor que debe resultar inequívoco y de fácil comprobación, debe haber una individualización del valor resarcible. Por ello, hay que emplear determi-

---

[54] Las pólizas suelen dar un tratamiento especial a las máquinas completas u objetos compuestos de varias partes, pues convencionalmente se establece su valor indemnizable. Así, el artículo 15 de las condiciones generales de la póliza Unespa de seguros de transportes terrestres de mercancías establece que «cuando el seguro se refiera a una máquina completa destinada a la venta o el uso y, en general, a cualquier otro objeto que esté compuesto de varias partes, en caso de pérdida o daños cubiertos por éste seguro, el asegurador sólo será responsable del valor asegurado de la parte perdida o dañada o, a voluntad del asegurado, del costo y de los gastos, incluyendo los de obra y expedición, que requiera reemplazar o reparar la parte perdida o dañada; si bien en ningún caso el asegurador será responsable de un importe mayor del valor total asegurado de la maquinaria o cosa averiada. No obstante, se considerarán compuestos por partes de un todo completo los objetos asegurados que consistan en artículos por piezas que formen juego, en cuyo caso el asegurador sólo será responsable del demérito sufrido por las piezas dañadas o de su pérdida en razón de su valor individualizado en este seguro».
El artículo 16.1 del anexo 3 de la Resolución de la Dirección General de Seguros de 17-3-1981 disponía lo mismo y en los mismos términos, con una única diferencia, pues admitía pacto expreso en contrario para que el asegurador ampliara su responsabilidad y no respondiera sólo del demérito sufrido por las piezas dañadas o de su pérdida en razón de su valor individualizado en este seguro.

nada fórmulas: el precio originario de compra, el precio de reventa ya conocido, una cantidad fija por mercancías transportadas en un vehículo o siniestro...

Por tanto, para determinar el importe de la indemnización, es primordial el acuerdo de las partes sobre el valor del interés, bien sea expresado en la póliza o con posterioridad a la celebración del contrato, mediante estimación de la misma.

El asegurador tendrá la posibilidad de impugnar el valor de la estima sólo cuando su aceptación ha sido prestada con violencia, intimidación o dolo, o cuando por error la estimación sea muy superior al valor real, correspondiente al momento de acaecimiento del siniestro fijado pericialmente (art. 28 *in fine).*

De nuevo el artículo 62, aplicable sólo a los seguros de transporte terrestre, establece una regla para valorar el interés «en defecto de estimación». Se trata de una norma que introduce un criterio dualista para la valoración del interés.[55] En virtud del citado precepto, el importe de la indemnización dependerá de si las mercancías siniestradas estaban asignadas para la venta o si tenían otro destino.[56] Además, el citado precepto realiza otra precisión, pues sólo se refiere a la indemnización en caso de pérdida total. Por tanto, no se aplica cuando se trata de daño parcial. Así, existen dos supuestos:

a) **Mercancías no destinadas a la venta**
El artículo 62 de la Ley de Contrato de Seguro dispone que el valor indemnizable es «*el precio que tuvieran las mercancías en el lugar y momento en que se cargan para su transporte y, además, todos los gastos realizados para entregarlas al transportista y el precio del seguro si recayera sobre el asegurado».*[57]

El criterio elegido por nuestro legislador es el valor de la mercancía en el momento de su carga en el medio de transporte. Se rechazan otros criterios, por ejemplo el valor de la mercancía en el momento de la estipulación del contrato o

---

[55] Véase Tirado, F. J., *Ley de contrato de seguro,* 2.ª ed., Aranzadi, 2001, pág. 951.

[56] El artículo 17 de la póliza Unespa establece que en defecto de estimación del valor de las mercancías o cosas aseguradas, la indemnización cubrirá, en caso de pérdida total y siempre con el límite de la suma asegurada, el precio que tuvieran las mercancías en el lugar y momento en que se cargaron, los gastos realizados para entregarlas al transportista y el precio del seguro si recayera sobre el asegurado. Pero añade que, no obstante, cuando las mercancías estuvieran destinadas a la venta, la indemnización se regulará por el valor que tuvieran en el lugar de destino. Véase el apartado 2 del artículo 16 del anexo 3 de la Resolución de la Dirección General de Seguros de 17-3-1981 (BOE de 7 de abril), sobre las condiciones generales para las pólizas de seguros de transportes terrestres de mercancías cuyo tenor literal era el mismo que el adoptado ahora por la póliza Unespa.

[57] Véase el artículo 16.2 del anexo 3 de la Resolución de la Dirección General de Seguros de 17-3-1981 (BOE de 7 de abril), sobre las condiciones generales para las pólizas de seguros de transportes terrestres de mercancías.

la diferencia del valor de las mercancías en el momento inmediatamente anterior al siniestro y el que resulte después de éste (menor valor de la cosa deteriorada).[58]

Cuando las mercancías siniestradas se pierden totalmente, la indemnización cubre el precio que tenían en el lugar y momento en que fueron cargadas en el medio de transporte (art. 62.1). Pero respecto a la pérdida parcial, el legislador no se pronuncia.

El inciso final del artículo 17 de la póliza Unespa[59] establece que si *«el siniestro acaecido afectara solamente a una parte de las mercancías aseguradas, será de aplicación lo dispuesto en los párrafos anteriores de este artículo, según el caso, regulándose la indemnización de los daños sufridos en la proporción correspondiente».*[60] Los párrafos a los que hace referencia este precepto son una reproducción casi exacta del artículo 62.1 y 2 de la Ley de Contrato de Seguro.

Las pólizas suelen extender a las pérdidas parciales la aplicación de lo dispuesto en el artículo 62.1 para las pérdidas totales. Tirado Suárez[61] entiende que la *«lógica equidad impone idéntico trato para los supuestos de daño parcial o avería».* Compartimos esta opinión, salvo que la póliza establezca otra cosa.[62] La indemnización por esa pérdida parcial de las mercancías deberá tener presente la proporción del daño ocasionado en ellas.

Dado que el artículo 62 dispone que se determina el importe de la indemnización conforme al precio de las mercancías en el lugar y momento en que se cargan al medio de transporte más los gastos realizados para entregar las mercancías al transportista y el precio del seguro si recae sobre lo asegurado, pueden plantearse dudas sobre qué se debe entregar por *«todos los gastos realizados para entregar las mercancías al transportista»* y por *«el precio del seguro si recayera sobre el asegurado».*

Entre los *«gastos realizados para entregar las mercancías al transportista»* se incluyen los de embalaje y acondicionamiento de las mercancías, los necesarios para hacer llegar las mercancías al lugar de inicio del transporte, los de custo-

---

[58] Broseta, *Manual de Derecho Mercantil,* Editorial Tecnos, pág. 592, mantiene que el legislador tenía tres opciones para determinar el valor del interés asegurado: 1.ª El valor de la cosa en el momento y lugar del punto de carga; 2.ª El valor en el momento de producirse el siniestro; 3.ª El valor que hubiera tenido si hubiera llegado incólume al lugar de destino. Añade, asimismo, que el legislador se aparta de la regla general aplicable a todos los seguros de daños (art. 26 de la LCS) y adopta como criterio para valorar el interés asegurado el momento y lugar de carga (art. 62.1), pero con una excepción en el supuesto de que el seguro cubra los riesgos de mercancías destinadas a la venta, en cuyo caso el valor será el del lugar de destino (art. 62.2).

[59] Véase el texto completo del artículo 17 de la póliza Unespa en el anexo III de esta obra.

[60] Dicho texto es igual al establecido en su día por el apartado 2, *in fine,* del artículo 16 del anexo 3 de la derogada Resolución de la Dirección General de Seguros de 17-3-1981 (BOE de 7 de abril), sobre las condiciones generales para las pólizas de seguros de transportes terrestres de mercancías.

[61] Sánchez Calero, F., Fuentes Camacho, V., Tapia Hermida, A. J., Tirado Suárez, J. y Fernández Rozas, J. C., *Ley de contrato de seguro,* Aranzadi, 2001, pág. 953.

[62] Véase el artículo 15 de las condiciones generales de la póliza de la Unespa.

dia y almacenamiento hasta el inicio del transporte, los requeridos para obtener los documentos de la operación de transporte y los ocasionados por las operaciones de carga e incluso los impuestos.[63]

El tenor del artículo 62 lleva a afirmar que quedan excluidos los gastos que se realicen con posterioridad a la entrega de las mercancías al transportista. Es decir, los derivados de las operaciones de descarga y el precio del transporte. Aunque por la voluntad de las partes estos últimos gastos pueden ser incluidos en el valor indemnizable.

Respecto a «*el precio del seguro*», será la totalidad de la prima en el supuesto de un seguro por viaje, pero en el supuesto del seguro por tiempo determinado y póliza flotante se tendrá presente el aviso de aplicaciones y se calculará la proporción de prima equivalente a la cobertura de las mercancías siniestradas. La inclusión en la indemnización del precio del seguro está condicionada a que dicho precio recaiga sobre el asegurado.

b) Mercancías destinadas a la venta

Cuando el seguro de transporte de mercancías por carretera cubra los riesgos de mercancías destinadas a la venta, el valor indemnizable será su valor en el lugar de destino (art. 62.2). Pero el problema se basa en saber qué se entiende por «*el valor que las mercancías tuvieran en destino*» y conocer qué se incluye en dicha expresión. El valor en el lugar de destino es el precio de venta que las mercancías podían haber alcanzado en el lugar de recepción de las mismas.[64] Es decir, el precio al que el receptor habría vendido las mercancías transportadas y aseguradas si las hubiera recibido, no el precio al que compró el receptor. Dicho precio de venta incluye el lucro o beneficio esperado, en contradicción con la decisión de algunos tribunales.[65]

---

[63] Sin embargo, en el contrato de transporte de mercancías, el porteador deberá pagar el valor que tuvieran los efectos cargados y no entregados en el punto de destino (art. 363 *in fine* del Código de Comercio).

[64] Normalmente, el valor de las mercancías en destino será superior a su valor en el momento de carga, pues el vendedor, que pretende obtener un buen precio, habrá buscado el momento idóneo para su venta de manera que cubra los gastos y obtenga ganancias (beneficio probable). Pero dependiendo del tipo de mercancías, del mercado y del momento de la compraventa, las mercancías pueden haberse depreciado o puede haber aumentado su precio.

[65] La AP de Lleida, en la sentencia de 29-3-1993, estima el recurso de apelación formulado y condena a la entidad demandada a abonar a la actora, con la que había suscrito un contrato de seguro de transporte terrestre de mercancías, el total de la indemnización solicitada, con motivo de la pérdida de las partidas de brécol siniestradas como consecuencia de haber sufrido el camión que las transportaba un accidente de circulación en Holanda. Ello es así, por cuanto entiende esta Sala «*ha de estarse al precio de la compraventa pactada y no al valor de mercado del producto transportado en Sevilla, lugar de remisión, ni al que*

Si al asegurado se le indemniza con el precio de venta de las mercancías es como si las hubiera vendido. Por ello, el artículo 62.2 utiliza los términos *«valor que las mercancías tuvieran en destino»*, pues el precio de venta sólo es un elemento para determinar el daño de las mercancías para la venta.

El valor de las mercancías en el lugar de destino incluye, en principio, todos los gastos que ha generado la operación de transporte (gastos de carga y descarga, impuestos, precio del transporte o portes, seguro y beneficio esperado). Como mantiene Broseta,[66] las partes en este caso quieren tener en cuenta y proteger un beneficio esperado o probable.

Tirado[67] señala que mientras que en las mercancías destinadas a la venta el beneficio esperado se encuentra incluido en el precio de venta en destino, en el valor del interés de los bienes transportados no destinados a la venta puede incluirse un determinado porcentaje de aumento en concepto de beneficio esperado sobre la base del valor del coste, en la medida en que es más favorable para el asegurado que el dato legal. Pero el citado autor mantiene que la adición del beneficio esperado en el precio de venta en destino, aunque sea en un determinado porcentaje del 10 al 25 %, puede ser un atentado al principio indemnizatorio, pues si las mercancías sufren un siniestro total o parcial, el asegurado recibe una indemnización superior al valor venal o de mercado de las mismas si hubieran llegado a destino sanas y salvas. Afirma que la póliza estimada es la única forma de asegurar a tanto alzado el lucro cesante de acuerdo con el principio de respeto de cualquier estimación contenido en el artículo 62.

El Tribunal Supremo no mantiene un criterio uniforme sobre si el beneficio esperado se encuentra incluido o no en el precio de venta en destino, pues en un caso establece que se necesita una cobertura específica y en otro afirma

---

tuviera en Holanda frente a terceros o consumidores como consecuencia de su reventa, dado que el verdadero interés asegurado por el transportista apelante y, en definitiva, el perjuicio que con el seguro intenta trasladarse a la aseguradora, consiste en la indemnización que el porteador tiene que pagar a la remitente o vendedora por el daño producido en la mercancía, que es la totalidad del precio que va a recibir del tercero, y en el que lógicamente va incluido el beneficio empresarial, aparte de los gastos ordinarios». La finalidad del artículo 62 párrafo 2.º de la LCS es evitar tanto un perjuicio en el crédito del asegurado, a pesar de la realidad del contrato de seguro, si partiéramos del valor de las mercancías en origen, como un enriquecimiento injusto en su favor si consideráramos la otra de las hipótesis rechazadas; y a este enriquecimiento injusto es al que, de manera imperativa y general para toda clase de seguro de daños, incluido el de transporte terrestre, se refiere el artículo 26 de la LCS. Obviamente, el principio de que no es lícito el enriquecimiento injusto constituye un límite a la indemnización del asegurado, a pesar de los términos aparentemente rígidos de la expresión *«valor que las mercancías tuvieran en el lugar de destino»*, empleada por el mencionado artículo 62.

[66] Broseta, *op. cit.*, pág. 592.
[67] Tirado, F. J., *Ley del Contrato de Seguro, op. cit.*, pág. 970.

que está subsumido en el valor que las mercancías tendrán en destino, y así existe diferente jurisprudencia al respecto.[68]

Un tema diferente es la inclusión o no en el precio de venta y, por consiguiente, en la determinación del valor del interés, del lucro cesante por falta de actividad. Este problema también es tratado jurisprudencialmente.[69]

Puede existir un seguro de lucro cesante o beneficio esperado de las mercancías en el transporte terrestre, que no debe confundirse con el beneficio probable de la mercancía en destino.

Pero puede ocurrir que el precio de las mercancías en el lugar de destino sea muy superior a su valor de coste más los gastos o que sea inferior. En el primer caso, el asegurador saldrá perjudicado, y en el segundo, el perjudicado será el asegurado. Para evitar este problema conviene que en la póliza se prevean estas circunstancias (póliza estimada o incremento global de la suma a título de lucro cesante).

3.1.2   En el transporte marítimo

El objeto del contrato de seguro no lo constituyen las cosas aseguradas, sino el interés de una persona frente a éstas. El interés es la relación jurídico-patrimonial de una

---

[68] Sentencia del TS de 15-6-1988 (art. 4.932) que resuelve el siguiente supuesto:

Existía un seguro de transporte por camión de alimentos precocinados y congelados con valor máximo asegurado por expedición y viaje de 10 millones de pesetas. Tiene lugar un accidente y se produce la pérdida total de las mercancías. La aseguradora paga la indemnización y ejercita su derecho de subrogación en los derechos del asegurado. La compañía aseguradora exige al causante del accidente el valor de la indemnización que ella ya pagó. El Tribunal Supremo declara que la aseguradora tiene el derecho a exigir el resarcimiento del valor indemnizable fijado en el documento que comprende el valor de las mercancías en destino más el beneficio esperado, pues el artículo 62 de la LCS establece que cuando el seguro cubre los riesgos de mercancías que se destinen a la venta, la indemnización se regulará por el valor que las mismas tuvieran en el lugar de destino, pero siempre en defecto de estimación pactada. El valor estimado incluye el beneficio esperado, ya que el dictamen pericial indica que es costumbre comercial añadir al precio de coste de las mercancías un 10 % del beneficio esperado para fijar el valor indemnizable.

En la sentencia del TS de 8-3-1990 (art. 1.679), durante el transporte terrestre de mercancías destinadas a la venta (prendas de vestir vendidas en firme destinadas a la exportación) se produce el siniestro (incendio) que supuso la destrucción total de las mercancías que se habían asegurado. El siniestro tiene lugar en el tramo terrestre y existe discrepancia en cuanto al importe de la indemnización, que según la aseguradora era el precio de coste de las mercancías, y constituía su límite la cantidad asegurada, trayendo a colación las disposiciones de los artículos 32 y 62 de la LCS y 754 del Código de Comercio, conforme a los cuales la indemnización deberá fijarse en relación con el precio de compraventa. La aseguradora afirma que no existe enriquecimiento injusto por su parte, pues el importe de la indemnización, según el artículo 62.2 de la mencionada Ley, será determinado conforme al

persona, física o jurídica, respecto a la cosa u otro bien jurídicamente evaluable. En nuestro caso, el objeto del contrato lo constituye la relación jurídico patrimonial respecto de las mercancías aseguradas.

El interés para ser asegurable debe tener un contenido económico evaluable, susceptible de protección jurídica, que sea reconocido por el marco jurídico, y no vulnere el orden público; por ejemplo, la relación de dominio del propietario de las mercancías, o la relación de custodia de su transportista, su estibador, su agente de aduanas, o cualquier relación jurídica que pueda ser susceptible de protección y económicamente evaluable respecto de las mercancías.

En la práctica del seguro marítimo, los intereses asegurables por excelencia son: el buque, los desembolsos, el flete, la propiedad de las mercancías, la responsabilidad de la naviera y la responsabilidad del transitario, entendiendo ésta como una práctica sujeta al riesgo de la navegación (art. 743 del Código de Comercio). El artículo 745 del mismo código sienta una presunción respecto a lo que debe entenderse de forma genérica como seguro sobre el buque: *«las maquinas, los aparejos, pertrechos, y cuanto esté adscrito al buque».* La práctica aseguradora excluye de este concepto el combustible y los víveres embarcados.

El flete es asegurable como derecho de crédito del armador frente a los intereses de la mercancía. Por tanto, debe entenderse que el seguro cubre la pérdida del derecho de flete como consecuencia de los *perils of the sea*, lo que no debe confundirse

---

valor que tengan las mercancías aseguradas en el lugar de destino. El Tribunal Supremo establece que la indemnización tiene que fijarse en relación con el precio de la factura de compraventa y que la pérdida de beneficios o lucro cesante era un riesgo que no estaba cubierto por la póliza. Se considera necesaria una cobertura específica, un contrato de seguro diferente, ya que el beneficio esperado está cubierto sólo si así expresamente se conviene.

[69] La AP de Álava, en la sentencia de 14-4-1993 (AC 1993/502), estimó que el valor indemnizable por la avería de unos muebles dañados en el momento de su descarga era el valor de la mercancía averiada con exclusión de los perjuicios dimanantes del lucro cesante, ya que no se admite el perjuicio derivado de la paralización del negocio, pues para ello el actor debió acreditar (art. 1.214 Código Civil) que los elementos averiados eran imprescindibles para el ejercicio del negocio, de tal suerte que su falta hiciera imposible la apertura del local al público.

En el caso de la sentencia de la AP de Lleida de 4-5-1998 (AC 1998/884), se discute sobre si la indemnización sólo debía corresponder al importe de la reparación o también a los perjuicios de paralización de la máquina (mercancía dañada), pues la demanda fue condenada al pago de dichos perjuicios. El artículo 4 de la póliza decía que el seguro cubría los daños materiales y directos, no siendo indemnizables los daños indirectos, entre los que se encuentran los perjuicios derivados de la paralización del vehículo. La AP de Lleida mantiene que los perjuicios derivados de la paralización de la máquina constituyen un lucro cesante, que es una modalidad distinta de seguro como reconoce el artículo 63 de la LCS. Añade que podrá celebrarse como contrato autónomo o añadirse como un pacto a otro de distinta naturaleza, lo que supone que es precisa la constancia específica de que se cubre este riesgo, de manera que procede excluir de la indemnización concedida el importe de los mencionados perjuicios.

con un seguro de crédito, que otorgue protección frente a la insolvencia del deudor. Los desembolsos los constituyen aquellos gastos, daños y perjuicios que pudieran ser ocasionados al armador como consecuencia de la pérdida del buque. La póliza *ITC Hulls, Restricted perils 1995* los define en su artículo 22[70] como *disbursements warranty,* fijando un límite del 25 % del valor asegurado como máximo. La responsabilidad de la naviera no se encuentra fijada de forma expresa en el Código de Comercio; sin embargo, la definición del artículo 743 parece suficiente para considerarla incluida. La doctrina,[71] ante la falta de regulación de dicho código, apunta a la necesidad de acudir a los artículos 73 a 76 de la Ley de Contrato de Seguro, para encontrar el marco regulador de la responsabilidad naviera.

No son pocos los supuestos en la práctica marítima en los que el interés asegurado se cubre mediante pólizas flotantes.[72] Si bien el código español no regula tal posibilidad detalladamente, el artículo 741 prevé el supuesto en que la mercancía no esté individualizada. En idéntico sentido lo encontramos en la LCS, donde se aceptan estas prácticas, y se establece que, en caso de utilizar pólizas flotantes, se especificará la forma de hacer el abono.

La regla básica en un contrato de seguro es que el valor asegurable es el valor real del interés. Sin embargo, el seguro marítimo precisa de una particularidad al valorar el interés asegurable, al entender que el mismo debe ser valorado en el comienzo, o inicio, de la aventura marítima, con la premisa de que acaecido el siniestro, el asegurado debe ser resarcido al estado patrimonial en el que se encontraba antes de acometer la aventura marítima.

En efecto, el Código de Comercio, recogiendo la tradición comparada de valoración inicial del interés, expone en el artículo 754:

---

[70] «22.1 Seguros adicionales como los siguientes están permitidos:

22.1.1 Desembolso, comisiones del gestor, beneficios o excesos o incrementos de valor del casco y la maquinaria. Un importe no excediendo el 25 % del valor establecido.

22.1.2 Flete, flete sobre el fletamento, flete anticipado, asegurado por tiempo. Un importe no excediendo el 25 % del valor establecido menos el importe asegurado descrito en el apartado 22.1.1.»

La cláusula 22 enumera siete categorías más de intereses asegurables.

[71] Gabaldón García, J. L. y Ruiz Soroa, J. M., *Manual de derecho de la navegación marítima,* Marcial Pons, 2002, 2.ª ed., pág. 810.

[72] La póliza flotante alcanza una cantidad fija suficiente para cubrir varios embarques cuyos datos son declarados *a posteriori.* Tradicionalmente, se ha distinguido entre: pólizas que hay que alimentar o extinguir, de cuantía determinada en lo que a límites se refiere y duración indeterminada; pólizas flotantes o de abono, de cuantía indeterminada y duración determinada, que tienen por objeto cubrir todas las expediciones de un cargador independientemente de los bienes, medios de transporte o puntos de origen o destino; pólizas abiertas, que se diferencian de las flotantes en que no es preciso verificar límites para su reposición y en que el pago de las primas suele efectuarse de forma mensual o trimestral; pólizas a término, cuya duración depende de lo que se estipule en su propio texto, que suelen cubrir períodos de un año o más; y pólizas mixtas, en las que se precisa el plazo de tiempo cubierto y el viaje garantizado.

«Si al tiempo de realizarse el contrato, no se hubiese fijado de forma específica el valor de las cosas aseguradas, se determinará éste por:

- *Las facturas de consignación.*
- *La declaración de corredores o peritos, que procederán tomando por base de su juicio el precio de los efectos en el puerto de salida, más los gastos de embarque, flete y aduanas.*
- *Si el seguro recayera sobre mercaderías de retorno de un país en el que el comercio se hiciese sólo por permuta, se arreglará el valor por el que tuvieran los efectos permutados en el puerto de salida, con todos los gastos».*

Por regla general, la suma declarada por el asegurado no vincula jurídicamente al asegurador, salvo que se empleen pólizas estimadas, mediante las cuales asegurador y asegurado fijan de modo convencional, y con carácter previo, el valor asegurado de forma irrevocable, excepto en los supuestos, claro está, de existencia de vicio en el consentimiento.

Esta fórmula encuentra acogida en el Código de Comercio, concretamente en el artículo 752, que instaura de forma legal el principio de la póliza estimada al seguro marítimo, al crear una presunción legal mediante la cual los aseguradores admiten como exacta la evaluación de los efectos asegurados en la póliza.

Artículo 752 del Código de Comercio:

«La suscripción de la póliza creará una presunción legal de que los aseguradores admitieron como exacta la evaluación hecha en ella de los efectos asegurados, salvo los casos de fraude o malicia.

»Si apareciere exagerada la evaluación, se procederá según las reglas del caso:

»Si la exageración hubiera procedido de un error y no de malicia imputable al asegurado, se reducirá el seguro a su verdadero valor, fijado por las partes de común acuerdo o por juicio pericial. El asegurador devolverá el exceso de la prima recibido, pero retendrá medio por ciento de ese exceso.

»Si la exageración fuera por fraude del asegurado, y el asegurador lo probase, el seguro será nulo para el asegurado y el asegurador ganará la prima, sin perjuicio de la acción criminal que le corresponda».

Por el contrario, en el Código de Comercio de 1885, con el fin de incentivar la no aparición de fraude, el legislador, en sus artículos 750 y 751, y salvo pacto en contrario, dejaba un porcentaje del 20 o del 10 % a riesgo del asegurado para promover la diligencia de aquél y su actuación de buena fe en el cuidado del buque, o de las mercancías, cuando el capitán contratase el seguro de éstas o su dueño coincidieran con el del buque.

Si en el momento de contratar el seguro, las partes no hubieran fijado el valor de los objetos asegurados, el Código de Comercio, en su artículo 754, establece que el valor de las mercancías será fijado conforme a «*las facturas de consignación, por declaración de corredores o peritos, que procederán tomando por base de su juicio el precio de los efectos en el puerto de salida, más los gastos de embarque, flete y aduanas*».

La Ley de Contrato de Seguro difiere del Código de Comercio en cuanto al sistema de valoración del interés. Así, el artículo 26 de dicha Ley establece que «*El seguro no puede ser objeto de enriquecimiento injusto para el asegurado. Para determinar el daño se atenderá al valor del interés asegurado en el momento inmediatamente anterior a la realización del siniestro*». Conviene diferenciar por tanto dos conceptos; por un lado, el momento de la valoración del interés que fijan las partes sin que ello suponga un enriquecimiento injusto,[73] y por otro, el momento en que la ley entiende que debe ser valorado el daño causado al valor del interés, que deberá ser el momento anterior a la ocurrencia del siniestro. La Ley, a su vez, distingue entre dos supuestos: según las mercancías aseguradas fueran destinadas a su venta o no lo fuesen. En el primer caso, el artículo 62 de la mencionada Ley establece «*(...) No obstante lo dispuesto en el párrafo anterior, cuando el seguro cubra los riesgos de mercancías que se destinen a la venta, la indemnización se regulará por el valor que las mismas tuvieran en el lugar de destino*». Cuando las mercancías no estén destinadas a la venta, el valor asegurado se computará tomando «*el precio que tuvieran las mercancías en el lugar y momento en que se cargaran y, además, todos los gastos realizados para entregarlas al transportista y el precio del seguro si recayera sobre el asegurado*».

Esta Ley no es ajena a la existencia de pactos convencionales entre las partes para fijar de común acuerdo el valor del interés. El artículo 28, exceptuando lo dispuesto por el artículo 26, admite el uso de las pólizas estimadas, añadiendo que «*No obstante lo dispuesto en el artículo 26, las partes, de común acuerdo, podrán fijar en la póliza o con posterioridad a la celebración del contrato el valor del interés que deberá tenerse en cuenta para calcular la indemnización. Se entenderá que la póliza es estimada cuando el asegurador y el asegurado hayan aceptado expresamente en ella el valor asignado al interés asegurado. El asegurador sólo podrá impugnar el valor estimado cuando su aceptación haya sido prestada por violencia, intimidación o dolo, o cuando, por error, la estimación sea notablemente superior al valor venal, correspondiente al momento del acaecimiento del siniestro, fijado pericialmente*». Con respecto a las pólizas estimadas, el Tribunal Supremo ha sostenido[74] que, cuando se producen averías, o se causan daños al objeto asegurado, la estimación de las partes deja paso al valor de la pérdida, que será determinado por la actuación de los peritos. El citado tribunal[75] ha reiterado que la carga de la prueba del dolo en estos

---

[73] Por ejemplo, añadiendo un 10 % de beneficio comercial para los casos de compraventa, coste seguro y flete (incoterm CIF). Igualmente, resulta excepcional a lo dispuesto en el artículo 26 el seguro a valor nuevo, y por supuesto, las pólizas estimadas.

[74] Véase la sentencia del TS de 9-4-1999.

[75] Sentencias del TS de 28-2-1990 y 19-2-1988.

supuestos corresponde al asegurador, quien en caso de no tener éxito en la misma, deberá aceptar como válido el valor y la existencia de los objetos asegurados.

Al objeto de abarcar todas las situaciones que se pueden producir en la práctica jurídica, no podemos sino abordar los supuestos en los que se producen casos de infraseguro y sobreseguro. Éstos son habituales en la práctica marítima, lo cual es debido a la presunción legal que opera a raíz de lo establecido en el artículo 752 del Código de Comercio, por lo que rara vez la regla proporcional resulta de aplicación. Sin embargo, para otros supuestos fuera del tráfico estrictamente marítimo, conviene tener presente la regulación que, sobre las figuras de infraseguro y sobreseguro, contiene la LCS de 1980.

Conforme a lo dispuesto en el artículo 30 de la mencionada Ley, existirá infraseguro en aquellos supuestos en que la suma asegurada es inferior al valor del interés. En tal caso, el asegurador indemnizará el daño causado en la proporción en que el interés esté cubierto por la suma asegurada.

El cálculo de la indemnización se realiza mediante una oportuna regla de tres, llamada en el sector la regla proporcional. El párrafo segundo del artículo 30 prevé la posibilidad de excluir de un modo convencional la aplicación de la regla proporcional, como sucede, por ejemplo, mediante el empleo de las pólizas estimadas.

Artículo 30 de la LCS: «*Si en el momento de producirse el siniestro la suma asegurada es inferior al valor del interés, el asegurador deberá indemnizar el daño causado en la misma proporción en la que aquélla cubre el interés asegurado. Las partes, de común acuerdo, podrán excluir en la póliza, o con posterioridad a la celebración del contrato, la aplicación de la regla proporcional prevista en el párrafo anterior*».

Cuando la suma asegurada supera notablemente el valor del interés asegurado, nos encontramos ante un supuesto de sobreseguro, en cuyo caso el artículo 31 permite a ambas partes solicitar la reducción del valor y de la prima percibida, limitándose el asegurador a abonar el daño efectivamente causado. En el supuesto de que el asegurador consiga probar que el sobreseguro ha sido debido a la mala fe del asegurado, el contrato deviene ineficaz, y el asegurador puede de buena fe retener las primas vencidas y las del período en curso.

Artículo 31 de la LCS: «*Si la suma asegurada supera notablemente el valor del interés asegurado, cualquiera de las partes del contrato podrá exigir la reducción de la suma y de la prima, debiendo restituir el asegurador el exceso de las primas percibidas. Si se produjera el siniestro, el asegurador deberá indemnizar el daño efectivamente causado. Cuando el sobreseguro previsto en el párrafo anterior se deba a mala fe del asegurado, el contrato será ineficaz. El asegurador de buena fe podrá, no obstante, retener las primas vencidas y las del período en curso*».

Además de las situaciones de infraseguro y sobreseguro, en la práctica aseguradora pueden existir situaciones en las que el interés asegurado haya sido objeto de varias coberturas. En este supuesto, según nos encontremos con un seguro de mercancías por transporte marítimo, o terrestre y aéreo, las soluciones previstas por la ley son muy dispares.

En un seguro de mercancías para el transporte marítimo, el artículo 782 del Código de Comercio adopta la siguiente solución. De no existir fraude, en cuyo caso el contrato será nulo, *«subsistirá únicamente el primer contrato de seguro, con tal que cubra todo su valor. Los aseguradores de fecha posterior quedarán libres de responsabilidad y percibirán un medio por ciento de la cantidad asegurada. Pero si el primer contrato no cubre el valor íntegro del objeto asegurado, la responsabilidad del exceso recaerá sobre los aseguradores que contrataron con posterioridad, siguiendo el orden de fechas».*

Por el contrario, la solución acogida por la LCS, en su artículo 32, parece más equitativa. Establece la aplicación del principio de proporcionalidad, mediante el cual los aseguradores contribuirán al abono de la indemnización en proporción a la propia suma asegurada, y si el importe total de las sumas aseguradas superase notablemente el valor del interés, será de aplicación lo previsto en el artículo 31, esto es, la regla proporcional.

3.2   Obligación del pago

El asegurador está obligado al pago de la indemnización, excepto en los casos en que el asegurado haya perdido el derecho a la indemnización.

Una vez el asegurado declara el siniestro, previa acreditación y valoración del mismo, nace por parte del asegurador la obligación de resarcirle en su pérdida patrimonial efectiva, en la forma y los plazos legales, o convencionalmente establecidos.

En el marco del seguro marítimo, el artículo 770 del Código de Comercio establece la obligación de indemnizar del asegurador, previa presentación de los documentos justificativos del siniestro. Los documentos necesarios para acreditar el siniestro se enumeran en el artículo 769, que dispone:

«Toda reclamación procedente del contrato de seguro deberá ir acompañada de los documentos que justifiquen:

1. *El viaje del buque, con la protesta del capitán o copia certificada del Libro de Navegación.*
2. *El embarque de los objetos asegurados, con el conocimiento y los documentos de expedición de Aduanas.*
3. *El contrato del seguro, con la póliza.*
4. *La pérdida de las cosas aseguradas, con los mismos documentos del número 1, y la declaración de la tripulación, si fuera preciso.*

Además, se fijará el descuento de los objetos asegurados, previo el reconocimiento de los peritos. Los aseguradores podrán contradecir la reclamación y se les admitirá sobre ello prueba en juicio».

En la práctica aseguradora, los documentos exigidos para todos los seguros de mercancías son: los conocimientos de embarque para transporte marítimo; las cartas de porte CMR, o nacionales, para los transportes terrestres; y los conocimientos aéreos o *airwaybills*, conocimientos que deberán contener las reservas oportunas acreditando los daños, y estar acompañados de las facturas de venta o compra, los albaranes de entrega, la lista de carga o *paking list* y, en algunos supuestos, el informe pericial correspondiente.

Cumplimentada la entrega de los documentos, nace la obligación del asegurador de abonar la avería o pérdida en el plazo estipulado en la póliza o, en su defecto, a los diez días desde la reclamación. El Código de Comercio establece que los aseguradores, si encontrasen infundada la reclamación, podrán contradecirla depositando las cantidades que justifiquen suficientes, o entregando fianza.

Tal como establece el artículo 18 de la LCS, el asegurador debe efectuar el pago de la indemnización al finalizar las operaciones de investigación y peritación que fueron necesarias para establecer la existencia y las consecuencias del siniestro y el importe de los daños, si no existió acuerdo entre el asegurador y el asegurado sobre el importe y la forma de la indemnización.[76] Pero el mencionado precepto añade que el asegurador debe efectuar el pago del importe mínimo de lo que pueda deber, según las circunstancias por él conocidas, dentro de los cuarenta días, a partir de la recepción de la declaración del siniestro. Dicho importe mínimo debe ser abonado por el asegurador incluso en el supuesto de que el dictamen pericial sea impugnado (art. 38.8).

Puede suceder que el asegurador se retrase en el pago de la indemnización e incurra en mora.[77] En este caso, puede ser obligado a pagar los intereses de demora al no proceder con diligencia a las operaciones de liquidación. Si en el plazo de tres meses desde la producción del siniestro el asegurador no abona el importe de la indemnización sin causa justificada (art. 20.8), o no hubiera procedido al pago del importe mínimo de lo que pueda deber dentro de los cuarenta días a partir de la recepción de la declaración del siniestro, la indemnización por mora se incrementará en la forma que establece el artículo 20.4. Pero si el asegurado tiene que acudir a la reclamación judicial del pago de la indemnización, podrá pedir también los gastos del proceso (art. 38.9).

3.3   *Los gastos de peritación*

En ocasiones, las partes no se ponen de acuerdo sobre el importe y la forma de la indemnización y, por tanto, se tiene que acudir al peritaje;[78] el problema se agrava cuan-

---

[76] Véanse los artículos 18 y 38 de la LCS.

[77] Véase el artículo 33 de la póliza Unespa. Véanse Ángulo Rodríguez, L., en *Liquidación del siniestro en el seguro de daños en las cosas*, 4.ª ed., Editorial Tecnos, 1997, y Bataller Grau, J., en *La liquidación del siniestro en los seguros de daños,* Librería Tirant lo Blanch, 54.

[78] Véase el artículo 38 de la LCS.

do, además, las mercancías siniestradas son perecederas. En este caso, el porteador de las mercancías podrá proceder a la venta con intervención de la autoridad competente (art. 362 del Código de Comercio).[79] Si el producto neto de la venta no cubre el valor de las mercancías (valor en destino según el art. 62 de la LCS), el asegurador indemnizará la diferencia con el límite máximo de la suma asegurada.

En la póliza se puede haber pactado sustituir el pago de la indemnización por la reparación o la reposición de los objetos siniestrados (art. 18 *in fine*).[80] En este caso, las mercancías repuestas deben serlo en la misma cantidad y calidad. Esta forma de indemnización puede ser útil cuando la pérdida de las mercancías haya sido parcial y se necesita completar la partida de mercancías vendidas y expedidas. Es posible que se pacte la reposición de las mercancías siempre y cuando las pérdidas no superen un determinado límite.

En la indemnización se incluyen los gastos de salvamento (arts. 61.2 y 17); tiene un límite contractual, la suma asegurada, y también se considerará la existencia de franquicias. La indemnización no puede sobrepasar el montante del daño, pues de lo contrario se produciría un enriquecimiento injusto contrario al principio indemnizatorio.

El procedimiento pericial como tal genera una serie de gastos o desembolsos patrimoniales de las partes, asegurador y asegurado, que no existen, en principio, en el arreglo amistoso de liquidación del daño acaecido en el siniestro, salvo que este arreglo amistoso se produzca en un momento posterior o tras actuaciones periciales imprescindibles para el conocimiento del daño.

Algunos de estos gastos recaen sobre la esfera jurídica del asegurado, por ejemplo la aportación documental típica conexa al aviso de siniestro, al deber de información y a la prueba de preexistencia de los bienes asegurados. Otros nacen de la tutela del interés patrimonial del asegurador, y son los necesarios para la comprobación y verificación de la existencia del siniestro.

Por último, existen otros gastos diversos: los honorarios de los peritos (de las partes y del tercero), los gastos que surgen para el desarrollo de la pericia, los de desescombro del lugar del siniestro, los de conservación de los restos del siniestro, entre otros.

Todos estos gastos, que adquieren en ocasiones una difícil delimitación de los gastos de salvamento, regulados en el artículo 17 de la LCS, son en principio soporta-

---

[79] Véanse los artículos 369 del Código de Comercio y 2.119 de la Ley de Enjuiciamiento Civil de 1881, sobre depósito de efectos mercantiles, y el artículo 2.161 de la Ley de Enjuiciamiento Civil de 1881, sobre enajenación y apoderamiento de efectos comerciales en casos urgentes. Confróntense sobre subastas, venta directa y enajenación por persona o entidad especializada de mercancías depositadas los artículos 23.2 de la Ley Orgánica del Transporte Terrestre (LOTT), 10 del reglamento de dicha Ley y 13 a 16 de la Orden de 30-3-2001, por la que se establecen normas para la realización por las juntas arbitrales del transporte de funciones de depósito y enajenación de mercancías (BOE de 14 de abril).

[80] Dicha cláusula necesita el consentimiento del asegurado.

dos por la parte que ha dado origen a los mismos, salvo que existan previsiones al respecto en el contrato de seguro, bien sea sobre el reparto de la carga financiera que suponen los gastos, o bien sobre el aseguramiento de los mismos dentro del límite genérico de la suma asegurada o con limitaciones específicas o, finalmente, son contemplados en la normativa vigente.

Por otra parte, en el marco del ordenamiento procesal, las denominadas costas procesales tienen un régimen propio, ya que sólo se pueden vincular al procedimiento pericial de forma indirecta, en la medida en que el proceso judicial puede ser una continuación del mismo o una alternativa.

En este contexto, el artículo 39 dicta reglas sobre el reparto de los gastos de la peritación, con independencia de que el asegurado haya sido o no indemnizado por el siniestro acaecido, y estos gastos se configuran como desembolsos monetarios de ambas partes vinculados económica o jurídicamente al procedimiento de liquidación del daño por obra de peritos.

La Ley de Contrato de Seguro hace recaer sobre la parte que lo ha nombrado la carga del pago de los honorarios profesionales de los peritos. Por el desarrollo de su actividad dirigida a un resultado, la tasación de los daños, los peritos ostentan, como sus semejantes los peritos judiciales, un derecho al cobro de una compensación monetaria de la persona o personas que los han designado. En este supuesto, es obvio que el perito de parte, ya sea asegurador o asegurado, debe cobrar de su cliente que le ha designado.[81]

Mayor dificultad presenta el pago de los honorarios al perito tercero, nombrado por acuerdo de ambas partes o por el juez, así como de los gastos imputables al mismo. La salomónica decisión de la citada Ley, ampliamente acogida en la praxis comparada, de reparto por mitad entre asegurador y asegurado, es lógica consecuencia del hecho evidente del nombramiento por ambas partes y, en caso de conflicto, por el juez, y de que su actividad se desarrolla en beneficio del resultado final de la pericia.

Los restantes gastos se dividen también entre ambas partes, que responden frente al titular del crédito el 50 % cada una.

Las reglas mencionadas tienen el carácter de imperativas conforme al artículo 2 de la LCS; sin embargo, pueden pactarse otras distintas que objetivamente sean más favorables para el asegurado, ya que en otro caso serían nulas, salvo que nos encon-

---

[81] En principio, estos honorarios pueden subsumirse en el salario, cuando existe relación laboral entre el perito y su cliente. Véase la sentencia del TS, sala de lo social de 8-10-1992 (RJ 1992, 7622), dictado en unificación de doctrina, y que menciona también las sentencias del mismo tribunal de 12-7-1988 (RJ 1988, 5798) y 1-3-1990 (RJ 1990, 743), en cuyo supuesto se tuvo en cuenta la existencia de relación laboral, si bien incidentalmente se consideró: «*La facultad del perito tasador de rechazar las peritaciones ofrecidas, unida a la naturaleza meramente descriptiva (o de concreción del objeto del contrato) de las instrucciones recibidas, y a la existencia de peritos colaboradores a su servicio, son en un trabajo como la tasación pericial de daños indicadores inequívocos de la prestación de los servicios profesionales en régimen de autonomía*».

tráramos ante un seguro cualificable como operación de gran riesgo, sometida a la libertad de elección de Ley aplicable, en los términos establecidos por los artículos 44 y 107.

Desde la perspectiva de una operación normal de seguro, carecería de validez el pacto que relevase del pago de los honorarios de su perito al asegurado y, en cambio, le impusiese la asunción total del resto de los gastos periciales. Por el contrario, sería lícito bajar el porcentaje de los gastos por el asegurado o incluso suprimir total o parcialmente la contribución de éste a los gastos de la pericia mediante la asunción de los mismos por el asegurador, de forma directa o mediante el vehículo de un seguro complementario.

La distribución predispuesta por la LCS desaparece en sus efectos cuando una de las partes hubiera hecho necesaria la peritación por haber mantenido una valoración del daño desproporcionada. Entonces se establece la sanción pecuniaria de que la parte en cuestión deba asumir la totalidad de los gastos de la pericia, incluso los del perito de la otra parte. Ésta es, sin duda, la posición del legislador, que no ha querido limitar monetariamente la sanción a los gastos de la intervención del tercer perito, pues ésta no ha sido provocada directamente por la actitud de las partes, sino por el conflicto de los peritos, que carecen de vínculo representativo. Entonces, se puede afirmar que la ratio de la norma es fomentar el arreglo amistoso, de manera que el asegurado y el asegurador adecuen sus pretensiones a la realidad. Así, si no se llega al arreglo amistoso por la posición intransigente de una de las partes, y no hay otra solución que abrir el procedimiento pericial y al término del mismo se percibe con nitidez que la posición intransigente carecía de base, entonces esta parte está obligada, con independencia de otras sanciones, a abonar la totalidad de los gastos de la pericia, ya que al utilizarla como cobertura de su posición irreal se desvirtúa la naturaleza de la institución.

Normalmente, el juez, en el trámite e impugnación del dictamen pericial o en vía de reclamación de la parte perjudicada, es quien deberá sancionar a la otra parte con la totalidad de los gastos de la tasación. Atendiendo a las circunstancias del caso, puede incluso disminuir esta sanción, manteniendo a cargo de la otra parte el pago de los honorarios de su perito.[82]

---

[82] La sentencia del TS de 5-10-1994 (RJ 1994, 7455) reconoció el derecho a los honorarios por parte de un perito tercero, cuyo dictamen había sido invalidado por error, declarando: *«(...) confunde lamentablemente el recurso, el derecho a los honorarios por un profesional que aporta su trabajo a la consecución de un fin, cualquiera que sea su resultado no viciado por dolo o negligencia y el rechazo del Órgano Jurisdiccional de ese resultado de labor profesional condensado en el informe pericial por simple y disculpable error».*

[83] El artículo 29 de la póliza Unespa establece que los gastos que se originen por el cumplimiento de la obligación de salvamento, siempre que no sean inoportunos o desproporcionados a los bienes salvados, son de cuenta del asegurador hasta el límite fijado en las condiciones particulares o especiales

El deber de pago de los gastos del procedimiento pericial es independiente del deber de pago de la indemnización y, por tanto, no está sometido al límite de la suma asegurada y al juego de la regla proporcional.

3.4   *Los gastos de salvamento y la reexpedición*

El artículo 17.3 de la Ley de Contrato de Seguro establece una regla general en cuanto a los gastos ocasionados por el asegurado para aminorar las consecuencias del siniestro; éstos serán por cuenta del asegurador siempre que no sean inoportunos o desproporcionados respecto a los bienes salvados, incluso si tales gastos no han tenido resultados efectivos o positivos.

El artículo 17 es una norma imperativa y todo pacto en contra será nulo. Parece que la ley opta por un criterio objetivo al valorar estos gastos y no tiene en cuenta la actitud o la buena o mala fe del asegurado al incurrir en los mismos. Del mismo modo, se dice por la doctrina que este condicionamiento no está bien expresado, pues estos gastos tienen su aplicación tanto en los seguros de daños como en los de personas. Por tanto, es admisible como gasto oportuno, por ejemplo, el derivado de la atención médica prestada para un feliz restablecimiento de la persona en los seguros de accidentes o para disminuir la importancia de lesiones.

El problema está en determinar cuándo nos hallamos ante un gasto inoportuno o desproporcionado en relación con los bienes salvados. Para ello, habrá que buscar criterios razonables que tengan en cuenta las distintas circunstancias que se pueden producir. Así, algunos pequeños gastos pueden considerarse inoportunos o desproporcionados o, por el contrario, el asegurado puede incurrir en unos gastos elevados que, sin embargo, sean totalmente razonables y disminuyan los efectos del siniestro.[83]

Naturalmente, los gastos que deban abonarse por el asegurador son los efectivamente ocasionados, y la carga de la prueba de los mismos debe recaer sobre el asegurado. En la sentencia del TS (Sala 1.ª) de 29 de octubre de 1988 (RJ 1998, 8.162), el asegurado pretendía obtener del Consorcio los gastos de salvamento que habían

---

del contrato, incluso si tales gastos no han tenido resultados efectivos o positivos. El artículo 16 de la misma póliza considera comprendidos en los gastos de salvamento los que sean necesarios o convenientes para la reexpedición de los objetos transportados, impuesta ésta a consecuencia de un siniestro comprendido en los riesgos cubiertos por la póliza.

El artículo 13.4.f) del anexo de la Resolución de la Dirección General de Seguros de 17-3-1981 señalaba que «*se consideran comprendidos en los gastos de salvamento los que fueren necesarios o convenientes realizar para la reexpedición de los objetos transportados, impuesta ésta a consecuencia de un siniestro comprendido en los riesgos por esta póliza*».

sido abonados a los trabajadores por el INEM, pretensión que fue denegada por el alto tribunal.[84]

La sentencia de la AP de Barcelona (sección 15.ª) de 6 de julio de 2004 (AC 2004, 1.185), en un supuesto en el que se pierde toda la mercancía tras el vuelco de un camión y se incurre en una serie de gastos por parte del asegurado, nos indica, por un lado, que la inoportunidad o desproporcionalidad habrá que medirla con relación a los bienes salvados y no a la mercancía transportada, y por otro, que no se deben confundir los gastos de salvamento con otro tipo de gastos que nada tienen que ver con los anteriores, pues no pretenden una aminoración del daño sufrido, como la retirada del vehículo o de la mercancía de la vía pública.[85]

El artículo 17.3 permite que las partes pacten que el asegurador asuma hasta un determinado límite los gastos de salvamento. Esto le da la posibilidad al asegurado de conocer la cantidad que, en su caso, tendrá que abonarle el asegurador y, en caso de exceso, lo que debe asumir. Asimismo, este pacto también beneficiará al asegurador porque puede conocer de antemano hasta dónde puede llegar su cobertura; si bien tiene un efecto negativo para éste: que el tomador o asegurado no adopte todas las medidas necesarias para aminorar los daños cuando éstas superen el importe acordado.

---

[84] Según la sentencia del TS de 29-10-1998: *«Ante los hechos probados por vinculación fáctica casacional, tiene que aplicarse la jurisprudencia de esta Sala, al resolver casos análogos (sentencias de 13-12-1992 [RJ 1992, 10399], 3-12-1994 [RJ 1994, 9400] y 28-1-1995 [RJ 1995, 178]), que declaró procedente que el Consorcio pueda, al tener que indemnizar a la entidad actora por los gastos de salvamento o limpieza, detraer de dicha indemnización el importe de las cantidades ya abonadas por el INEM; de no incurrir así, se produciría una situación de enriquecimiento injusto para la recurrente, sin haber satisfecho cantidad alguna justificada a los trabajadores por las labores ejecutadas, así como por los salarios, conforme a lo establecido en el Real Decreto 5/1983, de 1 de septiembre, pues fue el INEM el que abonó las cantidades correspondientes en concepto de subsidio de desempleo. A su vez, de accederse a la petición de la recurrente, se pagaría dos veces una misma cantidad, la entendida por el INEM y la que se reclama de cuenta del Consorcio, por unos gastos de mano de obra que la recurrente no desembolsó y fija en 661 pesetas* [en la actualidad, 3,97 €] *por hora trabajada, cuando en los documentos que aportó y valorativos de los daños figuran 367 pesetas* [2,21 €]*»*.

[85] Según la sentencia del TS de 6-7-2004: *«Por ello, acreditada la pérdida total de la mercancía (hecho no discutido por las partes litigantes), interesa determinar si aquéllos fueron no desproporcionados en relación con los bienes. La desproporción existe si se atiende al importe de los bienes salvados y no al importe de la mercancía transportada según valor declarado, como erróneamente señala la sentencia de primer grado, pues tanto la Ley de Contrato de Seguro como las condiciones generales de la póliza refieren la desproporción al valor de los bienes salvados, y resulta la inoportunidad del rescate llevado a cabo por Grúas Zaspirain, SL de la mercancía transportada (44 palés que contenían 11.880 platos para discos ABS), dada la ausencia de acciones que llevasen a una efectiva aminoración del daño sufrido en la mercancía, habida cuenta que la intervención de aquélla surgió para retirar el vehículo accidentado de la vía pública y no para salvar el daño en ella. El trato posterior dado a la misma tampoco resultó el idóneo para paliar los efectos nocivos. En este sentido, no se acredita que se trate de un intento de salvamento fallido sino tan sólo de una recogida y un posterior depósito de la mercancía, lo cual veda la aplicación de aquella condición general y debe conducir a la desestimación de la demanda».*

En defecto de pacto, se indemnizarán los daños efectivamente ocasionados, siempre que su importe no supere la suma asegurada. La doctrina ha criticado este límite porque puede inducir a confusión. De este modo, se podría pensar, dado que la suma asegurada es el límite de indemnización a cargo del asegurador, que si el importe de la indemnización por los daños del siniestro asciende a la suma asegurada, no cabría indemnización alguna por los gastos de salvamento al haber sido consumida la misma. Sin embargo, la mayoría de la doctrina no lo interpreta así, pues considera que la finalidad del artículo 17.3 no es detraer cantidad alguna de la suma asegurada para los gastos de salvamento, sino exigir al asegurador que, además de asumir la indemnización derivada de los daños ocasionados por el siniestro, asuma también los gastos de salvamento hasta el límite de la suma asegurada, siempre que se cumplan los otros presupuestos vistos.

El párrafo 4 del citado artículo 17 establece que *«el asegurador que en virtud del contrato sólo deba indemnizar una parte del daño causado por el siniestro, tendrá que reembolsar la parte proporcional de los gastos de salvamento, a menos que el asegurado o el tomador hayan actuado siguiendo las instrucciones del asegurador»*. La doctrina se inclina por entender que esta regla se contempla para los supuestos de infraseguro, en los que el asegurador abonará los gastos de salvamento, excepto pacto en contrario, en la misma proporción que indemnice los daños, cuando sea de aplicación la regla proporcional por ser la suma asegurada inferior al interés asegurado. Sin embargo, otros autores entienden que esta previsión tiene un contenido más amplio y se refiere también a todos aquellos casos en los que ha sido pactada una indemnización, cuando se prevea una franquicia en el contrato o los seguros múltiples y el coaseguro.

Se exceptúan de estos supuestos los casos en los que el asegurado y tomador hayan actuado siguiendo las instrucciones del asegurador, en los que éste deberá reembolsar íntegramente los gastos de salvamento.

El asegurado tiene la obligación de minimizar los efectos del siniestro, aminorando el daño e incluso previniéndolo en lo posible, cuando la materialización de los riesgos cubiertos por la póliza sea inminente.

Ya sea mediante la aplicación de lo dispuesto en el artículo 57 del Código de Comercio, o de los supuestos específicos de los artículos 791 y 792 del mismo código para el transporte marítimo, o de lo previsto en el artículo 17 de la LCS, de forma complementaria para el seguro marítimo y directa para los transportes terrestre y aéreo, lo cierto es que los sacrificios realizados por el asegurado al aminorar los efectos del siniestro deben ser indemnizados por el asegurador, a menos que fuesen inoportunos o desproporcionados a los bienes salvados, eso sí, con un límite: que la indemnización no exceda de la suma asegurada.

La póliza española de mercancías contiene dos artículos que regulan el deber de salvamento del asegurado respecto de las mercaderías. El primero, el artículo 24, establece el deber del asegurador de *«tomar todas las medidas necesarias para el recobro y conservación de la cosa asegurada»*, y el artículo 27 se refiere a los gastos extraordinarios[86] que, en el ejercicio del deber de salvamento, fueran incurridos por el asegurado. Estos gastos deberán ser reembolsados por el asegurador, siempre y cuando hayan sido expresamente consentidos. De lo contrario, debe entenderse que los gastos que puedan ser considerados «ordinarios» deberán ser reembolsados en todo caso.

El artículo 61.2 de la LCS considera gastos de salvamento aquellos que son necesarios o convenientes para reexpedir los objetos transportados. La reexpedición consiste en realizar el trasbordo de las mercancías siniestradas a otro vehículo para que puedan continuar y finalizar el viaje. La reexpedición lleva implícitos gastos ocasionados por la descarga, el almacenaje, la carga y el reenvío de las mercancías siniestradas.[87]

El asegurado, en su deber de aminorar las consecuencias del siniestro, está obligado a realizar todo lo preciso para reexpedir las mercancías. De incumplir esta obligación, el asegurador podrá reducir su prestación en la proporción oportuna, teniendo en cuenta la importancia de los daños derivados del incumplimiento y el grado de culpa del asegurado (art. 17.1 de la LCS).[88] Pero si incumple la obligación de procurar aminorar las consecuencias del siniestro con manifiesta intención de perjudicar o engañar al asegurador, éste quedará liberado de toda prestación derivada del siniestro (art. 17.2).

Puede suceder que las mercancías siniestradas sean perecederas o de fácil deterioro o que el siniestro produzca en aquéllas un riesgo inminente de pérdida. En este caso, el porteador debe venderlas con la intervención de la autoridad competente,[89] pero es conveniente y aconsejable que el asegurado, al comunicar el siniestro, solicite instrucciones al asegurador para evitar la pérdida del reembolso o indemnización de los gastos efectuados (art. 17 *in fine).* Con ello se evita que, a la vista del importe de los gastos y del precio obtenido por la venta de las mercancías o de los gastos de reexpedición, éstos se consideren desproporcionados o inoportunos y se pierda su reembolso o indemnización. Realizada la venta, deben facilitarse al asegurador los documentos que prueben la realización de la misma.

El asegurador, antes de pagar los gastos, tendrá que comprobar que tales gastos son consecuencia del siniestro producido; también si éste se halla comprendido entre los riesgos cubiertos por la póliza o es un riesgo extraordinario, o si se trata de un

---

[86] La reexpedición, desde el punto de vista temporal, deber ser considerada un gasto extraordinario por cuanto excede del mero salvamento de las mercaderías, teniendo una mayor continuidad en el tiempo que permite la toma de decisión conjunta del asegurador y asegurado. Sin embargo, desde un punto de vista conceptual, no parece que deba entenderse extraordinaria la continuación o el complemento de la aventura marítima, terrestre o aérea.

[87] La reexpedición puede tener como consecuencia la necesidad de un cambio de medio de transporte. Las condiciones técnicas del nuevo vehículo pueden ser mejores o peores que las del vehículo sustituido, pero ello no implica necesariamente una agravación o disminución del riesgo.

[88] Duque, J., *«Seguros de incendio, contra el robo, de transporte terrestre...», Comentarios a la Ley de Contratos de Seguro,* Colegio Universitario de Estudios de Financiación, 1992, pág. 824; mantiene que *«el asegurado es responsable en cuanto a los modos de realizar la reexpedición, pues será el mismo que debe soportarlos».*

vicio propio de las mercancías. Si los gastos son consecuencia de un evento excluido de la cobertura de la póliza, el asegurado no tiene derecho a que le sean indemnizados e igual sucede con los riesgos excluidos y los vicios propios de las mercancías. El asegurador sólo pagará los gastos que provengan de riesgos cubiertos.[90]

Las pólizas suelen incluir cláusulas que obligan al asegurado a conservar los restos y vestigios del siniestro hasta que termine la liquidación de los daños, salvo imposibilidad material injustificada. Pero tal conservación no da lugar a una indemnización especial.[91]

Las pólizas pueden añadir que el asegurado debe cuidar que no se produzcan nuevos desperfectos o desapariciones que correrían a cargo del asegurado, salvo pacto en contrario.

La póliza Unespa (art. 2, párrafo 2.º) no sólo establece que el asegurador pagará los gastos de salvamento, también añade que reembolsará los gastos en que incurra el asegurado al cumplir su obligación de denunciar el siniestro, es decir, en la elaboración de la documentación de la reaclamación, aun cuando el siniestro no sea indemnizable.[92] En principio, cuando el siniestro no es indemnizable los gastos de salvamento tampoco lo son. Pero puede suceder que se pacte una garantía complementaria de reembolso de los gastos producidos por la justificación de cualquier reclamación.

El requisito de consentimiento expreso del asegurador parece inoportuno o desproporcionado en aquellos supuestos en los que deban tomarse medidas con rapidez; por ejemplo, en la aventura marítima internacional puede suceder que la toma de decisiones para el trasbordo de las mercaderías a otro buque, con motivo de una contaminación, o fuego a bordo, deba llevarse a cabo antes de tener el consentimiento del asegurador, en cuyo caso aparece inadmisible el argumento que sostiene que estas medidas no deberán ser susceptibles de indemnización por parte del asegurador. La solución debería consistir en la valoración juiciosa de la necesidad e idoneidad de las medidas adoptadas por parte del asegurado al objeto de delimitar si la obligación del asegurador nace de reintegrar su coste.

---

[89] Véase el artículo 362.2 del Código de Comercio.

[90] Sánchez Calero, F., Fuentes Camacho, V., Tapia Hermida, A. J., Tirado Suárez, J. y Fernández Rozas, J. C., *Ley de contrato de seguro*, Aranzadi, 2001, pág. 938; afirma que si el siniestro no es indemnizable los gastos de salvamento tampoco, salvo si se contrató la garantía complementaria de reembolso de los gastos en que incurra el asegurado por incumplimiento de las obligaciones dimanantes del artículo 13 del anexo 3 de la Resolución de 17-3-1981 (derogada, pero asumida por la práctica aseguradora). El citado autor mantiene que *«estos gastos de justificación del daño se asegurarían por sí mismos, con independencia de que el siniestro básico fuera un riesgo incluido o no, en el objeto del seguro»*.

[91] Véase el artículo 29 *in fine* de la póliza Unespa.

[92] El artículo 2 de la póliza Unespa denomina esta obligación del asegurador «garantías complementarias».

3.5   *Pérdida del derecho a la indemnización*

Existen diversas causas por las cuales el asegurado, en el seguro de transporte de mercancías por carretera, puede perder su derecho a la indemnización. Tales causas no son exclusivas del seguro de transporte, sino comunes a todos los seguros.

En primer lugar, en virtud del artículo 19 de la Ley de Contrato de Seguro, el asegurador no indemnizará en el supuesto de daños producidos en el siniestro causado por mala fe del asegurado.[93] Entendemos que cuando el asegurado incumple el contrato de seguro dolosamente existe mala fe y, por tanto, el asegurador está liberado de la obligación de indemnizar.

Ahora bien, aunque la regulación central sobre la insegurabilidad del dolo del asegurado se encuentra en el artículo 19, en el seguro de transporte debemos añadir el artículo 60 de la misma Ley. Como señala Sánchez Calero,[94] *«en el seguro de transporte se omite la referencia a la culpa grave del asegurado, aunque se alude a la intervención de éste en la alteración del medio, itinerario o tiempo del transporte (art. 60); en cualquier caso, está clara la posibilidad de exclusión convencional de la culpa del asegurado»*.

En segundo lugar, el dolo o culpa grave del tomador del seguro o del asegurado en la infracción del deber de declaración del riesgo (art. 10.3 de la LCS) libera al asegurador del pago de la prestación.

En tercer lugar, se perderá el derecho a la indemnización por la falta de comunicación de la agravación del riesgo (art. 11). Si el tomador del seguro o el asegurado no comunican al asegurador la agravación del riesgo y sobreviene el siniestro, este último queda liberado de su prestación si el tomador o el asegurado han actuado con mala fe (art. 12.2).[95] Si no existe mala fe en la falta de comunicación de la agravación del riesgo, la prestación del asegurador se reducirá proporcionalmente a la diferencia entre la prima convenida y la que se hubiera aplicado de haberse conocido la verdadera entidad del riesgo (art. 12 *in fine)*. Por ejemplo, puede suceder que el tomador-porteador o el asegurado incumplieran las normas administrativas respecto del transporte de mercancías por carretera y no lo hubieran comunicado al asegurador.

En cuarto lugar, también se perderá el derecho a la indemnización por la falta de toda clase de información sobre las circunstancias y consecuencias del siniestro cuando concurra dolo o culpa grave en el asegurado o en el tomador del seguro. El legislador considera que es necesaria la colaboración del asegurado y que la buena fe contractual debe estar presente.[96] Ahora bien, no se establece un plazo dentro del cual

---

[93] Véase la crítica y el análisis que del artículo 19 de la LCS realizan Sánchez Calero, F., Fuentes Camacho, V., Tapia Hermida, A. J., Tirado Suárez, J. y Fernández Rozas, J. C., *Ley de contrato de seguro*, Aranzadi, 2001, págs. 286 y ss.

[94] *Ibídem,* pág. 296.

[95] La cláusula 22 b) de las condiciones generales para las pólizas del seguro de transporte terrestre de mercancías (anexo 3 de la Resolución de la Dirección General de Seguros de 17-3-1981), también

deba cumplirse esta obligación de información, ni se determina si debe prestarse a iniciativa del asegurado o a petición del asegurador.

Si en la falta de información sobre las circunstancias y consecuencias del siniestro existe culpa leve del asegurado, el asegurador deberá indemnizarle (art. 16.3). En este supuesto, el asegurador no se libera del cumplimiento del pago de la indemnización, pero puede reclamar los daños y perjuicios al asegurado (art. 16.1).

En quinto lugar, si la prima no ha sido pagada antes de que se produzca el siniestro, el asegurador queda liberado de su obligación, salvo que exista pacto en contrario (art. 15.1).

En sexto lugar, y en virtud del artículo 16.3 de la Ley de Contrato de Seguro, se perderá el derecho a la indemnización si en la violación del deber de información sobre las circunstancias y consecuencias del siniestro concurrió dolo o culpa grave del tomador del seguro o del asegurado.

En séptimo lugar, la consecuencia del incumplimiento de la obligación de comunicar la estipulación de dos o más seguros por el mismo tomador con distintos aseguradores será, si existió dolo, que los aseguradores no estarán obligados a pagar la indemnización si se produce el siniestro en el caso de sobreseguro (art. 32).

Por último, dado que el asegurado deberá intentar aminorar las consecuencias del siniestro y, para ello, deberá utilizar todos los medios a su alcance (art. 17), el incumplimiento de esta obligación también conlleva la pérdida del derecho a la indemnización.

La aminoración de consecuencias requiere una conducta activa. La adopción de medidas para disminuir el daño se extiende a los empleados, mandatarios y representantes del asegurado. Si éste incumple la obligación de aminorar las consecuencias del siniestro con dolo específico, es decir, con la manifiesta intención de perjudicar o engañar a la aseguradora, ésta queda liberada de la obligación de indemnizar o, como indica el párrafo segundo del artículo 17, de toda prestación derivada del siniestro.[97]

Cuando en el incumplimiento de la obligación de aminorar las consecuencias del siniestro, medie intención de perjudicar o engañar al asegurador, nace para éste el derecho a reducir su prestación en la proporción oportuna. Para calcular la proporción que hay que pagar se tendrá en cuenta la importancia de los daños derivados de dicho incumplimiento y el grado de culpa del asegurado (art. 17.1).

Tal y como señala Sánchez Calero,[98] existen varias disposiciones a lo largo de la LCS que permiten al asegurador extinguir su obligación de pago, incluso en algunos casos que ésta no llegue a nacer.

---

establecía que se pierde el derecho a la indemnización en caso de agravación del riesgo si el tomador del seguro o el asegurado no lo comunican al asegurador y han actuado de mala fe.

[96] La cláusula 22 d) recogía lo dispuesto por el artículo 16 de la LCS.

[97] Véase la cláusula 22 e).

[98] Sánchez Calero, F., Fuentes Camacho, V., Tapia Hermida, A. J., Tirado Suárez, J. y Fernández Rozas, J. C., *op. cit.*, pág. 313.

Por lo que respecta al seguro marítimo de mercancías, el Código de Comercio también prevé varios supuestos, que excluyen la obligación de indemnizar por parte del asegurador al asegurado; por ejemplo, la existencia de fraude por parte del tomador o asegurado, bien al valorar los objetos asegurador (781.8) o cuando fraudulentamente existan varios seguros sobre la misma mercadería (782), en los casos de contratación de seguro sobre mercancía ya perecida (784).

La práctica aseguradora ha complementado, y en algunos casos variado, lo dispuesto en el Código de Comercio. En este sentido, la póliza española de mercancías establece que el asegurador podrá rechazar el abono de la indemnización cuando la reclamación de su asegurado no esté convenientemente justificada y documentada, al tiempo que para los supuestos de avería gruesa, la compañía dispondrá de un doble plazo para examinar y rectificar las averías. Asimismo, en forma de cláusula adicional, la póliza española de mercancías fija una exención para la compañía de seguros respecto a las prescripciones dispuestas en los artículos 770 a 774 del Código de Comercio.

En cuanto al derecho inglés, éste deja en manos del asegurado la carga de la prueba al verificar la existencia de un siniestro, debiendo el asegurado probar los hechos que dan lugar a la obligación de indemnizar el siniestro. Se trata, en suma, del mismo principio aplicable al derecho español, aunque los plazos y términos de la obligación de indemnizar son más flexibles.[99]

3.6   *El beneficiario de la indemnización*

Tratamos ahora de una tercera persona, distinta del tomador y del asegurado, muy frecuente en los seguros de vida y de accidentes, y muy rara en los seguros contra da-

---

[99] *«La carga de la prueba depende del asegurado, con la que debe demostrar que una pérdida asegurada ha ocurrido realmente. Si la prueba es insuficiente o equívoca, la reclamación no prosperará»*; Marine Insurance Law and Practice, Rose, F. D., LLP, Londres, 2004.

[100] Admiten la posibilidad de beneficiario en el seguro contra daños Doñati, A., *Los seguros privados, Manual de Derecho*, Hijos de José Bosch, SA, 1960, II, n.º 276, y Garrigues, J., *Contrato de seguro terrestre*, 2.ª ed., Madrid, 1973, nota a pág. 70.

[101] Sentencia del TS de 30-3-2006, que *«declara no haber lugar al recurso de casación interpuesto, confirmando la sentencia que condenaba a los demandados al pago de la cantidad reclamada, como consecuencia del siniestro de transporte derivado de una compraventa CIF. Una vez rechazada la falta de legitimación de la demandante, la Sala reitera que al ser la estiba realizada defectuosamente por la compañía contratada por la vendedora dando causa al siniestro, la vendedora tenía, por tanto, acción contra la naviera, en tanto que no se ha producido, o al menos no consta, reclamación por parte de la compradora. Se rechaza la aplicabilidad de la cláusula FIOS, ya que el juez puede aplicar el principio* iura novit curia, *que le autoriza a fundamentar la sentencia de forma diferente a la interesada por la actora, debiendo el porteador proceder de manera apropiada y cuidadosa, y deviniendo nula toda cláusula que exonere a éste o al buque por responsabilidad por pérdida o daño, si se constata negligencia por su parte o incumplimiento de sus deberes».*

ños (entre ellos, en el seguro marítimo): *el beneficiario*. Es, en síntesis, la persona a la que la póliza o el documento complementario atribuyen el derecho a la indemnización en caso de siniestro, con independencia de que sea o no titular del interés asegurado o de que haya sufrido o no perjuicio alguno. Por esa desvinculación entre el interés y la indemnización, la figura del beneficiario es muy rara (e incluso sospechosa) en los seguros contra daños, donde la finalidad indemnizatoria del contrato contrasta vivamente con la posibilidad de que un tercero desinteresado reciba la prestación del asegurador.

A pesar de su relativa rareza, la Ley de Contrato de Seguro admite la figura del beneficiario en los seguros contra daños (y, por ende, en el marítimo), como se deduce de su previsión en normas generales del Título I, aplicable a toda clase de seguros (arts. 7,8 y 16), e incluso en normas del mismo Título II dedicado al seguro contra daños. Dejando de lado otras hipótesis, el supuesto concreto en que con más frecuencia aparece la figura del beneficiario en un seguro contra daños es el de los acreedores del asegurado con algún derecho de garantía sobre el bien asegurado.[100] En tales casos, el propietario que asegura el buque u otra cosa puede designar beneficiario para el caso de siniestro a un acreedor determinado que goza de algún derecho real o garantía sobre aquél. El interés que se asegura es el del propietario, no el del acreedor, pero éste obtiene indirectamente el beneficio del contrato si se produce un siniestro.

Dado que éste es el caso más frecuente de aparición del beneficiario en el seguro marítimo,[101] analizaremos con más detalle la posición de los acreedores del asegurado ante el contrato de seguro. Así, con carácter general, el beneficiario posee un derecho a la prestación aseguradora, en caso de siniestro, de carácter originario, aunque

---

Sentencia del TS de 13-11-2002, que *«con cobertura en el artículo 1.692.4 de la Ley de Enjuiciamiento Civil, aunque la actora no esté legitimada para reclamar la entrega de la mercancía al porteador, ello no implica que no tenga acción para solicitar a la aseguradora la indemnización de su pérdida; y otro, por vulneración de los artículos 1.091 del Código Civil, 769 y 770 del Código de Comercio, ya que, según reprocha, la sentencia de instancia declaró de oficio la falta de legitimación activa de la actora, y no ha valorado que la demandante no pierde esta condición aunque no exista prueba de que fuera la propietaria o destinataria de la mercancía, pues lo importante en un contrato de seguro no es tener la condición de propietario o consignatario de la cosa, sino de asegurado, amén de cumplir las obligaciones resultantes del contrato de seguro, y tal calidad obra en la póliza, donde figuran tres compañías de forma indistinta y todas ellas son, a la vez, tomadores del seguro y asegurados, y se deja en blanco la determinación del beneficiario...».*
Sentencia de la AP de Cádiz, de 9-11-1998, que entiende que *«la Sala no comparte la tesis de la apelante en el sentido de que, como consecuencia de la modalidad FOB de la compraventa, y de que, por tanto, el período comprendido entre la salida de la mercancía del almacén de la vendedora hasta que la misma fue depositada a bordo, y dado el riesgo aún no se había transmitido al comprador o, en su caso, al resto de las personas que intervenían en la carga o el porteo de aquélla, la misma no tenía ninguna obligación de aseguramiento. Y ello es así porque conforme a la cláusula de tránsito (8.1), del Instituto para Mercancías, este seguro entra en*

el asegurador podrá oponerle las mismas excepciones en cuanto a la existencia y cobertura del contrato que hubiera podido oponer al asegurado mismo.[102]

4   La reclamación

4.1   La reclamación al asegurador

Con el contrato de seguro, nace la obligación de indemnizar del asegurador una vez que el siniestro es verificado y los daños son oportunamente valorados. Tal y como hemos expuesto en el capítulo anterior, el Código de Comercio, en concreto el artículo 769, prevé que toda reclamación del contrato de seguro deberá ir acompañada de los documentos que prueben la existencia del contrato de seguro y del siniestro.

La ley de contrato de Seguro, al contrario de lo dispuesto en el Código de Comercio, no requiere la existencia de una reclamación del asegurado sino que se limita a requerir la declaración de siniestro, frente a la cual corresponde al asegurador indemnizar la suma asegurada, una vez establecido el detrimento patrimonial cubierto por la póliza. En su artículo 16, dicha Ley establece el deber del asegurado, tomador y beneficiario de comunicar su acaecimiento y el deber del asegurado o del tomador de dar toda clase de información sobre las circunstancias y consecuencias del mismo.

La LCS contiene, además, normas específicas al respecto para determinada clase de seguros. Así, para todos los seguros de daños, el párrafo primero del artículo 38

---

vigor desde el momento en que las mercancías dejen el almacén o lugar de almacenamiento, en el punto que se designa en la póliza como inicio del viaje, continúa durante el curso ordinario de tránsito y termina, ya en los almacenes del receptor o en otro almacén final o lugar de almacenaje en el punto de destino designado en la póliza. Basándose en la literalidad de dicha estipulación contractual, y partiendo de un concepto técnico de interés, sobre todo económico, o como participación de un resultado o en las consecuencias económicas de algún asunto, negocio o sociedad, no podemos compartir el argumento del recurso. Al soportar el riesgo la entidad vendedora desde la salida del almacén hasta el embarque, la aseguradora no era titular de interés asegurable alguno, pues con independencia de la persona o entidad que en cada una de las secuencias que a lo largo de un trayecto de estas características haya de soportar el riesgo, no existe duda alguna de que Oscar Internacional, SA, tenía interés en que los relojes por ella adquiridos no sufrieran pérdida ni deterioro alguno desde el momento de su salida de almacén del vendedor. Esto es lo que sirvió de base a su contrato con la compañía de seguros, una vez concretada la póliza flotante a una determinada mercancía en tránsito, estando vigente, desde ese instante, la relación asegurada o el contrato de seguro, sin que adoleciera la falta de interés asegurable, toda vez que nadie puede negar la existencia de una relación, aun cuando la misma fuese calificable de derecho de crédito o personal, o al menos un interés económico entre la sociedad asegurada y la citada mercancía que había adquirido. Para tal sociedad, la pérdida o el deterioro de esa mercancía constituía un perjuicio, aunque no hubiera sido embarcada, y a pesar de que tuviera acción para reclamar contra el responsable de dicho perjuicio. Tal acción, por virtud de la subrogación procedente de estos casos, va a transmitirse a la aseguradora, la cual no puede, obviamente, pedir a su aseguradora que sea ella la que soporte el peso y las inconveniencias de una reclamación contra la vendedora, establece el deber de comunicar por escrito al asegurador, en un plazo de cinco días desde que se haya notificado el siniestro, la relación de los objetos existentes al tiempo del siniestro, la de los salvados y la estimación de los daños producidos. El artículo 32 establece cómo debe comunicarse el siniestro en caso de seguro cumulativo, que tiene que hacerse a todos los aseguradores, con la indicación del nombre de los demás. En el artículo 43, se establece la responsabilidad del asegurado por los perjuicios que, con sus actos u omisiones, pueda causar al asegurador en su derecho a subrogarse. Y los artículos 72 y 104, para los seguros de crédito y para los de accidentes, respectivamente, establecen el deber de comunicar o enviar al asegurador determinadas informaciones.[103]

Resulta importante determinar hasta dónde alcanza la responsabilidad del porteador marítimo, ya que existen determinados supuestos, sobre todo en el seguro marítimo, en los que el asegurador ha visto desestimadas sus pretensiones de repercutir los daños indemnizados frente al porteador marítimo por haberse apreciado falta de legitimación pasiva del mismo, en especial cuando en la póliza de fletamento se incluye la cláusula FIOST *(free in and out stowed and trimmed)*;[104] en esta cláusula, el flete cotizado no incluye los gastos de carga, descarga, estiba y trimado. El trimado es una operación complementaria de la estiba que consiste en mover la mercadería en las bodegas para lograr el correcto asiento o balance del buque. Entre otras, destaca la sentencia del TS de 3 de octubre de 1996, que desestimó las pretensiones de la compañía de seguros frente a la naviera con fundamento en la falta de legitimación pasiva de esta última, ya que la cláusula FIOST excluye la responsabilidad que se deriva de los actos realizados fuera del transporte naval estricto.[105]

---

sobre todo cuando la propia póliza le está dando la posibilidad de accionar, con mucha mayor facilidad y con absoluta legitimidad, contra quien ha asumido el riesgo por mor de un contrato de seguro. Resulta indiferente, a efectos de la reclamación, cualquier alusión no sólo a la modalidad de la compraventa, sino a las condiciones de carga, empaquetado o estiba, a las que la entidad apelante quiere dar una cierta trascendencia como complemento de sus argumentos probatorios».

[102] Contra, equivocadamente, el TS de 6-3-1981 –RA 901– que, ante una cláusula de beneficiario en un seguro de automóviles, declara tajante que el beneficiario carece de derecho contra el asegurador y posee sólo acción contra el asegurado mismo.

[103] Olavarría Iglesia, J., «Comentario al artículo 16 de la Ley de Contrato de seguro», en Boquera Matarredona, J., Bataller Grau, J., Olavarría Iglesia, J. (coordinadores), *Comentarios a la Ley de Contrato de Seguro*, Ed. Tirant lo Blanch, Valencia, 2002, págs. 227 a 257.

[104] «Libre dentro, libre de estiba, trimado y puesto fuera del buque.»

[105] STS de 3-10-1996: *«Se desprende del contrato de fletamento suscrito el 14-11-1990, entre la entidad recurrida como armadora y la firma Petroquisa, de la que trae causa como subrogada la entidad recurrente, como flotadora, excluye de toda responsabilidad a la entidad recurrida, pues ésta sólo se ocupó del transporte estrictamente marítimo, ya que en la póliza se estableció la cláusula "Fiost (free in and out stowed and trimmed) –sin gasto adentro y afuera–", que la exime de toda responsabilidad, desde el instante mismo, en que se ha comprobado que la carga se deterioró en el muelle, en las operaciones de recepción, apilado y arrastre, cuyas operaciones se contrataron con otra firma especializada».*

4.2   *La documentación necesaria*

La documentación necesaria para verificar la existencia y extensión del siniestro consiste, principalmente, en los documentos que prueben el siniestro, la causalidad del mismo y su extensión.[106] La jurisprudencia ha desestimado en múltiples ocasiones la reclamación del asegurado por falta de presentación de la documentación necesaria; entre otras, la sentencia del TS de 10 de octubre de 2005, en la que el alto tribunal falló en contra del asegurado por faltar la presentación de la documentación necesaria y por falta de traducción del conocimiento de embarque, que aparecía en lengua extranjera.[107] También en el mismo sentido respecto de la interpretación del artículo 769 del Código de Comercio, destaca la sentencia del TS de 4 de marzo de 1993, que estableció que *«el artículo 769 del Código de Comercio no exige que a toda reclamación se acompañe el documento en que conste el contrato, sino simplemente que se justifique el contrato de seguro con la póliza, lo cual puede hacerse señalando en el documento aportado los datos de número, carácter y aplicación de la póliza, y que no puede confundirse la forma del contrato con la prueba y justificación de su existencia, que es lo que propiamente exige la Ley al respecto».* Asimismo, resulta necesario acreditar las reservas que muchas de las leyes nacionales y de los convenios internacionales del transporte requieren para tener por acreditados los daños frente al transportista, y poder llevar a buen fin la acción de recobro frente al responsable del siniestro; en este sentido, se han pronunciado las audiencias provinciales, entre las que destaca la sentencia de 23 de septiembre de 2000, que *«no considera probada la avería por no constar ésta en el Diario de Navegación, y por la no existencia de Protesta de Mar... que la póliza del seguro exigía como documentación del siniestro, además de los documentos de la avería, el Diario de Navegación y el de pesca del buque pesquero».*

El artículo 38 de la LCS expone que el asegurado o el tomador deberán comunicar por escrito al asegurador la relación de los objetos existentes al tiempo del siniestro, la de los salvados y la estimación de los daños, incumbiendo al asegurado la prueba de la preexistencia de los objetos. No obstante, el contenido de la póliza constituirá una presunción a favor del asegurado cuando razonablemente no puedan aportarse pruebas más eficaces.

Será necesario, por tanto, acreditar el transporte asegurado mediante la correspondiente carta de porte terrestre nacional, CMR, conocimiento de embarque o carta de porte aérea, en su caso. Si bien estos documentos suelen ser emitidos con ocasión del transporte de mercancías, su emisión no es obligatoria a menos que la parte interesa-

---

[106]   Para el seguro marítimo, véase el artículo 769 del Código de Comercio.

[107]   Sentencia del TS de 10-10-2005: *«Esta Sala entiende que debía de haberse declarado el incumplimiento por la actora del artículo 769, pues no ha demostrado ni intentado siquiera la imposibilidad a que se refiere aquella doctrina. No es aceptable, ni siquiera bajo "la apariencia de buen derecho", dejar de cumplir lo que ordena el precepto».*

da lo haya instado, tal y como expone el artículo 3 de las Reglas de la Haya-Visby para el transporte de mercancías marítimo internacional, o el artículo 4[108] de la Convención CMR aplicable al transporte terrestre internacional por carretera.

Ninguno de estos convenios requiere formalmente la emisión de la carta de porte al objeto de que las reglas de la citada convención resulten aplicables. Esta omisión trae causa en el carácter consensual del contrato de transporte, que no requiere la emisión de documento alguno para su perfeccionamiento, sin perjuicio de la importancia de éstos al probar la relación contractual y sus términos.

Fuera como fuese, y en la inmensa mayoría de los casos, con la existencia de la carta de porte, el asegurado deberá demostrar que la mercancía objeto de transporte ha sufrido daños como consecuencia del mismo. Daños que se acreditan mediante la entrega de una carta de porte con reservas, u otro documento que acredite el detrimento patrimonial de la mercancía o su pérdida como consecuencia de su transporte.

En algunos supuestos, por ejemplo en el caso de aplicar las Reglas de la Haya-Visby, puede no ser imprescindible la acreditación mediante reservas en los conocimientos de embarque de los daños a las mercancías. Sin embargo, conviene diferenciar dos extremos; por un lado, la prueba de la existencia de daños en el marco del contrato de seguro, y, por otro, la prueba de la existencia de los daños frente al transportista en consonancia con cada sistema legal aplicable al contrato de transporte, bien sea Convenio CMR, Reglas de la Haya, Hamburgo, Montreal o el Código de Comercio. Así, puede ocurrir que el asegurado declare la existencia de siniestro después del plazo requerido frente al transportista para hacer valer su reclamación. En este supuesto, el asegurador deberá valorar si la actitud del asegurado ha sido constitutiva de culpa grave y, por ende, si procede el abono de la indemnización o no.

Además de acreditar el contrato de transporte y la existencia de daños, el asegurado debe aportar la información relativa al valor de las mercancías aseguradas mediante las correspondientes facturas comerciales, las listas de carga o *packing list*, los albaranes de entrega en origen, destino, etc. Esta documentación se acompaña en muchos casos de la correspondiente carta de reclamación frente al transportista. Todos estos documentos son sistemáticamente solicitados por los aseguradores para tener acreditado el siniestro, así como para facilitar después su acción de recobro frente al transportista responsable del siniestro.

Dependiendo de la relación entre asegurador y asegurado, el peritaje de las mercancías siniestradas será efectuado por cualquiera de los dos, o por ambos. En muchos supuestos, el perito de la empresa transportista también interviene de forma conjunta con los peritos representantes de los intereses de la carga. Sin embargo, el acuerdo

---

[108] Artículo 4; 6: «*La carta de porte es un documento fehaciente de la existencia de un contrato de transporte. Su ausencia, irregularidad o pérdida no afectará ni a la existencia ni a la validez de dicho contrato, que seguirá estando sometido a las disposiciones de este convenio*».

de todos ellos, de existir, no suele materializarse en un informe conjunto, sino que los peritos remiten sus respectivos informes a sus principales, a cuyos criterios dejan la valoración final del siniestro.

El peritaje resulta de gran importancia al valorar los daños acaecidos y materializar el salvamento de las mercancías, en definitiva, al tomar las medidas oportunas para dejar constancia documental y normalmente testimonial de lo ocurrido, así como para gestionar los primeros pasos del siniestro. El peritaje constituye una prueba de parte bastante relevante ante una eventual reclamación, ya sea ésta extrajudicial o judicial. Es conveniente que la compañía de seguros de la mercancía invite a un peritaje contradictorio al transportista y a la compañía de seguros de éste. Por el contrario, la ausencia de esta invitación no debe restar valor al peritaje de parte de la compañía de seguros de la mercancía ni, por ende, a la reclamación frente al transportista.

4.3   Intereses en caso de mora

La mora del asegurador genera el pago de intereses. Lo que parece una clara consecuencia de una eventual situación de morosidad por parte del deudor, debe ser diferenciado según nos encontremos ante un supuesto de contrato de seguro de mercancías transportadas por mar, aire o tierra. En el primero de los supuestos, el Código de Comercio resulta de aplicación, mientras que para los transportes aéreo y terrestre, el régimen legal aplicable es el contenido en la Ley de Contrato de Seguro, este último mucho más generoso con el asegurado.

La jurisprudencia ha reiterado que en el seguro de mercancías para el transporte marítimo no corresponde aplicar los intereses de mora del artículo 20 de la LCS (entre otras, las sentencias del TS de 13-11-2003, 22-2-1999,[109] 23-1 y 12-2-1996 y 31-12-1996[110]). Asimismo, es reiterada la jurisprudencia del TS respecto a la aplicación de la regla *in iliquidis not fit mora,* que significa que no procederá la aplicación de los intereses de mora cuando sea necesaria la intervención judicial al objeto de determinar la cantidad objeto de indemnización. Sin embargo, esta regla no debe permitir que el deudor pueda abusar de su acreedor, alegando la necesidad de iniciar un liti-

---

[109] La sentencia del TS, al haberse estimado en primera instancia y apelación la condena a la aseguradora al pago de los intereses moratorios incrementados en un 20 %, declaró: «*El motivo segundo, sin embargo, ha de ser estimado siguiendo la muy reiterada jurisprudencia de esta Sala, según la cual la Ley de Seguro de 8-10-1980 (RCL 1980/2295) no es aplicable a los seguros marítimos que deja vigentes los artículos 737 a 805 del Código de Comercio; por tanto, no es de aplicar al presente caso el artículo 20 de la Ley de 1980 y no cabe imponer el recargo del 20 % en el previsto*».

[110] Aquí, el TS reconoció la regulación especial del seguro marítimo y la libertad que las partes tienen para pactar cláusulas similares a las contenidas en el artículo 20, lo que no implica que este artículo se

gio con el mero interés de retrasar el pago de la indemnización, y disfrutar de las cantidades debidas a su acreedor sin penalización.

En reiteradas sentencias, el TS ha manifestado que la aplicación de la mencionada regla no puede favorecer *«la aparición de conductas torticeras de los deudores, pues les basta con negar la deuda o la cantidad reclamada para hacerla indeterminada, dilatando temporalmente su especificación a su voluntad»*. Por tanto, deberemos examinar la conducta del deudor ante la reclamación y el resultado del dictamen judicial respecto a la causa y al alcance del siniestro, para juzgar si la iliquidez ha sido buscada de propósito o, dicho de otra forma, si era razonable la oposición al pago de la indemnización por parte del asegurador (TS, Sala 1.ª, sentencias de 15-12-2004, 21-5-1998, 30-7-1999, 31-1-2001 y 25-3-2004).

Respecto al momento inicial del cómputo del plazo para que el asegurador entre en mora, el artículo 20 de la LCS, aplicable a los seguros de transportes terrestres y aéreos nacionales e internacionales, expone: *«Se entenderá que el asegurador incurre en mora cuando no hubiera cumplido su prestación en el plazo de tres meses desde la producción del siniestro o no hubiera procedido al pago del importe mínimo de lo que pueda deber dentro de los cuarenta días a partir de la recepción de la declaración del siniestro. (...) La indemnización por mora se impondrá de oficio por el órgano judicial y consistirá en el pago de un interés anual igual al del interés legal del dinero incrementado en el 50 %; estos intereses se considerarán producidos por días, sin necesidad de reclamación judicial. No obstante, transcurridos dos años desde la producción del siniestro, el interés anual no podrá ser inferior al 20 %».*

Ciertamente, la aplicación de los intereses de mora previstos en el artículo 20 de la LCS es un argumento de notable persuasión frente a aquellos aseguradores que quieran distraer el pago de la indemnización. Conviene recordar que para que comience el plazo que hay que contar en aplicación de lo dispuesto en el citado artículo 20, el artículo 18 establece que el asegurado deberá previamente haber declarado el siniestro y el asegurador deberá llevar a cabo las investigaciones y peritaciones necesarias para establecer la existencia del mismo y, en su caso, el importe de los daños que de él resulten.

La aplicación de la norma contenida en el artículo 20 no ha estado exenta de polémica, ya que ha sido interpretada de forma distinta por la doctrina y por la jurisprudencia menor de las Audiencias provinciales. Se han barajado dos posturas fun-

---

aplique al seguro marítimo: *«El párrafo segundo de la Disposición Final de la Ley 50/1980 no contiene referencia alguna al seguro marítimo y, en consecuencia, deja subsistentes los artículos 737 a 805 del Código de Comercio... las partes son libres para pactar en la póliza de seguro marítimo una cláusula similar a la norma contenida en el artículo 20 de la LCS, pero no, como se pretende, que tal artículo se aplique de modo obligatorio al seguro marítimo si no se pacta expresamente su exclusión, pues tal extremo no se desprende de la Ley 50/1980, ni de los artículos 737 a 805 del Código de Comercio, ni aparece como querido por el legislador, sin perjuicio de la conveniencia de que éste promulgase una regulación más ajustada a la realidad social de nuestro tiempo».*

damentales, la de quienes defienden la subsistencia del porcentaje del 50 % para los dos primeros años cualquiera que fuera el tiempo de duración de la mora del asegurador, y la de quienes han defendido que transcurridos más de dos años en situación de mora, el asegurador estaría obligado a pagar un interés no inferior al 20 % desde el primer momento. Esta polémica ha sido resuelta por el TS, el cual ha unificado la doctrina sobre la interpretación del alcance del interés moratorio mediante sentencia dictada el 1 de marzo de 2007 y que opta por la existencia de dos tramos y, en consecuencia, por la primera de las posturas manifestadas.[111]

4.4 *Jurisdicción y competencia*

Considerando el elemento esencialmente internacional de la materia que tratamos, conviene distinguir entre aquellos supuestos en los que la póliza y los elementos del contrato de seguro son nacionales y aquellos otros en los que tienen carácter internacional.

Comenzando por estos últimos, debemos acudir al Reglamento Comunitario CE 44/2001 del Consejo Europeo, en concreto a la sección tercera, dedicada a la competencia judicial en materia de contrato de seguro.

Los artículos 13 y 14 del citado reglamento prevén la prórroga de competencia mediante el pacto de las partes en el contrato de seguro para los seguros «a buques y mercancías distintas a equipajes». De esta forma, si la póliza contiene una cláusula de sumisión a los tribunales extranjeros, ésta deberá ser respetada por las partes. De no existir cláusula de sumisión expresa, el reglamento 44/2001 establece que el asegurador podrá ser demandado ante los siguientes foros: los tribunales de su domicilio (art. 9.1.a); los del domicilio del tomador o asegurado (art. 9.1.b) en caso de entablar éstos la acción; los de su sucursal o establecimiento permanente si el asegurador carece de domicilio en un estado contratante (art. 9.1.c); o bien en el lugar donde hayan ocurrido los daños si se tratase de seguros de responsabilidad (art. 10).

Si el asegurador no está domiciliado en un Estado miembro del reglamento 44/2001, ni tiene sucursal en Estado miembro alguno, se aplicará lo dispuesto en la

---

[111] D. Antonio Salas Carceller, magistrado del Tribunal Supremo, ha comentado ampliamente la citada sentencia en los siguientes términos: *«La sentencia mantiene la existencia de dos tramos: un primer tramo de dos años, durante el cual el interés será el legal del dinero vigente en cada año incrementado en un 50 %; y un segundo tramo a partir del inicio del tercer año de demora, en el que se aplicará el mismo interés legal incrementado en el 50 %, salvo que el resultado sea inferior al 20 % —lo que actualmente será lo normal—, pues en tal caso se aplicará este 20 % para la tercera anualidad y sucesivas en que se dé tal situación (…). Queda así resuelta una cuestión que había dado lugar a distintas soluciones en la práctica por las diferentes interpretaciones mantenidas por diversas Audiencias provinciales».*

Ley Orgánica del Poder Judicial. Dicha Ley, en su artículo 22.3, atribuye la competencia a los tribunales españoles cuando las obligaciones contractuales del contrato de seguro hayan nacido o deban cumplirse en España.

Bien sea mediante la aplicación del reglamento 44/2001 de la Ley Orgánica del Poder Judicial, o de otro modo, si los tribunales competentes son los españoles, se aplicará lo dispuesto en la Ley de Enjuiciamiento Civil y en el artículo 24 de la Ley de Contrato de Seguro; este último reza así: *«Será juez competente para el conocimiento de las acciones derivadas del contrato de seguro el del domicilio del asegurado, y será nulo cualquier pacto en contrario».*

Al objeto de abordar el alcance de este precepto, conviene llevar a cabo las siguientes matizaciones. Primero, el precepto impone un criterio legal exclusivo de competencia territorial interna que debe ser matizado desde una doble vertiente. Por un lado, desde un punto de vista material, no comprende aquellas acciones que no sean derivadas del contrato de seguro. Así pues, no tendrá alcance para fijar la competencia en las acciones de repetición del asegurado, o en aquéllas entabladas por el asegurador subrogado frente al tercero responsable. De la misma manera, las acciones directas que el tercero perjudicado pueda dirigir contra el asegurador están al margen de la regla establecida por el citado precepto.

Por otro lado, desde un punto de vista subjetivo, no parece correcto asumir que el domicilio del asegurado deberá ser el criterio de competencia territorial cuando la litis surja, por ejemplo, entre el asegurador y el tomador de la póliza.

Respecto al no prorrogable criterio de competencia territorial que impone el artículo 24 de la Ley de Contrato de Seguro, la jurisprudencia, tal y como apunta Sánchez Calero, ha entendido que en los supuestos de seguros de consumidores, en contraposición a las distinciones que pudieran existir para los seguros de grandes riesgos, cualquier cláusula de sumisión expresa impuesta al consumidor será nula (véase la sentencia del TS de 30 de noviembre de 1996).

Por último, especial mención merece la posibilidad de que, a la luz de lo dispuesto en el artículo 76 de la citada Ley, las partes acuerden someter sus disputas a un procedimiento arbitral. En este sentido, conviene distinguir según nos encontremos ante una cobertura de grandes riesgos o frente a una póliza contratada por un consumidor.

En el primer caso, existe una presunción de igualdad de posiciones entre asegurador y asegurado, por lo que el convenio arbitral deberá ser respetado si cumple con las disposiciones de la Ley 60/2003, de 23 de diciembre, de Arbitraje. Por el contrario, cuando nos encontremos frente a un supuesto de seguro de consumidores, el pacto o convenio arbitral deberá pasar el filtro del artículo 3 de la LCS, al ser considerado una cláusula limitativa de los derechos del asegurado, concretamente del derecho del asegurado a emprender acciones legales ante la jurisdicción ordinaria.

4.5   *La prescripción*

Existen dos plazos distintos de prescripción para las acciones que nazcan en virtud del contrato de seguro, según nos encontremos ante una póliza de mercancías para cubrir riesgos del transporte marítimo o para cubrir riesgos del transporte terrestre o aéreo.

En el primer supuesto, el plazo de prescripción se encuentra regulado en el artículo 954 del Código de Comercio, que reza así: *«Prescribirán por tres años, contados desde el término de los respectivos contratos o desde la fecha del siniestro que dé lugar a ellas, las acciones nacidas de los préstamos a la gruesa o de los seguros marítimos»*. El Tribunal Supremo ha reiterado que al seguro marítimo no le resulta aplicable el artículo 23 de la LCS, pues este último establece un plazo de prescripción de dos años (véase, entre otras, la sentencia del TS de 4-3-1993).

El plazo dispuesto en el artículo 954 del Código de Comercio es susceptible de interrupción, de conformidad con la jurisprudencia del TS[112] de aplicación a los plazos previstos en los artículos 951, 952, 953 y 954 del mencionado código. Los medios aceptados para llevar a cabo la interrupción de la prescripción incluyen la interpelación por escrito al deudor.[113] La moderna jurisprudencia del Tribunal Supremo entiende aplicable, a partir de las sentencias del TS de 4 de diciembre de 1995 y 31 de diciembre de 1998, las formas de interrumpir la prescripción previstas en el Código Civil –incluyendo la interpelación por escrito al deudor– a los plazos del Código de Comercio, partiendo de la consideración de que este código introduce una especialidad respecto de la prescripción a la contenida con carácter general en el artículo 1.973 del Código Civil. Entiende que *«las discrepancias doctrinales existentes al efecto no enturbian la solución ya indicada favorable a un régimen jurídico unitario de la interrupción de la prescripción de la acciones en materia civil y mercantil por las siguientes razones: a) la reclamación extrajudicial fue introducida de nuevo por el Código Civil como medio de extender las posibilidades del acreditación del* animus conservandi *frente a una formalización excesiva que permitiera considerar abandonadas las acciones, cuando constaba por*

---

[112] Sentencia del TS de 30-12-2005: *«El artículo 952.2 del Código de Comercio señala un plazo de prescripción (sentencias de 31-1-1984 y 3-12-1990) que, como tal, pudo ser, como fue, interrumpido por virtud de la reclamación contenida en una papeleta de conciliación, de conformidad con la interpretación que esta Sala ha dado al artículo 944 del Código de Comercio (sentencias de 4-12-1995, 31-12-1998, 21-3-2000 y 31-3-2001, entre otras)».*

[113] Procede manifestar que es evidente la diferencia existente entre los artículos 1.973 del Código Civil y 944 del Código de Comercio respecto a las causas impeditivas de la prescripción: el primer precepto dispone que *«la prescripción de las acciones se interrumpe por su ejercicio ante los tribunales, por reclamación extrajudicial del acreedor y por cualquier acto de reconocimiento de la deuda por el deudor»*; y el segundo establece que *«la prescripción se interrumpirá por la demanda u otro cualquier género de interpelación jurídica hecha al deudor, por el reconocimiento de las obligaciones, o por la renovación del documento en que se funde el derecho del acreedor»*, según sentencia del TS de 8-3-2006.

otras vías una voluntad contraria a tal derelictio *de los derechos; b) cronológicamente, la posterior fecha de promulgación y publicación del Código Civil, respecto del Código de Comercio, abona la solución de integración que se propone al considerar incorporado tal medio interpretativo de la prescripción del artículo 944 del Código de Comercio; c) el principio conforme al cual debe entenderse que la ley general no deroga a la ley especial no es aplicable a este supuesto, ya que no hay ninguna razón que justifique la pretendida "especialidad" frente al derecho común de las obligaciones y los contratos mercantiles, sino más bien argumentos en contra derivados del criterio antiformalista que para los contratos de comercio reconoce el artículo 50; de la importancia del principio de buena fe en la ejecución y el cumplimiento de estos contratos, que recoge el artículo 57, y del principio de favor al deudor que en cuanto a las dudas que se originase señala el artículo 59, todos del Código de Comercio; d) las discriminaciones en la aplicación de las normas que no resultan fundadas, como sucedería en este caso, si pese a lo dicho, se mantuvieran dos raseros en orden a la interrupción de la prescripción, lo que supondría infracción del principio de igualdad ante la ley, reconocido por el artículo 14 de la vigente Constitución».*[114] Asimismo, el TS ha tenido la oportunidad de atribuir en el tráfico mercantil marítimo como causa de interrupción de la prescripción la interposición de una querella criminal.[115]

El cambio jurisprudencial del TS en materia de prescripción mercantil resulta altamente satisfactorio. La institución de la prescripción, cuyas finalidades son penar la inactividad del acreedor en el ejercicio de sus derechos de crédito frente al deudor y crear seguridad en el tráfico, no se encontraba adecuada a las nuevas formas y nuevos tiempos del tráfico mercantil. La velocidad e intensidad con la que esta modalidad de tráfico ha evolucionado en las últimas décadas, por ejemplo el comercio electrónico, resultan incompatibles con la necesidad de tratar por vía judicial la reclamación, requisito que exigía el Código de Comercio para interrumpir los plazos de prescripción.

En el supuesto de que nos encontremos ante un seguro de mercancías de transportes aéreo o terrestre, el precepto que resulta aplicable es el artículo 23 de la LCS, que expone: «*Las acciones que se deriven del contrato de seguro prescribirán en el término de dos años, si se trata de un seguro de daños, y de cinco, si el seguro es de personas*».

---

[114] Sentencia del TS de 4-12-1995.

[115] Sentencia del TS de 9-3-2006: «*La cuestión planteada guarda directa relación con el artículo 114 de la Ley de Enjuiciamiento Criminal, según el cual, promovido juicio criminal en averiguación de un delito o falta, no podrá seguirse pleito sobre el mismo hecho; suspendiéndole, si le hubiese, en el estado en que se hallase, hasta que recaiga sentencia firme en la causa criminal.*

»*Como señalan las sentencias de 6-6-2002 y 23-10-2003, el artículo 114 de la Ley de Enjuiciamiento Criminal impide el proceso civil por nacer o ya nacido sobre el mismo hecho objeto de un proceso penal. De ahí que el plazo de prescripción no corra si se sigue un proceso penal por el mismo hecho y se interrumpa si hubiera ya comenzado cuando aquél se incoa. A la interrupción del plazo de prescripción por la tramitación de un proceso penal se han referido, entre otras, las sentencias de 27-5-1997, 19-12-2001, 22-12-1999 y 23-10-2003*».

Este plazo de dos años, al igual que el previsto en el artículo 954 del Código de Comercio, es susceptible de interrupción conforme a la jurisprudencia antes citada.

Conviene destacar la errónea interpretación que, ante los juzgados, se hace del funcionamiento de los plazos de los artículos 954 del Código de Comercio y 23 de la LCS. Litigantes y tribunales menores confunden la funcionalidad de estos plazos al emprender acciones de repetición frente al responsable del siniestro. En este sentido, no pocos litigantes, una vez subrogada la compañía de seguros, emprenden una acción de recobro en el malentendido de que les amparan los plazos de los citados artículos en sus acciones frente a los terceros responsables del siniestro. Sin embargo, la técnica de la subrogación, expuesta en los artículos 780 del Código de Comercio y 43 de la Ley de Contrato de Seguro, dispone que el asegurador, una vez pagada la indemnización, podrá ejercitar los derechos y acciones que por razón del siniestro correspondieran al asegurado frente a las personas responsables del mismo, hasta el límite de la indemnización. Por ello, de acuerdo con el artículo 1.212 del Código Civil, se transfieren al asegurador subrogado *«el crédito con los derechos a él anexos, ya contra el deudor, ya contra los terceros»*, y al no tratarse de una acción de reembolso de aquel que paga una deuda a un tercero, en cuyo caso el plazo de prescripción de su acción sería el de las acciones personales (art. 1.964 del Código Civil), ni que tenga que accionar contra su asegurado, hipótesis en que aquel plazo sería de tres años (art. 954 del Código de Comercio) o dos años (art. 23 de la LCS), los plazos deberán seguir su cómputo en el mismo estado en que fueran subrogados del asegurado al asegurador. Por tanto, lo que ocurre es que el asegurador se subroga en el derecho de crédito y la acción tal y como la mantuviese y conservase su asegurado frente al tercero responsable del siniestro, incluyendo la situación temporal de la acción frente a los plazos de prescripción o caducidad que resulten aplicables.

Distinto es el caso de la acción de repetición entre transportistas en el que los tribunales han considerado, en coherencia con el artículo 1.969 del Código Civil, que el *dies a quo* del cómputo del plazo para el ejercicio de la acción debe situarse en el día del pago al perjudicado; así lo han manifestado distintas audiencias provinciales, entre otras la AP de Barcelona, en sentencia de 8 de marzo de 2005, que declara: *«Una determinación lógica del* dies a quo *del cómputo del plazo cuando se trata de acciones, llámense de repetición, de transportistas entre sí en reclamación de toda o parte de la indemnización pagada al perjudicado, en coherencia con el artículo 1.969 del Código Civil, es la que lo sitúa en el día del pago al perjudicado, pues sólo a partir de ese momento pueden ejercitarse acciones en repetición de lo pagado frente a los porteadores materiales responsables del daño. Es, asimismo, una interpretación acorde con la normativa internacional reguladora de las distintas modalidades de transporte, así el artículo 39.4 del convenio relativo al contrato de transporte internacional de mercancías por carretera (Convenio CMR); apartado 6 bis del artículo 3 del Convenio de Bruselas de 1924, para la unificación de determinadas reglas en materia de conocimientos de embarque, añadido por el Protocolo de 23 de febrero de 1968; y artículo 25.4 del Convenio de las Naciones Unidas sobre el transporte multimodal inter-*

nacional de mercancías, de 24 de mayo de 1980. Todas estas normas prevén la acción de re-
petición entre porteadores, señalando como día inicial del cómputo del plazo prescriptivo el
del pago al perjudicado, o desde que termina por sentencia definitiva el procedimiento de
reclamación instado por éste, o desde el día en que el porteador que repite es emplazado en
una acción contra él mismo dirigida».

5   La acción subrogatoria

5.1   El pago

Para que opere el instituto de la subrogación y el asegurador pueda ejercitar la acción
subrogatoria, es requisito indispensable que el asegurador haya cumplido su principal obligación con respecto al riesgo asumido mediante el contrato de seguro. Es preciso que haya abonado la indemnización una vez que se haya producido el evento
cuyo riesgo es objeto de cobertura.

Esta obligación deriva del artículo 1 de la Ley de Contrato de Seguro,[116] en relación con el artículo 18 del mismo cuerpo legal.[117] Existe una clara interrelación entre ambos preceptos, la cual ha sido reconocida como tal por la jurisprudencia del
TS.[118] Del artículo 7.3 de la misma Ley, a su vez, se deriva que el asegurado es el acreedor de la obligación del asegurador. Por tratarse del seguro marítimo, habría que resaltar lo dispuesto en el artículo 770 del Código de Comercio, que establece la obligación del asegurador de pagar la indemnización dentro del plazo estipulado en la
póliza, y en su defecto, a los diez días de la reclamación.

El artículo 18 regulador del pago de la indemnización se aplica a todos los seguros; sin embargo, en los seguros de daños es donde cobra especial relevancia porque

---

[116] Artículo 1 de la LCS: *«El contrato de seguro es aquel por el que el asegurador se obliga, mediante*
el cobro de una prima y para el caso de que se produzca el evento cuyo riesgo es objeto de cobertura, a in-
demnizar, dentro de los límites pactados, el daño producido al asegurado o a satisfacer un capital, una ren-
ta u otras prestaciones convenidas».

[117] Artículo 18 de la LCS: *«El asegurador está obligado a satisfacer la indemnización al término de las*
investigaciones y peritaciones necesarias para establecer la existencia del siniestro y, en su caso, el importe de
los daños que resulten del mismo (...)».

[118] Sentencia del TS de 18-11-1992, fundamento de derecho segundo: *«Definido en el artículo 1*
de la Ley 50/1980 el contrato de seguro como aquel en que el asegurador se obliga, mediante el cobro de
una prima y para el caso de que se produzca el evento cuyo riesgo es objeto de la cobertura, a indemnizar,
dentro de los límites pactados, el daño producido al asegurado. Y puntualiza en el artículo 18 de la misma
Ley la obligación del asegurador de satisfacer la indemnización al término de las investigaciones y perita-
ciones necesarias para establecer la existencia del siniestro y el importe de los daños que resulten del mismo».

en éstos resulta más conflictiva la liquidación del siniestro. La obligación de satisfacer la indemnización al asegurado debe cumplirse, según este artículo, al término de las investigaciones y peritaciones necesarias para establecer la existencia del siniestro, lo que determina una imposición al asegurador para adoptar una conducta activa al determinar el alcance del daño producido.

Con el fin de salvaguardar el interés del asegurado, la ley establece la necesidad de que el asegurador le abone de forma anticipada una indemnización antes de que transcurran cuarenta días a partir de la recepción de la declaración del siniestro. Asimismo, dicho artículo prevé la posibilidad de que el asegurador pueda satisfacer al asegurado su prestación *in natura,* es decir, mediante la reposición o reparación del objeto siniestrado; sin embargo, esto sólo es posible cuando la naturaleza del seguro lo permita y el asegurado lo consienta.

Cabría preguntarse si el asegurador está siempre obligado a pagar la indemnización al asegurado; para que surja esta obligación por parte del asegurador es indispensable que exista entre él y el asegurado un contrato válido y eficaz. Asimismo, puede ocurrir que el tomador del seguro haya incumplido su obligación de pagar la prima del seguro conforme al artículo 14 de la LCS; para este supuesto, el artículo 15 prevé distintos efectos; así, si no se pagara la primera prima por culpa del tomador del seguro y se produjera el siniestro, no sería atendible el mismo y el asegurador quedaría liberado de su obligación; no obstante, ante el impago de sucesivas primas, las consecuencias serían diferentes, ya que el asegurador seguiría prestando cobertura un mes después del vencimiento y una vez transcurriera el mismo el contrato se suspendería durante cinco meses y a partir de esa fecha quedaría extinguido. Sobre este particular, el TS se ha pronunciado en sentencia de 16 de mayo de 1991, donde consideró que las diferencias en cuanto a los efectos del impago de la prima encuentran su fundamento en el diverso estadio de la relación contractual.[119]

Otro requisito indispensable para que nazca la obligación del asegurador es que haya acaecido un hecho amparado por la cobertura del contrato de seguro. El día en el que se inicia el cómputo del plazo de los cuarenta días que consagra el artículo 18 de la LCS es a partir de la notificación del siniestro; según la doctrina,[120] si el asegu-

---

[119] Sentencia del TS de 16-5-1991: «*En el primero, las consecuencias que se prevén derivan de no haberse iniciado la cobertura del asegurador, en tanto que en el incumplimiento de una sucesiva prima ya estaba en curso aquella atendibilidad. De ahí el reconocimiento de ese plazo de gracia de un mes de prolongación en plenitud de la cobertura*».

[120] Colección de jurisprudencia comentada, *Ley de Contrato de Seguro,* Aranzadi, pág. 370.

[121] Sentencia del TS de 1-12-1989: «*La indemnización que debe abonar el asegurador no podrá ser superior al valor del daño causado y así dice la sentencia de esta Sala de 7-10-1986 (RJ 1986, 5331), que tanto a tenor de lo que disponía el Código Civil como de lo que preceptúa al respecto la vigente Ley de 8-10-1980, en este tipo de seguro de daños no procede al aumento que no corresponda a una pérdida o un daño previo, esto es, a una disminución patrimonial*».

rador conoce la existencia del siniestro por otros medios, será ésta la fecha en la que se devengue su prestación.

Respecto a la cantidad que debe indemnizar la aseguradora, depende del daño efectivo y está en función del contenido de las condiciones generales y particulares de la póliza suscrita; no obstante lo anterior, la LCS establece límites al respecto. El mencionado artículo 18 establece la obligación de indemnizar los daños que resulten del siniestro; cuando se trata de daños personales, la Administración anualmente establece un baremo de indemnizaciones, en función de los daños, donde se consideran múltiples factores de los que dependerá la cuantía de la indemnización. Cuando se trata de daños materiales, la LCS consagra, entre otros, el principio de la prohibición de enriquecimiento injusto para el asegurado en su artículo 26: *«El seguro no puede ser objeto de enriquecimiento injusto para el asegurado. Para la determinación del daño se atenderá al valor del interés asegurado en el momento inmediatamente anterior a la realización del siniestro»*, así lo ha declarado en reiteradas ocasiones la jurisprudencia (sentencias del TS de 7-10-1986, 1-12-1989[121] y 27-10-1995). De esta prohibición se deduce que aunque el asegurado tiene derecho a obtener una indemnización suficiente para cubrir los daños sufridos como consecuencia del siniestro, ello no implica que deba salir beneficiado con dicha indemnización. Este precepto pretende impedir que el contrato de seguro se convierta en un contrato lucrativo para el asegurado, ya que su función es meramente indemnizatoria; no obstante lo anterior, la jurisprudencia ha excluido dentro de los supuestos de enriquecimiento injustificado aquellos casos en los que la compañía de seguros ha satisfecho facturas que incluyeran el impuesto del valor añadido (IVA).[122]

Sí estaríamos, sin embargo, ante un enriquecimiento injustificado en aquellos casos en los que el asegurado pretenda obtener dos indemnizaciones por haber concertado una duplicidad de seguros sobre el mismo interés, riesgo y tiempo; o en aquellos otros en los que el asegurado, además de la indemnización que le corresponda por razón del contrato de seguro, perciba otras cantidades adicionales en concepto de compensaciones gubernamentales o aportaciones realizadas por organismos públicos.[123]

Respecto del límite máximo que debe indemnizar el asegurador, el artículo 27 establece que *«la suma asegurada representa el límite máximo de la indemnización que debe*

---

[122] Sentencia del TS de 10-7-1997: *«En el presente caso, el asegurado, ahora recurrido, no ha obtenido una ganancia indebida, por la simple razón de que la parte aseguradora, ahora recurrente, no ha sufrido un real y efectivo empobrecimiento, pues el haber abonado el impuesto sobre el valor añadido de una factura cargada al montante de la indemnización, y la hipotética posibilidad de una desgravación fiscal posterior del importe de dicho IVA, no puede constituir dato suficiente y probatorio de un beneficio patrimonial incorrecto con respecto al asegurado, parejo a un empobrecimiento de la aseguradora; y se habla de hipotética posibilidad, ya que no existe en autos dato probatorio alguno que sustente la tesis de la deducción en su correspondiente declaración de IVA el importe correspondiente a la mencionada factura».*

[123] Colección de jurisprudencia comentada, *Ley de Contrato de Seguro*, Aranzadi, pág. 541.

pagar el asegurador para cada siniestro». Este detalle es importante, ya que el límite máximo de la indemnización se concibe en el precepto con ocasión de cada siniestro, pues la responsabilidad del asegurador durante la cobertura del seguro es ilimitada siempre que subsista el riesgo y el interés asegurado. No obstante, la ley prevé también la posibilidad de que las partes, de común acuerdo, puedan fijar en la póliza o con posterioridad a la celebración del contrato el interés asegurado que debe tenerse en cuenta para calcular la indemnización, surgiendo así las llamadas «pólizas estimadas». Estas pólizas son tradicionales en el seguro marítimo y están expresamente reconocidas en el Código de Comercio (art. 752),[124] aunque carecían de regulación legal en el ámbito del seguro terrestre hasta su expreso reconocimiento normativo en la Ley de Contrato de Seguro.

La doctrina ha destacado la singularidad de las pólizas estimadas, ya que se fija de forma preventiva en la propia póliza el valor del interés que servirá de pauta para la indemnización que haya de satisfacer el asegurador, considerando que *«el propósito práctico buscado por las partes con semejante acuerdo es, como resulta fácil de imaginar, simplificar el complicado proceso de valoración del daño, dando seguridad jurídica preventiva a una fase decisiva de la relación aseguradora, habitualmente dominada por la incertidumbre... Es fácil de comprender que los propósitos de simplificación y de conseguir seguridad jurídica, antes indicados como causa última del acuerdo de estimación, se verían seriamente afectados de aceptarse el criterio que se acaba de reseñar. Por eso, resulta criterio unánime, y así se recoge, a nuestro juicio, en el artículo 28 de la LCS, otorgar a dicho acuerdo un valor sustantivo, tendente a dotar de fijeza al cálculo efectuado, a través de la limitación de los medios de defensa del asegurador frente al mismo»*.[125]

Una última cuestión que habría que analizar es los plazos que el asegurado tiene a su disposición para reclamar la indemnización. Esto se estudia detenidamente en el capítulo sobre la reclamación, de manera que aquí nos limitaremos a citar los plazos que establece la LCS en su artículo 23 y que serían de dos años para los daños materiales y de cinco para los personales. Asimismo, el juez competente para el conocimiento de las acciones derivadas de un contrato de seguro sería el del domicilio del asegurado, tal y como se deduce del artículo 24 de la LCS, que establece: *«Será juez competente para el conocimiento de las acciones derivadas del contrato de seguro el del domicilio del asegurado, y será nulo cualquier pacto en contrario»*. No obstante, este precepto se ha considerado doctrinal y jurídicamente derogado tras la promulgación de la Ley de Enjuiciamiento Civil 7/2000, en concreto su artículo 52, dado que ambos preceptos regulan la misma materia. Por tanto, la competencia del tribunal del

---

[124] Artículo 752 del Código de Comercio: *«La suscripción de la póliza creará una presunción legal de que los aseguradores admitieron como exacta la evaluación hecha en ella de los efectos asegurados, salvo los casos de fraude o malicia... Si la exageración procediera de error y no de malicia imputable al asegurado, se reducirá el seguro a su verdadero valor, fijado por las partes de común acuerdo o por juicio pericial. El asegurador devolverá el exceso de prima recibida, reteniendo, sin embargo, medio por ciento de este exceso»*.

domicilio del asegurado está delimitada por un elemento de carácter negativo (que no se encuentre atribuida a otro tribunal en virtud de lo previsto en el número 1 del art. 52 de la Ley de Enjuiciamiento Civil) y otro positivo (que la acción que se ejercite derive de un contrato de seguro).

5.2   La subrogación

Una vez efectuado el pago de la indemnización al asegurado, el asegurador, conforme a lo dispuesto en los artículos 780 del Código de Comercio, *«Pagada por el asegurador la cantidad asegurada, se subrogará en el lugar del asegurado para todos los derechos y acciones que correspondan contra los que, por malicia o culpa, causaron la pérdida de los efectos asegurados»*, y 43 de la Ley de Contrato de Seguro, *«El asegurador, una vez pagada la indemnización, podrá ejercitar los derechos y las acciones que por razón del siniestro correspondieran al asegurado frente a las personas responsables del mismo, hasta el límite de la indemnización»*, quedará facultado para ejercitar la acción frente al responsable del siniestro.

Respecto al fundamento de la subrogación desde la doctrina, se ha sostenido que el mismo se encuentra en el principio indemnizatorio que domina el instituto de la subrogación y que prohíbe la acumulación del derecho a la indemnización, ya que si el asegurado pudiera reclamar conjuntamente del asegurador y del tercero responsable en la causación de los daños y hubiera percibido la indemnización del primero, el siniestro se convertiría en una fuente de lucro para el asegurado. El asegurado que sufre los efectos dañosos de un siniestro tiene dos posibilidades: por un lado, puede deducir su pretensión contra el tercero, a fin de que éste le repare los daños; y por otro, puede dirigirse contra el asegurador en demanda de la suma asegurada. Cada acción surge de una relación jurídica diversa, y el asegurado puede elegir contra quién dirigirse.[126]

Con anterioridad a la aprobación de la LCS, la regulación de la subrogación en el Código de Comercio no era generalizada, ya que se regulaba el derecho del asegurador a la subrogación en preceptos aislados y modalidades diversas de contratación como en los transportes (art. 437), el seguro de incendios (art. 413) y el seguro marítimo, el ya mencionado artículo 780 del Código de Comercio. No obstante, tras la aprobación de la LCS se ha generalizado la aplicación complementaria de esa Ley a

---

[125] Embid Irujo, J. M., «Comentario al artículo 28 de la Ley de Contrato de Seguro», en Boquera Matarredona, J., Bataller Grau, J. y Olavarría Iglesia, J. (coordinadores), *Comentarios a la Ley de Contrato de Seguro*, Tirant lo Blanch, Valencia, 2002, págs. 363 a 369.

[126] Boquera Matarredona, J., Bataller Grau, J. y Olavarría Iglesia, J. (coordinadores), *Comentarios a la Ley de Contrato de Seguro*, Tirant lo Blanch, Valencia, 2002, págs. 537 a 547.

los demás casos. Así lo ha declarado la jurisprudencia del Tribunal Supremo, entre otras, en sentencia de 23 de diciembre de 1993.[127]

Resulta evidente que la opción del asegurador será ejercer los derechos y acciones que tenga frente a las personas o entidades responsables del siniestro. Sin embargo, a la luz de las controversias que referente a la subrogación se sustancian ante los juzgados, conviene destacar, o aclarar, los siguientes conceptos relativos a la subrogación:

> *«Para que el asegurador tenga la posibilidad de ejercitar el derecho de recobro, su asegurado deberá ostentar un interés respecto a los objetos asegurados, es decir, una relación jurídica subsumible de tutela jurídica en el momento de la ocurrencia del siniestro. Este interés puede ser, desde el pleno dominio o propiedad de las mercancías, hasta el interés del depositario hacia las cosas, del transitario, el transportista (...)».*

El Tribunal Supremo ha dirimido varios litigios,[128] en los que el asegurador había abonado el pago de la indemnización al vendedor que había utilizado un incoterm CIF (coste, seguro y flete), y al intentar ejercitar la acción frente al responsable del siniestro, por ejemplo la naviera, el Tribunal Supremo entendía que esta acción debía fenecer, pues el vendedor, a partir del momento en que las mercancías eran cargadas en el buque, dejaba de tener un interés en éstas jurídicamente tutelado por la póliza, y por lo tanto, carecía de legitimación alguna para reclamar frente al responsable del siniestro.[129] También distintas audiencias provinciales han fallado en los mismos términos; así, entre otras, la Audiencia Provincial de Guipúzcoa en sentencia de 1 de febrero de 2000, en la que desestimó el recurso de apelación interpuesto por la compañía aseguradora que había efectuado el pago a quien no ostentaba legitimación para recibirlo. En otras ocasiones, sin embargo, se ha admitido la subrogación

---

[127] Sentencia del TS de 23-12-1993: *«Aun cuando la doctrina de esta sala no sea unívoca en orden a la aplicabilidad de dicha Ley del Seguro a los marítimos, sus preceptos podrán serlo cuando, como aquí acontece, se trate de una aplicación complementaria a los efectos de una más definitiva exégesis del artículo 780 del Código de Comercio».*

[128] Sentencia del TS de 31-3-1997: el Tribunal Supremo consideró que en el caso de autos ocurría en efecto que *«el artículo 770 del Código de Comercio no se observó, ya que consta en autos que no se pagó por la aseguradora al verdadero asegurado, esto es, el comprador CIF de la mercancía. (...) Al tratarse de una venta CIF (coste, seguro y flete), la asegurada por la póliza de seguro contra los riesgos del transporte concertado entre la actora y la vendedora de la mercancía asegurada debe ser necesariamente la compradora».*

[129] En un supuesto similar, la sentencia del TS de 21-7-89 entendió que a pesar de tratarse de una compraventa CIF, la subrogación era conforme, ya que *«cualquiera que sea la forma de compraventa (que en este caso concreto, efectivamente, fue cost, insurance and freight) en la que se vendió la mercancía asegurada, lo que sólo afectará, como norma general, a las relaciones internas entre vendedor y comprador. Lo cierto es que, por un lado, como dice la sentencia recurrida, el seguro marítimo de la expresada mercancía fue concertado con la aseguradora, aquí recurrente, por la entidad vendedora Industrias A., SA, "por cuenta propia o de quien pertenezca", cuya forma de contratación no le priva de interés jurídico en la efectividad*

de la aseguradora, en concreto cuando el dominio de la cosa asegurada no había salido de la esfera del vendedor.[130]

Este defecto en la subrogación no debe ser confundido con la necesidad, a veces sugerida por algunos juristas y tribunales menores, de llevar a cabo un examen pormenorizado de los términos de la póliza y las causas del siniestro cada vez que el asegurador ejerce una acción de recobro, con el objeto de dirimir si éste ha pagado conforme a lo acordado en el contrato de seguro y, por tanto, si procede su subrogación.

La aceptación de este argumento como condición necesaria para ejercitar la facultad subrogatoria frente al responsable del siniestro, determinaría la judicialización de la actividad del contrato de seguros para mercancías. Piénsese, por ejemplo, en el supuesto de que una compañía de seguros pague a su asegurado, conforme a su informe pericial, y después se dirija contra el responsable del siniestro, al confirmarse durante el proceso que tal siniestro tuvo como causa la mala estiba de las mercancías. La mala estiba es una causa frecuente de exclusión de cobertura en las pólizas de mercancías. En este supuesto, sería del todo improcedente e injusto materialmente que la compañía de seguros viera desestimada la acción frente al responsable del siniestro, al entender el Tribunal que su pago ha sido indebido conforme a los términos de la póliza. Por otra parte, la aceptación de este presupuesto rompe con el principio de la relatividad contractual que, consagrado en el ordenamiento jurídico español, deja al albur de las partes contratantes la interpretación y ejecución de un contrato en sus propios términos.

En apoyo de la tesis de no revisar la conformidad del pago respecto a los términos de la póliza de seguros, existe una consolidada corriente jurisprudencial,[131] y no falta doctrina,[132] que entiende que el tercero no es quién para impugnar la subrogación basándose en su interpretación del contrato. El Tribunal Supremo ha entendi-

---

del seguro concertado (con independencia del destino que hubiera de dar a la indemnización reclamada, a virtud de las relaciones internas entre ella —la vendedora— y la compradora de la mercancía), y por otro, que la entidad aseguradora tiene extrajudicialmente reconocida la personalidad de la vendedora para reclamar dicha indemnización, como lo prueban las negociaciones o relaciones que con ella mantuvo encaminadas a ese fin y las comunicaciones que le dirigió con fechas 6 y 23-11-1984, en las que le participaba que rechazaba el siniestro por tratarse de un riesgo excluido del seguro, pero sin negarle o desconocer su personalidad, siendo doctrina consolidada de esta Sala que no puede impugnar la personalidad o la legitimación de un litigante quien dentro o fuera del pleito se la tenga reconocida».

[130] Sentencia de la AP de Valencia de 5-5-1999: «*Resulta indudable y sobradamente probado que el objeto de la compraventa no fue cargada en el buque, hecho trascendente, determinante aun en esa modalidad contractual, para que conforme a los dictados jurisprudenciales expuestos, el dominio de la cosa no saliera de la esfera del vendedor, siguiendo éste con la titularidad del interés asegurado y, por ende, al haber resultado dañada la mercancía, es a él a quien corresponde legítimamente la indemnización».*

[131] Sentencias del TS de 2-11-1983 y 15-12-1990, SAP de Valencia de 5-2-1997 de Vizcaya de 13-5-1993, que entienden suficientes la presentación del finiquito y certificado de seguro al objeto de acreditar la subrogación.

do suficiente la presentación ante el Tribunal de Instancia, del finiquito y el certificado de seguro al objeto de tener por acreditada la subrogación. Resulta evidente que si el actor no tiene la obligación de presentar la póliza ante el Tribunal al objeto de poder ejercitar su acción de recobro, con menos razón se le puede obligar a examinar la conformidad del pago a su asegurado en los términos expuestos en la póliza. No obstante, existen algunas sentencias aisladas que, en sentido contrario, abogan por examinar la cobertura de seguro.[133]

Sin perjuicio de lo anterior, conviene destacar que existen varias fórmulas, de las que disponen las compañías de seguros al reforzar su posición de acreedor subrogado frente a la entidad responsable del siniestro. Si bien el pago de la aseguradora resulta suficiente para conceder al asegurador la facultad de subrogarse frente al tercero responsable, mediante lo que se denomina subrogación *ex lege,* es conveniente acompañar el abono de la indemnización de un finiquito de subrogación firmado por el asegurado.

El finiquito, al tiempo que deja constancia del pago efectuado, puede, dependiendo de su clausulado, operar como negocio jurídico convencional de subrogación, e incluso como una cesión de créditos adicional, según sea su redacción. Por tanto, si existen dudas acerca de la conformidad del pago de la compañía de seguros a su asegurado, en virtud de los términos estipulados en la póliza, resulta aconsejable, al objeto de centrar el litigio en la responsabilidad del deudor, que asegurador y asegurado, mediante un finiquito de subrogación, expresen y convengan su voluntad de que la posición subjetiva del asegurado sea ocupada por el asegurador contra el pago de la indemnización. A raíz de este negocio jurídico independiente, es incuestionable el ejercicio por parte del asegurador de las pertinentes acciones de recobro frente al tercero responsable. De esta forma, la subrogación legal, operada en virtud de los preceptos antes referidos, queda reforzada por un nuevo negocio jurídico que, conforme al principio de autonomía de voluntad de las partes, resulta efectivo (véase el art. 1.209 del Código Civil).

Asimismo, la subrogación del asegurador quedará salvada si el vendedor CIF, mediante una oportuna cesión de créditos, obtiene de su comprador el interés sobre las mercancías que el vendedor había perdido como consecuencia de la ejecución y conclusión de su obligación de entrega.[134] Véase la sentencia de la AP de Asturias de 19-3-2001: «*Se debe observar que, por virtud de la cesión antedicha, por cierto a solicitud del propio asegurador-demandado que en ningún momento se opuso a ella (aunque aho-*

---

[132] Sánchez Calero, F., Fuentes Camacho, V., Tapia Hermida, A. J., Tirado Suárez, J. y Fernández Rozas, J. C., *Ley de contrato de seguro,* Aranzadi, 2001, pág. 850. Gabaldón, J. L. y Ruiz Soroa, J.M., *Manual de derecho de la navegación marítima,* Marcial Pons, 1999, 1.ª ed, pág. 792.

[133] Sentencia del TS de 32-12-1985, que rechaza la subrogación al haberse pagado un siniestro fuera del plazo de cobertura estipulado en la póliza.

[134] Las obligaciones del vendedor CIF *(cost, insurance and freight)* respecto a la entrega de la mercancías están definidas por los incoterms, en su última versión del año 2000, compendio normativo

ra pretenda ignorarla), tiene que cesar cualquier posible discusión sobre quién deba considerarse perjudicado por las averías según el transporte fuera hecho en condiciones CIF o FOB (esta última fórmula, al parecer, abandonada en el recurso), pues con pleno consentimiento del referido asegurador aquella cesión tuvo lugar a favor de la actora, que se convirtió en real perjudicada por el importe reclamado».

Una vez operada la subrogación, debemos considerar que el tercero contra quien el asegurador pueda ejercitar las acciones que pertenecían al asegurado, podrá oponer al asegurador las excepciones que hubiera podido oponer al asegurado y, además, las fundadas en la subrogación, es decir, la falta del poder de disposición sobre el crédito por no haber concurrido todos los presupuestos de los que la ley hace depender la subrogación. Puede también oponer las excepciones de renuncia del asegurado o el pago hecho al asegurado efectuado antes de que el tercero tuviera conocimiento de la subrogación (falta de acción), sin perjuicio de la responsabilidad del asegurado por los perjuicios que, con ocasión de sus actos u omisiones, pueda haber causado al asegurador en su derecho a subrogarse (art. 43.2 de la LCS).[135]

Existen otros supuestos que aparecen regulados en la Ley de Contrato de Seguro que no deben confundirse con el instituto de la subrogación. Éstos son: el derecho de repetición que regula el artículo 76 de la LCS (derecho del asegurador a repetir contra el asegurado, en el caso de que sea debido a conducta dolosa de éste, el daño o perjuicio causado a tercero) y el seguro de caución que regula el artículo 68 del mismo cuerpo legal, que recoge una acción de reembolso del asegurador frente al tomador, pero sin subrogarse en los derechos que el asegurado pudiera tener contra éste.

5.3 La cesión de créditos

La doctrina ha definido la cesión de créditos como *«un negocio jurídico celebrado por el acreedor de una relación obligatoria, llamado cedente, con una tercera persona extraña a dicha relación, llamado cesionario, con la finalidad de producir la transferencia de la titularidad del crédito entre uno y otro. Se trata de una figura jurídica autónoma que engloba todos los actos traslativos del crédito, que se realicen entre vivos y que respondan a una finalidad general de poner en circulación los créditos a los efectos de su posible co-*

---

de términos internacionales para la venta de mercaderías. Este compendio resulta aplicable al contrato de venta, bien sea por su incorporación mediante la voluntad de las partes o bien mediante lo dispuesto en la Convención Internacional de Compraventa de Mercancías de Viena de 1980, que considera estas reglas usos normativos internacionales, que se incorporan al contrato de venta.

[135] «Comentario al artículo 43 de la Ley del Contrato de Seguro», en Boquera Matarredona, J., Bataller Grau, J. y Olavarría Iglesia, J. (coordinadores), *Comentarios a la Ley de Contrato de Seguro*, Tirant lo Blanch, Valencia, 2002, La acción subrogatoria, pág. 9.

mercialización».[136] La cesión de créditos ha sufrido desde sus orígenes una importante evolución, ya que en el derecho romano originario era concebida como una relación personal entre deudor y acreedor en la que no se admitía la transmisión.

El acreedor (cedente), mediante la cesión de créditos, transfiere los derechos de crédito que ostenta frente al deudor (cedido) a un tercero (cesionario). Como consecuencia de este negocio jurídico, el deudor deviene obligado a satisfacer la deuda al acreedor tan pronto como sea notificado de que la cesión ha tenido lugar. A partir de esta notificación, si pagase al acreedor original, el deudor no quedará liberado. El Código Civil prevé expresamente la transmisión de las obligaciones en su artículo 1.112;[137] sin embargo, no determina por medio de qué mecanismo se lleva a cabo tal transmisión.

Al contrario de lo previsto por el ordenamiento jurídico español para las cesiones de contratos, o de relaciones obligatorias, la cesión de créditos, para ser efectiva, no necesita del concurso o consentimiento del deudor; no obstante, si este último satisface el crédito frente al acreedor original, quedará liberado en tanto que la cesión de crédito no le haya sido notificada con anterioridad al pago. Tal y como expone la reiterada jurisprudencia del Tribunal Supremo: «*La efectividad de la cesión no queda supeditada al conocimiento previo del deudor y la notificación que se lleva a cabo del mismo, como en este caso tuvo lugar, no tiene otro alcance que obligarle con el nuevo acreedor y con ello el deber de pagar al cesionario*» (véanse las sentencias del TS de 12-11-1992, 19-2-1993 y 5-11-1993, entre muchas otras). Asimismo, ha llegado a la conclusión de que la cesión de créditos derivados de una relación contractual sinalagmática no convierte al cesionario en parte de la misma, y permite al deudor cedido oponer al cesionario la resolución del vínculo cuando le reclama el pago, sin que para la eficacia de dicha resolución haya que contar con el consentimiento de este último.[138]

La cesión de créditos se encuentra regulada en el ordenamiento jurídico español, de forma detallada, en el Código Civil, capítulo VII, que reza «*De la transmisión de créditos y demás derechos incorporales*», regulados en los artículos 1.526 y siguientes, con el título que el código dedica a la compraventa, lo que ha llevado a considerarlo «*un contrato especial de venta en el que el titular de un crédito, derecho o acción se obliga a transmitirlos a otra persona*».[139] También la jurisprudencia ha definido la cesión como una compraventa especial caracterizada por su contenido de cosas incorporales, «*que matiza de distinta manera que en la compraventa, la entrega y el saneamiento de lo que se cede y de lo que*

---

[136] Blasco Gascó, F. de P., Lalaguna Domínguez, E., *Derecho civil. Obligaciones y contratos*, Editorial Tirant lo Blanch, SL, 3.ª edición, epígrafe 3.15.2, «La cesión de créditos: concepto y función».

[137] Artículo 1.112 del Código Civil: «*Todos los derechos adquiridos en virtud de una obligación son transmisibles con sujeción a las leyes, si no se hubiera pactado lo contrario*».

[138] Sentencia del TS de 15-7-2002: «*En efecto, esta Sala entiende que la eficacia de la resolución del contrato de donde nace el crédito cedido no está sujeta a consentimiento del cesionario. Por la cesión de créditos, el deudor cedido no puede sufrir ninguna merma o limitación de sus derechos, acciones y facultades*

se vende, y, en definitiva, late siempre como nota diferencial de los dos contratos la considera-
ción de que la venta consumada crea una relación jurídica directa entre el comprador y la
cosa corporal adquirida, mientras que mediante la cesión no se transmite directamente al ce-
sionario la cosa corporal, sino el título o derecho de reclamarla a una tercera persona».[140]

El Código de Comercio, aunque no muy prolijo en la materia, regula en su artículo 347, de forma expresa, la posibilidad de circulación de los créditos mercantiles
no endosables, ni al portador, en el tráfico mercantil, mediante su cesión, exponien-
do que *«se podrán transferir por el acreedor sin necesidad del consentimiento del deudor,*
bastando poner en su conocimiento la transferencia. El deudor quedará obligado para con
el nuevo acreedor en virtud de la notificación, y desde que tenga lugar no se reputará pago
legítimo sino el que se hiciera a éste». La jurisprudencia del Tribunal Supremo y de las
audiencias provinciales ha aclarado que la puesta en conocimiento del deudor se entiende realizada por el mero emplazamiento en juicio.[141] Asimismo, el artículo 348 de
este cuerpo legal regula las consecuencias de la cesión y dice que: *«El cedente responde-*
rá de la legitimidad del crédito y de la personalidad con que hizo la cesión, pero no de la
solvencia del deudor, al no mediar pacto expreso que así lo declare»; no obstante, recordemos que el Código Civil también se refiere a los supuestos en que la cesión de derechos haya sido consentida por el deudor, en cuyo caso éste no podrá oponer al tercero la compensación del crédito que tendría contra su acreedor, salvo en dos supuestos:
1) cuando el deudor hubiera conocido la cesión, pero no hubiera prestado su consentimiento a la misma, en cuyo caso podría oponer la compensación de las deudas anteriores a ella, pero no de las posteriores; 2) cuando la cesión se haya realizado sin conocimiento del deudor, en cuyo caso éste podrá oponer al cesionario la compensación
de los créditos anteriores y posteriores hasta el momento en que tuvo conocimiento de
la cesión, así se pone de manifiesto en el artículo 1.198 del Código Civil. La jurisprudencia del Tribunal Supremo ha declarado que la notificación de la cesión al deudor
no tiene más alcance que obligarle con el nuevo acreedor, según sentencias del TS de
28 de octubre de 1957 y 23 de octubre de 1984, entre otras muchas.

Respecto de la cesión de créditos mercantiles, el Tribunal Supremo declaró que se
rige por las disposiciones del Código de Comercio y de la legislación civil común, que
es la supletoria para los contratos de esta clase,[142] y en sentencia de 26 de marzo de 2007
manifestó que *«la cesión de créditos mercantiles es un negocio jurídico que no sólo no exige*

---

contractuales (art. 1.257, párrafo 1.º del Código Civil). Su conocimiento de la cesión únicamente hace va-
riar el destinatario del pago, que en lugar del cedente será el cesionario».

[139] Albácar López, J. L., *Comentarios del Código Civil. Doctrina y jurisprudencia*, Editorial Trivium, SA,
pág. 721.

[140] Sentencia del TS de 12-11-1992.

[141] Sentencia del TS de 23-6-1983 y sentencia de la AP de Pontevedra de 4-3-1996.

[142] Sentencia del TS de 5-10-1894.

para su perfección el consentimiento del deudor cedido, sino que la notificación no afecta a la relación cedente-cesionario, pues se circunscribe a impedir que el deudor cedido pague legítimamente al acreedor originario». También en el mismo sentido se manifestó el TS en sentencia de 23 de julio de 2007: *«Para la perfección de la cesión no se requiere consentimiento del deudor cedido, sólo que se le notifique para que no pueda pagar válidamente a su antiguo acreedor (...) el acreedor cedente será titular del crédito y, como tal, puede exigírsele».*

En el ordenamiento jurídico existe libertad para los acreedores de un derecho al llevar a cabo su transmisión a terceros. Cualquier crédito es transferible mediante su cesión, con excepción de determinados créditos o derechos considerados por la doctrina no transmisibles, y en los que se incluyen los derechos personalísimos como los alimentos previstos en el artículo 151 del Código Civil u otros sobre los que se haya pactado su intransmisibilidad. Al igual que existe amplia libertad en la transmisión de los créditos, no se exige respecto de la misma una forma específica y rige, como en materia de contratación, el principio de libertad, de forma que se consagra en el artículo 1.278 de dicho código: *«Los contratos serán obligatorios cualquiera que sea la forma en que se hayan celebrado, siempre que en ellos concurran las condiciones esenciales para su validez».* Se exige, no obstante, un documento público para la cesión de los derechos hereditarios o los que provengan de la sociedad conyugal, así como para la cesión de acciones o derechos procedentes de un acto consignado en escritura pública.[143]

En materia de contrato de seguro, y dado que los contratos mediante los cuales el acreedor cede sus derechos al cesionario se encuentran recogidos en conocimientos de embarque, cartas de porte, etc., no resulta necesario otorgar forma de escritura pública al contrato de cesión para que éste tenga pleno efecto. Por el contrario, es conveniente que la cesión se documente: bien sea mediante la inserción de una cláusula en el finiquito de indemnización, al objeto de que el asegurador ceda sus derechos de crédito al asegurador, con carácter subsidiario o alternativo a la subrogación, o bien mediante la redacción y ejecución de un documento independiente que, con carácter subsidiario o alternativo, refuerce la postura del asegurador frente a los ataques del tercero en su subrogación.

La importancia de la cesión en el marco del contrato de seguro radica en que es un medio para transmitir el derecho de crédito del asegurado al asegurador de forma ágil e independiente, es decir, sin vinculación a lo que las partes hayan acordado en el marco del contrato de seguro; esto se ha puesto de manifiesto de forma reiterada en la jurisprudencia de diferentes audiencias provinciales.[144] Así pues, la posición del

---

[143] Artículo 1.280. 4 y 6, del Código Civil.

[144] Sentencia de la AP de Asturias de 19-3-2001: *«La cesión fue efectuada por quienes eran titulares del derecho a ser indemnizados por la aseguradora, cediéndolo a la actora que de esta forma se convirtió (si no lo era ya por virtud de la póliza) en beneficiaria de la repetida indemnización».*

asegurado en cuanto acreedor cesionario deviene incuestionable por parte de su deudor. Sin embargo, conviene no olvidar que, al igual que la subrogación, la transmisión o cesión del crédito, comprende la de todos los derechos accesorios, como la fianza, hipoteca, prenda o el privilegio, y, por tanto, la de sus plazos de prescripción en las acciones de recobro frente a los terceros responsables del siniestro, tal y como han sido conservados y computados por el acreedor inicial, el asegurado.

5.4   *Pactos de exoneración entre asegurado y porteador*

El artículo 361 del Código de Comercio permite la distribución del riesgo en el contrato de transporte pactado convencionalmente. De esta manera, en el contrato de transporte de mercancías pueden existir cláusulas de exoneración de la responsabilidad del porteador por daños en las mercancías.

Los pactos de exoneración de responsabilidad repercuten de manera directa en el seguro de transportes de mercancías, ya que el cargador-asegurado no puede reclamar contra el porteador (asunción de todos los riesgos por el cargador) y, en consecuencia, el asegurador no puede subrogarse y recuperar la cantidad abonada en concepto de indemnización, pues el asegurado no tiene el derecho que pretendería ejercitar el asegurado.

El porteador de las mercancías y el cargador-asegurado pueden pactar la exoneración de la responsabilidad del porteador de las pérdidas y averías de las mercancías (art. 362 del Código de Comercio). Pero frente al asegurador, los pactos de exoneración de responsabilidad son ineficaces y se tienen por no estipulados (art. 6 del Código Civil), salvo que el tomador o el asegurado hubieran advertido de dicho pacto al asegurador y éste hubiera aceptado.

Los pactos de exoneración de responsabilidad impedirían el ejercicio del derecho de subrogación del asegurador y un tercero no puede resultar perjudicado por los pactos entre otros sujetos. Puede pensarse que, en virtud del artículo 43.2 de la Ley de Contrato de Seguro, está prohibida la aceptación de cláusulas de exoneración, pues establece que el asegurado será responsable de los perjuicios que, con sus actos u omisiones, pueda causar al asegurador su derecho a la subrogación.

Pero, según hemos visto, nada impide que se pacte entre el porteador-tomador del seguro de transporte de mercancías por carretera y el asegurador la renuncia de este último a la subrogación, pues dicha cláusula no es lesiva para el asegurado (art. 3 de la LCS), ya que permanece intacto su derecho a la indemnización. Se pacta una renuncia del derecho de subrogación anticipada, preventiva, expresa (clara y terminante) y a favor de un tercero. Por tanto, es factible que el tomador del seguro de transporte de mercancías sea el porteador de las mismas y que pacte con el asegurador la renuncia a la subrogación en el supuesto de que dicho transportista sea el responsable del siniestro. El responsable del daño no soportaría el coste del resarcimiento del daño por él provocado y del que debe responder. El asegurado cobra la indemnización y el porteador que causó el siniestro no responderá frente al asegurado. El asegurador no podrá reclamar al porteador, pero puede a cambio establecer una prima más sustanciosa y no acudir a juicio, evitando así los inconvenientes que ello conlleva.

Si el asegurador se ha comprometido a no ejercitar la subrogación, el porteador habrá eludido su obligación de resarcir los daños ocasionados. El asegurador, una vez pagada la indemnización, no puede actuar, a su vez, contra el porteador en subrogación del interesado en la carga dada su renuncia a la subrogación. Con ello, el porteador consigue no asegurar su propia responsabilidad, y excluir así que pueda acarrearle consecuencias negativas.

En el seguro de transporte de mercancías, estipulado por el porteador en favor del propietario de las mercancías, se puede introducir una cláusula en la que el asegurador renuncie a dirigirse en vía subrogatoria contra el porteador eventualmente responsable del daño sufrido en las mercancías transportadas. Con ello, se pretende evitar que el asegurador ejerza el derecho potestativo que le reconoce la LCS en su artículo 43. Se logra así que el propietario de las mercancías sea resarcido por el asegurador y se evita que el porteador responda ante el asegurador dada su renuncia a actuar en vía subrogatoria. Pero el contratante del transporte de las mercancías conserva la acción contractual contra el porteador.

Pese a lo dicho, habrá que tener presente que el artículo 5 de la póliza Unespa establece que: «*El asegurador no responderá, en ningún caso, cuando se haya firmado Boletín de Garantía por el remitente o persona que le represente, sea cual fuere el motivo que se alegue, en virtud del cual no sean a cargo del porteador las pérdidas, los daños o averías que se produzcan en las mercancías durante su transporte*».[145] Es decir, que se incluye como riesgo excluido la exoneración de responsabilidad del porteador. Con esta cláusula, el asegurador evita sufrir los efectos de los acuerdos de exoneración de la responsabilidad del porteador.

Los transportistas por carretera suelen incluir en sus tarifas seguros «obligatorios» que paga el cargador, y si éste no quiere utilizar dicha cobertura le reclaman una carta de exo-

---

[145] Véase el artículo 5 de las condiciones generales del seguro de transporte terrestre de mercancías de AGF Unión Fénix; el artículo 5 de las condiciones generales del mismo seguro de Catalana Occidente y el artículo 3.3.6 de la póliza de seguro de mercancías transportadas por vía terrestre de Mapfre Industrial.

[146] Póliza de seguros de mercancía Musini, vigente en 1990: «*Salvo pacto en contrario, la Mutualidad no acepta la cláusula franco de avería recíproca, que pudieran convenir armadores y cargadores, por la que renuncian recíprocamente a la acción de avería gruesa o avería común*». El acuerdo de estas cláusulas entre asegurado y porteador, en el marco de la póliza de cascos, conlleva que el naviero sea la parte responsable de la avería y no pueda repercutirla. Véase Ruiz Soroa, J. M. y Martín Osante, J. M., *Manual de accidentes de la navegación*, País Vasco. Servicio Central de Publicaciones, 2006, pág. 276.

[147] 3.8 «*Cualquier cláusula, pacto o acuerdo en un contrato de transporte eximiendo al porteador o al buque de sus responsabilidades por pérdida o daños en relación a la mercancía, que puedan derivar de negligen-*

neración de responsabilidad respecto al transportista. Acceder a esta petición deja a la aseguradora del cargador sin la posibilidad de actuar sobre el transportista por los daños que le sean imputables y, por ello, podría no pagar la indemnización al asegurado.

El asegurado tiene el deber de no perjudicar la subrogación. El ejercicio de este deber se mantiene vigente durante toda la ejecución del contrato de seguro, con anterioridad y con posterioridad a la producción del siniestro. Con anterioridad y conforme a lo dispuesto en el artículo 43 de la LCS: *«El asegurado será responsable de los perjuicios que, con sus actos u omisiones, pueda causar al asegurador en su derecho a subrogarse»*. El asegurado debe abstenerse de llevar a cabo cualquier acto que perjudique la facultad de subrogación del asegurador, incluyendo cualquier pacto que pudiera limitar o exonerar al porteador de las mercancías aseguradas.

La cláusula 21 de la póliza española de mercancías establece que los aseguradores no aceptarán una cláusula general de exclusión de responsabilidad de los porteadores de mercancías.[146] Ante estas cláusulas, y partiendo de la hipótesis de que el asegurado haya desoído el mandato de la cláusula acordada en la póliza, la solución no parece sencilla, puesto que el porteador es completamente ajeno al contrato de seguro, de modo que la cláusula no debería influir respecto a él.

Sin embargo, determinados convenios aplicables al transporte pueden darnos la solución a la validez de estas cláusulas. Por ejemplo, las Reglas de la Haya-Visby niegan validez a estas cláusulas en su artículo 3.8.[147] En idéntico sentido, el artículo 41 de la Convención CMR, Convenio de Ginebra de 19 de mayo de 1956, establece la nulidad de aquellas cláusulas que deroguen lo establecido en el citado convenio, a excepción de los artículos 37 y 38, que podrán ser derogados (art. 40 del Convenio de Ginebra de 19 de mayo de 1956); en análogo sentido, véase el artículo 32 del Convenio de Varsovia.

Los tribunales entienden que, aun partiendo de la existencia de una exoneración de toda responsabilidad por el transporte, la póliza de seguro de transportes suscrita por la primera mercantil con la compañía de seguros se limitaba a cubrir los posibles daños que sufriera la mercancía con ocasión de su traslado nacional, quedando fuera del ámbito de responsabilidad civil del transportista.[148]

---

cia, falta o fracaso en los deberes y obligaciones previstas en este artículo o atenuando dicha responsabilidad de otra manera no prevista en estas Reglas, será nula e inválida y sin efecto. Un beneficio del seguro a favor del porteador o una cláusula similar será considerada como cláusula mitigando la responsabilidad del porteador.»

[148] Según la sentencia de la AP de Zaragoza, de 12-12-2002: *«En la práctica aseguradora española, en materia de transportes se entremezclan dos seguros de daños: el de mercancías, que es un seguro que la doctrina califica de interés sobre cosas, donde se amparan los posibles perjuicios que puedan sufrir las concretas mercancías transportadas, cuya conservación preocupa, en sentido estricto, al cargador o destinatario de las mismas; y el de responsabilidad civil del transportista, denominado seguro de interés sobre la totalidad del patrimonio, que cubriría el riesgo de que pudiera surgir en el patrimonio del porteador una deuda a causa de su responsabilidad por pérdidas o averías en la mercancía como consecuencia del contrato de transporte (sentencia de la AP de Castellón de 7-3-2001, sentencias de la AP de Asturias de 2-4-2001 y 11-3-2002).*

5.5   *La protesta del artículo 952 del Código de Comercio*

El transportista lleva a cabo la ejecución del contrato de transporte mediante el cumplimiento de su obligación de hacerse cargo de una mercancía en el lugar convenido, y desde allí emprende su traslado hasta el lugar de entrega, o destino convenido, a cambio de un precio, al que se llama flete.

En el ejercicio de sus obligaciones, deberá cuidar de la cosa como un depositario mientras la traslada a su lugar o puerto de destino, para su posterior entrega a la per-

---

Aunque el seguro de transporte terrestre no es un seguro de responsabilidad civil del porteador, que éste podrá contratar si quiere mantener indemne su patrimonio de las pretensiones posibles de los derecho habientes de las mercancías en caso de pérdida por su culpa o negligencia, es habitual que las agencias de transportes o los porteadores concierten periódicamente seguros de transporte por cuenta propia, donde, aun no siendo muy correcto dogmáticamente, el interés asegurado es la pérdida patrimonial que sufre el porteador por la indemnización que debe abonar al acreedor de la prestación del transporte, pues el interés del porteador o transportista en relación con las mercancías transportadas se reduce, única y exclusivamente, a mantener indemne su patrimonio respecto a posibles reclamaciones contractuales o extracontractuales. Esto implica la intención de la cargadora de garantizar la reparación del daño que podría sufrir por la pérdida o el deterioro de su máquina a consecuencia del transporte, es decir, supondría la contratación de un simple seguro de mercancías contra riesgos del transporte, que no dispensaría al transportista de su responsabilidad, pues ésta sólo quedaría cubierta mediante la suscripción por su cuenta de un seguro de responsabilidad civil o de un seguro de transporte, pudiendo dirigirse contra el porteador o asegurador de la carga. Este seguro de mercancías es estipulado por el propietario de las mismas o a su favor, y suele concertarse "por cuenta de quien corresponda" para traspasar la seguridad a cualquier adquirente de las mercancías durante el transporte, o a los intermediarios que puedan intervenir en el mismo, como los almacenistas-distribuidores, los transitarios y los centros de información y distribución de cargas». Sentencia de la AP de Barcelona, de 4-5-2007, la cual dispone que: «*Las partes no ponen en duda que este transporte marítimo internacional de mercancías se concertó en régimen de embarque, quedando sujeto a las Reglas de la Haya-Visby. Éstas se encuentran contenidas en la Ley de Transporte Marítimo de 1949 (en adelante, LTM), que introdujo las reglas del Convenio de Bruselas de 1924, con las modificaciones contenidas en los Protocolos de Bruselas de 1968 y de Londres de 1979. En este sentido, aunque la redacción originaria de las reglas de la Haya, contenidas en el Convenio de Bruselas de 1924, no se recoge ningún principio general de responsabilidad y las causas de exoneración, la LTM, al trasponer las normas del citado convenio, completa sus disposiciones con la inclusión de un principio general de responsabilidad: "El porteador será civilmente responsable de todas las pérdidas, averías o los daños sufridos por las mercancías y de las indemnizaciones a favor del tercero a que diera lugar la conducta del capitán, en relación con las cargas en el buque, salvo los casos de exoneración de que tratan los arts. 8 y 9" (art. 6 de la LTM). Se trata de un principio general de responsabilidad por culpa del porteador, por incumplir sus obligaciones contractuales, y de su personal auxiliar; principio que se completa con otro, según el cual se presume la responsabilidad del porteador en caso de daño o perjuicio para la carga durante el tiempo en que exista la obligación de custodia. Esta presunción de responsabilidad del porteador afecta a la infracción del deber de diligencia en el cumplimiento de sus obligaciones. Pero esta presunción admite prueba en contrario. Por una parte, el porteador puede quedar exonerado de responsabilidad si acredita haber empleado la debida diligencia (art. 8, párrafo 2.º de la LTM) y, por otra, para facilitar la exoneración de responsabilidad del porteador, el art. 8 de la LTM enumera una serie de supuestos en los que de concurrir el porteador queda eximido de responsabilidad. No obstante, la concurrencia de alguna de estas causas y su prueba corresponden al porteador».*

sona que haya designado el cargador en la carta de porte, bien nominativamente, a la orden o mediante endoso.

Dependiendo de lo convenido por las partes cargadora y porteadora, esta última asumirá, o no, otras obligaciones accesorias al transporte de las mercancías: estiba, carga, descarga, almacenaje, trincaje, etc. El transportista deberá cuidar de los objetos adecuadamente, tal y como éstos requieran, en función de su naturaleza y condición, desde el momento en que se haga cargo de ellos hasta que lleguen a su lugar de destino.

La primera fase del contrato de transporte consiste en la recepción de la mercancía. Cargador y transportista deben dejar constancia por escrito del estado en que ésta es recibida por el porteador. También es importante para el cargador que quede constancia en la carta de porte o el albarán de entrega que la mercancía ha quedado bajo la custodia del porteador en estado y condición correctos.

La mayoría de las leyes y los convenios aplicables al contrato de transporte dejan sobre el transportista la carga de la prueba respecto al estado y condición en que éste recibe las mercancías, y establecen que, a menos que existan reservas en la carta de porte, se presumirá que las mercancías han sido cargadas en buen estado y condición.

Es en interés del transportista dejar constancia en la carta de porte o el albarán de entrega cualquier anomalía que pudiera presentar la mercancía en su apariencia o estado externo. Esto no será necesario cuando el transportista no tenga a su alcance o acceso los objetos transportados, para comprobar su estado y condición, por ejemplo un contenedor completo o *full container load* (FCL) precintado, en cuyo caso es recomendable que exprese esta circunstancia en la carta de porte o el conocimiento de embarque.

En los contratos de transporte marítimo ejecutados en régimen de conocimiento, es frecuente encontrar cláusulas insertadas en los conocimientos de embarque que rezan *weight and quantity unknown, said to be.* La función de estas cláusulas es impedir que el conocimiento de embarque genere una presunción a favor del cargador, en virtud de su función de recibo de las mercancías, relativo al aparente estado y condición en que son recibidas por el porteador. En el tráfico marítimo, la expresión que se utiliza para describir que las mercancías han sido cargadas en buen estado es *clean on board* o limpio a bordo.

El Tribunal Supremo (sentencias del TS de 20-10-1957 y 20-09-1988, entre otras) ha reiterado en varias ocasiones que estas cláusulas, cuando fueran impresas en los conocimientos de forma estándar, y sobre éstos existan declaraciones expresas relativas al buen estado de las mercancías, no podrán desplazar la carga de la prueba respecto al buen estado de las mercancías en el momento de su embarque. En palabras del Alto Tribunal: *«No cabe atribuir a la cláusula de estilo "ignoro peso y contenido", que aparece impresa en los referidos conocimientos de embarque, la significación que, con la cita que hace en el encabezamiento de este motivo del artículo 18 de la referida Ley, parece querer atribuirle la recurrente como de mención especial de las razones que le imposibilitaron hacer constar en los conocimientos las marcas, el número, la cantidad o el peso de la mercancía, conforme es-*

tablece el párrafo 2.º del número 9 del citado artículo 18. Esa pretendida y forzada interpretación de la mencionada cláusula se hallaría en frontal contradicción con el texto de los citados conocimientos de embarque, en los que, no a imprenta, como la referida cláusula de estilo, sino con escritura mecanografiada, se expresa, sin reserva alguna, el número de bultos embarcados, el peso y el contenido de los mismos (4.557 sacos de café comercial y café partido con un peso bruto total de 273.685 kilogramos), según consta en las copias de dichos conocimientos, aportadas por la entidad actora, aquí recurrida (...)».

Si bien es muy importante tener una declaración clara por parte del transportista en la carta de porte relativa al buen estado y condición en los que fueron recibidas o cargadas las mercancías por el porteador, resulta aún más trascendental dejar acreditado el estado en que las mercancías llegaron al puerto o almacén de destino.

Al objeto de poder establecer con suficiente precisión y seguridad el estado y condición en los que las mercancías llegaron a su destino, cada régimen normativo, o convenio internacional aplicable, según cada modo de transporte, establece una serie de presunciones y formalidades, que juegan a favor y en contra de cada una de las partes, receptores y transportistas, respecto al estado en que las mercancías llegaron al puerto o lugar de destino. En algunos casos, las presunciones tienen carácter *iuris tantum,* y en otros, *iuis et de iure,* es decir, admitiendo o no prueba en contrario por parte de la parte perjudicada por la presunción.

En el contrato de seguro de transporte, resulta fundamental que el asegurado cumpla con sus obligaciones al hacer valer las presunciones y formalidades que le impone cada régimen normativo aplicable, sobre todo en su calidad de receptor de las mercancías.

Las gestiones del asegurado al cumplimentar estas formalidades marcarán tanto la acreditación del siniestro, y por ende la obtención de la indemnización frente a la compañía de seguros, como el éxito de la acción de recobro frente al transportista responsable del siniestro, ya que frente a este último las reservas dejan constancia de su incumplimiento obligacional, al acreditar los daños a la mercancía en el momento de su entrega al receptor.

A continuación, examinaremos las presunciones establecidas para los medios de transporte que se ejecutan en España.

5.5.1   *Transporte terrestre nacional*

El régimen legal aplicable es el del Código de Comercio y la Ley de Ordenación de Transporte Terrestre. El artículo 366 del Código de Comercio establece:

> *«Dentro de las 24 horas siguientes al recibo de las mercaderías, podrá hacerse la reclamación contra el porteador, por daño o avería que se encontrase en ellas al abrir los bultos, con tal que no se conozcan por la parte exterior de éstos las señales del daño o avería que dieran motivo a la reclamación, en cuyo caso sólo se admitirá ésta en el acto del*

recibo. Transcurridos los términos expresados o pagados los portes, no se admitirá reclamación alguna contra el porteador sobre el estado en que entregó los géneros porteados».

Asimismo, el artículo 952.2 del Código de Comercio establece:

> *«Las acciones sobre entrega del cargamento en los transportes terrestres o marítimos, o sobre indemnización por sus retrasos y daños sufridos en los objetos transportados, contado el plazo de la prescripción desde el día de la entrega del cargamento en el lugar de su destino, o del día en que debía verificarse según las condiciones de su transporte.*
>
> *»Las acciones por daños o faltas no podrán ser ejercitadas si al tiempo de la entrega de las respectivas expediciones, o dentro de las 24 horas siguientes, cuando se trate de daños que no apareciesen en el exterior de los bultos recibidos, no se hubiesen formalizado las correspondientes protestas o reservas».*

El Tribunal Supremo ha reiterado que el plazo dispuesto en el artículo 366 es un plazo de caducidad,[149] y que de no realizarse la reclamación al transportista en el momento de la entrega (daños aparentes) o dentro de las 24 horas siguientes, el derecho de reclamación del receptor habrá caducado.

Existen, sin embargo, algunos supuestos en los que los tribunales han eximido al cargador de cumplimentar lo dispuesto en el artículo 952, entre otras, las siguientes sentencias: sentencia de la AP de Barcelona de 13-10-2000 AC2001/32, sentencia de la AP de Barcelona de 18-2-2000 EDJ2000/24613, sentencia de la AP de Barcelona de 11-7-2000 AC 2000/1524, sentencia de la AP de Baleares de 12-6-2000 AC 2000/2474, sentencia del TS de 17-2-1996 RJ 1996/1409, sentencia de la AP de Las Palmas de 28-6-1996 AC 1996/1171, sentencia de la AP de Barcelona de 28-1-2004 EDJ 2004/7926, sentencia de la AP de Madrid de 12-2-1998 AC 1998/7057, sentencia de la AP de Barcelona de 28-1-2004 EDJ 2004/7926, sentencia de la AP de Barcelona de 19-10-2000, sentencia de la AP de Valencia de 16-2-2004 EDJ 2004/50395, sentencia de la AP de Barcelona de 21-9-1999 AC 1999/6824, sentencia de la AP de Las Palmas de 7-10-2002 EDJ 2002/83179 y sentencia de la AP de Las Palmas de 6-9-02 EDJ 2002/49057.

La sentencia de la AP de 12-6-2000 declara: *«La sentencia (del Tribunal Supremo) de 10-6-1993, que declara el plazo perentorio de las 24 horas fijado en el artículo 952.2,*

---

[149] Sentencias del TS de 30-12-1986, 25-5-1981 y 17-2-1996. En esta última, el TS declaró: *«(...) el perentorio plazo de las 24 horas que allí se menciona como apto para hacer la reclamación está referido a las mercancías embaladas o envasadas, constituyendo bultos que es necesario abrir, para apreciar el estado de conservación o de avería de los objetos transportados en ellos contenidos; no siendo necesario este plazo, y dando lugar a la "dejada por cuenta" o a la reclamación en el acto del recibo o de la entrega, si las señales del daño se pueden apreciar por la parte exterior de estos bultos (...)».*

se refiere a las mercancías embaladas o embasadas que es necesario abrir para apreciar su estado de conservación o avería, no siendo necesario este plazo si las señales del daño pueden apreciarse en la parte exterior de los bultos, pues ésta es la lógica y literal interpretación del precepto. Por otro lado, la sentencia de 17-2-1996 reitera la doctrina antes expuesta y con cita de la sentencia de 16-4-1990 recuerda también que resulta innecesaria la protesta en caso de pérdida de mercancía».

5.5.2 Transporte terrestre internacional, CMR

El régimen jurídico aplicable resulta el dispuesto en el convenio de 19 de mayo de 1956 relativo al contrato de Transporte Internacional de Mercancías por Carretera (Convenio CMR).

El citado convenio, en su artículo 30,[150] establece de forma bastante completa las acciones que deberá realizar el receptor de las mercancías, al objeto de tener por acreditado el estado de las mismas en el momento de la entrega.

Para el supuesto de averías manifiestas, el destinatario deberá formalizar sus reservas en el mismo acto de la entrega, mientras que si los daños no son aparentes, el Convenio permite un plazo de siete días laborables desde la fecha de entrega. Si no se llevan a cabo las oportunas protestas, se generará una presunción *iuris tantum* de

---

[150] Artículo 30

«1. Si el destinatario recibe la mercancía sin verificar su estado y manifestar su protesta, o si en el mismo momento de la entrega en caso de pérdidas o averías manifiestas, o dentro de los siete días desde la fecha de entrega en caso de averías o pérdidas no manifiestas, descontando domingos y festivos, no expresa sus reservas al transportista indicando la naturaleza general de la pérdida o avería, se presumirá, salvo prueba en contrario, que ha recibido las mercancías en el estado descrito en la carta de porte. Estas reservas deberán ser hechas por escrito si se trata de averías o pérdidas no manifiestas.

2. Cuando el estado de la mercancía ha sido verificado contradictoriamente por el destinatario y el transportista, la prueba contraria al resultado de esta verificación sólo podrá ser realizada si se trata de pérdidas o averías no claras y siempre que el destinatario haya dirigido reservas escritas el transportista en el plazo de siete días, descontados domingos y festivos a partir de esta constatación.

3. Un retraso en la entrega no dará lugar a indemnización más que en el caso de que se haya dirigido reserva por escrito en el plazo de 21 días a partir de la puesta de la mercancía a disposición del destinatario.

4. La fecha de entrega o, según el caso, de la contestación a la de la puesta a disposición, no se halla incluida en los plazos previstos en este artículo.

5. El transportista y el destinatario se darán recíprocamente toda clase de facilidades razonables para las contrataciones y verificaciones necesarias».

[151] *«(...) por lo que la manifestada ausencia de protesta o reserva por parte de la empresa receptora de las mercancías no impide el ulterior ejercicio de la acción, pero coloca al demandante en una situación de desigualdad respecto del transportista al obligarle a una dificultosa prueba tendente a destruir la presunción de adecuado cumplimiento ante el que su omisión le ha colocado.»*

que las mercancías han sido entregadas en el estado descrito en la carta de porte (véase sentencia de la AP de Barcelona de 13 de octubre de 2000.[151]

Si las mercancías han sido verificadas contradictoriamente por ambas partes, se establecerá un presunción de veracidad respecto del resultado de la prueba de la inspección contradictoria, que sólo podrá ser rebatida cuando se trate de *«pérdidas o averías no claras y siempre que el destinatario haya dirigido reservas escritas al transportista en el plazo de siete días (...)».*

Por último, respecto a las indemnizaciones por retraso de la mercancía, el convenio establece que el destinatario deberá dirigir reserva por escrito *«en el plazo de 21 días a partir de poner la mercancía a disposición del destinatario».*

5.5.3   Transporte marítimo nacional

El régimen aplicable es el del Código de Comercio, en cuyo artículo 952.2, como hemos visto antes, establece un plazo de caducidad para la protesta de los daños y averías en el cargamento de 24 horas si no fueren aparentes, y en caso contrario, la protesta deberá realizarse en el mismo acto de la entrega. Constatamos en este supuesto reiterada jurisprudencia, como las sentencias del Tribunal Supremo de 3 de diciembre de 1990 y de 30 de abril de 1990.[152]

---

[152] *«Asimismo, se esgrime la excepción de falta de acción al amparo de lo dispuesto en el artículo 952.2 del Código de Comercio, ya que tampoco es posible entender esa falta de acción, pues, como regla general, se establece en el citado precepto un año de prescripción para las acciones correspondientes de reclamación de indemnización por daños sufridos en los objetos transportados en relación con lo dispuesto en el artículo 22 de la Ley de 22 de diciembre de 1949 –sentencias de 11 de octubre de 1985–, plazo observado no sólo por los documentos que constan de reclamaciones a los agentes consignatarios del buque donde ya incluso al día siguiente de la llegada a puerto se planteó la existencia de los deterioros de la mercancía a los efectos de la correspondiente reclamación, sino que hasta la constancia de otras actuaciones significativas demuestran el ejercicio de la reclamación extrajudicial dentro de plazo y sin que, finalmente, el plazo de las 24 horas a que se refiere el último párrafo del número 2 de repetido precepto que reproduce el mismo término del artículo 366 sea aplicable al no tratarse de daños que no apareciesen en el exterior de los bultos recibidos, amén de haberse formalizado las correspondientes protestas o reservas (comunicación asimismo dirigida a los consignatarios del buque el 25 de febrero de 1985 en Barcelona), aparte de que dicho plazo no rige en estas acciones de subrogación de la aseguradora según sentencia de 25 de mayo de 1981 (que dice así: [...] La específica normativa que contiene el artículo 366 del Código de Comercio. Referente al término de las 24 horas siguientes al recibo de la mercancía para hacer reclamación contra el porteador, se contrae a las relaciones producidas por derivación de contrato mercantil de transporte terrestre, pero no a la reclamación formulada por la entidad aseguradora que, tras haber concertado póliza de seguro marítimo de mercancías y otros intereses del cargador con entidades destinatarias de aquéllas, abonó a éstos el siniestro, actuando como subrogada en los derechos de los asegurados [...])».*

La protesta o reserva constituye un presupuesto ineludible para ejercitar la correspondiente acción de indemnización a diferencia del aviso contemplado en el artículo 22 de la Ley de Transporte Marítimo de 22 de diciembre de 1949, aplicable a los contratos de transporte internacional por mar, y que recoge el contenido del convenio internacional para la unificación de algunas reglas en materia de conocimiento de embarque de 25 de agosto de 1924, modificado por el Protocolo de 22 de febrero de 1968, y que se aplique a los transportes realizados en régimen de conocimiento de embarque entre países que hayan ratificado el Convenio de Bruselas y lo tengan incorporado a su legislación interior, y cuya omisión implica una presunción *iuris tantum* a favor del porteador de que la entrega de la mercancía fue conforme al estado reseñado en el conocimiento de embarque, presunción que admite prueba en contrario como dicen las sentencias del TS de 18 de octubre de 1988 y de 28 de julio de 2000, salvo que los autores o en el momento de retirar las mercancías *«se dé aviso por escrito al porteador o a su agente en el puerto de descarga de las pérdidas o los daños sufridos y de la naturaleza general de los mismos»*.

La jurisprudencia ha reiterado que el plazo dispuesto en el artículo 952.2 respecto a las protestas que deben realizar los receptores de las mercancías a su entrega es un plazo de caducidad,[153] y que de no realizarse la reclamación frente al transportis-

---

[153] Sentencia del TS de 25-02-1998.

[154] Que entiende que *«hasta el día 25 no existe reclamación por parte de la actora, pero sin que tampoco se pueda aceptar así. Es evidente que el plazo no comenzaría a contar sino desde la entrega, o dentro de las 24 horas si se trata de daños que no aparecen en el exterior de los bultos y esta disconformidad existe dentro de ese plazo. El artículo 952 del Código de Comercio no habla de reclamación sino de protestas o reservas, y no es preciso que éstas se formulen de una forma concreta sino que bastará cualquier declaración de voluntad que, de forma incuestionable, acredite las mismas. Un uso de comercio muy generalizado es la intervención del Comisariado de Averías –véase el artículo 2 del Código de Comercio–, como se hizo en esta ocasión; se reconoce por la parte que opone esta caducidad porque trata de apoyarse en la fecha de llegada del buque que se recoge en el documento 9 de la demanda –folio 16– y que se aporta también a los autos por la otra demandada, la entidad aseguradora –folio 73–. Y para mayor abundamiento de la falta de caducidad, el legal representante de "Hijos de Francisco Arguimbau", cuando presta confesión judicial, admite en la 5.ª posición que comunicaron el mal estado de la carga a la aseguradora el día 19 de noviembre; esto evidencia que conocían este dato precisamente dentro del plazo contrario a la caducidad y resulta innecesaria, a este respecto, que no se llegara a practicar por premura de tiempo ninguna de las pruebas testificales propuestas en su momento porque no se impugna nada en concreto sobre ese documento, lo que hace decaer esta excepción».*

Según la sentencia del TS de 23 de marzo de 1988: *«el artículo 952 in fine del Código de Comercio en manera alguna exige consignar detalladamente los daños y faltas apreciados, sino sólo expresar formal protesta significativa de que la mercancía que se entregaba no se correspondía a lo consignado en los conocimientos de embarque, pues la constatación detallada de las averías producidas se lleva a cabo mediante solicitud de inspección».*

Según la sentencia del TS de 2-1-1990: *«El artículo 952.2 del Código de Comercio se refiere a las mercancías contenidas en bultos; pero los contenedores perdidos, por sus características tecnológicas, tienen un valor en sí mismos que no puede equipararse a las mercancías por su naturaleza. La pérdida del buque, con todo lo que se hallaba a bordo, es reconocida por los demandados y la existencia de los contenedores, y se encuentra comprendida en los conocimientos de embarque. Los actores apoyan su pretensión en el artículo*

ta en el momento de la entrega (daños aparentes) o dentro de las 24 horas siguientes, el derecho de reclamación del receptor habrá caducado. Sin embargo, respecto a la forma de llevar a cabo la protesta, en algunos supuestos los tribunales han apreciado libertad para su acreditación; véase la AP de Madrid de 12 de febrero de 1998, y la sentencia del TS de 23 de marzo de 1988, de 2 de enero de 1990 y de la AP de Las Palmas de 4 de marzo de 2002.[154]

5.5.4   *Transporte marítimo internacional*

El régimen aplicable es el de la Ley de Transporte Marítimo de 1949, modificada por el Protocolo de la Haya-Visby.

El artículo 3.6 de las Reglas de la Haya dispone:

«A menos que el aviso de pérdida o daño y la naturaleza de la misma sea dado por escrito al porteador o su agente en el puerto de descarga con anterioridad o en el momento del traslado de la mercancía a la custodia de la persona con derecho a recibir-

---

1.902 del Código Civil, lo que es lícito, pues se trata de uno de los casos en los cuales el acreedor puede elegir entre la culpa contractual y la extracontractual. No es suficiente que haya un contrato entre las partes para que la responsabilidad contractual opere con exclusión de la culpa extracontractual, sino que se requiere que la realización del hecho dañoso acontezca dentro de la rigurosa órbita de lo pactado, por lo que es posible la concurrencia de ambas clases de responsabilidad en yuxtaposición».

En cuanto a la sentencia de la AP de Las Palmas, 146/2002, de 4 de marzo, se entiende que con respecto al primer aspecto, esa doctrina que declara la normativa del aludido artículo 366 del Código de Comercio *«propia exclusivamente de reclamaciones contra el porteador»*, fue modificada por las sentencias del TS de 11-11-1991 y de 25-5-1999, según las cuales siguiendo la técnica subrogatoria del artículo 780 del Código de Comercio, a cuyo tenor *«pagada por el asegurador la cantidad asegurada, se subrogará en el lugar del asegurado para todos los derechos y acciones que correspondan contra los que por malicia o culpa causaron la pérdida de los objetos asegurados».* A tal subrogación también se llega mediante el artículo 43, párrafo primero, de la Ley de Contrato de Seguro, donde se dispone que *«el asegurador, una vez pagada la indemnización, podrá ejercitar los derechos y acciones que por razón del siniestro correspondieran al asegurado frente a las personas responsables del mismo (...)»,* y de acuerdo con el artículo 1.212 del Código Civil, se transfieren al asegurador subrogado *«el crédito con los derechos a él anexos, ya contra el deudor, ya contra terceros».* De ahí que no se trate de que el asegurador accione de reembolso a modo de tercero que paga una deuda ajena, en cuyo caso el plazo de prescripción de su acción sería el de las acciones personales (art. 1.964 del Código Civil), ni de que tenga que accionar contra su asegurado, hipótesis en que aquel plazo sería de tres años (art. 954 del Código de Comercio), sino de un ejercicio por el asegurador de la misma acción que le corresponde al asegurado que ha indemnizado frente al responsable del daño. En consecuencia, la acción del asegurador contra el tercero responsable no tiene un plazo de prescripción, sino el correspondiente a la acción en que se ha subrogado. De manera que si el asegurado pudo ejercitar la acción indemnizatoria del artículo 952.2 del Código de Comercio, esta misma acción, por subrogación, cabe ejercitarla por la aseguradora.

la de acuerdo con el contrato de transporte, o si la pérdida o daño no es visible en tres días, dicho traslado será prima facie evidencia de la entrega por el portador de las mercancías como aparecen en el conocimiento de embarque. El aviso por escrito no tiene que darse en el momento de la recepción, estando sujeta a inspección conjunta».

El citado artículo establece un presunción *iuris tamtum* de que las mercancías han llegado a su destino en el estado descrito en el conocimiento de embarque, a menos que el receptor de las mismas le notifique al porteador a su recepción, o en un plazo de tres días desde el momento de la recepción, si las averías no fueran aparentes.

5.5.5   *Transporte aéreo nacional*

El régimen aplicable es la Ley 48/1960, de 21 de julio, sobre Navegación Aérea, cuyo artículo 124 establece:

> *«La acción para exigir el pago de las indemnizaciones a que se refiere este capítulo prescribirá a los seis meses a contar desde la fecha en que se produjo el daño.*
> *»Las reclamaciones por avería o retraso de la carga o equipaje facturado deberán formalizarse por escrito ante el transportista u obligado, dentro de los diez días siguientes al de la entrega, o a la fecha en que debió entregarse, conforme a lo dispuesto en esta Ley sobre el contrato de transporte. La falta de esta reclamación previa impedirá el ejercicio de las acciones correspondientes».*

El citado artículo establece una presunción *iuris et de iure* a favor del porteador en caso de no ser ejercitada la protesta en el plazo establecido.[155]

5.5.6   *Transporte aéreo internacional*

El régimen aplicable es el Convenio de Varsovia de 12 de octubre de 1929, cuyo artículo 26 establece:

---

[155] Según la sentencia de la AP de Asturias: *«(...) la responsabilidad del comisionista no excluye la del porteador, sino que la refuerza por cuanto la comisión de transporte es, per se, de garantía, lo que significa que el comisionista responde solidariamente con el porteador del cumplimiento de las obligaciones a que se refieren los artículos 349 y siguientes del Código de Comercio (sentencia de 19-4-2001)».*

[156] Según la sentencia de la AP de Barcelona de 24-5-2000: *«Los requisitos que deben cumplir las reservas son que constituyan prueba objetiva y subjetiva de exteriorización de una voluntad, satisfaciendo*

«Aviso de protesta oportuno:

1. *El recibo del equipaje facturado o la carga sin protesta por parte del destinatario constituirá presunción, salvo prueba en contrario, de que los mismos han sido entregados en buen estado y de conformidad con el documento de transporte.*
2. *En caso de avería, el destinatario deberá presentar al transportista una protesta inmediatamente después de haber descubierto dicha avería y, a más tardar, dentro de un plazo de tres días para el equipaje y siete días para las mercancías a partir de su recibo. En caso de retraso, la protesta deberá hacerse, a más tardar, dentro de un plazo de catorce días a partir de aquel en que el equipaje o la mercancía fueran puestos a disposición.*
3. *Toda protesta deberá formalizarse por escrito y darse o expedirse dentro de los plazos mencionados.*
4. *A falta de protesta dentro de los plazos establecidos, todas las acciones contra el transportista serán inadmisibles, salvo en el caso de fraude de su parte».*

El citado artículo establece una presunción *iuris et de iure* a favor del porteador en caso de no ser ejercitada la protesta en el plazo establecido.[156]

5.6   *Foro competente y cláusulas de sumisión*

Las pólizas del seguro de transporte de mercancías por carretera suelen contener una cláusula que establece que *«si las dos partes contratantes están de acuerdo, pueden someter sus diferencias al juicio de árbitros de conformidad con la legislación vigente».*[157] Dicha cláusula es una mera información a las partes, pues no les obliga a nada. Simplemente se les recuerda que pueden recurrir al arbitraje para resolver sus diferencias. Para Ángulo Rodríguez,[158] la supeditación a la posterior conformidad de las partes determina que dicha cláusula no pueda ser calificada ni como cláusula compromisoria ni siquiera como contrato preliminar o preparatorio del arbitraje.

El artículo 24 de la Ley de Contrato de Seguro determina la competencia territorial para el conocimiento judicial de las controversias derivadas del contrato de segu-

---

de esta manera el requisito de la formalización de protesta previsto por el artículo 26 del Convenio de Varsovia y necesario para la reclamación a los transportistas, basándose en la presunción de responsabilidad que de conformidad con dicho convenio (en su actual versión modificado por los Protocolos de la Haya y de Montreal) recae solidariamente sobre los transportistas».

[157] Véase el artículo 38 de la póliza Unespa.

[158] «El arbitraje en las vigentes leyes de contrato de seguro y de ordenación y supervisión de los seguros privados», *RES*, 1998, núm. 93, pág. 29.

ro, lo que no significa que no pueda optarse por una solución arbitral, ya que, como señala Ángulo Rodríguez,[159] no sería lesiva ni estaría prohibida por el artículo 3 de la LCS, sino que puede considerarse una cláusula más beneficiosa para el asegurado, dada la celeridad y flexibilidad que todo arbitraje supone.

Cuando la citada cláusula menciona la legislación vigente no se refiere a la LCS, pues ésta no contiene ni referencias ni regulación respecto al arbitraje. Por tanto, no impide que las partes en un contrato de seguro utilicen el arbitraje como medio privado de solución de conflictos de conformidad con la legislación de arbitraje.

Tampoco creemos que se refiera a los artículos 37 y 38 de la Ley Orgánica de Transporte Terrestre (LOTT),[160] que regulan las «juntas arbitrales de transporte» y establece que éstas son un instrumento de protección y defensa de las partes que intervienen en el transporte.[161] Si bien las juntas arbitrales deciden sobre las controversias surgidas en relación con el cumplimiento de los contratos de transporte terrestre y de las actividades auxiliares y complementarias del transporte por carretera entre las partes que intervienen o que ostentan interés legítimo en los mismos (art. 6 del reglamento de la LOTT),[162] no podemos considerar el contrato de seguro una actividad auxiliar o complementaria del transporte. Pero debemos tener presente que las citadas juntas pueden pronunciarse sobre cuestiones de responsabilidad del porteador o del cargador, retrasos, pago de gastos, etc., que pueden influir en la indemnización del asegurador.[163]

Sin duda, la cláusula que analizamos se refiere a las normas de la Ley 36/1988, de 5 de diciembre, de Arbitraje. Es más, el artículo 61.3 de la Ley Orgánica de Supervisión de Seguros Privados de 1995 admite que los conflictos entre tomadores, asegurados, beneficiarios, terceros perjudicados o derechohabientes de cualquiera de ellos con entidades aseguradoras pueden resolverse en un arbitraje, en los términos de la Ley de Arbitraje.[164]

---

[159] «El arbitraje en las vigentes leyes de contrato de seguro y de ordenación y supervisión de los seguros privados», *RES*, 1998, núm. 93, pág. 10.

[160] El artículo 38 de la LOTT fue modificado por la Ley 13/1996, de 30 de diciembre (BOE 315 de 31 de diciembre), tras las sentencia del Tribunal Constitucional de 75/1996, de 30-4-1996 (BOE 132).

[161] Sobre los antecedentes, la regulación actual, el concepto y las funciones de las juntas arbitrales, véase Sánchez Gamborino, F. J., «La sentencia de 23 de noviembre de 1995 del Tribunal Constitucional, sobre competencia de las juntas arbitrales del transporte», *RES*, 1996, núm. 86, págs. 82 y ss.

[162] Están excluidas las controversias de carácter laboral o penal.

[163] Véase Mapelli, E., «El arbitraje en el transporte terrestre», *Boletín de información del Ministerio de Justicia*, 1990, núm. 1.558, págs. 1.622 y ss. y Martínez García, E., «La inconstitucionalidad del artículo 38.2, párrafo 1.º, de la Ley de Transportes Terrestres respecto a la sentencia del Tribunal Constitucional 174/1995, de 23 de noviembre, BOE de 28 de diciembre», *Actualidad civil*, núm. 2, semana del 7 al 13 de julio de 1997, págs. 623 y ss.

[164] En la actualidad, existe una cláusula de sumisión al convenio arbitral administrado por el Tribunal Español de Arbitraje de Seguros (TEAS) dependiente de la Sección Española de la Asociación Internacional de Derecho de Seguros (SEAIDA). Su tenor literal es el siguiente: *«Las partes, con renuncia a*

Los contratos de seguros de transporte de mercancías por carretera entre empresas españolas o entre éstas y un extranjero se someten a la jurisdicción española, siendo el juez competente para el conocimiento de las acciones derivadas del contrato de seguro el del domicilio del asegurado, y resultando nulo cualquier pacto en contrario (art. 24 de la LCS).[165] Por ello, si el asegurado es extranjero debe designar un domicilio en España. El juez competente conocerá de las acciones derivadas del contrato de seguro de transporte de mercancías que, por tratarse de un seguro de daños, prescriben a los dos años, como establece el artículo 23 de la LCS.[166] Aunque, como afirma Hernández Martí,[167] la Ley 1/2000, de 7 de enero, Ley de Enjuiciamiento Civil, que en su artículo 52.2 establece que *«cuando las normas del apartado anterior no fueran de aplicación a los litigios en materia de seguros (...) será competente el tribunal del domicilio del asegurado (...)»*, ha derogado tácitamente el artículo 24 de la LCS dada la posterior fecha de promulgación y la igualdad de materia regulada por ambas normas, ello no tiene excesiva trascendencia práctica, pues el juez competente será el del domicilio del asegurado.[168]

Además, hay que tener presente que el artículo 54 de la Ley de Enjuiciamiento Civil declara ineficaz la sumisión expresa o tácita a tribunales distintos de los señalados en el apartado 2 del artículo 52 de la Ley de Enjuiciamiento Civil.

Por el contrario, el artículo 22 de la Ley Orgánica del Poder Judicial admite libremente la cláusula de sumisión expresa cuando el sometimiento es a juzgados y tribunales españoles; así pues, sería absurdo y perturbador para el tráfico jurídico externo que no la admitiese en cuanto a órganos judiciales extranjeros. Por tanto, nada obsta a la eficacia de la repetida cláusula de expresa sumisión, ya que no puede prescindirse de una realidad tan evidente como la creciente globalización del comercio internacional; en suma, la internacionalización del tráfico mercantil es incompatible

---

cualquier otra jurisdicción, acuerdan someter todas las cuestiones que puedan surgir respecto a la validez, la interpretación, el cumplimiento o incumplimiento o la resolución del presente contrato o que directa o indirectamente se relacionen con el mismo, a arbitraje en el Tribunal Español de Arbitraje de Seguros de la Sección Española de Asociación Internacional de Derecho de Seguros (con domicilio en Madrid, calle Sagasta, 18, 2.º), a cuyos estatutos y reglamentos se ajustarán la designación de árbitros, el procedimiento y, en general, la administración del arbitraje. Las partes se obligan desde ahora a cumplir las resoluciones y el laudo que en dicho arbitraje se dicten». Esta cláusula es más correcta y clara y no plantea los problemas que hemos señalado en la cláusula utilizada actualmente en los contratos de seguros de transportes de mercancías por carretera.

[165] Véase Sánchez Calero, F., *Ley del Contrato de Seguro*, págs. 367 y ss. Confróntese el artículo 39 de la póliza Unespa.

[166] Ídem, *ibídem*, págs. 355 a 366.

[167] Véase comentario al artículo 24 de la LCS, «Competencia judicial territorial», en *Comentarios a la Ley de Contrato de Seguro*, VV. AA., Tirant lo Blanch, Valencia, 2002, pág. 331.

[168] Salvo en los supuestos contemplados en el artículo 52.1.14 de la LEC, que indica que el juez competente será el señalado en dicho precepto.

con posturas radicalmente opuestas a la posibilidad de que, por así constar en el contrato correspondiente, deban los nacionales españoles litigar ante los tribunales extranjeros.[169]

De esta manera, negada la sumisión, se adopta la regla 1.ª del artículo 62 de la Ley de Enjuiciamiento Civil, que señala que en los juicios en que se ejerciten acciones personales, el juez competente será, en primer término, el del lugar en que deba cumplirse la obligación. Al tratarse de un transporte marítimo, el lugar de cumplimiento no será el de la carga, ni por efectuarse el transporte previo pago del importe del flete, basándose en las menciones contenidas a tal respecto en los conocimientos de embarque *(clean on board, freight prepaid)*, sino el destino o entrega de las mercancías, según entiende la jurisprudencia,[170] incluso en aquellas de sus resoluciones que, por diversos motivos, sostienen la competencia de los tribunales extranjeros.

La *doctrina del interés prevalente*[171] atiende al contrato o relación jurídica de mayor valor de aquellos que han dado lugar a la acumulación de acciones. Ello significa que atañe, no a la cuantía de la reclamación efectiva, sino al contenido del contrato en que se sustanció un mayor interés económico, que es, en definitiva, el que habrá de ser objeto de discusión en el pleito, con independencia del contenido económico de la decisión judicial que se adopte al respecto.

5.7   Legitimación para la acción en el coaseguro

El coaseguro supone una división del riesgo por el asegurado ante varios aseguradores, cada uno de los cuales asumirá un porcentaje de la suma total asegurada, y cada asegurador estará obligado al pago de la indemnización tan sólo en proporción a la cuantía respectiva, salvo pacto en contrario.

---

[169] Sentencia del TS de 13-10-1993, que entiende que «al amparo del número 1 del artículo 1.692 de la Ley de Enjuiciamiento Civil, se denuncia abuso o exceso de jurisdicción, al no tener en cuenta la sentencia recurrida la cláusula 24 del Conocimiento de Embarque, que excluye del conocimiento del litigio por cualquier otra jurisdicción que no sea la inglesa (Hight Court of Justice). Según los recurrentes, si la recurrida actúa en subrogación de Fundís, SA, actúa con los mismos derechos de ésta y se le pueden oponer las mismas excepciones que se le opondrían por los sujetos contra los cuales se dirige con fundamento en las relaciones contractuales contraídas. En el seguro marítimo al que es aplicable el Código de Comercio claramente se especifica que, una vez pagada por el asegurador la cantidad asegurada, *«se subrogará en el lugar del asegurado para todos los derechos y obligaciones que le correspondan»*. Pero la ley utiliza la subrogación para aquella finalidad de reintegro, con el efecto de *«transferir al subrogado el crédito con los derechos a él anexos, ya sea contra el deudor o contra los terceros, sean éstos fiadores o poseedores de hipotecas»* (art. 1.212 del Código Civil).

[170] Sentencias del TS de 10-3-1993 (RJ 1993/1834) y de 13-12-1193.

La principal caracterización del coaseguro frente a otros tipos de seguros similares es que son los aseguradores los que deciden y acuerdan con el tomador del seguro actuar juntos para cubrir un riesgo.

Si bien en un principio se utilizó principalmente para cubrir grandes riesgos, hoy en día el coaseguro se ha generalizado, haciendo posible hallarlo en aseguramiento de riesgos de la mayoría de entidades. Esto ha traído consigo una generalización de sus problemas y una necesidad práctica de aclaración de aspectos clave en el desarrollo de esta modalidad de seguro.

El legislador ha facultado jurídicamente su uso por medio de la Ley 50/1980, de 8 de octubre de Contrato de Seguro, en sus artículos 33 y ss.[172] Asimismo, por medio de la Ley 30/1995, de 8 de noviembre, de ordenación y supervisión de los seguros privados, se ha reformado la LCS añadiendo un artículo 33 (a) que regula el llamado «seguro comunitario» y que afecta necesariamente al contrato de seguro de los grandes riesgos que cumplan determinadas condiciones. A éstos, se les someterá a un régimen especial y, por tanto, sólo les afectarán las restantes disposiciones del artículo 33 de forma subsidiaria.

Para el claro entendimiento de la función del coaseguro, se hace necesario distinguirlo de dos tipos de seguro semejantes que pueden conducir a confusión. Así, mientras que en el seguro cumulativo el tomador celebra dos o más contratos de seguro sobre un mismo interés y riesgo, en el coaseguro son los propios aseguradores los que se unen para cubrir determinados riesgos, con el consentimiento del tomador del seguro.[173] La principal diferencia entre el coaseguro y el reaseguro radica en que en el primero se vinculen todos los aseguradores con el asegurado.

Una vez delimitadas las diferencias del coaseguro con respecto a seguros similares, volvemos nuestra atención hacia la ausencia de solidaridad, salvo pacto en contrario, que domina las relaciones entre los aseguradores. Con el fin, quizá, de paliar tal au-

---

[171] Sentencias del TS de 3 de enero y de 4-11-1983 (RJ 1983/156 y RJ 1983/5954).

[172] Artículo 33 de la Ley 50/1980, de 8 de octubre, de Contrato de Seguro: *«Cuando mediante uno o varios contratos de seguros, referentes al mismo interés, riesgo y tiempo, se produce un reparto de cuotas determinadas entre varios aseguradores, previo acuerdo entre ellos y el tomador, cada asegurado está obligado, salvo pacto en contrario, al pago de la indemnización solamente en proporción a la cuota respectiva.*

»No obstante lo previsto en el párrafo anterior, si en el pacto de coaseguro existe un encargo a favor de uno o varios coaseguradores para suscribir los documentos contractuales o para pedir el cumplimiento del contrato o contratos al asegurado en nombre del resto de los aseguradores, se entenderá que durante toda la vigencia de la relación aseguradora los aseguradores delegados están legitimados para ejercitar todos los derechos y parar recibir cuantas declaraciones y reclamaciones correspondan al asegurado. El asegurador que ha pagado una cantidad superior a la que corresponda podrá repetir contra el resto de aseguradores».

[173] Sánchez Calero, F., Fuentes Camacho, V., Tapia Hermida, A. J., Tirado Suárez, J. y Fernández Rozas, J. C., *Ley de contrato de seguro*, Aranzadi, 2001, págs. 521 y ss.

sencia, se ha creado la figura del «asegurador delegado», que cuenta con facultades para gestionar el contrato de seguro en nombre de todos los coaseguradores y en las condiciones que establece el mencionado artículo 33 de la Ley 50/1980.

Algunos autores, entre ellos Fernando Sánchez Calero,[174] la perciben necesaria para conciliar intereses, *a priori* contrapuestos, como pudieran ser: por un lado, el fraccionamiento de la garantía ofrecida por los aseguradores; y por otro, la unidad del interés asegurado y de la situación similar en la que se encuentren los distintos aseguradores. De esta forma, el asegurado se podrá valer de esta figura para garantizarse una mayor protección frente a todos los aseguradores y a la dispersión de responsabilidad, que pudiera complicar la ejecución de las obligaciones y los deberes de todos ellos que surgen a raíz del contrato.

Por otro lado, y en beneficio en esta ocasión de los aseguradores, la cláusula de delegación puede facilitar igualmente el cumplimiento de los deberes y obligaciones a cargo del asegurado.

Con respecto a la práctica española, lo usual es que se faculte al asegurador delegado a llevar los tratos preliminares con el tomador del seguro, a que prepare los documentos contractuales, con especial referencia a la póliza, y todos ellos entendiéndose que deben ser suscritos por el asegurador delegado y por los restantes aseguradores. Todo ello en perjuicio de que la LCS 50/1980 permita que se apruebe lo contrario. Así, y con carácter general por la doctrina se le otorga una naturaleza jurídica de mandato con representación.[175]

En cuanto al contenido de ese poder de representación del asegurador delegado para con los restantes coaseguradores, dependerá en definitiva de cómo se ha redactado la cláusula de delegación. Se entenderá que para aquello que se omita en dicha cláusula, se requerirá una lectura atenta de las facultades *a priori* establecidas en el artículo 33.2 de la Ley 50/1980.

Aun así, no hay una postura uniforme ni doctrinal ni jurisprudencial con respecto al alcance de ese poder de representación, y, a la postre, de la legitimación judicial y extrajudicial en el coaseguro. Como caso excepcional a esta *nebulosa* normativa en cuanto a este aspecto, Sánchez Calero destaca la forma en la que se redactaba sobre esta cuestión en el Anteproyecto de la Ley de Contrato de Seguro Marítimo,[176] el cual describe con mayor amplitud las facultades otorgadas, aunque bien es cierto que deja la puerta abierta a su ampliación o reducción por voluntad de las partes. En cuanto a si dicha legitima-

---

[174] Sánchez Calero, F., Fuentes Camacho, V., Tapia Hermida, A. J., Tirado Suárez, J. y Fernández Rozas, J. C., *Ley de contrato de seguro*, Aranzadi, 2001, págs. 521 y ss.

[175] Muñoz Paredes, Civitas Ediciones, SL, *El coaseguro*, págs. 304 y ss.

[176] Preparado por la Asociación Española de Derecho Marítimo, y elaborado por la Comisión General de Codificación. Artículo 9: *«El asegurador abridor del coaseguro estará legitimado, salvo pacto en contrario, tanto activa como pasivamente, judicial y extrajudicialmente, para la gestión ordinaria*

ción debe entenderse material o sustantiva, o por el contrario, también procesal, el mismo autor sostiene que, a su entender, podría hablarse de legitimación por sustitución, de tal forma que el asegurador delegado estaría autorizado para conducir el proceso en ausencia de los demás coaseguradores, siempre que se soliciten determinadas prestaciones, tales como la entrega de la póliza, la prestación de fianzas, la asistencia jurídica, etc.

Ahora bien, y aquí estriba el problema, podría desprenderse del artículo 33.2 de la Ley 50/1980, que se excluye la legitimación pasiva si lo que se pide es el abono de la indemnización. De tal forma que habría que demandar a todos los coaseguradores para el pago de la cuota que a cada uno de ellos pudiera corresponderles.

Ante el planteamiento extrajudicial de si el acuerdo con el asegurador delegado sobre la indemnización que percibiría vincularía o no al resto de coaseguradores, cabría esperar, en aras de una claridad deseada, que tal disyuntiva estuviese resuelta en el pacto preliminar del coaseguro. Puede darse un pacto de coaseguro interno, por el que quizá se estableciese necesarios la consulta y el asentimiento de todos los coaseguradores, y a la vez, y con carácter externo, es decir, entre los coaseguradores y el tomador del seguro, otro por medio del cual se estableciese que todos los coaseguradores quedarían vinculados, a tal efecto, por los acuerdos entre el asegurador delegado y el asegurado. Siendo ésta la hipótesis, los coaseguradores quedarían obligados por los actos del asegurador delegado, sin perjuicio de un hipotético derecho de repetición frente al asegurador delegado, si se diese el caso de que procediese sin consulta y asentimiento previo, contraviniendo el pacto interno.[177]

Volviendo a lo establecido por la Ley 50/1980, y ante el supuesto de que se omitiese toda referencia a esa facultad, dispone únicamente que el asegurador delegado estará legitimado para recibir la reclamación del asegurado, por lo que el problema no se resuelve en absoluto.

A raíz de esta incertidumbre, se han desarrollado argumentos en uno u otro sentido. De este modo, remarían en sentido de una interpretación extensiva, esto es, pretendiendo que el asegurado delgado pueda decidir válidamente sobre el pago de la indemnización, el hecho de que ante tal situación y las múltiples partes a las que el asegurado se tendría que dirigir, se adoptase una tendencia protectora de los intereses del asegurado. Igualmente, contaría a tal efecto la mayor seguridad para el tráfico de recobros frente a coaseguradores que esta interpretación otorgaría, así como la facultad de repetición que se establece en el artículo 33 en su párrafo final.[178]

---

del contrato y para adoptar cualquier decisión frente al asegurado en orden al siniestro y la liquidación, así como para efectuar las reclamaciones contra los terceros responsables del daño o de terceros perjudicados en los seguros de responsabilidad, sin que tal actuación suponga solidaridad alguna entre los coaseguradoras».

[177] Sánchez Calero, F., Fuentes Camacho, V., Tapia Hermida, A. J., Tirado Suárez, J. y Fernández Rozas, J. C., *op. cit.,* pág. 537.

[178] Ídem, *ibídem,* nota 176.

Por el contrario, y abogando por una interpretación restrictiva, cabría alegar que se trataría de una disposición del patrimonio de los coaseguradores, muy lejos por tanto de un mero acto de administración, y para lo cual sería necesario un mandato expreso. Aunque, ciertamente, siempre que mediase buena fe del asegurado, parece comprensible que, en aras de una mayor seguridad del tráfico, se acabase plegando el presente argumento, y se catalogase de mera eficacia interna entre los coaseguradores.

En un plano estrictamente procesal es donde más relevancia cobra, si cabe, la necesidad de esclarecimiento de la legitimación activa o pasiva del asegurador delegado, y en especial de la segunda, sobre la que llevaremos a cabo un pormenorizado análisis. El párrafo segundo del artículo 33 de Ley 50/1980 no resulta tajante en uno u otro sentido al respecto; dicho lo cual, resta analizar puntos de vista doctrinales, y la jurisprudencia más relevante a tal efecto.

Sánchez Calero,[179] en su valoración de este supuesto, establece que si no hay alusión expresa en el pacto de coaseguro, se requeriría que todos los coaseguradores fueran demandados, a menos que sólo se pretendiese reclamar la parte que le correspondiese al asegurador delegado, supuesto este último, huelga decir, poco frecuente.

En cuanto a la jurisprudencia del Tribunal Supremo al respecto, se podría calificar de inconstante en sus planteamientos, y en ocasiones, incluso contradictoria. Así, la sentencia del Tribunal Supremo, de 31 de marzo de 1992,[180] por una interpreta-

---

[179] Sánchez Calero, F., Fuentes Camacho, V., Tapia Hermida, A. J., Tirado Suárez, J. y Fernández Rozas, J. C., *Ley de contrato de seguro*, Aranzadi, 2001, págs. 538 y ss. «*Se discute si el poder de representación del asegurador delegado se extiende al campo procesal, en sentido de que esté legitimado activa o pasivamente para actuar en ese campo en nombre y por cuenta del resto de coaseguradores. El texto del párrafo segundo del artículo 33 sobre la legitimación de los que denomina aseguradores delegados (que, como se ha dicho, normalmente suele ser uno, al que se califica también como "abridor") no resulta claro, si bien a nuestro juicio entendemos que la legitimación del asegurador delegado o abridor, salvo pacto en contrario, no se extiende al campo procesal, sino que su legitimación opera solamente como representante en las acciones extraprocesales.*»

[180] Sentencia del TS de 31-3-1992, Sala de lo Civil; ponente D. José Almagro Nosete.

[181] Véase nota 180, Fundamento de Derecho Sexto: «*La condena al pago de la expresada cantidad, incrementada en los porcentajes legales, recae íntegramente sobre la demanda, sin perjuicio del derecho que a ésta asista, para recabar en la proporción correspondiente del 30 %, según los términos del coaseguro, su cuota a la otra compañía que representa por ministerio de la Ley. Dado que la modalidad b) de coaseguro pactado que encarga a la compañía demandada el cobro de la prima en recibo totalizado, supone que está autorizada para pedir el cumplimiento del contrato, y, por ello, de conformidad con lo dispuesto en el artículo 33 de la Ley 50/1980, goza, en lo que concierne a los intereses que representa, de un poder legal típico que la capacita "para ejercitar todos los derechos y recibir cuantas declaraciones y reclamaciones correspondan el asegurado". Esto, correlativamente, se traduce en el campo procesal, no sólo en una legitimación activa para llevar a buen fin las repetidas facultades si fuera preciso accediendo a los tribunales sino, también, por necesaria compensación, en una legitimación pasiva para soportar las demandas o reclamaciones judiciales tanto en lo que como asegurador mayoritario debe asumir como propio, como en lo que representa, según cuota que repercute sobre la otra compañía coaseguradora*».

ción extensiva para con las facultades de legitimación pasiva procesal del asegurador delegado. Para ello, esgrime el argumento de una «necesaria compensación» por las facultades de legitimación activa que se le otorgan al asegurador delegado para, si fuera preciso, reclamar ante los tribunales.[181] El Tribunal Supremo entiende, por tanto, que si se faculta al coasegurador delegado para reclamar al asegurado, no ha de serlo menos este último, si tuviese que dirigirse judicialmente frente a los coaseguradores, evitándole a tal efecto dirigirse contra cada uno de ellos.

Tal adopción jurisprudencial no ha estado exenta de crítica por parte de la doctrina. Así, Muñoz Paredes[182] realza la distinción entre facultades materiales y procesales, a la vez que reclama que dada la importancia de esta facultad, no ha lugar a presunción alguna, y por tanto, se debe requerir siempre una voluntad expresa e inequívoca de que así sea. Por su parte, Sánchez Calero,[183] en la misma línea, declara la improcedencia de tal interpretación, la cual infringiría la tutela judicial efectiva para con los restantes coaseguradores.

Con posterioridad, el Tribunal Supremo ha variado su posición, como señala Luis Fernando Reglero.[184] En esta ocasión, se continúa insistiendo en la legitimación del asegurador delegado para actuar como demandado en un proceso relativo al coaseguro representando a todos los coaseguradores. Pero, eso sí, con la importante diferencia de que, según el Tribunal Supremo, en estas sentencias, el asegurador delega-

---

[182] Muñoz Paredes, *El coaseguro*, pág. 385: «*Adolece de cierta irreflexión en la interpretación de la norma legal origen del problema*». Y continúa: «*En efecto, pensamos que sólo apresuradamente puede sostenerse, como se sostiene, que las facultades sustantivas que la ley otorga al delegado se traducen, correlativamente en el campo procesal, en su legitimación activa y pasiva para llevar a buen fin dichas facultades. Esta afirmación terminante, de que si se tienen las facultades materiales se tienen las procesales, no puede compartirse sin más ni más, porque implica desconocer que si los poderes sustantivos de gestión y administración del coaseguro son inherentes y definitorios del mandato que asume el delegado, por el contrario, la representación procesal es ajena al contenido típico de la cláusula de delegación que se incorpora al contrato para simplificar su ejecución, ahorrando trámites, gastos y tiempo, pero no para que el abridor pueda arrogarse la representación procesal activa y pasiva de todos los demás coaseguradores. Ésta es una competencia con tanta trascendencia y tan comprometedora que no puede ser reconocida al delegado sin una clara e inequívoca declaración de voluntad expresada por los aseguradores en la propia póliza o en documento aparte. Por no poder equipararse ambas legitimaciones –la material y la procesal– ni ser la segunda correlativa de la primera, es por lo que pensamos que el silencio legal debe ser interpretado en el sentido de que si la ley calló con respecto a la legitimación procesal, se debió exclusivamente a que no consideró oportuno incluirla, dejando a la discreción de las partes su posible inclusión*».

[183] Id. nota 179, pág. 541: «*Partiendo, por consiguiente, del carácter de obligación mancomunada de las coaseguradoras, debe llegarse a la conclusión de que si se demanda a la "abridora" por la totalidad de la indemnización, sin ser llamadas al proceso el resto de las coaseguradoras, debe entenderse que se infringe la tutela judicial que puede pretenderse de los tribunales, tal como se indica en el artículo 5 de la Ley de Enjuiciamiento Civil, frente a los sujeto a quienes tenga que afectar la decisión pretendida*».

[184] Reglero Campos, L. F., *Ley de Contrato de Seguro, jurisprudencia comentada*, Aranzadi, pág. 661.

do no podría ser condenado más que al pago de lo que le corresponde en función de su cuota conforme al pacto de coaseguro, y por ello, sin que tuviese que asumir las cuotas de los demás coaseguradores.

En esta línea se encuentran las sentencias del Tribunal Supremo de 23 de junio de 1999,[185] y de 25 de noviembre del mismo año.[186] En la primera de ellas, el Tribunal hace un inciso para resaltar que, conforme a doctrina de la misma sala, reiterada en numerosas ocasiones, en los seguros marítimos no es aplicable la Ley de Contrato de Seguro sino el Código de Comercio. Con respecto al mismo, destaca el artículo 740 en su párrafo final, en el que se permite la autonomía negocial de forma genérica. Asimismo, aclara que si bien no es aplicable la LCS, sí lo es el artículo 1.288 del Código Civil,[187] el cual regula las cláusulas de adhesión, y en aplicación del cual, el Tribunal deduce que si la cláusula no determina el alcance de la representación que otorgan las coaseguradoras a la demandada, es decir, si comprende sólo la extrajudicial o la judicial también, habrá que interpretarla a favor del asegurado, al considerar que no fue éste quien fomentó la poca claridad de la cláusula al respecto. Entendiendo, de este modo, que la coaseguradora delegada de las demás tiene su representación procesal y extraprocesal en lo que se refiere al coaseguro y sus incidencias; y continúa para añadir que las coaseguradoras no deben pagar más que lo que resulte de su parte en el coaseguro, no estando en modo alguno vinculadas por los lazos de la solidaridad, y esto sería lo que de verás les pudiese concernir, no el hecho de que deban ser todas demandadas o no.

En la segunda de las mencionadas sentencias, el Tribunal establece que el carácter mancomunado del vínculo de la obligación de los coaseguradores no se desvirtúa por el hecho de que se haga el seguro en una única póliza extendida, con el fin de «simplificar la administración al asegurado», por la compañía «dirigente», y exigiendo por acuerdo un mismo procedimiento en la tramitación y liquidación del siniestro; supuesto que no implica, continúa el Tribunal, que sea sólo una compañía la demandada en acción judicial si se constatase incumplimiento de las obligaciones.

A juicio de Reglero Campos,[188] esta segunda corriente jurisprudencial sería más respetuosa con la letra de la LCS y con su mecanismo de representación. Y en la misma línea se vuelve a mostrar el Tribunal Supremo en su sentencia de 30 de marzo de 2000, al negar la inexistencia de litisconsorcio pasivo necesario en un supuesto de coaseguro.

---

[185] Sentencia del TS (Sala 1.ª) de 23-6-1999 (RJ 1999, 4485).

[186] Sentencia del TS (Sala 1.ª) de 25-11-1999 (RJ 1999, 8282).

[187] Artículo 1.288 del Código Civil: *«La interpretación de las cláusulas oscuras de un contrato no deberá favorecer a la parte que hubiese ocasionado la oscuridad».*

[188] Reglero Campos, L. F., *op. cit.,* pág. 664: *«En efecto, una cosa es que el artículo 33-II de la LCS pueda interpretarse extendiendo el poder de representación del abridor al ámbito procesal, y permitiéndole, en consecuencia, actuar en cualquier proceso relativo al coaseguro en nombre y por cuenta de los demás aseguradores; y otra muy distinta es que deba hacerse cargo personalmente del pago de las obligaciones de esos otros coaseguradores a los que representa, para después repetir lo pagado de los mismos. Mezclar ambas cuestiones supone confun-*

Por último, cabe hacer una breve reseña a la legitimación activa del coasegurador, reflejada en la sentencia de la AP de Vizcaya, de 26 de julio de 1994, por la que *«la legitimación activa de la compañía demandante resulta de su condición de cabecera del grupo de caoaseguradores y el papel que, tradicionalmente, se asigna a tal posición jurídica».*

5.8   Limitación de responsabilidad del transportista

5.8.1   Marítimo: nacional e internacional

La limitación de la responsabilidad del transportista surge en derecho marítimo, así como en el resto de medios de transportes, como contrapartida al régimen de responsabilidad del transportista;[189] y pese a ser ésa la denominación más utilizada, doctrinalmente y por motivos técnicos legales y de trascendencia práctica, se denomina limitación cuantitativa del resarcimiento a cargo del porteador.

Así resulta del Convenio de Bruselas de 1924, como un acuerdo entre cargadores y porteadores, por el cual los segundos aceptaban un régimen de responsabilidad mínimo por daños a la mercancía, y a cambio, se les otorgaba una limitación cuantitativa en el resarcimiento que les podía ser exigido.[190] De no haber sido así, el porteador hubiese incrementado el coste del transporte para cubrir el incremento en su seguro de responsabilidad.

El Convenio de Bruselas, partiendo de la base del valor en destino,[191] opera con dos sistemas distintos para la fijación del límite de responsabilidad:

a) El valor declarado en el conocimiento de embarque, si así se ha hecho.

b) En su defecto, una cifra monetaria por bulto o unidad, o por peso de las mercancías.

En cuanto al valor declarado, éste debe ser acorde con el valor real de la mercancía. Si, por el contrario, se sobrevalorase deliberadamente, el propietario de la misma po-

---

dir la representación que ostenta el abridor, con su posición de codeudor mancomunado, frente al tomador y al asegurado, del cumplimiento del pacto del coaseguro. El abridor actúa en representación de los otros coaseguradores y las resultas de su actuación en el proceso serán vinculantes para ellos, pero no tiene por qué pagar las deudas de sus representados como si fuera un codeudor solidario (salvo que así se acuerde en el pacto de coaseguro)».

[189] Gabaldón García, J. L. y Ruiz Soroa, J. M., *Manual de derecho de la navegación marítima*, Marcial Pons, pág. 477.

[190] Ruiz Soroa, Zabaleta, González, *Manual de derecho del transporte marítimo*, País Vasco. Servicio Central de Publicaciones, pág. 461.

[191] Artículo IV.5.b del Convenio de Bruselas de 1924.

dría perder todo derecho a indemnización. Tal declaración tendrá un valor de prueba *iuris tantum,* y el porteador podrá, por tanto, hacer reserva sobre la misma, tras la cual la presunción queda destruida, restando a expensas de que el interesado la pruebe.[192]

En relación con el límite legal, las Reglas de Visby de 1968 y el Protocolo de 21 de diciembre de 1979 han aportado luz y claridad sobre situaciones anteriores que condujeron a resultados dispares y desproporcionados en muchos aspectos. Ambos establecen que, a falta de declaración de valor, el límite de indemnización será de 666,67 derechos especiales de giro por bulto o unidad de mercancía, o dos derechos especiales de giro por kilogramos de peso bruto de las mercancías dañadas o perdidas, y se aplicará el más elevado de estos límites. Este mecanismo ha brindado una oportunidad para subsanar aquellos casos en que la relación de resarcimiento por unidad y el valor de la mercancía producía situaciones devastadores para el propietario de le mercancía.

Es importante señalar, tal y como apuntan Gabaldón García y Ruiz Soroa, que «*a diferencia de lo que sucede con el valor declarado, el límite legal opera sólo como tal, es decir, como tope máximo de resarcimiento, pero no como parámetro para fijar la indemnización máxima en caso de daño o pérdida parcial*».

Hoy en día, en la jurisprudencia dominante se tiende a entender por «bulto» cualquier parte de la mercancía que sea embalada o empaquetada, o aquello que se pueda destacar como elemento individualizado de la carga.

En cuanto al frecuente caso de los contenedores, se estará a expensas de lo reflejado en el conocimiento de embarque. Si no se reflejase esa individualización de bultos o unidades que lo integran, se consideraría el contenedor una sola unidad.

En jurisprudencia norteamericana, y en relación con la aplicación del *Carriage of Goods by Sea Act,* se ha determinado que se debe adoptar una disposición crítica sobre cualquier intento de definir de antemano el contenedor como una sola unidad. De esta forma, y pese a que el clausulado del conocimiento de embarque así lo estableciese, prevalecerían las unidades que se hubiesen declarado que formaban el interior del contenedor, de haber sido, efectivamente, tal acto realizado. Y ello por considerar dicho clausulado ambiguo y carente de posibilidad de negociación sobre el mismo, continuando con la línea de su reconocimiento de los conocimientos de embarque como documentos de adhesión, en los cuales cualquier ambigüedad deberá ser resuelta en contra del transportista.[193]

En jurisprudencia estadounidense encontramos también la doctrina denominada *fair opportunity.* Está relacionada con la declaración de valor que comentába-

---

[192] Ruiz Soroa, Zabaleta, González, *op. cit.,* pág. 463.

[193] Monica Textile Corporation *versus* S.S. Tana; 952 F.2d 636, 1992 AMC 609 (2d Cir. 1991).

[194] Intercargo Ins. Co. *versus* Container Innovations, Inc., 100 F. Supp. 2d 198, 2000 AMC 2395 (SDNY, 2000).

[195] Artículo 23.1 del Convenio CMR, de 19 de mayo de 1956: «*Cuando en virtud de las disposiciones*

mos anteriormente, y establece la necesidad, para que la limitación de responsabilidad sea efectiva, de dar al propietario de las mercancías la oportunidad de declarar tal valor y evadir esta limitación. Ciertamente, la afirmación y puesta en conocimiento de ese régimen de responsabilidad limitada, así como de casilla alguna en el conocimiento de embarque para que el remitente pudiese declarar un valor más alto, tendrían que ser suficientes. No obstante, una vez que el transportista prueba lo dicho, el remitente de las mercancías todavía tendrá ocasión de rebatirlo y probar que realmente no existió tal oportunidad. Para tal fin, desempeñará un importante papel la imaginación del remitente o propietario de las mercancías, quien necesitará una gran dosis de ingenio para probar que no estaba familiarizado con tal régimen.[194]

5.8.2   *Terrestre: nacional e internacional*

El Convenio CMR, de contratos para el transporte internacional de mercancías por carretera, suscrito en Ginebra el 19 de mayo de 1956, y ratificado por España en 1974, establece que la compensación se calculará basándose en el valor de la mercancía en el lugar y tiempo en los que fueron tomadas para su transporte.[195] En España, para transporte nacional, la regla es distinta, pues el artículo 363 del Código de Comercio alude al valor que tuviesen en el punto donde hubiesen debido ser entregadas y en la época en que correspondiese hacer su entrega. El límite expresado en España para tal efecto son 8.33 unidades especiales de giro por kilogramo,[196] y se tendrá en cuenta para ello el peso bruto de la mercancía. Este sistema ha evitado en gran medida la fluctuación del valor de las monedas, y ha aportado estabilidad, característica que se echaba en falta con el sistema anterior al Protocolo suscrito en Ginebra el 5 de julio de 1978. No obstante, y dado que no todos los países miembro del Convenio CMR han firmado dicho Protocolo, este factor deberá considerarse al escoger jurisdicción para una posible reclamación. En el transporte nacional, la cantidad limitada ha sido fijada en 4,5 € por kilogramo de peso transportado, conforme a lo recogido en la modificación que sufrió la LOTT[197] por medio de la Ley 29/2003, por la que se actualizan conceptos y cantidades.

Además, el Convenio CMR establece qué gastos de transporte deberán ser abonados, así como los gastos de aduana, que deberán ser devueltos en su totalidad en

---

de este convenio el transportista se haga cargo de una indemnización por pérdida parcial o total de la mercancía, la indemnización se calculará de acuerdo con el valor que ésta tenía en el tiempo y lugar en que el transportista se hizo cargo de ella».

[196] Artículo 23.3 del Convenio CMR, de 19-5-1956.

[197] Ley 16/1987, de 30 de julio.

caso de pérdida total, y en proporción a la pérdida si ésta es parcial.[198] Hay que destacar que estas cantidades no estarán sujetas a limitación.

En lo que respecta a posibles indemnizaciones por retraso, el artículo 23.5 del citado convenio establece que de resultar un perjuicio del mismo, la cantidad límite que se abone será la del precio del transporte.[199]

No obstante lo anterior, la cuantía que habrá que indemnizar dependerá de la manera en que haya sido contratado el transporte.[200] Esto es así porque el remitente tendrá tres opciones al respecto: *a)* no declarar cantidad alguna a efectos indemnizatorios, en cuyo caso se aplicará el régimen que comentamos; *b)* declarar al transportista el valor que, según su criterio, alcanza la mercancía;[201] o bien declarar la suma en que calcula el perjuicio que le ocasionaría la pérdida, avería o el retraso.[202] Al contrario que en el transporte aéreo, el transportista no estará obligado a avisar al remitente sobre la existencia de dichas posibilidades de ampliación de límites indemnizatorios.[203]

Con la declaración de valor se persigue reemplazar el límite máximo legal por otro más elevado. No tendrá repercusión alguna sobre la posible indemnización por retraso, sino tan sólo para supuestos de pérdidas o averías. Por medio del artículo 24 del citado convenio se exige expresamente que tal declaración se haga constar en la carta de porte, no siendo suficiente, por tanto, ningún otro tipo de documentación que se aporte con el fin de probar el acuerdo; esta medida debe ser aceptada por el transportista y reflejada con un sobreporte o incremento en el precio del transporte.[204] Para el transporte nacional, dicha provisión queda igualmente reflejada en el artículo 3.5 del reglamento de la Ley de Ordenación de Transportes Terrestres;[205] si bien es cierto que, a diferencia del articulado del convenio, aquí de la literalidad del precepto legal no parece necesario que se aplique sobreponte o incremento alguno como requisito.

La tercera opción, la denominada declaración de interés especial en la entrega, tiene la finalidad de cubrir cualquier perjuicio que la pérdida, el daño o retraso pudiese ocasionarle, es decir, los distintos del daño material a la mercancía, y está prevista en el artículo 26.2 del convenio. El abanico de conceptos susceptibles de reclamación es amplio y no constituye una lista cerrada; entre ellos destacan el lucro cesante y la pérdida de mercado. Tal indemnización se sumará a lo que el usuario perciba por daño directo de la mercancía, y sólo será aplicable al retraso si se ha estipulado un plazo concreto de entrega.[206] En cuanto a los requisitos, se repiten los reflejados para la declaración de valor.

---

[198] Artículo 23.4 del Convenio CMR, de 19-5-1956.

[199] Artículo 23.5 del Convenio CMR, de 19-5-1956: «*En caso de retraso, si el derecho existente sobre la mercancía prueba que resultó de ello un prejuicio, el transportista quedará obligado a indemnizarle por este perjuicio una suma que no exceda del precio del transporte*».

[200] Sánchez Gamborino, F. J., *El contrato de transporte internacional:* convención CMR. Editorial Tecnos, 1996.

[201] Artículo 24 del Convenio CMR, de 19-5-1956.

[202] Artículo 26 del Convenio CMR, de 19-5-1956.

5.8.3   *Aéreo: nacional e internacional*

En derecho aéreo, considerando el análisis realizado más adelante sobre su situación legislativa a propósito del dolo y sus consecuencias, según el Convenio de Montreal de 1999 la limitación de responsabilidad se establece por 17 unidades especiales de giro.[207] En tal sentido, continúa para especificar que sólo se tendrá en cuenta el peso de los paquetes afectados, a menos que el valor de los restantes se viese afectado igualmente por el daño, retraso o pérdida de los primeros.

Todo lo dicho quedará supeditado, una vez más, a que el remitente no hubiese hecho en el momento de entrega de los bienes declaración de valor alguna, y que para los casos en que así fuese requerido, hubiese pagado un sobreprecio por tal concepto. Nótese que de la literalidad del precepto, parece no entenderse la necesidad de este segundo requisito, a diferencia del transporte internacional por carretera y de su texto legislativo.

Otra diferencia más con respecto al transporte internacional por carretera es que no hay requerimiento alguno sobre la necesidad de que se refleje expresamente que la Convención de Montreal es de aplicación en el documento de transporte. Lo cual es también distinto a lo requerido por textos legislativos anteriores a la misma.

Podemos hablar, pues, de un sistema con dos clases de responsabilidad en la custodia de equipajes o bultos transportados. Una primera con limitación cuantitativa por kilogramo de peso del bulto cuando no se declare valor del bien facturado. Otra segunda que alcanzaría el valor total de lo facturado (salvo que se probase que es inferior al real) cuando éste así se ha especificado por el cargador o viajero, y aceptado por el transportista mediante el abono de una tasa suplementaria. El primer supuesto constituiría, en esencia, un sistema de responsabilidad objetiva, mientras que el segundo se interpreta como un acuerdo o pacto entre cargador y transportista, según el cual se obvia voluntariamente el régimen general de limitación de responsabilidad

Existe, como bien refleja la jurisprudencia nacional,[208] una tercera opción según la cual la simple declaración del peso del bulto puede dar lugar a la indemnización completa cuando la empresa transportista haya incurrido en dolo o culpa grave en su deber de custodia.

Si, como hemos mencionado, se declarase valor en el conocimiento de embarque, ello haría que concurriese la excepción al régimen de limitación expuesto, pues con-

---

[203] Sánchez Gamborino, F. J., *op. cit.*, pág. 229.

[204] Ídem, *ibídem*, pág. 230.

[205] Real Decreto 1.211/1990, de 28 de septiembre.

[206] Sánchez Gamborino, F. J., *op. cit.*, pág. 234.

[207] Artículo 22.3 de la Convención de Montreal, de 28-5-1999, para la unificación de determinadas reglas sobre el transporte aéreo.

[208] Sentencia 7/1997 de la AP de Zaragoza, de 13 de enero.

forme a la jurisprudencia[209] debe entenderse que se introduce una exigencia de diligencia mayor, si cabe, para el porteador que conoce la naturaleza de los objetos que tiene que transportar y el valor de los mismos.

Sorprende que, en ocasiones, se haya estirado esa interpretación hasta límites inesperados *a priori*, por la ausencia de declaración alguna. Así, encontramos jurisprudencia que aprecia que los daños causados a un instrumento musical pueden ser catalogados como temerarios porque tal objeto es fácilmente diferenciable y, por tanto, no requiere de seguro suplementario o declaración alguna.[210] Entiende, pues, que el estuche del instrumento no ofrece ninguna duda con respecto a su contenido, y por ende, a su fragilidad; por el contrario, si se recibe en mal estado es una clara muestra de dejadez e incumplimiento de las obligaciones que una empresa de transporte tiene para con los objetos facturados, más aún si éstos lo son no por voluntad del pasajero, sino por obligación de la compañía por sobrepasar las medidas permitidas.

La jurisprudencia afirma[211] que la empresa oferente de las condiciones contractuales es la encargada de acreditar que al viajero se le dio la opción de declarar el valor del objeto, con el suplemento reglamentario y que éste lo rechazó y optó por el sistema general de limitación. La sentencia continúa diciendo que dicho contrato debe aportar la pertinente información de forma veraz, eficaz y suficiente, y concluye que, pese a que no se había declarado valor alguno del objeto, en atención a las concretas circunstancias del caso, procedía aplicar el principio *contra offerentem* y obligar a la compañía aérea a indemnizar el total de los daños que se acrediten.

La Audiencia Provincial de Santa Cruz de Tenerife se plantea[212] si cabría la no aplicación de la limitación de responsabilidad del artículo 22.2 del Convenio de Varsovia de 1929, por no adoptar la compañía aérea demandada las *«más elementales precauciones en su guardia, con infracción del deber de vigilancia y custodia que le correspondía»*. Concluye negando esta posibilidad por entender que tal apreciación genérica es incompatible con las causas que expresamente se refieren en el artículo 25, es decir, la declaración expresa del valor de la mercancía y la intención de causar el daño, o temeridad, sabiendo que probablemente se causaría. Asimismo, el Tribunal

---

[209] Sentencia de la AP de Barcelona, de 10-6-1999.

[210] Sentencia de la AP de Oviedo, de 13-1-2003: *«La conducta que dio como resultado tales daños debe vincularse con la profesionalidad de la entidad demandada que, puesto que se dedica al transporte de personas y cosas, ha de emplear las atenciones debidas a fin de evitar accidentes de los primeros y contingencias negativas de los segundos, para lo que es imprescindible saber diferenciar el tipo de objetos aun cuando el viajero no haya abonado el seguro suplementario».*

[211] Sentencia 7/1997 de la AP de Zaragoza, de 13 de enero.

[212] Sentencia de 8-4-2000.

[213] Sentencia de 20-6-1998.

Supremo[213] declara que la falta de justificación de la causa de pérdida, y el hecho de que no fuese imprevisible el suceso, no bastarían para considerar que la culpa o negligencia que habría que imputar a la compañía de transporte revistiese naturaleza igual o análoga a la dolosa, intencional o temeraria del artículo 25 del Convenio de Varsovia, en su versión modificada por el Protocolo de 28 de septiembre de 1955.

5.9   *Apreciación de dolo o culpa grave*

Si bien es cierto que todos los sistemas legislativos y convenios reguladores de modos de transporte establecen una limitación en la responsabilidad del transportista frente a daños ocurridos a la mercancía durante su custodia, no es menos cierto que se establecen mecanismos por los que se rompe ese derecho a limitar la responsabilidad, o a exonerarse de la misma. La mayoría de las veces, y en líneas generales, esto puede ocurrir por un acuerdo entre las partes para extender esa responsabilidad limitada, sujeta a la prueba de la pérdida o del daño de la mercancía, así como al derecho del transportista a cobrar una tasa más alta por los portes.

La segunda forma de romper este derecho a responsabilidad limitada o exoneración la determina la conducta del transportista. De manera que, si el daño o la pérdida de las mercancías va aparejado de una conducta dolosa o negligencia estimada suficiente para quebrar dicho límite, el transportista no podrá acogerse a su derecho de responsabilidad limitada. El baremo establecido para tal excepción está determinado por el área de transporte en que nos encontremos, así como por el cuerpo legislativo aplicable a tal efecto.

Las convenciones de transporte internacional por carretera e internacional por ferrocarril tienen provisiones por medio de las cuales el actor reclamante puede permitirse romper los límites de la responsabilidad del transportista, si éste ha incurrido en seria negligencia (art. 29 CMR,[214] art. 36 CIM[215]). La Convención CMR va más allá impidiendo al transportista confiar en las excepciones a la responsabilidad y de las provisiones que alteran la carga de la prueba.

---

[214] Artículo 29.1 del convenio de 19 de mayo de 1956, sobre de transporte internacional por carretera: *«El transportista no gozará del derecho de prevalerse de las disposiciones de este capítulo que excluyen o limitan su responsabilidad, o que invierten la carga de la prueba, si el daño ha sido causado por dolo o por una falta que le sea imputable y resulte equiparable al dolo por la legislación del lugar».*

[215] Contrato de Transporte Internacional de Mercancías por ferrocarril, CIM, artículo 36: *«Los límites de responsabilidad previstos en los artículos 15.3, 19.6 y 7, y 30, 32 a 35 no se aplicarán si se prueba que el daño ha sido resultado de un acto o una omisión cometidos por el transportista, fuera con la intención de provocar tal daño, o fuera de manera temeraria y consciente de que dicho daño probablemente sobrevendría».*

El artículo 29 del Convenio de Ginebra de 19 de mayo de 1956 establece que éste sería el caso si el daño causado lo fuese por la actitud dolosa del transportista o actitud que, de acuerdo con la ley de los tribunales juzgando el caso, es considerada equivalente. Lo mismo sería de aplicación si el dolo o culpa lata es cometido por agentes o empleados del transportista o cualquier otra persona empleada para ejecutar el transporte, siempre que éstos actuasen en el ejercicio de sus funciones.

El concepto *wilful misconduct* es un término familiar en el derecho anglosajón, y los tribunales lo han aplicado con frecuencia a casos de transporte internacional de mercancías por carretera. Hace referencia a una conducta que es apreciada como errónea, y pese a ello, al actor persiste, bien sea pretendiendo el daño potencial o con indiferencia hacia la posibilidad de que éste se materialice. Cubre, por tanto, un daño intencionalmente buscado, o el acto consciente de estar sometiéndose a un irrazonable riesgo. Los tribunales ingleses han endosado tradicionalmente la carga de la prueba al demandante, y en tanto que se requiere probar un aspecto de ámbito subjetivo, esto supone una carga excesiva. Los tribunales no pueden alcanzar tal conclusión por el mero hecho de que la conducta se aparte de lo normalmente establecido como uso, con tintes serios, o porque el resultado sea de carácter altamente gravoso. Pese a todo, podría alcanzarse tal conclusión partiendo de la evidencia de que el acto u omisión tendría a buen seguro que haber sido apreciado como incorrecto dada su naturaleza extrema y sus más que obvias consecuencias. La línea que separa estas ideas es delgada y fácil de cruzar en uno u otro aspecto, y en algunos casos los tribunales han mostrado una disposición excesiva a ayudar al reclamante. Éste podría ser el caso de «*Lacey's Footwear*»,[216] donde un trasporte ejecutado por un conductor extranjero que no dominaba el inglés fue mal guiado hasta unas premisas, las cuales no se correspondían con aquéllas donde debía hacer entrega de las mercancías. El conductor no fue siquiera llamado a testificar, pero la Corte entendió que había recibido claras instrucciones para entregar las mercancías en una determinada dirección, y que, por tanto, era de suponer que él había entendido esto con claridad pero lo había obviado de forma consciente.

El nuevo Convenio de Transporte Internacional de Mercancías por ferrocarril usa un concepto diferente en su artículo 36. Establece que los límites a la responsabilidad

---

[216] Lacey's Footwear (Wholesale) Ltd. *vs.* Bowler Internacional Freight Ltd. [1997] Lloyd's Report 369.

[217] Contrato de Transporte Internacional de Mercancías por ferrocarril, CIM, artículo 40: «*El transportista será responsable por sus agentes y por los demás a cuyos servicios recurra para la ejecución del transporte, cuando tales agentes u otras personas actúen en el ejercicio de sus funciones. Los gestores de la infraestructura ferroviaria sobre la que se efectúe el transporte serán considerados personas a cuyos servicios recurre el transportista para la ejecución del transporte*».

[218] Sánchez Gamborino, F. J., *op. cit.*, convención CMR: «*En reclamaciones por pérdida o avería de la mercancía transportada, la concurrencia de dolo —o de culpa equiparable al dolo, cuando sea admitida por el ordenamiento jurídico del tribunal juzgador— sólo afecta al valor efectivo de la mercancía-daño emergente-indemnizable, en el sentido de hacer saltar los límites de responsabilidad: general (art. 23.3)*

serán retirados si se prueba que la pérdida o el daño resultan de un acto u omisión, cometidos por el transportista, bien con la intención de causar tales daños o pérdidas, o de forma imprudente y con conocimiento de que probablemente ocurrirían. Esto prueba que negligencia grave no es suficiente, y aporta en este sentido un concepto más claro de *wilful misconduct*. Podría ser que los actos de los agentes y empleados fuesen atribuibles al transportista basándose en el artículo 40,[217] pero no está del todo claro.

Conviene aclarar que si bien en las reclamaciones por pérdida o avería de la mercancía objeto del transporte CMR, siempre que concurra dolo o culpa equiparable al dolo, lo será en consideración al daño emergente, conforme a la literalidad del articulado del convenio.[218] En las reclamaciones por retraso, habiendo dolo o culpa equiparable, sí podrán indemnizarse perjuicios consecuentes probados.[219]

Como declara José Sánchez Gamborino, el dolo debe ser rigurosamente probado por aquel que invoque su existencia, y además, se tiene que demostrar la relación causa-efecto con relación al resultado.

Para realizar un análisis práctico de la evolución del convenio en la jurisprudencia española, vamos a observar algunas sentencias que nos aporten luz sobre la interpretación de los preceptos legales hasta ahora comentados. Por ejemplo, en el concepto de fuerza mayor pueden ser incluidas las pérdidas por sustracción de la mercancía,[220] aunque la tónica general es la necesidad de atender a las circunstancias especiales de cada caso, antes que establecer reglas más genéricas sobre estos aspectos concretos. Así, en algunas sentencias se considera que el robo se produjo sin que se le diera la posibilidad al transportista de evitarlo con la diligencia propia de una persona prudente.[221] Por el contrario, en otras sentencias las negligencias y omisiones del porteador excluyeron la posibilidad de fuerza mayor.[222]

Por ejemplo, y en cuanto a la apreciación de conducta dolosa, la sentencia de la AP de Barcelona[223] dice que la sentencia de instancia no basa su pronunciamiento en el dolo tal cual, es decir, en la existencia de un incumplimiento consciente y voluntario de la obligación derivada del contrato, o la intención del conductor de dañar a la otra parte contratante, sino en una «negligencia inexcusable», instalada en la noción del dolo eventual. Con respecto a este último, continúa la sentencia, tanto la doctrina como

---

o declarado (art. 24), pero no extiende el deber de indemnizar a los perjuicios consecuentes —lucro cesante—. En nuestra opinión, ello se deduce de la propia literalidad del artículo 29, que aparta de aplicación las disposiciones que excluyen o limitan la responsabilidad del transportista, no aquellas que la amplían (a los perjuicios distintos del daño material: art. 26)».

[219] Ídem nota 193, pág. 250.

[220] Sentencia de la AP de Barcelona, de 6-7-2006.

[221] Sentencias del TS de 20-12-1985, de la AP de Zaragoza de 8-11-1997 y de la AP de Valencia de 4-6-1997.

[222] Sentencias de la AP de Barcelona de 16-5-2000, de 9-11-2000 y de 28-9-1995.

[223] Ídem nota 220.

la jurisprudencia afirman que, para entender doloso el quebrantamiento contractual del transportista, no es preciso en todo caso que concurra una voluntad deliberadamente rebelde a su cumplimiento,[224] sino que bastaría que al infractor se le presentase como posible, a consecuencia, el resultado prohibido y, pese a ello, persista en tal conducta.

Encajaría en esta conducta el transportista que, con el fin de pasar el día en su domicilio, fruto de una mala planificación del viaje o, por el contrario, de una hecha a medida de tal propósito, se desvía de la ruta y deja el vehículo en el aparcamiento de un hotel que no cuenta con ninguna medida especial de vigilancia. En este caso, el tribunal entiende que concurriría en dicho supuesto una culpa equiparable al dolo, y la exoneración de responsabilidad y su limitación serían inviables.[225]

Otra sentencia relevante[226] profundiza en lo comentado antes con respecto a la acción probatoria del dolo en estos supuestos. La misma, en sintonía con la sentencia del Tribunal Supremo, entre otras, la de 9 de marzo de 1992, resalta la necesidad de que el resultado sea consecuencia de la acción, para entender que el mismo ha sido dolosamente querido. Asimismo, destaca la necesaria mitigación del rigor de la regla tradicional sobre la carga de la prueba, el cual deberá ser atemperado en casos en los que, por el principio de facilidad probatoria y de proximidad de las fuentes prueba, no se pueda exigir al reclamante mayor acción probatoria. La jurisprudencia valora, pues, la evidente dificultad de demostración, por parte del cargador, de la infracción consciente y espontánea del porteador.

Así, encontraremos que en repetidas sentencias se han valorado factores tales como:

- La sucesión sistemática de faltas, junto con el carácter valioso de la mercancía.
- La elocuente selectividad de las pérdidas.
- La justificación que se ofrezca de éstas, o la ausencia de la misma por quien asumió el deber de custodia.
- El esfuerzo probable de las partes en función de los principios mitigadores antes señalados.

Y de esta forma, la mencionada sentencia, y en relación con los hechos concretos, reconoce un supuesto en el que no apreciaría dolo o negligencia inexcusable del transportista, al haber concurrido circunstancias que prevendrían tal apreciación.[227]

---

[224] Sentencias del TS de 18-11-1983, de 18-5-1991 y de 13-6-1995.

[225] Sentencia de la AP de Barcelona de 6-7-2006: «*La desgraciada frecuencia con que ocurren estos robos exigen una especial cautela a quien transporta mercancía ajena, y la conducta del conductor supone un desprecio a la más elemental previsión y a las normas de cuidado, por lo que se confirma la impresión del juzgador a quo de que el porteador se replanteó, o al menos debió hacerlo, la posibilidad de que durante tantas horas, en ese lugar y sin vigilancia específica, la carga fuera robada*».

[226] Sentencia de la AP de Barcelona, de 11-1-2007.

[227] Sentencia de la AP de Barcelona, de 11-1-2007: «*La posibilidad de que un vehículo estacionado*

En las antípodas de este supuesto está el recogido por la sentencia[228] en la que se muestra el total descontrol del transportista, por haber perdido la pista del bulto desde el primer momento, y carecer de datos, siquiera indicios, que permitiesen determinar el lugar exacto en que se produce la pérdida o el siniestro; huelga decir que se apreció actitud dolosa para tal caso.

Por último, y como breve reseña, para el transporte terrestre nacional, la Ley Orgánica de Transporte Terrestre de 30 de julio de 1987, en su artículo 23.1, y el Reglamento Orgánico de Transporte Terrestre, en su artículo 3.4, excluyen la aplicación de límites de responsabilidad del transportista cuando exista dolo de éste.

En referencia al dolo y a sus consecuencias en el transporte aéreo, la actual situación, que se puede calificar de caótica, con multiplicidad de convenios internacionales ratificados por unos y no por otros, no ayuda en absoluto al establecimiento de unos parámetros claros con respecto a la influencia de actitud dolosa del transportista y sus consecuencias. Lo más relevante al respecto lo ha brindado el Convenio de Montreal de 1999, el cual ha seguido la línea trazada por el Protocolo de Montreal de 1975. De acuerdo con estos regímenes, no es posible quebrar los límites de la responsabilidad del transportista por dolo o culpa atribuible al mismo.

Esta medida ha sido adoptada con la intención de reducir el número de litigios sobre estos propósitos, así como la búsqueda del foro más conveniente a estos efectos en cada ocasión. Sin embargo, y dado que este último convenio no ha sido adoptado unánimemente, ambos, los anteriores regímenes y el actual, coexisten, y por ende, lo hacen también dos sistemas tan dispares en la apreciación del dolo como elemento restrictivo de derechos.

Al respecto analizaremos, a la luz de la jurisprudencia española, la interpretación del dolo en relación con el convenio para la unificación de determinadas reglas relativas al transporte aéreo internacional, celebrado en Varsovia el 12 de octubre de 1929, y las modificaciones sobre el mismo efectuadas por el Protocolo Modificativo en la Haya el 28 de septiembre de 1955.

En relación con la carga de la prueba, y en una línea similar a la del transporte por carretera, la AP de Málaga[229] ha reconocido que, atendiendo a los principios de disponibilidad y facilidad probatoria, y aunque el dolo o culpa grave sea alegado por la parte actora, si es difícil de probar porque la demandada no ha facilitado dato

---

en la vía pública sea violentado por terceros y sustraída de él parte de la mercancía, excluye sin duda la existencia de una causa de fuerza mayor, pero las circunstancias relatadas no son compatibles con el incumplimiento contractual voluntario que caracteriza el dolo o la significativa negligencia de la culpa grave equivalente. Es un robo producido a la luz del día, en plena calle de una localidad populosa, realizado en breve espacio de tiempo, y mientras el conductor almorzaba no muy lejos». Asimismo, la sentencia valora el hecho de que se llevaran tres bultos a ciegas, y no hubiera lugar ni tiempo para seleccionar.

[228] Sentencia de la AP de Madrid de 28-10-2005.

[229] AP de Málaga, sentencia de 14-3-2007.

alguno que permita apreciar la diligencia que puso en el cumplimiento de su obligación de custodia y puntual entrega del equipaje facturado, ni se ha dado la más mínima explicación acerca de las razones por las cuales la mercancía o maleta no llegó a su destino, dicho vacío probatorio debe perjudicar, en aplicación del artículo 217 de la Ley de Enjuiciamiento Civil, a la parte que estaba en disposición de acreditar con suma facilidad lo ocurrido. Tendencia que sigue la anteriormente establecida por el Tribunal Supremo en su sentencia de 10 de junio de 1987, por la cual se sientan las bases de la valoración de la carga de la prueba en supuestos de este tipo.

La AP de Alicante[230] determina que sustraer de un bolsillo cerrado de una maleta unos objetos de valor es una conducta plenamente dolosa; despejando dudas igualmente sobre si es fruto de la actuación de agentes o dependientes, eso sí, siendo necesario que los mismos estuviesen operando en el ejercicio de sus funciones.

De igual manera dicta la AP de Valencia,[231] al entender que en el supuesto que analiza, al no tratarse de una mera fractura de la maleta en cuestión, sino de una auténtica perforación incluso de las prendas del interior, con pérdida de los elementos interiores, no puede siquiera ponerse en duda la actitud dolosa, y por ende, la excepción a la regla de limitación de la responsabilidad del transportista.

En el transporte marítimo, la doctrina continental mayoritaria ha considerado que el porteador no debe obtener beneficio alguno de la limitación de responsabilidad si ha existido un incumplimiento doloso.[232] Surgen más problemas al ponerse de acuerdo respecto de la culpa grave del porteador.

La jurisprudencia anglosajona ha extendido el significado del término *deviation* de forma tal que si en un principio, el desvío geográfico de la ruta inicial, sin explicación razonable, suponía un impedimento para limitar la responsabilidad, ahora, se abarca un amplio abanico de posibilidades con ese concepto que incluye, entre otros, la carga situada en cubierta cuando se había determinado que la misma fuese transportada bajo cubierta.

---

[230] AP de Alicante, sentencia de 29-9-2006.

[231] AP de Valencia, sentencia de 22-9-2003.

[232] Ruiz Soroa, J. M., Zabaleta, S., González, M. A. *Manual de derecho de transporte marítimo*, País Vasco. Servicio Central de Publicaciones, pág. 466.

[233] Art. IV. 5 (e) Reglas de Visby.

[234] Convenio de 19-5-1956 de Transporte Internacional por Carretera, artículo 32: «*Las acciones a las que pueda dar lugar el transporte regulado por este convenio prescriben al año. Sin embargo, en el dolo o falta equivalente a dolo según la ley de la jurisdicción escogida, la prescripción es de tres años.*

La prescripción corre:

a) En el caso de pérdida parcial, avería o mora a partir del día en que se entregó la mercancía.

b) En el caso de pérdida total, a partir de treinta días después de la expiración del plazo convenido, o, si no existe éste, a partir de sesenta días desde que el transportista se hizo cargo de la mercancía.

c) En todos los demás casos, a partir de la expiración de un plazo de tres meses tras la conclusión del

Las Reglas de Visby han supuesto una mejora clarificativa respecto de lo establecido por el Convenio de Bruselas de 1924. Así, éstas determinan que *«la pérdida del derecho a limitar se produce cuando el daño sea resultado de un acto u omisión del porteador, que se produjo o bien con intención de provocar el daño o temerariamente y con conocimiento de que probablemente de ello se deduciría daño».*[233]

5.10 Prescripción y caducidad de la acción

Para el transporte internacional de mercancías por carretera, regulado por el Convenio CMR, de 19 de mayo de 1956, la acción prescribirá al año o pasados tres años si se trata de dolo o falta equivalente al dolo,[234] exigiéndose en este último supuesto una conexión o relación causal entre la identidad de la conducta fraudulenta y el derecho que por ello se ve afectado. El tiempo comenzará a contar dependiendo del motivo por el que se reclama.

El Convenio de Ginebra de 19 de mayo de 1956, vía artículo 32.2, permite que dicho plazo sea suspendido por una reclamación por escrito hasta la fecha en que el transportista reclamado responda denegando tal reclamación y devolviendo los documentos que se hubiesen adjuntado para su prueba.

En el transporte marítimo internacional, las Reglas de Visby establecen, en su artículo 3.6, la exigencia de que la acción se ejercite dentro del año siguiente a la entrega de las mercancías o la fecha en que debieron ser entregadas. Igual plazo se establece en el artículo 22 de la Ley de Transporte Marítimo. En ambas situaciones, la jurisprudencia lo ha interpretado como plazo de caducidad, con las consecuencias de rigor en cuanto a la imposibilidad de su interrupción,[235] y en ese mismo sentido se pronuncia también la sentencia de la AP de Barcelona, de 3 de noviembre de 2000.

En virtud del artículo 43, párrafo primero, la Ley de Contrato de Seguro dispone que *«el asegurador, una vez pagada la indemnización, podrá ejercitar los derechos y*

---

contrato de transporte. 1. El día indicado en este párrafo como punto de partida de la prescripción no está comprendido en el plazo. 2. La reclamación escrita interrumpe la prescripción hasta el día en que el transportista rechace la reclamación por escrito y devuelva los documentos que la acompañan. En caso de aceptación parcial a la reclamación, la prescripción no vuelve a tomar su curso más que por la parte reclamada que continúa en litigio. La prueba de la recepción de la reclamación o de la respuesta y de la devolución de documentos corren a cargo de quien invoque este hecho. Las reclamaciones ulteriores que tengan el mismo objeto no interrumpen la prescripción. 3. Con reserva de las disposiciones del párrafo 2 de este artículo, la suspensión de la prescripción se regirá por la ley del territorio en el que se ejerce jurisdicción. Lo mismo se aplicará a la interrupción de la prescripción. 4. La acción prescrita no puede ser interpuesta de nuevo, ni siquiera con forma de demanda, conforme a derecho o de excepción».

[235] Gabaldón García, J. L. y Ruiz Soroa, J. M., *Manual de derecho de la navegación marítima*, Marcial Pons, pág. 482.

las acciones que por razón del siniestro correspondieran al asegurado frente a las personas responsables del mismo», y para ello debe considerarse la sentencia del Tribunal Supremo de 11 de noviembre de 1991, la cual llega a la conclusión de que la acción del asegurador no debe tener un plazo legal de prescripción *ad hoc,* sino el correspondiente a la acción en que se ha subrogado.

Para el transporte de mercancías aéreo, la Convención de Montreal de 1999, en su artículo 35, dicta un plazo para la acción de dos años contados desde la llegada de la aeronave, o la fecha en que la misma debiera haber llegado, o del día en que se interrumpió el transporte. En este sentido, la jurisprudencia[236] se ha pronunciado, al igual que en el transporte marítimo, confirmando que la compañía aseguradora, una vez que se subroga en la posición de su asegurado, ciñéndose a las mismas características y condiciones de ejercicio, y a la misma duración, queda sujeta a la prescripción propia de la acción de su asegurado, y no a la de un plazo *ad hoc* para la misma. Por su parte, el Convenio de Varsovia, mediante su artículo 29, somete su ejercicio al plazo de prescripción de dos años (aunque lo denomina de caducidad), desde la llegada a su destino o desde el día en que la aeronave hubiese debido llegar o desde la detención del transporte. Pero el artículo 26 supedita igualmente el ejercicio de la acción al requisito de procedibilidad que represente la formalización de la correspondiente protesta o reserva, ya sea al tiempo mismo de la entrega de las respectivas expediciones (después de descubierta la avería), o dentro de un plazo de tres días para el equipaje y de siete para las mercancías (que se amplía a catorce días si hay retraso en la entrega de las mismas), plazos, estos últimos, que sí son de caducidad.[237]

Para el transporte interno nacional, la Ley de la Navegación Aérea[238] prevé un plazo sensiblemente inferior al de la Convención de Montreal, que se fija en seis meses desde la producción del daño.

---

[236] Sentencia de la AP de Santa Cruz de Tenerife de 6-11-1995.

[237] Sentencia de la AP de Barcelona de 10-6-1999.

[238] Ley 48/1960, de 21 de julio.

Anexo I
Pólizas UNESPA de seguro de transporte terrestre de mercancías

CONDICIONES GENERALES

La presente póliza se rige por lo dispuesto en la Ley 50/80 de 8 de octubre de 1980, «B.O.E. núm. 250 de 17-X-80», y por lo convenido en estas Condiciones Generales y en las Particulares del contrato, sin que tengan validez las cláusulas limitativas de los derechos de los Asegurados que no sean específicamente aceptadas por los mismos por escrito.

ARTÍCULO PRELIMINAR

Definiciones

En esta póliza se entiende por:

ASEGURADOR: La persona jurídica que asume el riesgo contractualmente pactado.

TOMADOR DEL SEGURO: La persona física o jurídica que, juntamente con el asegurador, suscribe esta póliza y al que corresponden las obligaciones que de la misma se deriven, salvo las que por su naturaleza deban ser cumplidas por el Asegurado.

ASEGURADO: La persona física o jurídica, que en el momento de concertarse la póliza es titular del interés objeto del seguro y que en defecto del Tomador asume las obligaciones derivadas de la misma.

BENEFICIARIO: La persona física o jurídica que, previa cesión por el Asegurado, resulta titular del derecho a la indemnización.

PÓLIZA: El documento que contiene las condiciones reguladores del seguro. Forman parte integrante de la póliza: las Condiciones Generales; las Particulares que individualizan el riesgo; las Especiales, si procedieren, y los Suplementos o Apéndices que se emitan a la misma para complementaria o modificarla.

PRIMA: El precio del seguro. El recibo contendrá además los recargos e impuestos que sean de legal aplicación.

SUMA ASEGURADA: La cantidad que es declarada por el Tomador del seguro o Asegurado al Asegurador como valor del interés asegurado.

SINIESTRO: La ocurrencia de cualesquiera de los riesgos cubiertos por la póliza que origine la desaparición, destrucción o daños materiales al interés asegurado y gastos inherentes. Se considerará que constituye un solo y único siniestro el conjunto de daños o acaecimiento.

RIESGOS CUBIERTOS

Artículo 1.º El Asegurador se obliga, dentro de los límites establecidos por la Ley y en esta póliza, a indemnizar la destrucción, los daños materiales y la desaparición de las mercancías aseguradas con ocasión o a consecuencia de su transporte y debido a:

1. Incendio, rayo o explosión cualesquiera que sea su origen, excepto combustión espontánea.
2. Accidente del medio de transporte que se produzca por:
2.1. Caída del vehículo a cunetas, barrancos, precipicios, ríos y mar.
2.2. Colisión o choque del vehículo porteador con otro cuerpo fijo o móvil.
2.3. Vuelco o descarrilamiento.
2.4. Lluvias o nieves tempestuosas, avalanchas y aludes.
2.5. Corrimiento y desprendimiento de tierras, montañas o rocas.
2.6. Rotura de puentes y derrumbamiento de edificios, puentes, túneles o de otras obras de ingeniería y arquitectura.
2.7. Hundimiento súbito de la vía, de la carretera y de la calzada.
2.8. Agua de mar debido a temporal, en trayectos terrestres.
3. Pérdida total de la embarcación, contribución a la avería gruesa, naufragio, varada o embarrancada, colisión o abordaje que se produzca durante su eventual tránsito a bordo de embarcaciones para su paso a través de canales, estrechos y franjas marítimas que separen zonas del trayecto asegurado.
4. Accidentes en curso de vuelo, en el suelo, marchando por tierra, al despegar o aterrizar, cuando se trate de transporte complementario al terrestre efectuado por viaje aéreo a bordo de aeronaves.
5. Robo realizado en cuadrilla y a mano armada, debidamente probado, y en tal forma que resultara amenazada la vida o la integridad corporal de las personas que ocupen el medio de transporte.

Artículo 2.º El Asegurador reembolsará además los gastos en que incurra el Tomador del seguro o el Asegurado en cumplimiento del deber de salvamento previsto en los artículos 16.º y 29.º de estas Condiciones.

Garantías complementarias: el Asegurador reembolsará también los gastos en que incurra el Asegurado para cumplimiento de las obligaciones diamantes del artículo 12.º y 14.º de estas Condiciones, aun cuando el siniestro no fuera indemnizable.

RIESGOS EXCLUIDOS

Artículo 3.º 1. Quedan expresamente excluidos las pérdidas y daños que, total o parcialmente, directa o indirectamente, sean causados por o a consecuencia de:
1.1. Infidelidad del personal dependiente del Tomador del seguro o del Asegurado.
1.2. Retraso en el transporte aunque este se deba a una avería de cualquiera de las partes vitales del vehículo o medio de transporte. No obstante, el Asegurador indemnizará los daños materiales de las mercancías aseguradas cuando el accidente del vehículo causa del retraso, hubiera sido producido por alguno de los riesgos enumerados en el artículo 1.º de estas Condiciones.
1.3. Demoras, desvíos, impedimento o interrupción del viaje por causas imputables al Asegurado o al Tomador del seguro.

1.4. Infracciones a las prescripciones de expedición, y así como de importación, exportación o de tránsito. Violación de bloqueo, contrabando y comercio, o actividad o tráficos prohibidos, clandestinos o ilegales.

1.5. Combustión espontánea de las cosas aseguradas.

1.6. Vicio propio o cualidad intrínseca de las cosas aseguradas o defecto en su fabricación o construcción.

1.7. Defecto o insuficiencia de envase o embalaje.

1.8. Materias radiactivas, transmutación del átomo o de la fusión o fisión atómica o nuclear o cualesquiera otras reacciones similares.

2. Salvo pacto expreso en contrario quedan excluidos las pérdidas y daños que, total o parcialmente, directa o indirectamente, sean causados por o a consecuencia de:

2.1. Mermas naturales, que serán deducibles en toda liquidación por siniestros a cargo de la póliza.

2.2. Golpe, choque o roce de las mercancías con ramas de árboles, cables, arcos de puentes, techos de entrada o salida de garajes, estaciones de servicios u otras construcciones, cuando el transporte se realice en vehículos descubiertos, a no ser que fueran transportadas en contenedores no abiertos.

2.3. Robo total o parcial, hurto, extravío o falta de entrega de bultos completos, derrames, roturas, oxidaciones, manchas, mojaduras, moho y vaho, contacto con otros cargamentos, mala estiba o estiba inadecuada, caída de bultos en las operaciones de carga y descarga, así como de cualesquiera otros análogos o similares, a no ser que tales pérdidas o daños sean debidos o sean a consecuencia de alguno de los accidentes enumerados en el artículo 1.º de estas Condiciones.

Artículo 4.º El seguro cubre los daños materiales y directos; no son indemnizabas los daños indirectos, tales como perjuicios comerciales por ventas no realizadas, diferencias de cambio, pérdidas de mercado o de garantía de origen.

Artículo 5.º El Asegurador no responderá en ningún caso cuando se haya firmado Boletín de Garantía por el remitente o persona que le represente, sea cual fuere el motivo que se alegue, en virtud del cual no sean a cargo del porteador las pérdidas, daños o averías que se produzcan en las mercancías durante su transporte.

Artículo 6.º El Asegurador no responderá tampoco de las pérdidas, averías y daños que puedan sufrir las mercancías, cuando el medio de transporte resulte cargado en exceso sobre el límite establecido por la Autoridad competente o cuando sus dimensiones excedan de las legalmente autorizadas, si quien asegura las mercancías es a su vez propietario u operador del medio de transporte o vehículo porteador.

Artículo 7.º Salvo pacto expreso en contrario el Asegurador no responde de ninguno de los accidentes o riesgos cubiertos en los artículos 1.º y 2.º de estas Condiciones que tuvieren por causa o fueren a consecuencia de:

Hostilidades, hechos, actos y operaciones de guerra, declarada o no, sus consecuencias y, en general, de cualquier accidente, guerra, minas, bombas u otros artefactos bélicos que no formen parte del cargamento, guerra civil, revolución, rebelión, insurrección o cualquier lucha civil que se derive de estos actos, captura, secuestro, arresto, restricción, detención y sus consecuencias y de cualquier intento hecho a tales fines; actos, disposiciones y órdenes de personas que intenten usurpar los poderes públicos; huelgas, cierres patronales, actos por o contra la libertad de trabajo, tumultos o conmociones civiles, actos de personas que actúen maliciosamente por motivos políticos o terroristas y actos de vandalismo o sabotaje, así como inundaciones, terremotos volcanes u otros fenómenos sísmicos.

No obstante, en ningún caso se podrá pactar la cobertura de los riesgos, que, según el artículo 41.º de estas Condiciones se indemnizarán por el Consorcio de Compensación de Seguros.

MERCANCÍAS EXCLUIDAS

Artículo 8.º Salvo pacto expreso en contrario quedan excluidas de la cobertura de esta póliza las expediciones consistentes en:
1. Materias corrosivas o inflamables.
2. Materias explosivas.
3. Materias venenosas.
4. Materias radiactivas.
5. Muestrarios comerciales.
6. Animales vivos.
7. Productos perecederos.
8. Carnes, pescados o mariscos frescos, refrigerados o congelados.
9. Prensa en cualquiera de sus variedades.
10. Mercancías averiadas o devueltas a origen.

Artículo 9.º Quedan también excluidas de la cobertura salvo pacto en contrario las expediciones consistentes en:
1. Metálico, efectos comerciales o bancarios,
2. Títulos y cupones de valores mobiliarios,
3. Billetes de banco,
4. Lotería o quinielas premiadas,
5. Alhajas y artículos de joyería, de metales finos,
6. Piedras preciosas y perlas verdaderas,
7. Orfebrería de metales finos,
8. Objetos de arte, antiguos o raros cuyo valor fuera convencional,
9. Encajes de hilo, bordados o tejidos con metales finos y blondas legítimas de seda,
10. Colecciones, menos que se efectúen bajo el régimen de «metálico y valores» con declaración de valor a la Empresa encargada de su transporte, por un mínimo del diez por ciento (10%) del valor asegurado.

EFECTO DEL SEGURO

Artículo 10.º Cuando el transporte de las mercancías aseguradas se confíe a terceros, la cobertura comenzará, salvo pacto en contrario, desde el momento en que se entreguen las mismas al porteador para su transporte en el lugar de origen, continuará durante el curso ordinario del tránsito y terminará en el momento en que dichas mercancías se entreguen al destinatario o a quien le represente en el lugar de destino pero cesará la cobertura a los cinco días de la llegada de la mercancía al lugar de destino, salvo prórrogas que puedan convenirse.

En todos los demás casos, el seguro tomará efecto desde el momento en que el vehículo inicie el viaje asegurado con las mercancías a bordo y terminará en el momento de la llegada de dicho vehículo al lugar de destino. Permanecerá en vigor la cobertura, durante el depósito transitorio de las mercancías y la inmovilización del vehículo o su cambio durante el viaje, cuando se deban a incidencias propias del transporte asegurado y no hayan sido causadas por alguno de los acaecimientos excluidos de este seguro y siempre y cuando la estancia tenga lugar en locales cerrados o custodiados ininterrumpidamente.

En ambos supuestos y salvo pacto en contrario, el plazo máximo para la duración de la cobertura será de treinta días.

MEDIO DE TRANSPORTE

Artículo 11.° Las mercancías aseguradas por esta póliza podrán ser transportadas:

a) Por ferrocarril.

b) Por carretera o vía análoga.

c) Por cualquier medio de transporte cuando los envíos se efectúen en régimen postal nacional o internacional.

En caso de transporte terrestre que tenga como accesorio otro marítimo o aéreo se admitirán los vehículos o medios de transporte adecuados a este fin, de acuerdo con las condiciones estipuladas en esta póliza.

SINIESTROS

Artículo 12.° A efectos de lo dispuesto en el apartado 2 del artículo 28.° de estas Condiciones, cuando las mercancías sean confiadas a terceros para su transporte, será necesario para la justificación de cualquier reclamación:

1. Transporte por autocamión:

1.1. La carta de porte, albarán de entrega o documento análogo, con la reserva formulada por el receptor dentro de los plazos legales establecidos.

1.2. Copia de la carta de reclamación dirigida al transportista porteador cursada dentro de plazo, con expresa invitación a éste para el justiprecio contradictorio de los daños.

1.3. Original de la contestación dada por el porteador.

1.4. Acta de reconocimiento, Certificado de Averías o peritaje de las pérdidas o daños sufridos, realizado por personas u Organizaciones independientes legalmente reconocidas.

1.5. Acta de venta, en su caso, de los efectos que hubieran sido vendidos o rematados.

1.6. Comprobante de gastos extraordinarios si se hubieran producido, visados por el Comisario de Averías o Perito correspondiente.

1.7. Facturas comerciales originales de las mercancías aseguradas.

2. Transporte por ferrocarril:

El destinatario, transcurrido el plazo reglamentario de transporte sin que las mercancías u objetos asegurados puedan ser retirados completos de la estación de destino, deberá presentar en el día siguiente o sucesivos de la expiración de dicho plazo el talón correspondiente al Jefe de Estación, para que, por medio de nota fechada y sellada, se haga constar que, efectivamente, la remesa de referencia no ha llegado. Se aportará al Asegurador copia literal de la carta autorizada por el destinatario y resguardo de Correos; o en su caso copia de la diligencia estampada en el libro oficial de reclamaciones.

Si solamente llegara a destino, dentro del plazo reglamentario de transporte, parte de la remesa asegurada, el destinatario deberá retirarla levantando «Acta de reconocimiento» ante el Jefe de Estación, para justificar su recibo, dejando de cuenta de la Empresa porteadora la parte no llegada.

Como medida general, el destinatario de la expedición asegurada por la presente póliza no deberá retirarla de la estación sin cerciorarse del perfecto estado de embalaje e integridad del contenido. De notar alguna anormalidad en aquél, en sus precintos o cierres, o de existir señales de averías, deberá solicitar dicho destinatario, del Jefe de la Estación, repaso y reconocimiento, haciendo constar en Acta el resultado de ambas operaciones, especificando los artículos faltantes o lo que hubiesen recibido daño, así como el valor de aquéllos, por clases, de cuya Acta se solicitará duplicado, como justificante del siniestro. Esta facultad que tiene el destinatario, está reconocida por el artículo 367 del Código de Comercio y artículos 156 y 157 del Reglamento de Policía de Ferrocarriles, de 8 de septiembre de 1878, debiéndose aquél apoyar en dichas disposiciones para el cumplimiento de este pacto.

3. Expediciones por paquete postal y valores, en régimen de «metálico y valores».

Cuando se trate de una expedición que viaje bajo cualquiera de estos regímenes además de los documentos o actuaciones que fuesen necesarios para la justificación de una reclamación y que se especificaron en cada uno de los dos apartados 1 y 2 precedentes, según el medio de transporte empleado, el Asegurado deberá:

3.1. Probar haber cumplido las disposiciones de los Reglamentos de la Administración encargada del transporte en lo que se refiere al modo de envío, de embalaje o cierre de los pliegos, cajas o paquetes.

3.2. Probar el valor real de la expedición acompañando, cuando el Asegurador lo solicite, factura o relación detallada de los objetos asegurados.

3.3. Aportar certificación de la Administración encargada del transporte, en la que a petición del destinatario, se haga constar la no entrega o que el sobre o los sellos de los pliegos, paquetes o cajas, presentaban señales evidentes de fractura o manipulación, o exista diferencia de peso entre el señalado por la Administración en que fue depositado y el que se compruebe en la de destino.

3.4. Prestar su concurso al Asegurador, interviniendo personalmente en caso necesario, para ejercitar un recurso contra terceros, obtener la anulación o rehabilitación o impedir el pago de los valores perdidos.

Artículo 13.° Siempre que resulte necesario el Asegurado o el Beneficiario en su caso, deberá aportar cualquier otra información para la prueba de las pérdidas o daños reclamados.

Artículo 14.° Cuando el Tomador del seguro o el Asegurado sea propietario u operador del medio de transporte o vehículo porteador de las mercancías aseguradas será necesario para la justificación de cualquier reclamación y a efectos de lo dispuesto en el párrafo 2 del artículo 28.° de estas Condiciones, la aportación al Asegurador por parte de dichos Asegurado o, en su caso, por el Tomador del seguro de los siguientes justificantes:

1. Certificación del atestado establecido con motivo del accidente ante cualquiera de las autoridades locales o Comandantes del puesto de la Guardia Civil donde ocurriera el siniestro. A este efecto el conductor del vehículo siniestrado o el representante de la empresa porteadora, si aquél hubiese quedado incapacitado para hacerlo, deberá promover dicho atestado ante aquellas Autoridades relatando las causas ciertas o presuntas que hubieran ocasionado el accidente, fecha, hora y

sitio precisos donde hubiese acaecido y sus consecuencias, expresando, además, la suerte cabida a las mercancías transportadas y la extensión aproximada de los daños que estas hubieren sufrido.

2. Acta pericial de daño.

3. Carta de porte, albarán de expedición o documento análogo.

4. Facturas comerciales originales de las mercancías aseguradas o documento que las sustituyan.

A efectos de lo dispuesto en el artículo 29.º de estas Condiciones, cuando las mercancías siniestradas fuesen de fácil o inmediato deterioro o la extensión y naturaleza de los daños recibidos las pusieran en inminente riesgo de perderse, el porteador deberá proceder a su venta con intervención de la Autoridad competente, facilitando al Asegurador los documentos probatorios de la misma.

Artículo 15.º Cuando el seguro se refiera a una máquina completa destinada a la venta o al uso y, en general, a cualquier otro objeto que esté compuesto de varias partes, en caso de pérdida o daño cubiertos por este seguro, el Asegurador sólo será responsable del valor asegurado de la parte perdida o dañada o, a voluntad del Asegurado, del costo y gastos, incluyendo los de obra y expedición, que requiera reemplazar o reparar la parte perdida o dañada; si bien en ningún caso el Asegurador será responsable de un importe mayor del valor total asegurado de la máquina o cosa averiada. No obstante, en ningún caso se considerarán compuestos por partes de un todo completo los objetos asegurados que consistan en artículos que se compongan de piezas que formen juego, en cuyo caso el Asegurador sólo será responsable del demérito sufrido por las piezas dañadas o de su pérdida en razón de su valor individualizado en este seguro.

Artículo 16.º A efectos de lo dispuesto en el artículo 29.º de estas Condiciones, se consideran en todo caso comprendidos en los gastos de salvamento previstos en dicho artículo, los que fuere necesario o conveniente realizar para la reexpedición de los objetos transportados, impuesta a consecuencia de un siniestro comprendido en los riesgos cubiertos por esta póliza.

Artículo 17.º En defecto de estimación del valor de las mercancías o cosas aseguradas, la indemnización cubrirá en caso de pérdida total y siempre con el límite establecido en el párrafo primero del artículo 32.º de estas Condiciones el precio que tuvieran las mercancías en el lugar y en el momento en que se cargaron, los gastos realizados para entregarlas al transportista y el precio del seguro si recayera sobre el Asegurado.

No obstante, cuando las mercancías aseguradas estuvieran destinadas a la venta, la indemnización se regulará por el valor que tuviera en el lugar de destino.

Si el siniestro acaecido afectara solamente a una parte de las mercancías aseguradas, será de aplicación lo dispuesto en los párrafos anteriores de este artículo, según el caso, regulándose la indemnización de los daños sufridos en la proporción correspondiente.

BASES DEL CONTRATO

Artículo 18.º La solicitud y el cuestionario cumplimentados por el Tomador del seguro, así como la proposición del Asegurador en su caso, en unión de esta póliza, constituyen un todo unitario, fundamento del seguro, que sólo alcanza dentro de los límites pactados, a los bienes y riesgos en la misma especificados. Si el contenido de la póliza difiere de la proposición de seguro o de las cláusulas acordadas, el Tomador del seguro podrá reclamar a la Entidad Aseguradora en el plazo de un mes, a contar desde la entrega de la póliza, para que subsane la divergencia existente. Transcurrido dicho plazo sin efectuar la reclamación, se estará a dispuesto en la póliza.

PERFECCIÓN DEL CONTRATO

Artículo 19.º El contrato se perfecciona por el consentimiento, manifestado por la suscripción de la póliza o de documento provisional de cobertura por las partes contratantes. La cobertura contratada y sus modificaciones o adiciones no tomarán efecto, mientras no haya sido satisfecho el recibo de la prima, salvo pacto en contrario en condición particular.

En caso de demora en el cumplimiento de ambos requisitos las obligaciones del Asegurador comenzarán a partir de las veinticuatro horas del día en que hayan sido completados.

PAGO DE LA PRIMA

Artículo 20.º El Tomador del seguro está obligado al pago de la primera prima o de la prima única en el momento de la perfección del contrato. Las sucesivas primas se deberán hacer efectivas en los correspondientes vencimientos.

Si en las condiciones particulares no se determina ningún lugar para el pago de la prima, se entenderá que éste ha de hacerse en el domicilio del Tomador del seguro.

Si por culpa del tomador la primera prima no ha sido pagada, o la prima única no lo ha sido a su vencimiento, el Asegurador tiene derecho a resolver el contrato o a exigir el pago de la prima debida en vía ejecutiva con base en la póliza. En todo caso y salvo pacto en contrario en condición particular, si la prima no ha sido pagada antes de que se produzca el siniestro, el Asegurador quedará liberado de su obligación.

En caso de falta de pago de una de las primas siguientes, la cobertura del Asegurador queda suspendida un mes después del día de su vencimiento. Si el Asegurador no reclama el pago dentro de los seis meses siguientes al vencimiento de la prima, se entenderá que el contrato queda extinguido. En cualquier caso, el Asegurador cuando el contrato esté en suspenso, sólo podrá exigir el pago de la prima del período en curso.

Si el contrato no hubiere sido resuelto o extinguido conforme a los párrafos anteriores, la cobertura vuelve a tener efecto a las veinticuatro horas del día en que el Tomador pagó su prima.

DECLARACIONES SOBRE EL RIESGO

Artículo 21.º La presente póliza ha sido concertada sobre las bases de las declaraciones formuladas por el Tomador del seguro, de acuerdo con el cuestionario que le ha sometido el Asegurador, que han motivado la aceptación del riesgo por el Asegurador, la asunción por su parte de las obligaciones para él derivadas del contrato y la fijación de la prima.

INFORMACIÓN SOBRE O CONCERNIENTE AL SEGURO

Artículo 22.º El Tomador del seguro, el Asegurado y en su caso, el Beneficiario, tienen el deber de mantener informado al Asegurador sobre la naturaleza y circunstancias del riesgo, así como del acontecimiento de cualquier hecho, conocido por el mismo, que pueda agravarlo o variarlo.

Esta obligación comienza al concertar el seguro para cuya conclusión habrá debido declarar el Tomador del seguro al Asegurador, de acuerdo con el cuestionario que éste le someta, todas las circunstancias por él conocidas, que puedan influir en la valoración del riesgo.

El Asegurador podrá rescindir el contrato mediante declaración dirigida al Tomador del seguro, en el plazo de un mes, a contar del conocimiento de la reserva o inexactitud del Tomador del seguro. Desde el momento mismo en que el Asegurador haga esta declaración, quedarán de su propiedad las primas correspondientes al período en curso, salvo que concurra dolo o culpa grave por su parte.

Si el siniestro sobreviniera antes de que el Asegurador hubiere hecho la declaración a que se refiere el párrafo anterior, la prestación de éste se reducirá en la misma proporción existente entre la prima convenida en la póliza y la que corresponda de acuerdo con la verdadera entidad del riesgo. Cuando la reserva o inexactitud se hubiere producido mediando dolo o culpa grave del Tomador del seguro, el Asegurador quedará liberado del pago de la prestación.

AGRAVACIÓN DEL RIESGO DURANTE LA VIGENCIA DEL CONTRATO

Artículo 23.º El Tomador del seguro o el Asegurado deberán, durante el curso del contrato, comunicar al Asegurador, tan pronto como les sea posible, todas las circunstancias que agraven el riesgo y sean de tal naturaleza que si hubieran sido conocidas por éste, en el momento de la perfección del contrato, o no lo habría celebrado o lo habría concluido en condiciones más gravosas.

El Asegurador puede proponer una modificación de las condiciones del contrato en un plazo de dos meses a contar del día en que la agravación le haya sido declarada. En tal caso, el Tomador dispone de quince días, a contar desde la recepción de esta proposición, para aceptarla o rechazarla. En caso de rechazo, o de silencio por parte del Tomador del seguro, el Asegurador puede, transcurrido dicho plazo, rescindir el contrato previa advertencia al Tomador, dándole para que conteste un nuevo plazo de quince días, transcurridos los cuales y dentro de los ocho siguientes, comunicará al Tomador del seguro la rescisión definitiva.

El Asegurador podrá, igualmente, rescindir el contrato comunicándolo por escrito al Asegurado dentro de un mes, a partir del día en que tuvo conocimiento de la agravación del riesgo.

Si sobreviniera un siniestro sin haberse realizado declaración de agravación del riesgo, el Asegurador queda liberado de su prestación si el Tomador o el Asegurado han actuado con mala fe. En otro caso, la prestación del Asegurador se reducirá proporcionalmente a la diferencia entre la prima convenida y la que se hubiera aplicado de haberse conocido la verdadera entidad del riesgo.

En el caso de agravación del riesgo durante el tiempo del seguro que dé lugar a un aumento de prima, cuando por esta causa queda rescindido el contrato, si la agravación es imputable al Asegurado, el Asegurador hará suya en su totalidad la prima cobrada. Siempre que dicha agravación se hubiera producido por causas ajenas a la voluntad del Asegurado, éste tendrá derecho a ser reembolsado de la parte de la prima satisfecha correspondiente al período que falte transcurrir de la anualidad en curso.

DISMINUCIÓN DEL RIESGO

Artículo 24.º El Tomador del seguro o el Asegurado podrán, durante el curso del contrato, poner en conocimiento del Asegurador todas las circunstancias que disminuyan el riesgo y sean de tal naturaleza que si hubieran sido conocidas por éste en el momento de la perfección del contrato, lo habría concluido en condiciones más favorables para el Tomador del seguro.

En tal caso, al finalizar el período en curso cubierto por la prima, el Asegurador deberá reducir el importe de la prima futura en la proporción que corresponda, teniendo derecho el Tomador en caso contrario a la resolución del contrato y a la devolución de la diferencia entre la prima satisfecha y la que le hubiera correspondido pagar, desde el momento de la puesta en conocimiento de la disminución del riesgo.

DURACIÓN DEL SEGURO

Artículo 25.° Cuando el seguro se estipule por un período de tiempo determinado la póliza entra en vigor y termina en las fechas indicadas en las condiciones particulares. De conformidad con el artículo 22 de la Ley podrá prorrogarse por períodos no superiores a un año.

Las partes podrán oponerse a la prórroga del contrato mediante una notificación escrita a la otra parte, efectuada con un plazo de dos meses de anticipación a la conclusión del período del seguro en curso.

NULIDAD, INEFICACIA Y EXTINCIÓN DEL SEGURO

Artículo 26.° El contrato de seguro será nulo, salvo en los casos previstos por la Ley, si en el momento de su conclusión no existía el riesgo o había ocurrido el siniestro (artículo 4 de la Ley), o si no existe un interés del Asegurado (artículo 25 de la Ley), y será ineficaz cuando por mala fe del Asegurado, la suma asegurada supere notablemente al valor del interés asegurado (artículo 31 y párrafo 4.° del 32 de la Ley).

Si durante la vigencia del contrato se produjera la desaparición del interés o del riesgo, el Asegurador tiene derecho a hacer suya la prima no consumida.

RESCISIÓN EN CASO DE SINIESTRO

Artículo 27.° Tanto el Tomador del seguro como el Asegurador podrán rescindir el contrato después de cada comunicación de siniestro, haya o no dado lugar a pago de indemnización.

La parte que tome la decisión de rescindir el contrato, deberá notificársela a la otra, por carta certificada cursada dentro del plazo de treinta días desde la fecha de comunicación del siniestro, si no hubiera lugar a indemnización o desde la liquidación si hubiere lugar a ella. Esta notificación deberá efectuarse con una anticipación mínima de quince días a la fecha en que la rescisión haya de surtir efecto.

Si la iniciativa de rescindir el contrato es del Tomador del seguro quedarán a favor del Asegurador las primas del período en curso.

Si la facultad de rescindir el contrato es ejercitada por el Asegurador, deberá reintegrar al Tomador del seguro la parte de prima correspondiente al tiempo que medie entre la fecha de efecto de la rescisión y la de expiración del período de seguro cubierto por la prima satisfecha.

La rescisión del contrato efectuada de acuerdo con lo previsto en este artículo no modificará los respectivos derechos y obligaciones de las partes en relación con los siniestros declarados.

AVISO DE SINIESTRO E INFORMACIÓN SOBRE LAS CIRCUNSTANCIAS

Artículo 28.º El Tomador del seguro, el Asegurado o el Beneficiario deberán comunicar al Asegurador el acaecimiento del siniestro dentro del plazo máximo de siete días de haberlo conocido, salvo pacto en condición particular ampliándolo. En caso de incumplimiento, el Asegurador podrá reclamar los daños y perjuicios causados por la falta de declaración. Este efecto no se producirá si se prueba que el Asegurador ha tenido conocimiento del siniestro por otro medio.

El Tomador del seguro o el Asegurado deberá, además, dar al Asegurador toda clase de informaciones sobre las circunstancias y consecuencias del siniestro. En caso de violación de este deber, la pérdida del derecho a la indemnización sólo se producirá en el supuesto de que hubiese concurrido dolo o culpa grave.

Si se apreciaron daños en las mercancías aseguradas con posterioridad a la recepción en destino, debidos a un riesgo cubierto acaecido durante el efecto de la póliza, se estará a lo dispuesto en el artículo 57 de la Ley.

DEBER DE SALVAMENTO

Artículo 29.º El Asegurado, el Tomador del seguro o el Beneficiario deberán emplear los medios a su alcance para aminorar las consecuencias del siniestro.

El incumplimiento de este deber dará derecho al Asegurador a reducir su prestación en la proporción oportuna, teniendo en cuenta la importancia de los daños derivados del mismo y el grado de culpa del Asegurado o del Beneficiario en su caso.

Si este incumplimiento se produjera con la manifiesta intención de perjudicar o engañar al Asegurador, este quedará liberado de toda prestación derivada del siniestro.

Los gastos que se originen por el cumplimiento de la citada obligación, siempre que no sean inoportunos o desproporcionados a los bienes salvados, serán de cuenta del Asegurador hasta el límite fijado en las condiciones particulares o especiales del contrato, incluso si tales gastos no han tenido resultados efectivos o positivos.

Si no se ha pactado una suma en las condiciones particulares, se indemnizarán los gastos efectivamente originados, cuyo montante no podrá exceder de la suma asegurada.

El Asegurador que en virtud del contrato sólo deba indemnizar una parte del daño causado por el siniestro, deberá reembolsar la parte proporcional de los gastos de salvamento, a menos que el Asegurado haya actuado siguiendo las instrucciones del Asegurador, en cuyo caso éste se hará cargo de la totalidad de los mismos.

También deberán conservar los restos y vestigios del siniestro hasta que termine la liquidación de los daños, salvo imposibilidad material justificada, lo cual no dará lugar a indemnización especial; cuidar que no se produzcan nuevos desperfectos o desapariciones, que serían a su cargo y, salvo pacto en contrario, no podrán hacer abandono total o parcial de los objetos asegurados.

LIQUIDACIÓN DEL SINIESTRO

Artículo 30.º Una vez producido el siniestro, y en el plazo de cinco días, a partir de la notificación prevista en el artículo 28.º de estas condiciones, el Asegurado o el Tomador deberán comunicar por escrito al Asegurador la relación de los objetos existentes al tiempo del siniestro, la de los salvados, la estimación de los daños.

Incumbe al Asegurado la prueba de la preexistencia de los objetos. No obstante, el contenido de la póliza constituirá una presunción a favor del Asegurado cuando razonablemente no puedan aportarse pruebas más eficaces. El Asegurador y los Peritos tendrán derecho a penetrar en las propiedades en que haya ocurrido el siniestro, comprobar libros documentos, y aquél podrá adoptar cuantas medidas sean razonables en defensa de sus intereses.

Si las partes se pusieran de acuerdo en cualquier momento sobre el importe y la forma de la indemnización como resultado de la documentación, que según los casos se establece en el artículo 12.º de estas Condiciones, el Asegurador deberá pagar la suma convenida o realizar las operaciones necesarias para reparar o reemplazar el objeto asegurado, si su naturaleza así lo permitiera.

Si no se lograse el acuerdo entre ambas partes dentro del plazo de cuarenta días contados a partir de la recepción de la declaración del siniestro, cada parte designará un Perito, debiendo constar por escrito la aceptación de éstos. Si una de las partes no hubiera hecho la designación, estará obligada a realizarla en los ocho días siguientes a la fecha en que sea requerida por la que hubiere designado el suyo, y de no hacerlo en este último plazo se entenderá que acepta el dictamen que emita el Perito de la otra parte, quedando vinculado por el mismo.

En caso de que los Peritos lleguen a un acuerdo, se reflejará en un Acta conjunta, en la que se hará constar las causas del siniestro, la valoración de los daños, las demás circunstancias que influyan en la determinación de la indemnización, según la naturaleza del seguro de que se trate y la propuesta del importe líquido de la indemnización.

Cuando no haya acuerdo entre los Peritos, ambas partes designarán un Tercer Perito de conformidad, y de no existir ésta, la designación se hará por el Juez de Primera Instancia del lugar en que se hallaren los bienes, en acto de jurisdicción voluntaria y por los trámites previstos para la insaculación de Peritos en la Ley de Enjuiciamiento Civil. En este caso, el dictamen pericial se emitirá en el plazo señalado por las partes o, en su defecto, en el de treinta días, a partir de la aceptación de su nombramiento por el Perito tercero.

El dictamen de los Peritos, por unanimidad o por mayoría, se notificará a las partes de manera inmediata y en forma indubitada, siendo vinculante para éstas, salvo que se impugne judicialmente por alguna de las partes, dentro del plazo de treinta días, en el caso del Asegurador, y ciento ochenta en el del Asegurado, computados ambos desde la fecha de su notificación. Si no se interpusiese en dichos plazos la correspondiente acción, el dictamen pericial devendrá inatacable.

Si el dictamen de los Peritos fuera impugnado, el Asegurador deberá abonar el importe mínimo de lo que el Asegurador pueda deber según las circunstancias por él conocidas. Si no existe impugnación se abonará el importe de la indemnización señalada por los Peritos en el plazo de cinco días.

PAGO DE LOS PERITOS

Artículo 31.º Cada parte satisfará los honorarios de su Perito. Los del Perito tercero y demás gastos que ocasione la tasación pericial serán de cuenta y cargo por mitad del Asegurado y del

Asegurador. No obstante, si cualquiera de las partes hubiera hecho necesaria la peritación por haber mantenido una valoración del daño manifiestamente desproporcionada, será ella la única responsable de dichos gastos.

DETERMINACIÓN DE LA INDEMNIZACIÓN

Artículo 32.° La suma asegurada representa el límite máximo de la indemnización a pagar por el Asegurador en cada siniestro.

El seguro no puede ser objeto de enriquecimiento injusto para el Asegurado. Para la determinación del daño se atenderá al valor del interés asegurado en el momento inmediatamente anterior a la realización del siniestro.

Si en el momento de la producción del siniestro la suma asegurada es inferior al valor del interés, el Asegurador indemnizará el daño causado en la misma proporción en la que aquélla cubre el interés asegurado.

Si la suma asegurada supera notablemente el valor del interés asegurado, cualquiera de las partes del contrato podrá exigir la reducción de la suma y de la prima, debiendo restituir el Asegurador el exceso de las primas percibidas. Si se produjera el siniestro, el Asegurador indemnizará el daño efectivamente causado.

Cuando el sobreseguro previsto en el párrafo anterior se debiera a mala fe del Asegurado, el contrato será ineficaz. El Asegurador de buena fe podrá, no obstante, retener las primas vencidas y las del período en curso.

Las partes, de común acuerdo, podrán excluir la aplicación de la regla proporcional prevista en este párrafo, ya sea en las Condiciones Particulares de esta póliza, ya sea por convenio escrito posterior.

PAGO DE LA INDEMNIZACIÓN

Artículo 33.° El Asegurador satisfará la indemnización conforme se indica a continuación:

a) Como norma general, deberá satisfacerla al término de las investigaciones y peritaciones necesarias para establecer la existencia del siniestro y, en su caso, el importe de los daños que resulten del mismo. En cualquier supuesto, el Asegurador deberá efectuar, dentro de los cuarenta días, a partir de la recepción de la declaración del siniestro, el pago del importe mínimo de lo que el Asegurador pueda deber, según las circunstancias por él conocidas (párrafo 1.° del artículo 18 de la Ley).

b) Cuando la naturaleza del seguro lo permita y el Asegurado lo consienta, el Asegurador podrá sustituir el pago de la indemnización por la reparación o la reposición del objeto siniestrado (párrafo 2.° del artículo 18 de la Ley).

c) Si el dictamen pericial fuese impugnado, el Asegurador abonará el importe mínimo a que se refiere la letra *a)* (párrafo 8.° del artículo 38 de la Ley).

d) Si en el plazo de tres meses desde la producción del siniestro el Asegurador no hubiere realizado la reparación del daño o indemnizado su importe en metálico por causa no justificada o que le fuere imputable, la indemnización se incrementará en un 20 por 100 anual (artículo 20 de la Ley).

e) En el supuesto de que por demora del Asegurador en el pago del importe de la indemnización devenida inatacable el Asegurado se viere obligado a reclamarlo judicialmente, la indemnización correspondiente se verá incrementada en un 20 por 100 anual más los gastos del proceso, conforme al párrafo 9.° del artículo 38 de la Ley.

Artículo 34.° Dado que la relación jurídica del presente contrato se establece exclusivamente con el Tomador del seguro o el Asegurado, el posible derecho de terceros se entenderá limitado al percibo de la indemnización, si correspondiera, sin que puedan intervenir en la tramitación del siniestro; y les afectarán las reducciones o pérdidas de derechos en que hubiera incurrido el Tomador del seguro o el Asegurado, salvo lo dispuesto en los artículos 40 a 42 de la Ley en los casos en que existan acreedores hipotecarios, pignoraticios o privilegiados.

CONCURRENCIA DE SEGUROS

Artículo 35.° Cuando en dos o más contratos estipulados por el mismo Tomador con distintos Aseguradores se cubran los efectos que un mismo riesgo pueda producir sobre el mismo interés y durante idéntico período de tiempo el Tomador del seguro o el Asegurado deberán, salvo pacto en contrario, comunicar a cada Asegurador los demás seguros que estipule. Si por dolo se omitiera esta comunicación, y en caso de sobreseguro se produjera siniestro, los Aseguradores no están obligados a pagar la indemnización. Una vez producido el siniestro, el Tomador del seguro o el Asegurado o el Beneficiario deberán comunicarlo, de acuerdo con lo previsto en el artículo 28.° de estas Condiciones a cada Asegurador, con indicación del nombre de los demás. Los Aseguradores contribuirán al abono de la indemnización en proporción a la propia suma asegurada, sin que pueda superarse la cuantía del daño. Dentro de este límite el Asegurado puede pedir a cada Asegurador la indemnización debida, según el respectivo contrato.

SUBROGACIÓN

Artículo 36.° El Asegurador, una vez pagada la indemnización, podrá ejercitar los derechos y las acciones que por razón del siniestro correspondieran al Asegurado frente a las personas responsables del mismo, hasta el límite de la indemnización.

El Asegurador no podrá ejercitar en perjuicio del Asegurado los derechos en que se haya subrogado. El Tomador del seguro, el Asegurado o el Beneficiario serán responsables de los perjuicios que, con sus actos u omisiones, puedan causar al Asegurador en su derecho a subrogarse.

El Asegurador no tendrá derecho a la subrogación contra ninguna de las personas cuyos actos u omisiones den origen a responsabilidad del Asegurado de acuerdo con la Ley, ni contra el causante del siniestro que sea, respecto del Asegurado, pariente en línea directa o colateral dentro del tercer grado civil de consanguinidad, padre adoptante o hijo adoptivo que convivan con el Asegurado. Pero esta norma no tendrá efecto si la responsabilidad proviene de dolo o si la responsabilidad está amparada mediante un contrato de seguro. En este último supuesto, la subrogación estará limitada en su alcance de acuerdo con los términos de dicho contrato.

En caso de concurrencia de Asegurador y Asegurado frente a tercero responsable, el recobro obtenido se repartirá entre ambos en proporción a su respectivo interés.

PRESCRIPCIÓN

Artículo 37.º Las acciones derivadas del contrato prescriben a los dos años.

ARBITRAJE

Artículo 38.º Si las dos partes estuviesen conformes, podrán someter sus diferencias al juicio de árbitros de conformidad con la legislación vigente.

JURISDICCIÓN

Artículo 39.º El presente contrato de seguro queda sometido a la jurisdicción española, y dentro de ella, será Juez competente para el conocimiento de las acciones derivadas del mismo el del domicilio del Asegurado, a cuyo efecto éste designará un domicilio en España, en caso de que el suyo fuera en el extranjero.

COMUNICACIONES

Artículo 40.º Las comunicaciones al Asegurador del Tomador del seguro, del Asegurado o del Beneficiario se realizarán en el domicilio social del Asegurador, señal a la póliza, o, en su caso, a través de agente, si es representante.

Las comunicaciones del Asegurador al Tomador del seguro y, en su caso, al Asegurado y al Beneficiario, se realizarán al domicilio de éstos, recogidos en la póliza, salvo que los mismos hayan notificado al Asegurador el cambio de su domicilio.

Las comunicaciones efectuadas por un agente libre al Asegurador en nombre del Tomador del seguro surtirán los mismos efectos que si las realizara el propio Tomador, salvo indicación en contrario de éste.

Asimismo, las comunicaciones que efectúe el Asegurado a un agente afecto representante del Asegurador surtirán los mismos efectos que si se hubiesen realizado directamente a éste.

El pago de primas que efectúe el Tomador del seguro a un agente afecto representante del Asegurador surtirá los mismos efectos que si se hubiese realizado directamente a éste.

RIESGOS EXTRAORDINARIOS

Artículo 41.º Se indemnizarán por el Consorcio de Compensación de Seguros los siniestros producidos por causas de naturaleza extraordinaria, de conformidad con lo establecido en la Ley de 16 de diciembre de 1954 («Boletín Oficial del Estado» del día 19 de diciembre de 1954) y disposiciones complementarias vigentes en la fecha de su ocurrencia, quedando derogado lo que sobre esta garantía estipulan las Condiciones Generales de la póliza.

Anexo II
Cláusulas del Instituto para Mercancías «A» (marítimo)

1/1/82
(para ser utilizadas solamente con el nuevo modelo de póliza marítima)

RIESGOS CUBIERTOS

Cláusula de riesgos

1. Este seguro cubre todos los riesgos de pérdidas o daños al objeto asegurado, exceptuando lo dispuesto en las cláusulas 4, 5, 6 y 7 abajo citadas.

Cláusula de Avería Gruesa

2. Este seguro cubre la avería gruesa y los gastos de salvamento, ajustados o determinados de acuerdo con el contrato de fletamento y/o la ley y práctica aplicables, en que se haya incurrido para evitar, o tratar de evitar, un daño por cualquier causa excepto las excluidas por las cláusulas 4, 5, 6 y 7 o en cualquier otro lugar de este seguro.

Cláusula «Ambos culpables de abordaje»

3. Este seguro indemnizará también al Asegurado frente a tal proporción de responsabilidad, bajo la cláusula «Ambos culpables del abordaje» del contrato de fletamento como le corresponda respecto a una pérdida recuperable en virtud de la presente. En caso de cualquier reclamación de los Armadores bajo la citada cláusula, el Asegurado conviene en notificarla a los Aseguradores, quienes tendrán derecho a su propia costa y gasto, a defender al Asegurado contra tal reclamación.

EXCLUSIONES

Cláusula de exclusiones generales

4. En ningún caso este seguro cubrirá:
   4.1. Pérdida, daño o gasto atribuibles a una conducta dolosa del Asegurado.
   4.2. Derrames usuales, pérdidas naturales de peso o volumen, o uso y desgaste normales del objeto asegurado.

4.3. Pérdida, daño o gastos causados por insuficiencia o inapropiado embalaje o preparación de objeto asegurado (a efectos de esta cláusula 4.3 «Embalaje» se entenderá que incluye la estiba en un contenedor o plataforma, pero solamente cuando dicha estiba se lleve a cabo con anterioridad al inicio de esta cobertura o por el asegurado o sus dependientes).

4.4. Pérdida, daño o gastos causados por vicio propio o naturaleza del objeto asegurado.

4.5. Pérdida, daño o gastos causados directamente por demora, aún cuando la misma sea causada por un riesgo asegurado (excepto los gastos que deban pagarse de acuerdo con la anterior cláusula 2).

4.6. Pérdida, daño o gastos surgidos de insolvencia o incumplimientos financieros de los propietarios, administradores, fletadores u operadores del buque.

4.7. Pérdida, daño o gastos que surjan del uso de cualquier arma de guerra en la cual se emplee fisión y/o fusión atómica o nuclear, u otra parecida reacción o fuerza o materia radiactiva.

Cláusula de exclusión de innavegabilidad y falta de idoneidad

5. 5.1. En ningún caso este seguro cubrirá pérdida, daño o gastos derivados de:
innavegabilidad del buque o embarcación,
falta de idoneidad del buque, embarcación, vehículo, contenedor o plataforma para el transporte con seguridad del objeto asegurado.
Cuando el Asegurado o sus dependientes conozcan tal falta de navegabilidad o idoneidad en el momento de la carga del objeto asegurado.

5.2. Los Aseguradores renuncian a los derechos que tengan por el quebrantamiento de las garantías implícitas de navegabilidad e idoneidad del buque, para transportar el objeto asegurado a su destino, a menos que el Asegurado o sus dependientes conozcan esa innavegabilidad o falta de idoneidad.

Cláusula de exclusión de guerra

6. En ningún caso este seguro cubrirá pérdida, daño o gastos causados por:
6.1. Guerra, guerra civil, revolución, rebelión, insurrección o contienda civil que provenga de esos hechos, o cualquier acto hostil por o contra un poder beligerante.
6.2. Captura, incautación, embargo preventivo, restricción o detención (excepto piratería), y las consecuencias de los mismos o de su tentativa.
6.3. Minas, torpedos, bombas u otras armas de guerra abandonadas.

Cláusula de exclusión Huelgas

7. En ningún caso este seguro cubrirá pérdida, daño o gastos:
7.2. Causados por huelguistas, trabajadores afectados por cierre patronal, o personas que tomen parte en disturbios laborales, motines o tumultos populares.
7.2. Resultantes de huelgas, lock-outs, disturbios laborales, motines o desórdenes civiles.
7.3. Causados por cualquier terrorista, o por cualquier persona que actúe por motivos políticos.

DURACIÓN

Cláusula de tránsito

8. 8.1. Este seguro toma efecto desde el momento en que las mercancías dejan el almacén, o sitio de almacenaje en el lugar aquí designado para el comienzo del viaje, continúa durante el curso ordinario del mismo y termina
    8.1.1. a la entrega en el almacén de los consignatarios u otro final o lugar de almacenaje en el destino aquí citado,
    8.1.2. a la entrega en cualquier otro almacén o lugar de almacenaje, ya sea anterior o en el destino aquí citado, que el Asegurado decida utilizar bien
        8.1.2.1. para almacenaje distinto del curso ordinario del viaje,
        8.1.2.2. para asignación o distribución,
    o
    8.1.3. a la expiración de 60 días después de finalizar la descarga de las mercancías aquí aseguradas al costado del buque transoceánico en el puerto final de descarga, lo que en primer lugar suceda.
  8.2. Si después de la descarga al costado del buque transoceánico en el puerto final de descarga, pero antes de la terminación de este seguro, las mercancías han de ser reexpedidas a un lugar de destino distinto de aquel para el que fueron aseguradas por la presente, este seguro, mientras permanezca sujeto a terminación tal como se establece anteriormente, no se extenderá después del comienzo del viaje a ese otro destino.
  8.3. Este seguro permanecerá en vigor (sujeto a la terminación tal como se establece anteriormente y a las estipulaciones de la cláusula 9 siguiente) durante la demora fuera del control del Asegurado, cualquier desviación, descarga forzosa, reembarque o transbordo y durante cualquier variación de la aventura que provenga de ejercicio de una facultad concedida a los armadores o fletadores por el contrato de fletamento.

Cláusula de terminación del contrato de transporte

9. Si debido a circunstancias fuera del control del Asegurado, el contrato de transporte terminase en un puerto o lugar que no fuera el de destino designado en él, o el viaje finalice de otra forma antes de la entrega de las mercancías como se estipula en la cláusula 8 anterior, este seguro también terminará, a menos que se dé pronto aviso a los Aseguradores y se requiera la continuación de la cobertura, en cuyo caso, sujeto a una prima adicional si así se requiere por los Aseguradores, el seguro continuará en vigor:
  9.1. hasta que las mercancías sean vendidas y entregadas en tal puerto o lugar, o a menos que se convenga especialmente otra cosa, hasta la expiración de 60 días después de la llegada de las mercancías aquí aseguradas a tal puerto o lugar, lo que primeramente ocurra,
  o
  9.2. si las mercancías son reexpedidas dentro del citado período de 60 días (o de cualquier prolongación del mismo que se convenga) al destino designado aquí o a cualquier otro, hasta que se termine de conformidad con las estipulaciones de la anterior cláusula n.º 8.

Cláusula de cambio de viaje

10. Cuando después de la entrada en vigor de este seguro, el lugar de destino es cambiado por el Asegurado, se mantendrá cubierto mediante prima y condiciones a convenir supeditado a que se dé aviso inmediato a los Aseguradores.

RECLAMACIONES

Cláusula de interés asegurable

11. 11.1. Para ser indemnizado, en virtud de este seguro, el Asegurado debe tener un interés asegurable en el objeto asegurado en el momento del siniestro.

11.2. Supeditado a la cláusula 11.1, el Asegurado tendrá derecho a ser indemnizado por un daño cubierto ocurrido durante el período de cobertura de este seguro, aunque el daño se hubiera producido antes de que el contrato de seguro se haya formalizado, a menos que el Asegurado tuviera conocimiento del daño y los Aseguradores no.

Cláusula de gastos de reexpedición

12. Cuando, como resultado de la acción de un riesgo cubierto por este seguro, el viaje asegurado se termina en un puerto o lugar distinto al que fue asegurado el objeto por este seguro, los Aseguradores reembolsarán al Asegurado cualquier gasto extraordinario en que adecuada y razonablemente se haya incurrido durante la descarga, almacenaje y reexpedición del objeto asegurado al destino aquí asegurado.

Esta cláusula 12, que no es de aplicación a la Avería Gruesa ni a los Gastos de Salvamento, estará supeditada a las exclusiones contenidas en las cláusulas anteriores 4, 5, 6 y 7, y no incluirá los gastos que surjan de culpa, negligencia, insolvencia o incumplimiento financiero del Asegurado o de sus dependientes.

Cláusula de pérdida total constructiva

13. Ninguna reclamación por pérdida total constructiva será recuperable por la presente a menos que el objeto asegurado sea razonablemente abandonado, bien porque su pérdida real total aparezca como inevitable o porque el coste de recuperar, reacondicionar y reexpedir el objeto al destino al que está asegurado, excediera de su valor a la llegada.

Cláusula de incremento de valor

14. 14.1. Si por parte del Asegurado se hace cualquier otro seguro que aumente el valor de las mercancías aseguradas por la presente, el valor acordado de las mismas se entenderá incrementando a la suma total asegurada por este seguro y a todos los seguros sobre incrementos de valor asegurado que cubran el daño, y la responsabilidad por este seguro estará en proporción a la suma asegurada por la presente y a la mencionada cantidad total asegurada.

En el caso de reclamación, el Asegurado deberá aportar prueba a los Aseguradores de las cantidades aseguradas por todos los demás seguros.

14.2. Cuando este seguro sea sobre incremento de valor se aplicará la siguiente cláusula:

El valor convenido de las mercancías se entenderá que es igual a la cantidad total asegurada en el seguro inicial y todos los seguros de incremento de valor que cubran el daño y se hayan efectuado por el Asegurado sobre las mercancías, y la responsabilidad por este seguro, estará en proporción a la suma asegurada por la presente y a la mencionada cantidad total asegurada.

En el caso de reclamación, el Asegurado deberá aportar prueba a los Aseguradores de las cantidades aseguradas por todos los demás seguros.

BENEFICIO DEL SEGURO

Cláusula de no efecto

15. Este seguro no surtirá efecto en beneficio del transportista u otro depositario.

AMINORACIÓN DE DAÑOS

Cláusula de obligaciones del Asegurado

16. Es obligación del Asegurado y sus dependientes y Agentes respecto a un daño recobrable por la presente

16.1. adoptar aquellas medidas que puedan considerarse razonables con el fin de evitar o disminuir tales daños, y

16.2. asegurarse de que todos los derechos contra transportistas, depositarios y otras terceras partes sean adecuadamente reservados y ejercitados.

y los Aseguradores reembolsarán al Asegurado, además de cualquier daño recobrable por la presente, cualquier gasto en que razonable y adecuadamente hayan incurrido en virtud de tales obligaciones.

Cláusula de renuncia

17. Las medidas tomadas por el Asegurado o los Aseguradores con el objeto de salvar, proteger o recuperar el objeto asegurado no serán consideradas como una renuncia o aceptación de abandono, ni perjudicarán de otra forma los derechos de cualquiera de las partes.

EVITACIÓN DE DEMORAS

Cláusula de diligencia razonable

18. Es condición de este seguro que el Asegurado actuará con razonable diligencia en todas las circunstancias que estén dentro de su control.

LEY Y PRÁCTICA

Cláusula de Ley y Práctica Inglesas

19. Este seguro está sometido a la Ley y Práctica Inglesas.

Anexo III
Cláusulas del Instituto para Guerra (marítimo)

1/1/82
(para ser utilizadas solamente con el nuevo modelo de póliza marítima)

RIESGOS CUBIERTOS

Cláusula de riesgos

1. Este seguro cubre, excepto lo dispuesto en las cláusulas 3 y 4 siguientes, pérdida o daño al objeto asegurado causados por
    1.1. guerra, guerra civil, revolución, rebelión, insurrección, o contienda civil que provenga de esos hechos o cualquier acto hostil por o contra un poder beligerante
    1.2. captura, incautación, embargo preventivo, restricción o detención, provenientes de los riesgos cubiertos por la cláusula 1.1 anterior, y las consecuencias de los mismos o de su tentativa
    1.3. minas, torpedos, bombas u otras armas de guerra abandonadas.

Cláusula de Avería Gruesa

2. Este seguro cubre la avería gruesa y los gastos de salvamento, ajustados o determinados de acuerdo con el contrato de fletamiento y/o la ley y práctica aplicables, en que se haya incurrido para evitar, o tratar de evitar un daño proveniente de un riesgo cubierto por estas cláusulas.

EXCLUSIONES

Cláusula de exclusiones generales

3. En ningún caso este seguro cubrirá:
    3.1. Pérdida, daño o gasto atribuibles a una conducta dolosa del Asegurado.
    3.2. Derrames usuales, pérdidas naturales de peso o volumen, o uso y desgaste normales del objeto asegurado.
    3.3. Pérdida, daño o gastos causados por insuficiencia o inapropiado embalaje o preparación del objeto asegurado (a efectos de esta cláusula 3.3 «Embalaje» se entenderá que incluye la estiba en un contenedor o plataforma, bien por parte del Asegurado o de sus dependientes, pero solamente cuando tal estiba se realice antes de la entrada en vigor de este seguro).

3.4. Pérdida, daño o gastos causados por vicio propio o naturaleza del objeto asegurado.

3.5. Pérdida, daño o gastos causados directamente por demora, aun cuando la misma sea causada por un riesgo asegurado (excepto los gastos que deban pagarse de acuerdo con la anterior cláusula 2).

3.6. Pérdida, daño o gastos surgidos de insolvencia o incumplimientos financieros de los propietarios, administradores, fletadores u operadores del buque.

3.7. Cualquier reclamación basada en la pérdida o frustración del viaje o aventura.

3.8. Pérdida, daño o gastos que surjan de la utilización hostil de cualquier arma de guerra en la cual se emplee fisión y/o fusión atómica o nuclear, u otra parecida reacción o fuerza o materia radiactiva.

Cláusula de exclusión de innavegabilidad y falta de idoneidad

4. 4.1. En ningún caso este seguro cubrirá pérdida, daño o gastos derivados de:
   innavegabilidad del buque o embarcación,
   falta de idoneidad del buque, embarcación, vehículo, contenedor o plataforma para el transporte con seguridad del objeto asegurado,
   cuando el Asegurado o sus dependientes conozcan tal falta de navegabilidad o idoneidad en el momento de carga del objeto asegurado.

   4.2. Los Aseguradores renuncian a los derechos que tengan por el quebrantamiento de las garantías implícitas de navegabilidad e idoneidad del buque, para transportar el objeto asegurado a su destino, a menos que el Asegurado o sus dependientes conozcan esa innavegabilidad o falta de idoneidad.

DURACIÓN

Cláusula de tránsito

5. 5.1. Este seguro
   5.1.1. entra en vigor únicamente cuando el objeto asegurado o una parte del mismo, pero solamente en lo que se refiere a esa parte, son cargados sobre un buque transoceánico y
   5.1.2. finaliza, sujeto a lo dispuesto en 5.2 y 5.3 siguientes, cuando el objeto asegurado o una parte del mismo, pero solamente en lo que se refiere a esa parte, se descargan del buque transoceánico en el puerto o lugar final de descarga,
   o
   al término de 15 días contados a partir de la medianoche del día de la llegada del buque al puerto o lugar final de descarga,
   lo que en primer lugar ocurra; pero siempre,
   sujeto a pronto aviso dado a los Aseguradores y a una prima adicional, tal seguro
   5.1.3. vuelve a entrar en vigor cuando, sin haber descargado el objeto asegurado en el puerto o lugar final de descarga, el buque se hace a la mar, y
   5.1.4. finaliza, sujeto a lo dispuesto en 5.2 y 5.3 siguientes, cuando el objeto asegurado o una parte del mismo, pero solamente en lo que se refiere a esa parte, se descar-

gan posteriormente del buque en el puerto o lugar final de descarga (o en el que le haya sustituido), o

al término de 15 días contados a partir de la medianoche del día de la nueva llegada del buque a un puerto o lugar final de descarga o a la llegada del buque a un puerto o lugar de descarga que le sustituya, lo que en primer lugar ocurra.

5.2. Si durante el viaje asegurado el buque transoceánico arribara a un puerto o lugar intermedio a fin de descargar el objeto asegurado para continuar su transporte en otro buque transoceánico o en avión, o las mercancías son descargadas del buque en un puerto o lugar de refugio, entonces sujeto a lo dispuesto en 5.3 que sigue y a una prima adicional si fuese requerida, continuará este seguro hasta el término de 15 días contados a partir de la medianoche del día de la llegada del buque a dicho puerto o lugar, pero posteriormente volverá a entrar en vigor cuando el objeto asegurado o una parte del mismo, pero solamente en lo que se refiere a esa parte, se cargan en el nuevo buque transoceánico o en un avión. Durante el período de 15 días el seguro permanece en vigor después de la descarga únicamente mientras el objeto asegurado o una parte del mismo, pero solamente en lo que se refiere a esa parte, permanezcan en tal puerto o lugar. Si las mercancías son transportadas de nuevo dentro del citado período de 15 días o si el seguro vuelve a entrar en vigor según lo dispuesto en esta cláusula 5.2.

5.2.1. cuando el nuevo transporte se efectúe por medio de un buque transoceánico, este seguro continúa sujeto a las condiciones de estas cláusulas, o

5.2.2. cuando el nuevo transporte se efectúe por avión, las vigentes cláusulas del Instituto para Guerra (Carga Aérea) (excluyendo los envíos por correo), se considerarán que forman parte de este seguro y serán aplicadas al nuevo transporte aéreo.

5.3. Si el viaje en el contrato de transporte se termina en un puerto o lugar distinto del de destino convenido en aquél, tal puerto o lugar será considerado como el puerto final de descarga y el seguro terminará de conformidad con lo dispuesto en 5.1.2. Si el objeto asegurado es subsiguientemente reembarcado al destino original o a cualquier otro, entonces siempre que se curse aviso a los Aseguradores con anterioridad al comienzo de dicho ulterior viaje y sujeto a una prima adicional, el seguro volverá a entrar en vigor.

5.3.1. En el caso de que el objeto asegurado haya sido descargado, cuando el mismo o una parte de él, pero solamente en lo que se refiere a esa parte, sea cargada en el buque que haya de continuar el viaje.

5.3.2. En el caso de que las mercancías no hayan sido descargadas, cuando el buque se haga a la mar desde el considerado puerto final de descarga, posteriormente este seguro finaliza de conformidad con lo dispuesto en 5.1.4.

5.4. El seguro contra los riesgos de minas y torpedos abandonados, flotantes o sumergidos, se extiende mientras el objeto asegurado o cualquier parte del mismo se encuentra en una embarcación en tránsito a o desde el buque transoceánico, pero en ningún caso fuera del término de 60 días después de la descarga del buque transoceánico a menos que se convenga de otra forma específicamente por los Aseguradores.

5.5. Sujeto a aviso inmediato a los Aseguradores, y a una prima adicional si es requerida, este seguro permanecerá en vigor, supeditado a las estipulaciones de estas cláusulas durante cualquier desviación, o cualquier variación de la aventura que surjan del ejercicio de una facultad garantizada a Armadores o fletadores por el contrato de fletamiento.

(A los fines de la cláusula 5

«llegada» se entiende que significa que el buque esté fondeando, atracado o de otra forma sujeto a un muelle o lugar dentro de la zona portuaria. Si tal muelle o lugar no están disponibles, la llegada se entenderá haberse producido cuando el buque por primera vez fondee, atraque o de otra forma se asegure en o fuera del puerto o lugar de descarga intentado. «Buque transoceánico» se entenderá que significa un buque que transporta el objeto asegurado de un puerto o lugar a otro cuando tal viaje implique un trayecto marítimo efectuado por aquel buque).

Cláusula de cambio de viaje

6. Cuando, después de la entrada en vigor de este seguro, el lugar de destino es cambiado por el Asegurado, se mantendrá cubierto, mediante prima y condiciones a convenir, supeditado a que se dé aviso inmediato a los Aseguradores.

7. Cualquier cosa contenida en este contrato que vaya en contradicción con lo dispuesto en las cláusulas 3.7, 3.8 ó 5, se considerará hasta donde llegue tal contradicción, invalidada y nula.

RECLAMACIONES

Cláusula de interés asegurable

8. 8.1. Para ser indemnizado, en virtud de este seguro, el Asegurado debe tener un interés asegurable en el objeto asegurado en el momento del siniestro.

    8.2. Supeditado a la cláusula 8.1, el Asegurado tendrá derecho a ser indemnizado por un daño cubierto ocurrido durante el período de cobertura de este seguro, aunque el daño se hubiera producido antes de que el contrato de seguro se haya formalizado, a menos que el Asegurado tuviera conocimiento del daño y los Aseguradores no.

Cláusula de incremento de valor

9. 9.1. Si por parte del Asegurado se hace cualquier otro seguro que aumente el valor de las mercancías aseguradas por la presente, el valor acordado de las mismas se entenderá incrementado a la suma total asegurada por este seguro y a todos los seguros sobre incrementos de valor asegurado que cubran el daño, y la responsabilidad por este seguro estará en proporción a la suma asegurada por la presente y a la mencionada cantidad total asegurada.
    En el caso de reclamación, el Asegurado deberá aportar prueba a los Aseguradores de las cantidades aseguradas por todos los demás seguros.

    9.2. Cuando este seguro sea sobre incremento de valor se aplicará la siguiente cláusula:
    El valor convenido de las mercancías se entenderá que es igual a la cantidad total asegurada en el seguro inicial y todos los seguros de incremento de valor que cubran el daño y se hayan efectuado por el Asegurado sobre las mercancías, y la responsabilidad por este seguro, estará en proporción a la suma asegurada por la presente y a la mencionada cantidad total asegurada.
    En el caso de reclamación, el Asegurado deberá aportar prueba a los Aseguradores de las cantidades aseguradas por todos los demás seguros.

BENEFICIO DEL SEGURO

Cláusula de no efecto

10. Este seguro no surtirá efecto en beneficio del transportista u otro depositario.

AMINORACIÓN DE DAÑOS

Cláusula de obligaciones del Asegurado

11. Es obligación del Asegurado y sus dependientes y Agentes respecto a un daño recobrable por la presente
    11.1. adoptar aquellas medidas que puedan considerarse razonables con el fin de evitar o disminuir tales daños, y
    11.2. asegurarse de que todos los derechos contra transportistas, depositarios y otras terceras partes sean adecuadamente preservados y ejercitados
y los Aseguradores reembolsarán al Asegurado, además de cualquier daño recobrable por la presente, cualquier gasto en que razonable y adecuadamente hayan incurrido en virtud de tales obligaciones.

Cláusula de renuncia

12. Las medidas tomadas por el Asegurado o los Aseguradores con el objeto de salvar, proteger o recuperar el objeto asegurado no serán consideradas como una renuncia o aceptación de abandono, ni perjudicarán de otra forma los derechos de cualquiera de las partes.

EVITACIÓN DE DEMORAS

Cláusula de diligencia razonable

13. Es condición de este seguro que el Asegurado actuará con razonable diligencia en todas las circunstancias que estén dentro de su control.

LEY Y PRÁCTICA

Cláusula de Ley y Práctica Inglesas

14. Este seguro está sometido a la Ley y Práctica Inglesas.

Anexo IV
Cláusulas del Instituto para Huelgas (marítimo)

1/1/82
(para ser utilizadas solamente con el nuevo modelo de póliza marítima)

RIESGOS CUBIERTOS

Cláusula de riesgos

1. Este seguro cubre, excepto lo dispuesto en las cláusulas 3 y 4 siguientes, pérdida o daño al objeto asegurado causados por
    1.1. huelguistas, trabajadores afectados por cierre patronal, o personas que tomen parte en disturbios laborales, motines o tumultos populares
    1.2. cualquier terrorista, o por cualquier persona que actúe por motivos políticos.

Cláusula de Avería Gruesa

2. Este seguro cubre la avería gruesa y los gastos de salvamento, ajustados o determinados de acuerdo con el contrato de fletamento y/o la ley y práctica aplicables, en que se haya incurrido para evitar, o tratar de evitar, un daño proveniente de un riesgo cubierto por estas cláusulas.

EXCLUSIONES

Cláusula de exclusiones generales

3. En ningún caso este seguro cubrirá:
    3.1. Pérdida, daño o gasto atribuibles a una conducta dolosa del Asegurado.
    3.2. Derrames usuales, pérdidas naturales de peso o volumen, o uso y desgaste normales del objeto asegurado.
    3.3. Pérdida, daño o gastos causados por insuficiencia o inapropiado embalaje o preparación del objeto asegurado (a efectos de esta cláusula 3.3 «Embalaje» se entenderá que incluye la estiba en un contenedor o plataforma, bien por parte del Asegurado o de sus dependientes, pero solamente cuando tal estiba se realice antes de la entrada en vigor de este seguro.
    3.4. Pérdida, daño o gastos causados por vicio propio o naturaleza del objeto asegurado).
    3.5. Pérdida, daño o gastos causados directamente por demora, aún cuando la misma sea causada por un riesgo asegurado (excepto los gastos que deban pagarse de acuerdo con la anterior cláusula 2).

3.6. Pérdida, daño o gastos surgidos de insolvencia o incumplimientos financieros de los propietarios, administradores, fletadores u operadores del buque.

3.7. Pérdida, daño o gastos provenientes de la abstención, falta o detención del trabajo de cualquier naturaleza como consecuencia de cualquier huelga, cierre patronal disturbios laborales, motines o tumultos populares.

3.8. Cualquier reclamación basada en la pérdida o frustración del viaje o aventura.

3.9. Pérdida, daño o gastos que surjan del uso de cualquier arma de guerra en la cual se emplee fisión y/o fusión atómica o nuclear, u otra parecida reacción o fuerza o materia radiactiva.

3.10. Pérdida, daño o gastos causados por guerra, guerra civil, revolución, rebelión, insurrección, o contienda civil que provenga de esos hechos o cualquier acto hostil por o contra un poder beligerante.

Cláusula de exclusión de innavegabilidad y falta de idoneidad

4. 4.1. En ningún caso este seguro cubrirá pérdida, daño o gastos derivados de:
innavegabilidad del buque o embarcación,
falta de idoneidad del buque, embarcación, vehículo, contenedor o plataforma para el transporte con seguridad del objeto asegurado,
cuando el Asegurado o sus dependientes conozcan tal falta de navegabilidad o idoneidad en el momento de la carga del objeto asegurado.

4.2. Los Aseguradores renuncian a los derechos que tengan por el quebrantamiento de las garantías implícitas de navegabilidad e idoneidad del buque, para transportar el objeto asegurado a su destino, a menos que el Asegurado o sus dependientes conozcan esa innavegabilidad o falta de idoneidad.

DURACIÓN

Cláusula de tránsito

5. 5.1. Este seguro toma efecto desde el momento en que las mercancías dejan el almacén, o sitio de almacenaje en el lugar aquí designado para el comienzo del viaje, continúa durante el curso ordinario del mismo y termina

    5.1.1. a la entrega en el almacén de los consignatarios u otro final o lugar de almacenaje en el destino aquí citado,

    5.1.2. a la entrega en cualquier otro almacén o lugar de almacenaje, ya sea anterior o en el destino aquí citado, que el Asegurado decida utilizar bien

        5.1.2.1. para almacenaje distinto del curso ordinario del viaje,

        5.1.2.2. para asignación o distribución,

    o

    5.1.3. a la expiración de 60 días después de finalizar la descarga de las mercancías aquí aseguradas al costado del buque transoceánico en el puerto final de descarga, lo que en primer lugar suceda.

5.2. Si después de la descarga al costado del buque transoceánico en el puerto final de descarga, pero antes de la terminación de este seguro, las mercancías han de ser reexpedidas a un lugar de destino distinto de aquel para el que fueron aseguradas por la presente, este seguro, mientras permanezca sujeto a terminación tal como se establece anteriormente, no se extenderá después del comienzo del viaje a ese otro destino.

5.3. Este seguro permanecerá en vigor (sujeto a la terminación tal como se establece anteriormente y a las estipulaciones de la cláusula 6 siguiente) durante la demora fuera del control del Asegurado, cualquier desviación, descarga forzosa, reembarque o transbordo y durante cualquier variación de la aventura que provenga de ejercicio de una facultad concedida a los armadores o fletadores por el contrato de fletamento.

Cláusula de terminación del contrato de transporte

6. Si debido a circunstancias fuera del control del Asegurado, el contrato de transporte terminase en un puerto o lugar que no fuera el de destino designado en él, o el viaje finalice de otra forma antes de la entrega de las mercancías como se estipula en la cláusula 5 anterior, este seguro también terminará, a menos que se dé pronto aviso a los Aseguradores y se requiera la continuación de la cobertura, en cuyo caso, sujeto a una prima adicional si así se requiere por los Aseguradores, el seguro continuará en vigor:

6.1. hasta que las mercancías sean vendidas y entregadas en tal puerto o lugar, o a menos que se convenga especialmente otra cosa, hasta la expiración de 60 días después de la llegada de las mercancías aquí aseguradas a tal puerto o lugar, lo que primeramente ocurra,

o

6.2. si las mercancías son reexpedidas dentro del citado periodo de 60 días (o de cualquier prolongación del mismo que se convenga) al destino designado aquí o a cualquier otro, hasta que se termine de conformidad con las estipulaciones de la anterior cláusula n.º 5.

7. Cuando después de la entrada en vigor de este seguro, el lugar de destino es cambiado por el Asegurado, se mantendrá cubierto mediante prima y condiciones a convenir supeditado a que se dé aviso inmediato a los Aseguradores.

RECLAMACIONES

Cláusula de cambio de viaje

8. 8.1. Para ser indemnizado, en virtud de este seguro, el Asegurado debe tener un interés asegurable en el objeto asegurado en el momento del siniestro.

Cláusula de interés asegurable

8.2. Supeditado a la cláusula 8.1, el Asegurado tendrá derecho a ser indemnizado por un daño cubierto ocurrido durante el período de cobertura de este seguro, aunque el daño se hubiera producido antes de que el contrato de seguro se haya formalizado, a menos que el Asegurado tuviera conocimiento del daño y los Aseguradores no.

Cláusula de incremento de valor

9. 9.1. Si por parte del Asegurado se hace cualquier otro seguro que aumente el valor de las mercancías aseguradas por la presente, el valor acordado de las mismas se entenderá incrementando a la suma total asegurada por este seguro y a todos los seguros sobre incrementos de valor asegurado que cubran el daño, y la responsabilidad por este seguro estará en proporción a la suma asegurada por la presente y a la mencionada cantidad total asegurada.
En el caso de reclamación, el Asegurado deberá aportar prueba a los Aseguradores de las cantidades aseguradas por todos los demás seguros.

9.2. Cuando este seguro sea sobre incremento de valor se aplicará la siguiente cláusula:
El valor convenido de las mercancías se entenderá que es igual a la cantidad total asegurada en el seguro inicial y todos los seguros de incremento de valor que cubran el daño y se hayan efectuado por el Asegurado sobre las mercancías, y la responsabilidad por este seguro, estará en proporción a la suma asegurada por la presente y a la mencionada cantidad total asegurada.
En el caso de reclamación, el Asegurado deberá aportar prueba a los Aseguradores de las cantidades aseguradas por todos los demás seguros.

BENEFICIO DEL SEGURO

Cláusula de no efecto

10. Este seguro no surtirá efecto en beneficio del transportista u otro depositario.

AMINORACIÓN DE DAÑOS

Cláusula de obligaciones del Asegurado

11. Es obligación del Asegurado y sus dependientes y Agentes respecto a un daño recobrable por la presente
    11.1. adoptar aquellas medidas que puedan considerarse razonables con el fin de evitar o disminuir tales daños, y
    11.2. asegurarse de que todos los derechos contra transportistas, depositarios y otras terceras partes sean adecuadamente preservados y ejercitados.
    y los Aseguradores reembolsarán al Asegurado, además de cualquier daño recobrable por la presente, cualquier gasto en que razonable y adecuadamente hayan incurrido en virtud de tales obligaciones.

Cláusula de renuncia

12. Las medidas tomadas por el Asegurado o los Aseguradores con el objeto de salvar, proteger o recuperar el objeto no serán consideradas como una renuncia o aceptación de abandono, ni perjudicarán de otra forma los derechos de cualquiera de las partes.

EVITACIÓN DE DEMORAS

Cláusula de diligencia razonable

13. Es condición de este seguro que el Asegurado actuará con razonable diligencia en todas las circunstancias que estén dentro de su control.

LEY Y PRÁCTICA

Cláusula de Ley y Práctica Inglesas

14. Este seguro está sometido a la Ley y Práctica Inglesas.

Anexo V
Cláusulas inglesas AVN (aéreo)

AVN48C

WAR, HI-JACKING AND OTHER PERILS EXCLUSION CLAUSE (AVIATION)

This Policy does not cover claims caused by

(a) War, invasion, acts of foreign enemies, hostilities (whether war be declared or not), civil war, rebellion, revolution, insurrection, martial law, military or usurped power or attempts at usurpation of power.

(b) Any
  (i) hostile detonation of any device employing atomic or nuclear fission and/or fusion or other like reaction.
  (ii) hostile use of radioactive contamination or matter.
  (iii) hostile use of an electromagnetic pulse.
  (iv) use of chemical or biological materials that are poisonous or pathogenic arising from war, invasion, acts of foreign enemies, hostilities (whether war be declared or not), civil war, rebellion, revolution, insurrection, martial law, military or usurped power or attempts at usurpation of power, or use of such material s for political or terrorist purposes and whether the loss or damage resulting there from is accidental or intentional.

(c) Strikes, riots, civil commotions or labour disturbances.

(d) Any act of one or more persons, whether or not agents of a sovereign power, for political or terrorist purposes and whether the loss or damage resulting there from is accidental or intentional.

(e) Any malicious act or act of sabotage.

(f) Confiscation, nationalisation, seizure, restraint, detention, appropriation, requisition for title or use by or under the order of any government (whether civil, military or de facto) or public or local authority.

(g) Hi-jacking or any unlawful seizure or wrongful exercise of control of the Aircraft or crew in flight (including any attempt at such seizure or control) made by any person or persons on board the Aircraft acting without the consent of the Insured. For the purpose of this exclusion (g) only, an aircraft is considered to be in flight at any time from the moment when all its external doors are closed following embarkation until the moment when any such door is opened for disembarkation or when the aircraft is in motion. A rotor-wing aircraft shall be deemed to be in flight when the rotors are in motion as a result of engine power, the momentum generated there from, or autorotation.

Furthermore this Policy does not cover claims arising whilst the Aircraft is outside the control of the Insured by reason of any of the above perils. The Aircraft shall be deemed to have been restored to the control of the Insured on the safe return of the Aircraft to the Insured at an airfield not excluded by the geographical limits of this Policy, and entirely suitable for the operation of the Aircraft (such safe return shall require that the Aircraft be parked with engines shut down and under no duress).

AVN48C 04.8.06

In common with all AICG produced AVN Clauses, this Clause is published by AICG, but it is expressly non-binding and AICG makes no recommendation as to its use in particular policies. Insurers are of course free to offer different policy wordings and clauses to their policy holders.

AVN48D

WAR, HI-JACKING AND OTHER PERILS EXCLUSION CLAUSE (AVIATION)

This Policy does not cover claims caused by

(a) War, invasion, acts of foreign enemies, hostilities (whether war be declared or not), civil war, rebellion, revolution, insurrection, martial law, military or usurped power or attempts at usurpation of power.

(b) Any hostile
  (i) detonation of any device employing atomic or nuclear fission and/or fusion or other like reaction and any radioactive contamination and electromagnetic pulse resulting directly from such detonation.
  (ii) use of radioactive contamination or matter.
  (iii) use of an electromagnetic pulse.
  (iv) emission, discharge, or release of chemical or biological materials that are poisonous or pathogenic.

(c) Strikes, riots, civil commotions or labour disturbances.

(d) Any act of one or more persons, whether or not agents of a sovereign power, for political or terrorist purposes and whether the loss or damage resulting therefrom is accidental or intentional.

(e) Any malicious act or act of sabotage.

(f) Confiscation, nationalisation, seizure, restraint, detention, appropriation, requisition for title or use by or under the order of any government (whether civil, military or de facto) or public or local authority.

(g) Hi-jacking or any unlawful seizure or wrongful exercise of control of the Aircraft or crew in flight (including any attempt at such seizure or control) made by any person or persons on board the Aircraft acting without the consent of the Insured. For the purpose of this exclusion (g) only, an aircraft is considered to be in flight at any time from the moment when all its external doors are closed following embarkation until the moment when any such door is opened for disembarkation or when the aircraft is in motion. A rotor-wing aircraft shall be deemed to be in flight when the rotors are in motion as a result of engine power, the momentum generated therefrom, or autorotation.

Furthermore this Policy does not cover claims arising whilst the Aircraft is outside the control of the Insured by reason of any of the above perils. The Aircraft shall be deemed to have been restored to the control of the Insured on the safe return of the Aircraft to the Insured at an airfield not excluded by the geographical limits of this Policy, and entirely suitable for the operation of the Aircraft (such safe return, shall require that the Aircraft be parked with engines shut down and under no duress).

AVN48D 04.8.06

In common with all AICG produced AVN Clauses, this Clause is published by AICG, but it is expressly non-binding and AICG makes no recommendation as to its use in particular policies. Insurers are of course free to offer different policy wordings and clauses to their policy holders.

AVN52R

EXTENDED COVERAGE ENDORSEMENT (AVIATION LIABILITIES)

1. WHEREAS the Policy of which this Endorsement forms part includes the War, Hi-jacking and Other Perils Exclusion Clause (Clause AVN 48D), IN CONSIDERATION of an Additional Premium of ...., it is hereby understood and agreed that with effect from .... the liability cover provided by the Policy is extended as set out herein, SUBJECT to all terms, conditions, limitations, warranties, exclusions and cancellation provisions of the Policy except as specifically varied or provided by the terms of this Endorsement.

   1.1. If this paragraph 1.1 is listed as an operative paragraph in paragraph 1.4 below paragraphs (a) and (c) to (g) of Clause AVN 48D are deleted;

   1.2. If this paragraph 1.2 is listed as an operative paragraph in paragraph 1.4 below:

      (i) such of sub-paragraphs (b) (ii), (b) (iii) and (b) (iv) of Clause AVN 48D as are listed in paragraph 1.5 (i) are deleted in respect of claims caused by any of the perils set out in those sub-paragraphs originating solely and directly on board an aircraft, but as respects the Insured's liability

         (a) to the passengers (and for their baggage and personal effects) of any aircraft operator to whom the Policy affords cover for liability to its passengers arising out of its operation of aircraft,

         (b) for cargo and mail under the care, custody or control of any aircraft operator to whom the Policy affords cover for liability for such cargo and mail arising out of its operation of aircraft, the cover provided by this sub-paragraph 1.2 (i) shall apply only to the passengers (and their baggage and personal effects), cargo and mail on board the aircraft on which the perils referred to above originate.

      (ii) such of sub-paragraphs (b) (ii) and (b) (iv) of Clause AVN 48D as are listed in paragraph 1.5 (ii) are deleted in respect of claims caused by any of the perils set out in those sub-paragraphs, in so far as claims are caused by reason of the crash fire explosion or collision or a recorded emergency causing abnormal operation of an aircraft whilst in flight and where such peril originates other than solely and directly on board that aircraft, but as respects the Insured's liability

         (a) to the passengers (and for their baggage and personal effects) of any aircraft operator to whom the Policy affords cover for liability to its passengers arising out of its operation of aircraft,

         (b) for cargo and mail under the care, custody or control of any aircraft operator to whom the Policy affords cover for liability for such cargo and mail arising out of its operation of aircraft,

      the cover provided by this sub-paragraph 1.2 (ii) shall apply only to the passengers (and their baggage and personal effects), cargo and mail on board the aircraft which is the subject of such crash fire explosion or collision or a recorded in flight emergency. For the purposes of sub-paragraph 1.2 (ii), «in flight» shall mean the period commencing from the time the aircraft moves forward in taking off or attempting to take off, whilst in the air, and until the aircraft completes its landing run. A rotor-wing aircraft shall be deemed to be in flight when the aircraft is in the air.

1.3. If this paragraph 1.3 is listed as an operative paragraph in paragraph 1.4 below such of sub-paragraphs (b) (ii), (b) (iii) and (b) (iv) of Clause AVN 48D as are listed in paragraph 1.6 are deleted.

1.4. The operative paragraphs are ....

1.5. i) The sub-paragraphs referred to in paragraph 1.2 (i) that are deleted are ....

1.5. ii) The sub-paragraphs referred to in paragraph 1.2 (ii) that are deleted are ....

1.6. The sub-paragraphs referred to in paragraph 1.3 that are deleted are ....

1.7. Any cover provided by paragraphs 1.2 and/or 1.3 of this Endorsement shall not be excluded by any radioactive contamination and/or noise and pollution exclusion clauses attached to and forming part of this Policy but the cover provided by this Endorsement shall not apply to liability for or costs associated with pollution or contamination unless such pollution or contamination is caused by a sudden act or event.

2. (a) EXCLUSIONS applicable generally:

No cover is provided under this Endorsement for claims excluded by sub-paragraph (b) (i) of Clause AVN 48D.

No cover is provided under paragraph 1.1 of this Endorsement for claims excluded by paragraph (b) of Clause AVN 48D.

No cover is provided under this Endorsement by the deletion of sub-paragraph (b) (iv) of Clause AVN 48D for claims excluded by sub-paragraph (b) (ii) of Clause AVN 48D.

   (b) EXCLUSION applicable only to any cover extended by this Endorsement in respect of the deletion of any of paragraph (a), sub-paragraphs (b) (ii), (b) (iii) and (b) (iv) of Clause AVN 48D.

Cover shall not include liability for damage to any form of property on the ground situated outside Canada and the United States of America caused by war, invasion, acts of foreign enemies, hostilities (whether war be declared or not), civil war, rebellion, revolution, insurrection, martial law, military or usurped power or attempts at usurpation of power, unless caused by or arising out of the use of aircraft.

3. LIMITATION OF LIABILITY

3.1. In respect of the cover provided by paragraph 1.1 of this Endorsement (if it is an operative paragraph) the limit of Insurer's liability shall be .... any one Occurrence and in the annual aggregate (the «sub-limit»). This sub-limit is included within and is not in addition to the full Policy limit.

To the extent cover is afforded to an Insured under the Policy, this sub-limit shall not apply to such Insured's liability:

(a) to the passengers (and for their baggage and personal effects) of any aircraft operator to whom the Policy affords cover for liability to its passengers arising out of its operation of aircraft;

(b) for cargo and mail while it is on board the aircraft of any aircraft operator to whom the Policy affords cover for liability for such cargo and mail arising out of its operation of aircraft.

3.2. In respect of the cover provided by paragraph 1.2 of this Endorsement (if it is an operative paragraph) the limit of Insurers' liability shall be .... any one Occurrence and in the annual aggregate. This limit is included within and is not in addition to the sub-limit stated in paragraph 3.1 above.

To the extent cover is afforded to an Insured under the Policy, this limit shall not apply to such Insured's liability:

(a) to the passengers (and for their baggage and personal effects) on board the aircraft of any aircraft operator to whom the Policy affords cover for liability to its passengers arising out of its operation of aircraft;

(b) for cargo and mail while it is on board the aircraft of any aircraft operator to whom the Policy affords cover for liability for such cargo and mail arising out of its operation of aircraft.

3.3. In respect of the cover provided by paragraph 1.3 of this Endorsement (if it is an operative paragraph) the limit of Insurers' liability shall be .... any one Occurrence and in the annual aggregate. This limit is included within and is not in addition to the sub-limit stated in paragraph 3.1 above.

To the extent cover is afforded to an Insured under the Policy, this limit shall not apply to such Insured's liability:

(a) to the passengers (and for their baggage and personal effects) of any aircraft operator to whom the Policy affords cover for liability to its passengers arising out of its operation of aircraft;

(b) for cargo and mail while it is on board the aircraft of any aircraft operator to whom the Policy affords cover for liability for such cargo and mail arising out of its operation of aircraft.

The limit of Insurers' liability under (a) and (b) above shall be the following limits which are within and are not in addition to the full Policy limit:

For liability in respect of passengers: .... per passenger

For liability in respect of passengers' baggage and personal effects: .... per passenger

For liability in respect of cargo and mail: .... per kilogram

3.4. Where the operative paragraphs include 1.1 and/or 1.2 and/or 1.3, the limit of Insurers' liability for claims caused by both a peril set out in any of sub-paragraphs (b) (ii), (b) (iii) and (b) (iv) that are listed in paragraphs 1.5 (i), 1.5 (ii) and 1.6 and any other peril for which insurance is afforded by this Endorsement, shall be the applicable limit applying to paragraphs 3.2 and/or 3.3 above.

3.5. If paragraphs 1.2 and 1.3 are both operative paragraphs, only one of the aggregate limits referred to in paragraphs 3.2 and 3.3 shall apply to claims covered by both paragraphs. If the aggregate limits are different then only the higher aggregate limit applies to such claims.

4. AUTOMATIC TERMINATION

To the extent provided below, cover extended by this Endorsement shall TERMINATE AUTOMATICALLY in the following circumstances:

(i) **All cover**

    – upon the outbreak of war (whether there be a declaration of war or not) between any two or more of the following States, namely, France, the People's Republic of China, the Russian Federation, the United Kingdom, the United States of America

(ii) **Any cover extended by the deletion of paragraph (a) of Clause AVN 48D, and any cover extended by the deletion of sub-paragraphs (b) (ii), (b) (iii) and (b)(iv) of Clause**

AVN 48D with respect to claims that are also caused by a peril set out in paragraph (a) of AVN 48D.
- upon the hostile detonation of any device employing atomic or nuclear fission and/or fusion or other like reaction wheresoever or whensoever such detonation may occur and whether or not any aircraft insured under the Policy may be involved

(iii) **All cover with respect to any aircraft insured under the Policy that is requisitioned for either title or use**
- upon such requisition

PROVIDED THAT if any aircraft insured under the Policy is in the air when the cover provided by this Endorsement would thereby be terminated under (i), (ii) or (iii) of this paragraph, then the cover provided by this Endorsement (unless otherwise cancelled, terminated or suspended) shall continue in respect of such an Aircraft until completion of its first landing thereafter and any passengers have disembarked.

5. REVIEW AND CANCELLATION
   (a) **Review of Premium and/or Geographical Limits (7 days)**
   Insurers may give notice to review premium and/or geographical limits - such notice to become effective on the expiry of seven days from 23.59 hours GMT on the day on which notice is given.
   (b) **Limited Cancellation (48 hours)**
   Following a hostile detonation as specified in 4 (ii) above, Insurers may give notice of cancellation of one or more parts of the cover provided by paragraph 1 of this Endorsement by reference to sub-paragraphs (b) (ii), (b) (iii), (b) (iv) and paragraphs (c), (d), (e), (f) and/or (g) of Clause AVN48D - such notice to become effective on the expiry of forty-eight hours from 23.59 hours GMT on the day on which notice is given.
   (c) **Cancellation (7 days)**
   The cover provided by this Endorsement may be cancelled by either Insurers or the Insured giving notice to become effective on the expiry of seven days from 23.59 hours GMT on the day on which such notice is given.
   (d) **Notices**
   All notices referred to herein shall be in writing.

AVN52R

01/05/2007

(applicable to coverage provided to aircraft operators)

AVN52H

EXTENDED COVERAGE ENDORSEMENT (AVIATION LIABILITIES)

1. WHEREAS the Policy of which this Endorsement forms part includes the War, Hi-Jacking and Other Perils Exclusion Clause (Clause AVN 48C), IN CONSIDERATION of an Additional Premium of ……………, it is hereby understood and agreed that with effect from ……………, all sub-paragraphs other than …………… of Clause AVN 48C forming part of this Policy are deleted SUBJECT to all terms, conditions, limitations, warranties, exclusions and cancellation provisions of the Policy except as specifically varied or provided by the terms of this Endorsement.

2. EXCLUSION applicable only to any cover extended in respect of the deletion of sub-paragraph (a) of Clause AVN 48C.
   Cover shall not include liability for damage to any form of property on the ground situated outside Canada and the United States of America unless caused by or arising out of the use of aircraft

3. LIMITATION OF LIABILITY
   The limit of Insurers' liability in respect of the coverage provided by this Endorsement shall be …………… or the applicable Policy limit whichever the lesser any one Occurrence and in the annual aggregate (the «sub-limit»). This sub-limit shall apply within the full Policy limit and not in addition thereto.
   To the extent coverage is afforded to an Insured under the Policy, this sub-limit shall not apply to such Insured's liability:
   (a) to the passengers (and for their baggage and personal effects) of any aircraft operator to whom the Policy affords cover for liability to its passengers arising out of its operation of aircraft;
   (b) for cargo and mail while it is on board the aircraft of any aircraft operator to whom the Policy affords cover for liability for such cargo and mail arising out of its operation of aircraft.

4. AUTOMATIC TERMINATION
   To the extent provided below, cover extended by this Endorsement shall TERMINATE AUTOMATICALLY in the following circumstances:
   (i) **All cover**
       – upon the outbreak of war (whether there be a declaration of war or not) between any two or more of the following States, namely, France, the People's Republic of China, the Russian Federation, the United Kingdom, the United States of America
   (ii) **Any cover extended by the deletion of sub-paragraph (a) of Clause AVN 48C**
       – upon the hostile detonation of any device employing atomic or nuclear fission and/or fusion or other like reaction wheresoever or whensoever such detonation may occur and whether or not any aircraft insured under the Policy may be involved
   (iii) **All cover in respect of any aircraft insured under the Policy that is requisitioned for either title or use**
       – upon such requisition

PROVIDED THAT if any aircraft insured under the Policy is in the air when the cover provided by this endorsement would thereby be terminated under (i), (ii) or (iii) of this paragraph, then the cover provided by this Endorsement (unless otherwise cancelled, terminated or suspended) shall continue in respect of such an Aircraft until completion of its first landing thereafter and any passengers have disembarked.

5. REVIEW AND CANCELLATION

    (a) **Review of Premium and/or Geographical Limits (7 days)**

        Insurers may give notice to review premium and/or geographical limits - such notice to become effective on the expiry of seven days from 23.59 hours GMT on the day on which notice is given.

    (b) **Limited Cancellation (48 hours)**

        Following a hostile detonation as specified in 4 (ii) above, Insurers may give notice of cancellation of one or more parts of the cover provided by paragraph 1 of this Endorsement by reference to sub-paragraphs (c), (d), (e), (f) and/or (g) of Clause AVN 48C - such notice to become effective on the expiry of forty-eight hours from 23.59 hours GMT on the day on which notice is given.

    (c) **Cancellation (7 days)**

        The cover provided by this Endorsement may be cancelled by either Insurers or the Insured giving notice to become effective on the expiry of seven days from 23.59 hours GMT on the day on which such notice is given.

    (d) **Notices**

        All notices referred to herein shall be in writing.

AVN52H 04.8.06

(applicable to coverage provided to aircraft operators)

In common with all AICG produced AVN Clauses, this Clause is published by AICG, but it is expressly non-binding and AICG makes no recommendation as to its use in particular policies, Insurers are of course free to offer different policy wordings and clauses to their policy holders.

AVN52J

EXTENDED COVERAGE ENDORSEMENT (AVIATION LIABILITIES)

1. WHEREAS the Policy of which this Endorsement forms part includes the War, Hi-Jacking and Other Perils Exclusion Clause (Clause AVN 48C), 1N CONSIDERATION of an Additional Premium of ...., it is hereby understood and agreed that with effect from ...., all sub-paragraphs other than .... of Clause AVN 48C forming part of this Policy are deleted SUBJECT to all terms, conditions, limitations, warranties, exclusions and cancellation provisions of the Policy except as specifically varied or provided by the terms of this Endorsement.

2. EXCLUSION applicable only to any cover extended in respect of the deletion of sub-paragraph (a) of Clause AVN 48C.
Cover shall not include liability for damage to any form of property on the ground situated outside Canada and the United States of America unless caused by or arising out of the use of aircraft.

3. LIMITATION OF LIABILITY
The limit of Insurers' liability in respect of the coverage provided by this Endorsement shall be .... or the applicable Policy limit whichever the lesser any one Occurrence and in the annual aggregate (the «sub-limit»). This sub-limit shall apply within the full Policy limit and not in addition thereto.

4. AUTOMATIC TERMINATION
To the extent provided below, cover extended by this Endorsement shall TERMINATE AUTOMATICALLY in the following circumstances:
   (i) **All cover**
      – upon the outbreak of war (whether there be a declaration of war or not) between any two or more of the following States, namely, France, the People's Republic of China, the Russian Federation, the United Kingdom, the United States of America
   (ii) **Any cover extended by the deletion of sub-paragraph (a) of Clause AVN 48C**
      – upon the hostile detonation of any device employing atomic or nuclear fission and/or fusion or other like reaction wheresoever or whensoever such detonation may occur and whether or not any aircraft insured under the Policy may be involved
   (iii) **All cover with respect to any aircraft insured under the Policy that is requisitioned for either title or use**
      – upon such requisition

PROVIDED THAT if any aircraft insured under the Policy is in the air when (i), (ii) or (iii) occurs, then the cover provided by this Endorsement (unless otherwise cancelled, terminated or suspended) shall continue in respect of such an Aircraft until completion of its first landing thereafter and any passengers have disembarked.

5. REVIEW AND CANCELLATION

(a) **Review of Premium and/or Geographical Limits (7 days)**

Insurers may give notice to review premium and/or geographical limits - such notice to become effective on the expiry of seven days from 23.59 hours GMT on the day on which notice is given.

(b) **Limited Cancellation (48 hours)**

Following a hostile detonation as specified in 4 (ii) above, Insurers may give notice of cancellation of one or more parts of the cover provided by paragraph 1 of this Endorsement by reference to sub-paragraphs (c), (d), (e), (f) and/or (g) of Clause AVN 48C - such notice to become effective on the expiry of forty-eight hours from 23.59 hours GMT on the day on which notice is given.

(c) **Cancellation (7 days)**

The cover provided by this Endorsement may be cancelled by either Insurers or the Insured giving notice to become effective on the expiry of seven days from 23.59 hours GMT on the day on which such notice is given.

(d) **Notices**

All notices referred to herein shall be in writing.

AVN52J 04.8.06

(applicable to coverage provided to service providers)

In common with all AICG produced AVN Clauses, this Clauses is published by AICG, but it is expressly non-binding and AICG makes no recommendation as to its use in particular policies, Insurers are of course free to offer different policy wordings and clauses to their policy holders.

AVN52K

EXTENDED COVERAGE ENDORSEMENT (AVIATION LIABILITIES)

1. WHEREAS the Policy of which this Endorsement forms part includes the War, Hi-jacking and Other Perils Exclusion Clause (Clause AVN48D), IN CONSIDERAT1ON of an Additional Premium of .... it is hereby understood and agreed that with effect from .... the liability cover provided by the Policy is extended as set out herein, SUBJECT to all terms, conditions, limitations, warranties, exclusions and cancellation provisions of the Policy except as specifically varied or provided by the terms of this Endorsement.

   1.1. If this paragraph 1.1 is listed as an operative paragraph in paragraph 1.4 below paragraphs (a) and (c) to (g) of Clause AVN48D are deleted;

   1.2. If this paragraph 1.2 is listed an operative paragraph in paragraph 1.4 below:

       (i) such of sub-paragraphs (b) (ii), (b) (iii) and (b) (iv) of Clause AVN48D as are listed in paragraph 1.5 (i) are deleted in respect of claims caused by any of the perils set out in those sub-paragraphs originating solely and directly on board an aircraft and

       (ii) such of sub-paragraphs (b) (ii) and (b) (iv) of Clause AVN48D as are listed in paragraph 1.5 (ii) are deleted in respect of claims caused by any of the perils set out in those sub-paragraphs originating other than solely and directly on board an aircraft in so far as claims are caused by reason of the crash fire explosion or collision or a recorded emergency causing abnormal operation of an aircraft whilst in flight;

   For the purposes of sub-paragraph 1.2 (ii), «in flight» shall mean the period commencing from the time the aircraft moves forward in taking off or attempting to take off, whilst in the air, and until the aircraft completes its landing run. A rotor-wing aircraft shall be deemed to be in flight when the aircraft is in the air.

   1.3. If this paragraph 1.3 is listed as an operative paragraph in paragraph 1.4 below such of sub-paragraphs (b) (ii),(b) (iii) and (b) (iv) of Clause A.VN48D as are listed in paragraph 1.6 are deleted.

   1.4. The operative paragraphs are ....

   1.5. (i) The sub-paragraphs referred to in paragraph 1.2 (i) that are deleted are ....

   1.5. (ii) The sub-paragraphs referred to in paragraph 1.2 (ii) that are deleted are ....

   1.6. The sub-paragraphs referred to in paragraph 1.3 that are deleted are ....

   1.7. Any cover provided by paragraphs 1.2 and/or 1.3 of this Endorsement shall not be excluded by any radioactive contamination and/or noise and pollution exclusion clauses attached to and forming part of this Policy but the cover provided by this Endorsement shall not apply to liability for or costs associated with pollution or contamination unless such pollution or contamination is caused by a sudden act or event.

2.   (a) EXCLUSIONS applicable generally:

   No cover is provided under this Endorsement for claims excluded by sub-paragraph (b) (i) of Clause AVN48D.

   No cover is provided under paragraph 1.1 of this Endorsement for claims excluded by paragraph (b) of Clause AVN48D.

No cover is provided under this Endorsement by the deletion of sub-paragraph (b) (iv) of Clause AVN48D for claims excluded by sub-paragraph (b) (ii) of Clause AVN48D.

(b) EXCLUSION applicable only to any cover extended by this Endorsement in respect of the deletion of any of paragraph (a), sub-paragraphs (b) (ii), (b) (iii) and (b) (iv) of Clause AVN 48D.

Cover shall not include liability for damage to any form of property on the ground situated outside Canada and the United States of America caused by war, invasion, acts of foreign enemies, hostilities (whether war be declared or not) civil war, rebellion, revolution, insurrection, martial law, military or usurped power or attempts at usurpation of power, unless caused by or arising out of the use of aircraft.

3. L1MITATION OF LIABILITY

3.1. In respect of the cover provided by paragraph 1.1 of this Endorsement (if it is an operative paragraph) the limit of Insurers' liability shall be .... any one Occurrence and in the annual aggregate (the «sub-limit»). This sub-limit is included within and is not in addition to the full. Policy limit.

To the extent cover is afforded to an Insured under the Policy, this sub-limit shall not apply to such Insured's liability:

(a) to the passengers (and for their baggage and personal effects) of any aircraft operator to whom the Policy affords cover for liability to its passengers arising out of its operation of aircraft;

(b) for cargo and mail while it is on board the aircraft of any aircraft operator to whom the Policy affords cover for liability for such cargo and mail arising out of its operation of aircraft.

3.2. In respect of the cover provided by paragraph 1.2 of this Endorsement (if it is an operative paragraph) the limit of Insurers' liability shall be .... any one Occurrence and in the annual aggregate. This limit is included within and is not in addition to the sub-limit stated in paragraph 3.1 above.

To the extent cover is afforded to an Insured under the Policy, this limit shall not apply to such Insured's liability:

(a) to the passengers (and for their baggage and personal effects) on board the aircraft of any aircraft operator to whom the Policy affords cover for liability to its passengers arising out of its operation of aircraft;

(b) for cargo and mail while it is on board the aircraft of any aircraft operator to whom the Policy affords cover for liability for such cargo and mail arising out of its operation of aircraft.

3.3. In respect of the cover provided by paragraph 1.3 of this Endorsement (if it is an operative paragraph) the limit of Insurers' liability shall be .... any one Occurrence and in the annual aggregate. This limit is included within and is not in addition to the sub-limit stated in paragraph 3.1 above.

To the extent cover is afforded to an Insured under the Policy, this limit shall not apply to such Insured's liability:

(a) to the passengers (and for their baggage and personal effects) of any aircraft operator to whom the Policy affords cover for liability to its passengers arising out of its operation of aircraft;

    (b) for cargo and mail while it is on board the aircraft of any aircraft operator to whom the Policy affords cover for liability for such cargo and mail arising out of its operation of aircraft.

The limit of Insurers' liability under (a) and (b) above shall be the following limits which are within and are not in addition to the full Policy limit:

For liability in respect of passengers .... per passenger

For liability in respect of passengers' baggage and personal effects .... per passenger

For liability in respect of cargo and. mail .... per kilogram

3.4. Where the operative paragraphs include 1.1 and/or 1.2 and/or 1.3, the limit of Insurers' liability for claims caused by both a peril set out in any of sub-paragraphs (b) (ii), (b) (iii) and (b) (iv) that are listed in paragraphs l.5 (i), 1.5 (ii) and 1.6 and any other peril for which insurance is afforded by this Endorsement, shall be the applicable limit applying to paragraphs 3.2 and/or 3.3 above.

3.5. If paragraphs 1.2 and 1.3 are both operative paragraphs, only one of the aggregate limits referred to in paragraphs 3.2 and 3.3 shall apply to claims covered by both paragraphs. If the aggregate limits are different then only the higher aggregate limit applies to such claims.

4. AUTOMATIC TERMINATION

To the extent provided below, cover extended by this Endorsement shall TERMINATE AUTOMATICALLY in the following circumstances:

(i) **All cover**
 – upon the outbreak of war (whether there be a declaration of war or not) between any two or more of the following States, namely, France, the People's Republic of China, the Russian Federation, the United Kingdom, the United States of America

(ii) **Any cover extended, by the deletion of paragraph (a) of Clause AVN 48D, and any cover extended by the deletion of sub-paragraphs (b) (ii), (b) (iii) and (b) (iv) of Clause AVN48D with respect to claims that are also caused by a peril set out in paragraph (a) of AVN48D.**
 – upon the hostile detonation of any device employing atomic or nuclear fission and/or fusion or other like reaction where so ever or when so ever such detonation may occur and whether or not any aircraft insured under the Policy may be involved

(iii) **All cover with respect to any aircraft insured under the Policy that is requisitioned for either title or use**
 – upon such requisition

PROVIDED THAT if any aircraft insured under the Policy is in the air when the cover provided by this endorsement would thereby be terminated under (i), (ii) or (iii) of this paragraph, then the cover provided by this Endorsement (unless otherwise cancelled, terminated or suspended) shall continue in respect of such an Aircraft until completion of its first landing thereafter and any passengers have disembarked.

5. REVIEW AND CANCELLATION

(a) **Review of Premium and/or Geographical Limits (7 days)**
 Insurers may give notice to review premium and/or geographical limits - such notice to

become effective on the expiry of seven days from 23.59 hours GMT on the day on which notice is given.

(b) **Limited Cancellation (48 hours)**
Following a hostile detonation as specified in 4 (ii) above, Insurers may give notice of cancellation of one or more parts of the cover provided by paragraph 1 of this Endorsement by reference to sub-paragraphs (b) (ii), (b) (iii), (b) (iv) and paragraphs (c), (d), (e), (f) and/or (g) of Clause AVN48D - such notice to become effective on the expiry of forty-eight hours from 23.59 hours GMT on the day on which notice is given.

(c) **Cancellation (7 days)**
The cover provided by this Endorsement may be cancelled by either Insurers or the Insured giving notice to become effective on the expiry of seven days from 23.59 hours GMT on the day on which such notice is given.

(d) **Notices**
All notices referred to herein shall be in writing.

AVN52K 04.8.06

(applicable to coverage provided to aircraft operators)

DRAFTERS' NOTE - AVN52K

This Note is for guidance only. It is NOT an opinion on the coverage that may be provided by endorsement AVN52K.

The endorsement is intended for use with aviation liability policies that include aircraft liability and, with reference to clause AVN48D, its purpose is to offer flexibility in the write back of combinations of perils other than those set out in sub-paragraph (b)(i) of clause AVN48D, subject to various sub-limits of insurers' liability.

Flexibility is provided by the ability of the parties to select which of the available write back options (termed the operative paragraphs) are to apply and by the choices offered by the available operative paragraphs.

The endorsement is designed to give the parties the option of negotiating the insurance cover required while differentiating between various loss scenarios and at the same time offering different limits of liability for an Insured's liability for its passenger and cargo losses and for third party losses in order to limit insurers' exposure to losses arising from so-called weapons of mass destruction.

A Guidance Note has been produced at the request of representatives of the buyers of aviation insurance in view of the complexities of the endorsement. The Note can he found on the website of the Aviation Insurance Clauses Group: www.aicg.co.uk.

In common with all AICG produced AVN Clauses, this Clause is published by AICG, but it is expressly non-binding and AICG makes no recommendation as to its use in particular policies. Insurers are of course free to offer different policy wordings and clauses to their policy holders.

AVIATION INSURANCE CLAUSES GROUP

This note refers to AVN 52K which was published by AICG in August 2006.

One of the principles on which AVN 52K was based was that coverage for written back risks arising from a peril listed in paragraphs b(ii) - b(iv) inclusive of AVN 48D, would be restricted to individually negotiated sub-limits that would apply to all covered aircraft.

However, the intention of AVN 52K was also to provide the option to include cover for full policy limits to apply to claims for the loss of passengers, their baggage, cargo and mail on board an aircraft on which a device had been placed or, in the case of perils listed in paragraphs b(ii) and b(iv) of AVN 48D, are on board an aircraft that is subject to a recorded emergency while in flight. Any other aircraft affected by such an attack were intended to be subject to any sub-limits negotiated.

It has been brought to our notice that in certain circumstances, it is possible that full policy limits can be exposed if, for example, a WMD device placed on board an aircraft at an airport caused loss or damage to other aircraft owned or operated by the same airline or to aircraft of other airlines that also have the same cover, then all these aircraft would have full policy limits for passengers, baggage, cargo and mail. This would breach the original principle that such a full policy limit should be restricted to a single aircraft in the case of claims brought under paragraph 1.2 (i) of AVN 52K and to aircraft in flight in the case of claims brought under paragraph 1.2 (ii).

AICG has reconsidered clause AVN 52K and, in order to remove any ambiguity, has decided to publish a modification. In order to avoid confusion, the new clause is published as AVN 52R.

AICG

02/07/2007

AVN52L

EXTENDED COVERAGE ENDORSEMENT (AVIATION LIABILITIES)

1. WHEREAS the Policy of which this Endorsement forms part includes the War, Hi-jacking and Other Perils Exclusion Clause (Clause AVN48D), IN CONSIDERATION of an Additional Premium of ...., it is hereby understood and agreed that with effect from .... the liability cover provided by the Policy is extended as set out herein, SUBJECT to all terms, conditions, limitations, warranties, exclusions and cancellations provisions of the Policy except as specifically varied or provided by the terms of this Endorsement.

   1.1. If this paragraph 1.1 is listed as an operative paragraph in paragraph 1.4 below paragraphs (a) and (c) to (g) of Clause AVN48D are deleted;

   1.2. If this paragraph 1.2 is listed as an operative paragraph in paragraph 1.4 below:

      (i) such of sub-paragraphs (b)(ii), (b)(iii) and (b)(iv) of Clause AVN48D as are listed in paragraph 1.5 (i) are deleted in respect of claims caused by any of the perils Set out in those sub-paragraphs originating solely and directly on board an aircraft and

      (ii) such of sub-paragraphs (b)(ii) and (b)(iv) of Clause AVN48D as are listed in paragraph 1.5 (ii) are deleted in respect of claims caused by any of the perils set out in those sub paragraphs originating other than solely and directly on board an aircraft in so far as claims are caused by reason of the crash fire explosion or collision or a recorded emergency causing abnormal operation of an aircraft whilst in flight;

      For the purposes of sub-paragraph 1.2 (ii), «in flight» shall mean the period commencing from the time the airaraft moves forward in taking off or attempting to take off, whilst in the air, and until the aircraft completes its landing run. A rotor-wing aircraft shall be deemed to be in flight when the aircraft is in the air.

   1.3. If this paragraph 1.3 is listed as an operative paragraph in paragraph 1.4 below such of sub-paragraphs (b)(ii),(b)(iii) and (b)(iv) of Clause AVN48D as are listed in paragraph 1.6 are deleted.

   1.4. The operative paragraphs are ....

   1.5. (i) The sub-paragraphs referred to in paragraph 1.2(i) that are deleted are ....

   1.5. (ii) The sub-paragraphs referred to in paragraph 1.2(ii) that are deleted are ....

   1.6. The sub-paragraphs referred to in paragraph 1.3 that are deleted are ....

   1.7. Any cover provided by paragraphs 1.2 and/or 1.3 of this Endorsement shall not be excluded by any radioactive contamination and/or noise and pollution exclusion clauses attached to and forming part of this Policy but the cover provided by this Endorsement shall not apply to liability for or costs associated with pollution or contamination unless such pollution or contamination is caused by a sudden act or event.

2. (a) EXCLUSIONS applicable generally:

      No cover is provided under this Endorsement for claims excluded by sub-paragraph (b)(i) of Clause AVN48D.

      No cover is provided under paragraph 1.1 of this Endorsement for claims excluded by paragraph (b) of Clause AVN48D.

No cover is provided under this Endorsement by the deletion of sub-paragraph (b) (iv) of Clause AVN48D for claims excluded by sub-paragraph (b) (ii) of Clause AVN48D.

(b) EXCLUSION applicable only to any cover extended by this Endorsement in respect of the deletion of any of paragraph (a), sub-paragraphs (b)(ii), (b)(iii) and (b)(iv) of Clause AVN 48D.

Cover shall not include liability for damage to any form of property on the ground situated outside Canada and the United States of America caused by war, invasion, acts of foreign enemies, hostilities (whether war be declared or not) civil war, rebellion, revolution, insurrection, martial law, military or usurped power or attempts at usurpation of power, unless caused by or arising out of the use of aircraft.

3. LIMITATION OF LIABILITY

3.1. In respect of the cover provided by paragraph 1.1 of this Endorsement (if it is an operative paragraph) the limit of Insurers' liability shall be .... any one Occurrence and in the annual aggregate (the «sub-limit»). This sub-limit is included within and is not in addition to the full Policy limit.

3.2. In respect of the cover provided by paragraph 1.2 of this Endorsement (if it is an operative paragraph) the limit of Insurers' liability shall be .... any one Occurrence and in the annual aggregate. This limit is included within and is not in addition to the sub-limit stated in paragraph 3.1 above.

3.3. In respect of the cover provided by paragraph 1.3 of this Endorsement (if it is an operative paragraph) the limit of insurers' liability shall be .... any one Occurrence and in the annual aggregate. This limit is included within and is not in addition to the sub-limit stated in paragraph 3.1 above.

3.4. Where the operative paragraphs include 1.1 and/or 1.2 and/or 1.3, the limit of Insurers' liability for claims caused by both a peril set out in any of sub-paragraphs (b)(ii), (b)(iii) and (b)(iv) that are listed in paragraphs 1.5(i), 1.5(ii) and 1.6 and any other peril for which insurance is afforded by this Endorsement, shall be the applicable limit applying to paragraphs 3.2 and/or 3.3 above.

3.5. If paragraphs 1.2 and 1.3 are both operative paragraphs, only one of the aggregate limits referred to in paragraphs 3.2 and 3.3 shall apply to claims covered by both paragraphs. If the aggregate limits are different then only the higher aggregate limit applies to such claims.

4. AUTOMATIC TERMINATION

To the extent provided below, cover extended by this Endorsement shall TERMINATE AUTOMATICALLY in the following circumstances:

(i)   **All cover**

− upon the outbreak of war (whether there be a declaration of war or not) between any two or more of the following States, namely, France, the People's Republic of China, the Russian Federation, the United Kingdom, the United States of America.

(ii) **Any cover extended by the deletion of paragraph (a) of Clause AVN 48D, and any cover extended by the deletion of sub-paragraphs (b)(ii), (b) (iii) and (b) (iv) of Clause AVN48D with respect to claims that are also caused by a peril set out in paragraph (a) of AVN48D.**

− upon the hostile detonation of any device employing atomic or nuclear fission and/or fusion or other like reaction wheresoever or whensoever such detonation may occur.

5. REVIEW AND CANCELLATION

 (a) **Review of Premium and/or Geographical Limits (7 days)**
  Insurers may give notice to review premium and/or geographical limits - such notice become effective on the expiry of seven days from 23.59 hours GMT on the day on which notice is given.

 (b) **Limited Cancellation (48 hours)**
  Following a hostile detonation as specified in 4 (ii) above, insurers may give notice of cancellation of one or more parts of the cover provided by paragraph 1 of this Endorsement by reference to subparagraphs (b)(ii), (b)(iii), (b)(iv) and Paragraphs (c), (d), (e), (f) and/or (g) of Clause AVN48D - such notice to become effective on the expiry of forty-eight hours from 23.59 hours GMT on the day on which notice is given.

 (c) **Cancellation (7 days)**
  The cover provided by this Endorsement may be cancelled by either Insures or the Insured giving notice to become effective on the expiry of seven days from 23:59 hours GMT on the day on which such notice is given.

 (d) **Notices**
  All notices referred to herein shall be in writing.

AVN52L 04.8.06

(applicable to coverage provided to service providers)

DRAFTERS' NOTE - AVN52L

This Note is for guidance only. It is NOT an opinion on the coverage that may be provided endorsement AVN52L.

Me endorsement is intended for use with aviator liability policies issued to service providers and, with reference to clause AVN48D, its purpose is to offer flexibility in the write back of combinations of perils other than those set out in sub-paragraph (b)(i) of clause AVN48D subject to various sub-limits of insurers' liability.

Flexibility is provided by the ability of the parties to select which of the available write back options (termed the operative paragraphs) are to apply and by the choices offered by the available operative paragraphs.

The endorsement is designed to give the parties the option of negotiating the insurance cover required while differentiating between various loss scenarios and at the same time offering different limits of liability for an insured's liability for its passenger and cargo losses and for third party losses in order to limit insurers' exposure to losses arisin from so-called weapons of mass destruction.

A Guidance Note has been produced at the request of representatives of the buyers of aviation insurance in view of the complexities of the endorsement. The Note can be found on the website of the Aviation Insurance Clauses Croup: www.aicg.co.uk.

In common with all AICG produced AVN Clauses, this Clause is published by AICG, but it is expressly non-binding and AICG makes no recommendation as to its use in particular policies. Insurers are of course free to offer different policy wordings and clauses to their policy holders.

Anexo VI
Certificado de Seguro

Certificado de Seguro / *Insurance Certificate*

N° Contrato *Policy nr.*	Delegación *Office*	Agencia *Agency*	Capital asegurado *Sum Insured* EUR.

Sociedad Anónima de Seguros y Reaseguros, certifica que en el día de la fecha han sido asegurados por la Póliza indicada, contra los riesgos del transporte de conformidad con las condiciones generales de la póliza y condiciones particulares que figuran en el presente certificado y anexos, los bienes que más abajo se describen.

Tomador del seguro
Policyholder

Por cuenta de:
To the order of:

Sociedad Anónima de Seguros y Reaseguros, according to the General and Special conditions of the policy above insures againts transport risks the goods indicated below.

Medio de Transporte: M/V
Means of transport:

Viaje: PUERTO DE   , HASTA ALMACEN DEL
Voyage: CLIENTE, VIA PUERTO DE

Detalle de los bienes asegurados / *Goods insured*

Valor asegurado / *Insured value*
EUR.

Riesgos cubiertos / *Conditions of Insurance*
INSTITUTE CARGO CLAUSES (A), 1.1.82,
INSTITUTE WAR CLAUSES (CARGO) 1.1.82
INSTITUTE STRIKES CLAUSES (CARGO), 1.1.82
Queda expresamente excluida de la cobertura del seguro la oxidación por agua dulce
A efectos del crédito documentario se hace constar: / With reference to the documentary credit

En caso de daños o faltas: / *In the event of loss or damage:*
Para la certificación de averías o faltas que pueda haber, es indispensable dirigirse inmediatamente a:
For the certification of any loss, damage or shortage, it is indispensable addresses inmediately to:

sin cuya intervención no será reconocida ninguna reclamación del asegurado.
since without his intervention no claim from the holder of the insured goods, will be admitted.

El Asegurado o sus mandatarios deberán seguir las instrucciones indicadas al dorso.
The Assured or their Agentes are advised to follow the instructions overleaf.

Hecho en: _______________ a las cero horas del día _______________
Place an date:

El tomador del Seguro
Policyholder

Sociedad Anónima de Seguros y Reaseguros
Dirección General

Este Certificado únicamente será válido si está firmado por el Tomador del Seguro
This Certificate is not valid unless counter-signed by an authonsed signatory of Policyholder

Anexo VII
Cláusula del Instituto para buques

CLÁUSULA DE CLASIFICACIÓN DEL INSTITUTO ED. 13.4.92.

Las primas de transporte marítimo convenidas para este seguro son únicamente aplicables para cargamentos e intereses transportados por buques construidos en acero, y autopropulsados mecánicamente que se hallen clasificados como se indica a continuación por una de las siguientes sociedades de clasificación:

CLASIFICACIÓN SIN MODIFICACIÓN

– Lloyd's Register	100A1 O B.S.
– American Bureau of Shipping	+ A1
– Bureau Veritas	1 3/3 E+
– Germanischer Lloyd	+ 100 A4
– Korean Register of Shipping	+ KRS 1
– Nippon Kaiji Kyokai	NS*
– Norske Veritas	+ 1A1
– Registro Italiano	*100 A1.1.NAV.L
– Register of Shipping or the U.S.S.R.	KM*
– Polish Register of Shipping	*KM

Siempre que tales busques:

A
- No sean graneleros o buques combinados de más de diez años de antigüedad.
- No sean petroleros que excedan de 50.000 T.R.B. de más de diez años de antigüedad.

B
- No superen los 15 años de antigüedad o.
- Superen los 15 años de antigüedad, pero no sobrepasen los 25 años de antigüedad y hayan establecido y mantengan un servicio regular de tráfico según un plan hecho público, para cargar y descargar en puertos especificados.

Los buques fletados, así como los buques de menos de 1.000 T.R.B, que sean autopropulsados mecánicamente y construidos en acero, deben estar clasificados como se indica anteriormente y no sobrepasar los límites de antigüedad especificados anteriormente.

Los requisitos exigidos en la Cláusula de Clasificación, no serán aplicables a cualquier embarcación, balsa o gabarra utilizadas para cargar o descargar el buque mientras se hallen dentro del área del puerto.

Anexo VIII
Plazos y límites para reclamar al porteador

	Daños aparentes	*Daños ocultos*	*Retraso*	*Límite de indemnización**	*Plazos de reclamación*
Terrestre nacional	Reservas a la entrega.	Reservas a las 24 horas desde la entrega.	(No hay plazo legal para emitir reservas.)	EUR máx. 4,5/kg si mercancías o bien EUR máx. 14,5/kg si equipajes.	1 año.
Terrestre internacional CMR	Reservas a la entrega.	Reservas a los 7 días laborables desde la entrega.	Reservas a los 21 días desde la entrega en destino.	8,33 DEG/kg por pérdida o avería, y hasta el precio del transporte por retraso.	1 año o bien, en caso de haber dolo, 3 años.
Marítimo nacional	Reservas a la entrega.	Reservas a las 24 horas desde la entrega.	(No hay plazo legal para emitir reservas.)	(No hay límite legal.)	1 año.
Marítimo internacional	Reservas a la entrega (o bien hasta un día si se aplican las Reglas de Hamburgo).	Reservas a los 3 días naturales de la entrega (o hasta 15 días laborables si Reglas de Hamburgo).	Reservas a los 60 días desde la entrega (sólo en el caso de las Reglas de Hamburgo).	El mayor entre 666,67 DEG/bulto o 2 DEG/kg (835 DEG/bulto o 2,5 DEG/kg si Reglas de Hamburgo).	1 año de caducidad (o hasta 2 años si Reglas de Hamburgo).
Aéreo nacional	Reservas a la entrega y escrito de reclamación en los 10 días siguientes.	Reservas a la entrega y escrito de reclamación en los 10 días siguientes.	Reservas a los 10 días desde la entrega.	17 DEG/kg por pérdida o avería de carga; 500 DEG/bulto por pérdida o avería de equipaje; y, precio del transporte por retraso.	6 meses.
Aéreo internacional	Reservas a la entrega y escrito de reclamación en los 7 días (si daños) o 21 días (si retraso) siguientes.	Reservas a la entrega y escrito de reclamación en los 7 días (si daños) o 21 días (si retraso) siguientes.	Reservas a los 21 días desde la entrega en destino.	17 DEG/kg.	2 años (de caducidad).

* Cuando los límites se expresen en *derechos especiales de giro,* la unidad de DEG equivale a 1,03 € a fecha 21 de abril de 2008.

Manual del transporte de mercancías

Jaime Mira, David Soler

Prevención de riesgos laborales: Personal de transporte y estiba

Alba Ramírez Soriano, Eva María Hernández Ramos

Prevención de riesgos laborales: Personal de reparto y de conducción

Alba Ramírez Soriano

Logística urbana. Manual para operadores logísticos y administraciones públicas

Ignasi Ragàs

Manual del transporte en contenedor

Jaime Rodrigo de Larrucea

Transporte de mercancías por carretera. Manual de competencia profesional

José Manuel Ruiz Rodríguez

Manual del transporte marítimo

Agustín Montori Díez, Carlos Escribano Muñoz, Jesús Martínez Marín

Técnicas para ahorrar costos logísticos. Aurum 2

Luis Carlos Hernández Barrueco

Título de transportista. Competencia profesional para el transporte de mercancías por carretera

Francisco Martín, M. Teresa Maza, María J. de la Maza

**Manual de gestión de
tráfico de mercancías**
Rut Castell

**Cómo desarrollar la carga
aérea en aeropuertos**
Javier Arán Iglesia

**Cadena de suministro.
Principios, máximas
y recomendaciones**
Luis A. Mora García

**Transporte ferroviario
de mercancías**
Miguel Ángel Dombriz

**Gestión documental del
transporte por carretera**
Eva María Hernández Ramos

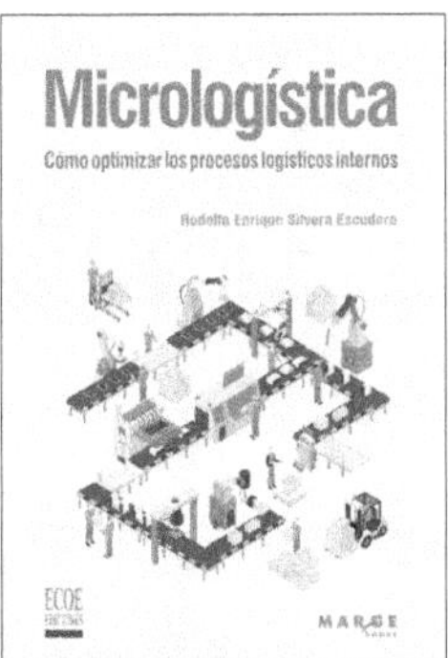

Micrologística
Rodolfo Enrique Silvera Escudero

**Transporte marítimo
de mercancías.
Los elementos clave,
los contratos y los seguros**
Rosa Romero, Alfons Esteve

**Normativa de estiba
en carretera. Claves,
soluciones y modelos para
estibar y trincar cargas**
Eva María Hernández Ramos

**Estiba y trincaje de
las mercancías en
contenedor**
Francisco Fernández Sasiaín

València, 558 – 08026 Barcelona – Tel. +34-931 429 486 – marge@margebooks.com – www.margebooks.com

www.ingramcontent.com/pod-product-compliance
Lightning Source LLC
Chambersburg PA
CBHW081249130726
47998CB00010B/2727